TEORIA CULTURAL E CULTURA POPULAR

SERVIÇO SOCIAL DO COMÉRCIO
Administração Regional no Estado de São Paulo

Presidente do Conselho Regional
Abram Szajman
Diretor Regional
Danilo Santos de Miranda

Conselho Editorial
Ivan Giannini
Joel Naimayer Padula
Luiz Deoclécio Massaro Galina
Sérgio José Battistelli

Edições Sesc São Paulo
Gerente Marcos Lepiscopo
Gerente adjunta Isabel M. M. Alexandre
Coordenação editorial Clívia Ramiro, Cristianne Lameirinha
Produção editorial Rafael Fernandes Cação
Coordenação gráfica Katia Verissimo
Coordenação de comunicação Bruna Zarnoviec Daniel

Coleção Sesc Culturas
Coordenação Marta Colabone
Organização Iã Paulo Ribeiro
Colaboração Isaura Botelho
Apoio José Olímpio Zangarine

JOHN STOREY

UNIVERSIDADE DE SUNDERLAND

Teoria cultural e cultura popular

uma introdução

Tradução Pedro Barros

Preparação Cristina Marques
Revisão Luiza Delamare, Sílvia Balderama
Revisão de tradução Thais Rocha
Projeto gráfico Ouro sobre Azul / Ana Luisa Escorel
Capa a partir de gravura de Alex Flemming
Assistência de projeto gráfico e diagramação Ouro sobre Azul / Erica Leal

St742t   Storey, John

           Teoria cultural e cultura popular: uma introdução / John Storey; Tradução de Pedro Barros. – São Paulo : Edições Sesc São Paulo, 2015. – 512 p.: il.

           ISBN 978-85-7995-091-9
           Inclui bibliografia

           1. Cultura. 2. Teoria. 3. Cultura popular. 3. Estrutura social.
           I. Título. II. Barros, Pedro.

                                               CDD 301.2

Título original: *Cultural Theory and Popular Culture: An Introduction*
Tradução autorizada da edição em língua inglesa anteriormente publicada pela Pearson Education Limited e agora publicada pela Routledge, integrante do Taylor & Francis Group

© Prentice Hall Europe 1997
© Pearson Education Limited 2001, 2012
© Edições Sesc São Paulo, 2015
Todos os direitos reservados

Edições Sesc São Paulo
Rua Cantagalo, 74 - 13º/14º andar
03319-000 São Paulo SP Brasil
Tel. 55 11 2227 6500
edicoes@edicoes.sescsp.org.br
sescsp.org.br

Nota à edição brasileira

Qual o significado da cultura? Pensando em definições feitas a partir de teorias e visões de mundo distintas, John Storey introduz o leitor às principais correntes de discussão sobre o tema, com o objetivo de entender os fatores que levaram à separação radical entre alta cultura e cultura popular. Para isso, aborda os conceitos de cultura e ideologia, essenciais ao entendimento dessa relação.

A partir daí, analisa a ambiguidade a cercar, muitas vezes de forma proposital, a cultura popular e sua contrapartida, a alta cultura, observando em que medida as nuances entre elas estão ou não claramente demarcadas, além de refletir quanto à influência da sociedade e da história para esse entendimento.

Com uma linguagem clara, Storey se dirige ao público universitário, questionando conceitos preconcebidos e sua pretendida aceitação. Pergunta-se, entre outros aspectos, quanto aos critérios de distinção, produção e consumo da cultura popular e alta cultura, a fim de ponderar sobre as possíveis intersecções entre ambas.

Para o Sesc, este livro indaga sobre o que nos parece aparentemente estável, sem necessariamente sê-lo, isto é, a conceituação e valoração da cultura em si mesma, razão que leva a instituição a publicá-lo.

Para Jenny e Xiangyan

Sumário

1 | O que é cultura popular?
Cultura — 13
Ideologia — 15
Cultura popular — 19
Cultura popular como *outro* — 37
Leitura complementar — 40

2 | A tradição da "cultura e civilização"
Matthew Arnold — 44
Leavisismo — 54
Cultura de massa nos Estados Unidos: o debate pós-guerra — 65
A cultura dos outros — 76
Leitura complementar — 79

3 | Culturalismo
Richard Hoggart: *The uses of literacy* — 83
Raymond Williams: "The analysis of culture" — 95
E. P. Thompson: *The making of the English working class* — 104
Stuart Hall e Paddy Whannel: *The popular arts* — 110
O Centro de Estudos Culturais Contemporâneos — 121
Leitura complementar — 123

4 | Marxismos
Marxismo clássico — 125
O marxismo inglês de William Morris — 130
A Escola de Frankfurt — 135
Althusserianismo — 151
Hegemonia — 167
Pós-marxismo e estudos culturais — 172
Leitura complementar — 186

5 | Psicanálise
Psicanálise freudiana — 189
Psicanálise lacaniana — 209
Psicanálise do cinema — 216
Slavoj Žižek e fantasia lacaniana — 220
Leitura complementar — 225

6 | Estruturalismo e pós-estruturalismo
Ferdinand de Saussure — 227
Claude Lévi-Strauss, Will Wright e o faroeste norte-americano — 233
Roland Barthes: *Mythologies* — 239
Pós-estruturalismo — 251
Jacques Derrida — 252
Discurso e poder: Michel Foucault — 255
A máquina panóptica — 259
Leitura complementar — 265

7 | Gênero e sexualidade

Feminismos	267
Mulheres no cinema	270
Lendo romances	276
Watching Dallas	290
Leitura de revistas femininas	302
Pós-feminismo	314
Estudos sobre o homem e masculinidades	318
Teoria Queer	320
Leitura complementar	331

8 | "Raça", racismo e representação

"Raça" e racismo	333
A ideologia do racismo: sua emergência histórica	337
Orientalismo	342
Branquidade (*Whiteness*)	358
Antirracismo e estudos culturais	360
Leitura complementar	363

9 | Pós-modernismo

A condição pós-moderna	365
Pós-modernismo nos anos 1960	367
Jean-François Lyotard	372
Jean Baudrillard	375
Fredric Jameson	385
Música *pop* pós-moderna	397
Televisão pós-moderna	399
Pós-modernismo e o pluralismo de valores	404
O pós-moderno global	410
Cultura de convergência	421
Epílogo	423
Leitura complementar	425

10 | A política do popular

O campo cultural	430
O campo econômico	452
Estudos culturais pós-marxistas: a hegemonia revisitada	463
A ideologia da cultura de massa	466
Leitura complementar	470

Referências bibliográficas	473
Índice remissivo	493

Prefácio

PREFÁCIO À PRIMEIRA EDIÇÃO INGLESA | Como indica o título deste livro, analiso a relação entre teoria cultural e cultura popular. Mas o título também indica que meu estudo é imaginado como uma *introdução* ao tema, o que exigiu a adoção de uma abordagem específica. Não tentei escrever uma história do encontro entre teoria cultural e cultura popular. Em vez disso, preferi focar nas implicações teóricas e metodológicas e nas ramificações de certos momentos na história do estudo da cultura popular. Em resumo, busquei tratar teoria cultural/cultura popular como uma formação discursiva, concentrando-me menos na procedência histórica e mais em como tal formação funciona ideologicamente no presente. Para evitar equívocos e distorções, permiti que críticos e teóricos, quando e onde fosse adequado, falassem com suas próprias palavras. Ao fazer isso, compactuo com a ideia do norte-americano Walter E. Houghton, historiador da literatura: "Atitudes são elusivas. Tente defini-las e acabará perdendo sua essência, sua coloração e seu tom especial. Elas precisam ser apreendidas em sua formulação concreta e viva." Mais do que isso, em vez de simplesmente pesquisar o tema, tentei, por meio de citações e comentários detalhados, dar ao estudante de cultura popular um "gostinho" do material. Contudo, este livro não pretende servir como substituto da leitura direta dos teóricos e críticos aqui discutidos. E, embora cada capítulo encerre-se com sugestões de leituras complementares, visa-se apenas suplementar a leitura dos textos primários discutidos em cada capítulo (informações mais detalhadas sobre eles estão nas notas de rodapé ao longo do livro).

Acima de tudo, a intenção deste livro é oferecer uma introdução ao estudo acadêmico de cultura popular. Como já indiquei, não tenho ilusão de que seja uma história precisa e *completa*, ou a única maneira possível de mapear o panorama conceitual que é tema deste estudo. Minha esperança é que esta versão da relação entre cultura popular e teoria cultural encoraje outros estudantes de cultura popular a iniciar seu próprio mapeamento do assunto.

Por fim, espero ter escrito um livro que possa oferecer algo tanto àqueles familiarizados com o tema como àqueles para quem tudo é novo, pelo menos como tema acadêmico.

SOBRE AS EDIÇÕES | Nas edições seguintes à primeira, o texto foi revisado, reescrito e editado. Também foi adicionado material novo à maioria dos capítulos (desde a primeira edição, que tinha cerca de 65 mil palavras, o livro cresceu para mais de 120 mil na sexta edição).

Na segunda edição, foram incluídas seções sobre cultura popular e o carnavalesco, pós-modernismo e o pluralismo do valor. Também foram expandidas cinco seções: "Estudos culturais neogramscianos", "Psicanálise do cinema e estudos culturais", "Feminismo como leitura", "Pós-modernismo nos anos 1960" e "O campo cultural".

Na terceira edição, o então sexto capítulo foi renomeado e reorganizado, sendo adicionada a seção sobre a Teoria Queer e ampliada a seção sobre a leitura de revistas femininas. Foram incluídas ilustrações e uma lista de sites úteis para o estudante de teoria cultural e cultura popular.

Na quarta edição, foi acrescentado o capítulo sobre psicanálise e as seções "Pós-marxismo", no quarto capítulo, e "O pós-moderno global", no então oitavo capítulo. Também foram adicionados mais diagramas e ilustrações. A ordem dos capítulos foi alterada, passando a ser cronológica, em termos de onde cada um começa. Contudo, o fim de cada capítulo pode, por vezes, interromper a cronologia. Por exemplo, o marxismo se inicia antes do pós-estruturalismo, mas o fim da discussão sobre o marxismo é mais contemporâneo do que o fim da discussão do pós-estruturalismo.

Na quinta edição, foi inserido o capítulo "'Raça', racismo e representação" e as seções "A máquina panóptica", no sexto capítulo, e "Cultura de convergência", no nono capítulo. Também foram acrescentados mais diagramas e ilustrações.

Nesta sexta edição, foram incluídas novas seções sobre "O marxismo inglês de William Morris", no quarto capítulo, "Pós-feminismo", no sétimo capítulo e "Branquidade", no oitavo capítulo.

1 O QUE É CULTURA POPULAR?

Antes de considerarmos em detalhes as diferentes maneiras como se definiu e analisou cultura popular, quero esboçar algumas características gerais dos debates produzidos por seu estudo. Não é minha intenção, aqui, antecipar descobertas e argumentos específicos: vão ser apresentados nos próximos capítulos. Desejo apenas mapear o panorama conceitual amplo da cultura popular, o que, em vários aspectos, é uma tarefa atemorizante. Parte da dificuldade provém da implícita *diversidade*, sempre presente/ausente ao usarmos o termo "cultura popular". Como vamos ver nos capítulos a seguir, a cultura popular costuma ser definida, implícita ou explicitamente, em contraste com outras categorias conceituais: cultura folclórica, cultura de massa, cultura dominante, cultura do trabalhador. Uma definição completa não deve deixar de levar isso em conta. Além do mais, também veremos que, não importando a categoria conceitual considerada como o *outro ausente* de cultura popular, será sempre possível influenciar as conotações colocadas em jogo quando se usa o termo "cultura popular".

Portanto, para estudá-la, deve-se confrontar, primeiro, a dificuldade gerada pelo próprio termo. Por isso, é bem provável que o tipo de análise que for feita e o enquadramento teórico empregado para realizar tal análise vão ser largamente influenciados pela definição de cultura popular utilizada. Suspeito que a principal afirmação a ser tirada deste livro pelos leitores é que, na verdade, cultura popular é uma categoria conceitual *vazia*, que pode ser preenchida de maneiras altamente variáveis e normalmente conflitantes, dependendo do contexto de uso.

CULTURA | Para definir cultura popular, precisamos definir primeiro o termo "cultura". Raymond Williams considera cultura "uma das duas ou três palavras mais complicadas da língua inglesa"[1] e propõe três

---

1 | Raymond Williams, *Keywords*, Londres: Fontana, 1983, p. 87.

definições amplas. Na primeira, cultura pode ser usada para se referir a um "processo geral de desenvolvimento intelectual, espiritual e estético".[2] Poderíamos, por exemplo, falar do desenvolvimento cultural da Europa ocidental e estarmos considerando apenas fatores intelectuais, espirituais e estéticos – grandes filósofos, grandes artistas e grandes poetas. O que seria uma formulação perfeitamente compreensível. Um segundo uso da palavra "cultura" pode ser adotado para sugerir "determinado estilo de vida, seja de uma pessoa, um período ou um grupo".[3] Usando essa definição, se falamos de desenvolvimento cultural da Europa ocidental, teríamos em mente não apenas fatores intelectuais e estéticos, mas, por exemplo, também o desenvolvimento de literatura, feriados, esportes, festivais religiosos. Por fim, Williams propõe que cultura possa ser usada para se referir a "trabalhos e práticas de atividade intelectual e, especialmente, artística".[4] Em outras palavras, cultura, aqui, são os textos e as práticas cuja principal função é significar, produzir significado ou servir de ocasião para produção de significado. Cultura, nessa terceira definição, é sinônimo do que estruturalistas e pós-estruturalistas chamam de "práticas significantes".[5] Usando essa definição, provavelmente pensaríamos em exemplos como poesia, romance, balé, ópera e artes plásticas. Falar de cultura popular em geral significa mobilizar a segunda e a terceira definições da palavra "cultura". O segundo significado – cultura como determinado estilo de vida – permitiria falar, como exemplos de cultura, de práticas como feriados na praia, celebração do Natal e subculturas de jovens. Essas costumam ser consideradas culturas ou práticas *vividas*. O terceiro significado – cultura como práticas significantes – permitiria falar, como exemplos de cultura, de novelas, música *pop* e quadrinhos. Em geral, são os chamados textos.

2 | *Idem*, p. 90.

3 | *Idem*, p. 90.

4 | *Idem, ibidem.*

5 | Ver capítulo 6.

Ao pensar em cultura popular, a poucas pessoas viria à cabeça a primeira definição de Williams.

IDEOLOGIA |Antes de nos voltarmos às diferentes definições de cultura popular, há outro termo que é preciso discutir: ideologia. Ideologia é um conceito crucial no estudo de cultura popular, e, segundo Graeme Turner, "a mais importante categoria conceitual em estudos culturais".[6] James Carey até insinuou que os "estudos culturais britânicos podem ser descritos, com igual facilidade e talvez até com mais precisão, como estudos ideológicos"[7]. Assim como a cultura, a ideologia tem muitos significados concorrentes. Muitas vezes fica complicado compreender tal conceito, pois, em boa parte da análise cultural, ele é usado para substituir o de cultura e, especialmente, o de cultura popular. O conceito de ideologia, ao ser usado para se referir ao mesmo terreno conceitual de cultura e de cultura popular, se torna um termo importante na compreensão da natureza de cultura popular. O que vem a seguir é um breve estudo a respeito de cinco das muitas maneiras de compreender ideologia. Vamos considerar apenas aqueles significados que influenciam o estudo de cultura popular.

Primeiro, ideologia pode se referir a um sistema de ideias articuladas por um certo grupo de pessoas. Por exemplo, para referirmo-nos a ideias que informam as práticas de determinados grupos profissionais, poderíamos falar de "ideologia profissional". Também poderíamos falar da "ideologia do Partido Trabalhista". Assim, estaríamos nos referindo ao grupo de ideias políticas, econômicas e sociais que configuram as ambições e atividades do partido.

---

6 | Graeme Turner, *British cultural studies: an introduction*, 3. ed., Londres: Routledge, 2003, p. 167.

7 | James Carey, "Overcoming resistance to cultural studies", em: John Storey (org.), *What is cultural studies?: a reader*, Londres: Edward Arnold, 1996, p. 65.

A segunda definição sugere certo disfarce, distorção ou ocultamento. Usa-se ideologia, nesse sentido, para indicar como alguns textos e práticas apresentam imagens distorcidas da realidade. Produzem o que às vezes leva o nome de falsa consciência. Tais distorções, como dizem, servem aos interesses dos poderosos contra os interesses dos fracos. Usando essa definição, podemos falar de ideologia capitalista, insinuando a forma como a ideologia oculta a real dominação exercida pelos que têm poder: a classe dominante não se vê como exploradora ou opressora. E, talvez mais importante, a forma como a ideologia esconde a real subordinação daqueles que são fracos: as classes subordinadas não se veem como oprimidas ou exploradas. Essa definição deriva de certas conjecturas a respeito das circunstâncias de produção de textos e práticas. Argumenta-se que eles são "reflexões" ou "expressões" superestruturais das relações de poder da base econômica da sociedade. Essa é uma das hipóteses fundamentais do marxismo clássico. Eis a famosa formulação de Karl Marx:

> Na produção social da sua existência, os homens entram inevitavelmente em relações definidas, que são independentes da sua vontade, a saber, as relações de produção adequadas a um dado estágio do desenvolvimento das forças materiais de produção. A totalidade dessas relações constitui a estrutura econômica da sociedade, os verdadeiros alicerces sobre os quais se ergue a superestrutura legal e política, a que correspondem formas definidas de consciência social. O modo de produção das condições da vida material condiciona os processos gerais da vida social, política e intelectual.[8]

Marx sugere que a forma como a sociedade organiza os meios de produção econômica vai ter efeito determinante sobre o tipo de cultura que a sociedade produz ou possibilita. Os produtos culturais dessa relação base/

---

8 | Karl Marx, "Preface", em *Contribution to the Critique of Political Economy*, Pequim: Foreign Languages, 1976a, p. 3.

superestrutura são considerados ideológicos, a ponto de, como resultado dela, implícita ou explicitamente, eles apoiarem os interesses de grupos dominantes, que se beneficiam social, política, econômica e culturalmente dessa organização econômica da sociedade.⁹

Nesse sentido geral, também podemos usar ideologia para nos referirmos às relações de poder fora da luta de classes. Por exemplo, feministas falam do poder da ideologia patriarcal e de como ela serve, em nossa sociedade, para ocultar, mascarar e distorcer relações de gênero.¹⁰

Uma terceira definição de ideologia (muito ligada à segunda e, de certo modo, dependente dela) usa o termo para se referir a "formas ideológicas". ¹¹ Esse uso pretende chamar a atenção para a maneira como textos (ficção televisiva, músicas *pop*, romances, filmes etc.) sempre apresentam uma imagem peculiar do mundo. Tal definição depende de uma noção mais conflituosa do que consensual de sociedade, estruturada na desigualdade, na exploração e na opressão. Diz-se que, nesse conflito, consciente e inconscientemente, os textos assumem uma posição. O teatrólogo alemão Bertolt Brecht assim o resumiu: "Boa ou ruim, uma peça sempre inclui uma imagem do mundo [...] Não existe peça, nem desempenho teatral, que não afete de certa maneira os estados de espírito e concepções do público. Não existe arte sem consequências"¹². O argumento de Brecht pode ser generalizado a todos os textos. Outra maneira de dizer isso seria simplesmente argumentar que todos os textos são essencialmente políticos. Isto é, oferecem sentidos ideológicos concorrentes, relativos à maneira como o mundo é ou deveria ser. Assim, como afirma Hall, a cultura popular

---

9 | Mais detalhes sobre essa formulação estão no Capítulo 4.

10 | Ver Capítulo 7; a ideologia do racismo é abordada no Capítulo 8.

11 | Karl Marx, "Preface", *op. cit.*, p. 5.

12 | Bertolt Brecht, *On Theatre*, trad. John Willett, Londres: Methuen, 1978, pp. 150-1.

é um espaço em que "são criados entendimentos sociais coletivos": um terreno onde se usa "a política da significação" ao extremo, na tentativa de atrair pessoas para determinados modos de ver o mundo.[13]

Uma quarta definição de ideologia é aquela associada às primeiras obras do teórico cultural francês Roland Barthes.[14] O argumento, neste caso, é que a ideologia (ou "mito", como Barthes denomina) atua principalmente no âmbito das conotações, do secundário – significados muitas vezes inconscientes que textos e práticas carregam, ou podem ser levados a carregar. Por exemplo, um programa político do Partido Conservador transmitido em 1990 terminava com a palavra "socialismo" sendo transportada para uma prisão vermelha. O que se sugeria era ser o socialismo do Partido Trabalhista sinônimo de prisão social, econômica e política. O programa tentava fixar conotações da palavra "socialismo". Além disso, esperava localizar o socialismo em uma relação binária, em que ele conotasse falta de liberdade, enquanto o conservadorismo conotava liberdade. Para Barthes, esse seria um exemplo clássico das operações da ideologia: a tentativa de tornar universal e legitimar o que, na verdade, é parcial e particular; uma tentativa de fazer passar o que é cultural (feito pelo homem) como algo natural (que apenas existe). Por semelhança, é possível argumentar que, na sociedade britânica, o branco, o masculino, o heterossexual, a classe média passam despercebidos, no sentido de serem os "normais", os "naturais", os "universais", e disso depreende-se que outras formas de ser são uma variação inferior do original. Isso fica claro em formulações como uma cantora *pop*, um jornalista negro, um escritor da classe operária, um comediante *gay*. Em cada caso, o segundo termo é

---

13 | Stuart Hall, "The rediscovery of ideology: the return of the repressed in media studies", em John Storey (org.), *Cultural theory and popular culture: a reader*, 4. ed., Harlow: Pearson Education, 2009a, pp. 122-3.

14| Mais detalhes no Capítulo 6.

usado para qualificar o primeiro como um desvio das categorias "universais": o cantor *pop*, o jornalista, o escritor e o comediante.

A quinta definição de ideologia – desenvolvida pelo filósofo marxista francês Louis Althusser[15] – é uma que teve muita influência nos anos 1970 e no início dos 1980. Aqui só vou destacar alguns pontos-chave de uma de suas definições de ideologia. O principal argumento de Althusser é que a ideologia não é um mero grupo de ideias, mas uma prática material. O que ele pretende dizer com isso é que se encontra ideologia nas práticas da vida cotidiana, e não apenas em certas ideias sobre a vida cotidiana. E o que tem em mente é, principalmente, a forma como certos rituais e costumes acabam nos ligando à ordem social: uma ordem social marcada por enormes desigualdades de riqueza, *status* e poder. Usando essa definição, poderíamos descrever o feriado na praia ou a celebração do Natal como exemplos de práticas ideológicas, enfatizando a forma como oferecem prazer e libertação das exigências usuais da ordem social, deixando-nos renovados e prontos para tolerar a exploração e a opressão até que venha a próxima pausa. Nesse sentido, a ideologia serve para reproduzir as condições e relações sociais necessárias para dar continuidade às condições e relações econômicas do capitalismo.

Até aqui, resumimos diferentes maneiras de definir cultura e ideologia. O que deve ficar claro, por enquanto, é que cultura e ideologia cobrem quase o mesmo panorama conceitual. A principal diferença entre esses conceitos é que ideologia traz, para o terreno compartilhado, uma dimensão política. Além disso, a introdução do conceito de ideologia sugere que as relações de poder e a política marcam inevitavelmente o panorama cultura/ideologia, sugerindo que estudar cultura popular equivale a algo que vai além de um simples estudo do entretenimento e do lazer.

<u>CULTURA POPULAR</u> | Há várias possibilidades de definir cultura popular. Parte deste livro, é claro, aborda esse processo: as diferentes ma-

---

[15] | Mais detalhes no Capítulo 4.

neiras como análises críticas variadas tentaram fixar o significado de cultura popular. Portanto, tudo que pretendo fazer no restante deste capítulo é esboçar seis definições de cultura popular que, de modos diferentes e gerais, configuram o estudo de cultura popular. Mas, primeiro, falemos um pouco sobre o termo "popular". Williams sugere quatro significados em uso: "bastante apreciado por muitas pessoas", "tipos inferiores de obras", "trabalho que deliberadamente visa ser bem acolhido pelas pessoas" e "cultura feita, de fato, pelas pessoas para si mesmas".[16] É claro que, assim, qualquer definição de cultura popular traz, em si, uma complexa combinação dos diferentes significados do termo "cultura" com os diferentes significados do termo "popular". A história da ligação da teoria cultural com a cultura popular é, dessa forma, uma história das diferentes maneiras como – em trabalhos teóricos, dentro de certos contextos históricos e sociais – os dois termos foram reunidos.

Em qualquer tentativa de definir cultura popular, um ponto de partida óbvio é dizer que ela é, simplesmente, aquela cultura que obtém, de muitas pessoas, amplo acolhimento ou apreciação. E, sem dúvida, muitos aprovariam esse índice quantitativo. Poderíamos pesquisar as vendas de livros, de CDs e DVDs. Poderíamos, também, analisar recordes de público em *shows*, eventos esportivos e festivais, ou ainda os dados de pesquisas de mercado sobre as preferências do público a respeito de diferentes programas televisivos. Tais análises certamente nos informariam muito. O difícil, e paradoxal, pode ser descobrir que é demasiada informação. A não ser que possamos concordar a respeito de um número acima do qual algo se torne cultura popular e abaixo do qual exista apenas cultura, podemos descobrir que obter amplo acolhimento ou apreciação por muitas pessoas inclui tanta coisa, que, como definição conceitual de cultura popular, é quase inútil. Apesar desse problema, fica claro que qualquer definição de cultura popular deve incluir uma dimensão quantitativa. O "popular",

---

16| Raymond Williams, *Keywords, op. cit.*, p. 237.

de cultura popular, parece exigi-lo. O que também fica claro, contudo, é que, sozinho, um índice quantitativo não é suficiente para fornecer uma definição adequada de cultura popular. Tal argumento incluiria, é quase certo, "a oficialmente sancionada 'alta cultura', que, em termos de livros, registros de vendas e de público para dramatização televisiva de clássicos, pode justificadamente alegar ser 'popular' nesse sentido"[17].

Uma segunda maneira de definir cultura popular é sugerir que ela seja aquela que é deixada de lado após termos decidido o que é alta cultura. Cultura popular, nessa definição, é uma categoria residual, que serve para acomodar textos e práticas que não atingiram padrões que os classificariam como alta cultura. Em outras palavras, é uma definição de cultura popular como cultura inferior. O que o teste cultura/cultura popular pode incluir é um leque de julgamentos de valor sobre um texto ou alguma prática específica. Por exemplo, podemos querer insistir na tese da complexidade formal. Em outras palavras, para ser cultura de verdade, precisa ser difícil. Ser difícil propicia, assim, seu *status* exclusivo como alta cultura. Essa grande dificuldade literalmente exclui – exclusão essa que garante a exclusividade de seu público. O sociólogo francês Pierre Bourdieu argumenta que distinções culturais desse tipo costumam ser usadas para apoiar distinções de classe. Gosto é uma categoria profundamente ideológica: funciona como marcador de "classe" (usando o termo em seu duplo significado: categoria socioeconômica; e sugestão de certo nível de qualidade). Para Bourdieu, o consumo de cultura é "predisposto – consciente e deliberadamente, ou não – a satisfazer a função social de legitimar diferenças sociais"[18].

---

17 | Tony Bennett, "Popular culture: a teaching object", *Screen Education*, 34, 1980, pp. 20-1.

18 | Pierre Bourdieu, *Distinction: a social critique of the judgment of taste*, trad. Richard Nice, Cambridge, MA: Harvard University Press, 1984, p. 5; mais detalhes sobre o assunto estão nos Capítulos 9 e 10.

Tal definição de cultura popular costuma ser apoiada no argumento de que cultura popular é uma cultura comercial de massa, enquanto alta cultura é resultado de um ato individual de criação. Esta última, portanto, merece uma resposta moral e estética; a primeira, para liberar o pouco que tem a oferecer, pede apenas uma rápida vistoria sociológica. Não importando o método, aqueles que querem defender a divisão entre alta cultura e cultura popular dizem, em geral, que a divisão entre as duas é absolutamente clara. Além disso, tal divisão não é apenas clara, ela é trans-histórica – estabelecida para sempre. Costuma-se insistir nesse último ponto, principalmente se a divisão depende de supostas qualidades textuais essenciais.

Nessa certeza há muitos problemas. Por exemplo, hoje William Shakespeare é visto como o epítome da alta cultura, embora no século XIX sua obra fosse considerada como parte do teatro popular.[19] O mesmo se pode dizer da obra de Charles Dickens, e, por semelhança, que o filme *noir* cruzou a suposta fronteira entre cultura popular e alta cultura: em outras palavras, o que surgiu como cinema popular é hoje salvaguardado por acadêmicos e clubes de cinéfilos.[20] Um exemplo recente de tráfego cul-

---

19 | Para um excelente estudo sobre Shakespeare como cultura popular nos Estados Unidos do século XIX, ver Lawrence Levine, *Highbrow/lowbrow*: the emergence of cultural hierarchy in America, Cambridge, MA: Harvard University Press, 1988.

20 | Slavoj Žižek identifica a avaliação retroativa que estabeleceu a atual situação do *film noir*: "Começou a existir apenas quando foi descoberto, nos anos 1950, por críticos franceses (não é nenhum acidente que, mesmo em inglês, o termo usado para designar o gênero seja francês: *film noir*). O que era, nos Estados Unidos, uma série de produções B, de baixo orçamento, com pouco prestígio da crítica, foi milagrosamente transformado pela intervenção do olhar francês em um objeto de arte sublime, uma espécie de filme pendendo para o existencialismo filosófico. Diretores que nos Estados Unidos

tural na outra direção é a gravação que Luciano Pavarotti fez de "Nessun Dorma", de Puccini. Mesmo os mais rigorosos defensores da alta cultura não gostariam de excluir Pavarotti ou Puccini de sua seleta cidadela. Mas, em 1990, Pavarotti conseguiu levar "Nessun Dorma" ao primeiro lugar das paradas britânicas. Em qualquer análise quantitativa, tal sucesso comercial transformaria tudo – compositor, cantor e ária – em cultura popular.[21] Na verdade, um de meus alunos reclamou de a ária ter sido supostamente desvalorizada, devido a seu sucesso comercial. Dizia que agora sentia vergonha de escutar a música, com medo de que alguém achasse que seu gosto musical se devia apenas ao fato de ela ser "o tema oficial da Tribuna da BBC na Copa do Mundo". Seus colegas riram e zombaram. Mas essa reclamação realça algo muito significativo na divisão entre alta cultura e cultura popular: o investimento elitista, de algumas pessoas, para que isso não deixe de existir.

Em 30 de julho de 1991, Pavarotti fez uma apresentação gratuita no Hyde Park, em Londres. Eram esperadas cerca de 250 mil pessoas, mas, devido à forte chuva, o público presente ficou na casa dos 100 mil. Sobre esse evento, duas coisas interessam a um estudante de cultura popular:

> tinham o *status* de artesãos habilidosos, no melhor dos casos, tornaram-se *auteurs*, cada um trazendo em seus filmes uma visão trágica única do universo"; ver Slavoj Žižek, *Enjoy your symptom*: Jacques Lacan in Hollywood and out, Londres: Routledge, 1992, p. 112.
>
> 21 | Para um estudo da ópera na cultura popular, ver John Storey, "Expecting rain: opera as popular culture", em: Jim Collins, (org.), *High-Pop*, Oxford: Blackwell, 2002a, *Inventing popular culture: from folklore to globalisation*, Oxford: Blackwell, 2003; "Inventing opera as art in nineteenth-century Manchester", *International Journal of Cultural Studies*, 9 (4), 2006; e, ainda, *Culture and power in cultural studies*: the politics of signification, Edimburgo: Edinburgh University Press, 2010a.

a primeira é sua enorme popularidade, que poderia ser associada ao fato de dois discos anteriores de Pavarotti (*Essential Pavarotti 1* e *Essential Pavarotti 2*) terem chegado ao topo da parada britânica de álbuns. Sua óbvia popularidade parecia colocar em dúvida qualquer divisão clara entre alta cultura e cultura popular; a segunda é que tal popularidade parecia ameaçar a exclusividade de classe de uma divisão entre as culturas alta e popular. É interessante, portanto, observar a maneira como o evento foi noticiado na mídia. Todos os tabloides britânicos o noticiaram na primeira página. O *Daily Mirror*, por exemplo, reservou cinco páginas para o *show*. A cobertura do tabloide revela uma clara tentativa de defini-lo como cultura popular. O *Sun* citou uma leitora: "Não consigo ir a uma ópera bacana, cheia de figurões, por 100 libras o ingresso". O *Daily Mirror* publicou editorial dizendo que a apresentação de Pavarotti "não foi para os ricos", mas "para os milhares [...] que nunca poderiam pagar por uma noite com uma estrela operística". Quando o evento foi mostrado nos noticiários televisivos do almoço no dia seguinte, a cobertura dos tabloides foi incluída como parte do significado geral do evento. Tanto o *One O'clock News*, da BBC, como o *12.30 News*, da ITV, referiram-se à forma como os tabloides cobriram o concerto e, ainda, falaram da *extensão* dada à cobertura. De repente as velhas certezas do cenário cultural pareciam em cheque. Houve, contudo, tentativas de reintroduzir as velhas certezas: "alguns críticos dizem que um parque não é lugar para ópera"; "apaixonados por ópera podem considerar o evento um tanto vulgar"[22].

Embora tais comentários invocassem o espectro da exclusividade da alta cultura, pareciam estranhamente perplexos para explicar o acontecido. A aparentemente óbvia divisão cultural entre alta cultura e cultura popular já não estava tão óbvia. De uma hora para outra, "cultural" parecia ter sido substituído por "econômico", revelando uma divisão entre "os ricos" e "os milhares". Foi a popularidade do evento que forçou os noticiários

---

22 | Citações de *One O'clock News* e *12.30 News*, respectivamente.

televisivos a confrontar velhas certezas culturais e, até, a ver a necessidade disso. Em parte, isso pode ser ilustrado retornando-se ao significado contraditório do termo "popular"[23]. Por um lado, diz-se que algo é bom por ser popular. Um exemplo desse uso seria: foi uma apresentação popular. Contudo, por outro, e pelo mesmo motivo, diz-se que algo é mau. Consideremos as oposições binárias na Tabela 1.1 a seguir. Fica bem claro como popular e cultura popular trazem em sua definição conotações de inferioridade; uma cultura de segunda linha, destinada àqueles que não conseguem entender (muito menos apreciar) a cultura real – aquela que Matthew Arnold classifica como "o melhor de tudo que se pensou e disse no mundo"[24]. Hall argumenta que, aqui, o importante não é o fato de formas populares subirem e descerem na "escada rolante cultural"; mais significativas são "as forças e relações que sustentam a distinção, a diferença [...], [as] instituições e os processos institucionais [...] necessários para sustentar umas às outras e marcar continuamente a diferença entre elas"[25]. O trabalho do sistema educacional, e sua promoção de uma tradição seletiva, é principalmente esse.[26]

23 | Ver John Storey, *Inventing popular culture: from folklore to globalisation*, Oxford: Blackwell 2003; e "Popular", em Tony Bennett et al. (orgs.), *New key words: a revised vocabulary of culture and society*, Oxford: Blackwell, 2005.
24 | Ver Capítulo 2.
25 | Suart Hall, "Notes on deconstructing 'the popular'", em: John Storey (org.), *Cultural theory and popular culture: a reader*, 4. ed., Harlow: Pearson Education, 2009b, p. 514.
26 | Ver Capítulo 3.

TABELA 1.1 Cultura popular como cultura "inferior"

Imprensa popular	Imprensa de qualidade
Cinema popular	Cinema de arte
Entretenimento popular	Arte

Uma terceira maneira de definir cultura popular é como "cultura de massa", o que em grande parte se baseia na definição anterior. A perspectiva da cultura de massa é estudada em detalhes mais adiante;[27] portanto, quero agora sugerir os termos básicos dessa definição. Quem se refere à cultura popular como cultura de massa quer estabelecer, como primeiro ponto, que cultura popular é uma cultura irremediavelmente comercial – produzida em massa para consumo em massa. Seu público é uma massa de consumidores não exigentes. A cultura em si é formalista, manipulativa (para a direita ou para a esquerda política, dependendo de quem faz a análise). É uma cultura consumida com a passividade de mentes entorpecidas ou a entorpecer. Mas, como afirma John Fiske, "entre 80% e 90% dos novos produtos fracassam: apesar da publicidade extensiva [...] muitos filmes não conseguem sequer recuperar seus custos promocionais na bilheteria"[28]. Simon Frith também aponta que cerca de 80% dos *singles* e discos lançados perdem dinheiro.[29] Essas estatísticas certamente devem colocar em dúvida a noção de consumo como atividade automática e passiva.[30]

27 | Ver Capítulo 2.
28 | John Fiske, *Reading the popular*, Londres: Unwin Hyman, 1989, p. 31.
29 | Simon Frith, *Sound effects: youth, leisure and the politics of rock*, Londres: Constable, 1983, p. 147.
30 | Ver Capítulos 7 e 10.

Quem trabalha sob a perspectiva de cultura de massa costuma ter em mente uma "era dourada" anterior, quando as questões culturais eram muito diferentes. E, em geral, isso assume uma destas duas formas: uma comunidade orgânica perdida ou uma cultura folclórica perdida. Mas, como aponta Fiske, "em sociedades capitalistas, não existe a chamada cultura folclórica autêntica, por meio da qual se possa medir a 'inautenticidade' da cultura de massa; portanto, lamentar a perda do autêntico é um exercício infrutífero de nostalgia romântica"[31]. Isso também vale para a comunidade orgânica "perdida". Já a Escola de Frankfurt localiza a era dourada perdida não no passado, mas no futuro.[32]

Para alguns críticos culturais que trabalham sob o paradigma da cultura de massa, esta não é apenas uma cultura imposta ou empobrecida – é, num sentido claramente identificável, uma cultura americana importada: "Se cultura popular, em sua forma moderna, foi *inventada* em um lugar único qualquer, foi [...] nas grandes cidades dos Estados Unidos e, principalmente, em Nova York"[33]. Dentro do mapeamento teórico da cultura popular, o argumento de que cultura popular é cultura americana tem uma longa história e recebe o nome de "americanização". O ponto central é o declínio da cultura britânica, sob a influência homogeneizante da cultura americana. A respeito dos Estados Unidos e da cultura popular, há duas coisas que podemos dizer com certeza. Primeira: como afirmou Andrew Ross, "na América, a cultura popular foi social e institucionalmente fundamental por mais tempo e de maneira mais significativa do que na Europa"[34].

---

[31] | John Fiske, *Reading the popular*, op.cit., p. 27.

[32] | Ver Capítulo 4.

[33] | Richard Maltby, "Introduction", em: Richard Maltby (org.), *Dreams for sale: popular culture in the 20th century*, Londres: Harrap, 1989, p. 11; grifo meu.

[34] | Andrew Ross, *No respect: intellectuals and popular culture*, Londres: Routledge, 1989, p. 7.

Segunda: embora não se duvide da disponibilidade de cultura americana em todo o mundo, a forma como se consome o que está disponível é, pelo menos, contraditória.[35] A verdade é que, nos anos 1950 (um dos períodos-chave da americanização), para muitos jovens na Grã-Bretanha, a cultura americana representava uma força de libertação contra as certezas cinzentas do cotidiano britânico. Também é evidente que o medo da americanização está fortemente relacionado a uma desconfiança (não importando a origem nacional) quanto a formas emergentes de cultura popular. Como acontece de modo geral com a perspectiva da cultura de massa, há versões esquerdistas e direitistas da afirmação. E o que está ameaçado são os valores tradicionais da alta cultura ou o estilo de vida tradicional de uma classe operária "seduzida".

Agora apresento o que podemos chamar de "versão benigna do enfoque da cultura de massa", em que os textos e as práticas de cultura popular são vistos como formas de fantasia pública. Cultura popular é entendida, assim, como um mundo de sonhos coletivos. Como alega Richard Maltby, cultura popular propicia "escapismo, mas [...] não é uma fuga de um lugar, ou para um lugar, mas uma fuga para nossos *selves* ('eus') utópicos".[36] Nesse sentido, pode-se dizer que práticas culturais como Natal e férias de verão funcionam quase da mesma maneira que os sonhos: articulam, de forma disfarçada, vontades e desejos coletivos (mas reprimidos). Essa é uma versão benigna da crítica à cultura de massa porque, como aponta Maltby, "se o crime da cultura popular foi ter pegado nossos sonhos, reembalando-os e os revendendo para nós, também é uma conquista sua nos ter oferecido mais sonhos e mais variados do que jamais poderíamos ter conseguido de outras formas"[37].

35 | Ver Capítulo 9.
36 | Richard Maltby, "Introduction", *op. cit.*, p. 14.
37 | *Idem, ibidem*.

O estruturalismo, todavia – embora não esteja habitualmente dentro do enfoque da cultura de massa, e certamente não compartilhe de sua abordagem moralista –, vê a cultura popular como uma espécie de máquina ideológica que, de modo mais ou menos fácil, reproduz as estruturas prevalecentes de poder. Leitores são vistos como presos a "perspectivas de leitura" específicas. Há pouco espaço para a atividade do leitor ou para contradição textual. Parte da crítica do pós-estruturalismo ao estruturalismo é a abertura de um espaço crítico, em que essas questões possam ser estudadas.[38]

Uma quarta definição sustenta que cultura popular é a cultura que se origina do "povo". Discorda de qualquer abordagem que sugira ser algo imposto sobre "o povo" a partir de cima. Segundo essa definição, o termo deveria ser usado apenas para indicar uma cultura "autêntica" do "povo". Cultura popular como cultura folclórica é isto: uma cultura do povo para o povo. Como definição de cultura popular, ela "geralmente se equipara a um conceito altamente romantizado de cultura da classe operária, construída como principal fonte de protesto simbólico dentro do capitalismo contemporâneo".[39] Um problema dessa abordagem é a questão de quem se qualifica a ser incluído na categoria "povo". Outro problema é que ela escamoteia a natureza "comercial" de muitos dos recursos usados na cultura popular. Não importa quanto se insista nessa definição, o fato é que pessoas não produzem cultura espontaneamente, com matérias-primas de sua própria lavra. Não importa o que seja cultura popular, o certo é que suas matérias-primas são fornecidas comercialmente. Essa abordagem tende a evitar todas as implicações de tal fato. Análises críticas de músicas *pop* e de *rock* costumam estar repletas desse tipo de análise de cultura popular. Em uma conferência de que participei, uma proposta do público sugeria que, para vender seus produtos, a Levi's nunca deveria usar uma

---

38 | Estes temas são abordados com mais detalhes no Capítulo 6.
39 | Tony Bennett, "*Popular culture: a teaching object*", *op. cit.*, p. 27.

música do Jam. O fato de já terem usado uma canção do Clash não atrapalhava essa convicção, que trazia um sentido claro de diferença cultural – comerciais televisivos feitos para a Levi's são cultura de massa; a música do Jam é cultura popular, definida como cultura antagônica, uma cultura do "povo". A única forma de se encontrarem seria por uma "traição" do Jam. Como isso não iria acontecer, a Levi's nunca usaria uma música do Jam para vender seus produtos. Ora, isso já havia acontecido com o Clash, uma banda com credenciais políticas igualmente representativas. Esse ciclo chegou a um fim. No pior dos casos, o uso que os estudos culturais fazem do conceito de hegemonia teria estimulado mais discussões.[40]

Uma quinta definição de cultura popular volta-se para a análise política do marxista italiano Antonio Gramsci, especialmente ao desenvolver o conceito de hegemonia. Gramsci usa o termo "hegemonia" para se referir à maneira como grupos dominantes na sociedade, por meio de um processo de "liderança intelectual e moral",[41] procuram ganhar a aprovação de grupos subordinados na sociedade. Por ora, ofereço apenas um esboço geral de como teóricos culturais aproveitaram as ideias políticas de Gramsci para explicar a natureza e a política da cultura popular. Aqueles que assim fizeram veem a cultura popular como um lugar de luta entre a "resistência" de grupos subordinados e as forças da "incorporação" que operam a favor dos interesses de grupos dominantes. Cultura popular, nesse sentido, não é a cultura imposta, a dos teóricos da cultura de massa, nem aquela cultura antagonista que emerge espontaneamente, vinda de baixo, do "povo" – é um terreno de trocas e negociação entre as duas: um terreno, como já dito, marcado por resistência e incorporação. Os textos e práticas de cultura popular movem-se no âmbito do que Gramsci chama

---

40 | Ver Capítulo 4.

41 | Antonio Gramsci, "Hegemony, intellectuals, and the state", em: John Storey (org.), *Cultural theory and popular culture: a reader*, 4. ed., Harlow: Pearson Education, 2009, p. 75; mais detalhes no Capítulo 4.

de "equilíbrio de compromisso"[42] – uma balança que, em geral, pende para os interesses dos poderosos. O processo é histórico (em um momento, é chamado de cultura popular, e, em outro, de outro tipo de cultura), mas também é sincrônico (em qualquer momento histórico, move-se entre resistência e incorporação). Por exemplo, as férias de verão começaram como evento aristocrático e, cem anos depois, tornaram-se exemplo de cultura popular. O filme *noir* começou como cinema popular desprezado e, trinta anos depois, tornou-se cinema de arte. Em termos gerais, quem olha para a cultura popular do ponto de vista da teoria da hegemonia, costuma vê-la como um terreno de luta ideológica entre as classes dominante e subordinada, as culturas dominante e subordinada. Como explica Bennett,

> o campo de cultura popular é estruturado por uma tentativa da classe governante de obter hegemonia e por formas de oposição a esse esforço. Como tal, consiste não apenas de cultura de massa imposta, coincidente com a ideologia dominante, nem apenas de culturas espontaneamente antagônicas, mas é mais uma área de negociação entre as duas, onde – em diferentes tipos específicos de cultura popular – valores e elementos ideológicos e culturais dominantes, subordinados e antagônicos, são "misturados" em diferentes permutações.[43]

O equilíbrio de compromisso da hegemonia também pode ser empregado para analisar diferentes tipos de conflito que perpassam a cultura popular ou nela ocorrem. Bennett realça o conflito de classes, mas é possível usar a teoria da hegemonia também para explorar e explicar con-

---

42 | Antonio Gramsci, *Selections from Prison notebooks*, Londres: Lawrence & Wishart, 1971, p. 161.

43 | Tony Bennett, "Popular culture and the turn to Gramsci", em: John Storey (org.), *Cultural theory and popular culture: a reader*, 4. ed. Harlow: Pearson Education, 2009, p. 96.

flitos envolvendo etnia, "raça", gênero, geração, sexualidade, deficiência etc. – todos, em diferentes momentos, estão envolvidos em formas de luta cultural contra as forças homogeneizantes que agem a favor da incorporação da cultura oficial ou dominante. Nesse uso da teoria da hegemonia, principalmente nos estudos culturais pós-marxismo,[44] o conceito-chave é o de "articulação" (sendo esta palavra empregada em seu duplo sentido, significando, ao mesmo tempo, expressar uma conexão temporária e fazê-la). A cultura popular é marcada pelo que Chantal Mouffe denomina como "um processo de desarticulação-articulação".[45] A transmissão política do Partido Conservador, antes mostrada, revela esse processo em ação. O que se tentava era a desarticulação do socialismo enquanto movimento político preocupado com emancipação econômica, social e política, em favor de sua articulação como um movimento político voltado a impor restrições à liberdade individual. Também o feminismo sempre reconheceu a importância da luta cultural existente no cenário controverso da cultura popular.[46] Editoras feministas publicaram ficção científica, livros de detetive e romances. Tais intervenções populares representam uma tentativa de articular gêneros populares em favor da política feminista. Também é possível, usando-se a teoria da hegemonia, localizar a luta entre resistência e incorporação como algo que ocorre não só entre textos e práticas populares mas também no interior de cada um deles. Raymond Williams sugere a possibilidade de identificarem-se, dentro de um texto ou prática popular, diferentes momentos – que nomeia como "domi-

---

44 | Ver Capítulo 4.

45 | Chantal Mouffe, "Hegemony and ideology in Gramsci", em: Tony Bennett, Colin Mercer & Janet Woollacott (orgs.), *Culture, ideology and social process*, Milton Keynes: Open University Press, 1981, p. 231.

46 | Ver Capítulo 7.

nante", "emergente", e "residual"[47] –, cada um puxando o texto em uma direção diferente. Assim, um texto é feito de uma mistura contraditória de diferentes forças culturais. Como esses elementos se articulam vai depender, em parte, das circunstâncias sociais e das condições históricas de produção e consumo. Hall usa as ideias de Williams para construir uma teoria de posições de leitura: "subordinada", "dominante" e "negociada".[48] Para considerar discurso e subjetividade, David Morley modificou o modelo: vê a leitura, sempre, como uma interação entre os discursos do texto e os discursos do leitor.[49]

Outro aspecto da cultura popular sugerido pela teoria da hegemonia é a alegação de que teorias de cultura popular são, na verdade, teorias sobre a constituição do "povo". Hall, por exemplo, afirma que a cultura popular é um espaço controverso para construções políticas do "povo" e de sua relação com "o bloco de poder":[50]

"O povo" não se refere a todos nem a um único grupo da sociedade, mas a uma variedade de grupos sociais que, ainda que difiram em outros aspectos (sua posição de classe ou as lutas específicas mais imediatas que estão travando), são distintos dos grupos econômica, política e culturalmente poderosos dentro da so-

---

[47] | Raymond Williams, "Base and superstructure in Marxist cultural theory", em: *Problems in materialism and culture*, Londres: Verso, 1980.

[48] | Stuart Hall, "Encoding/decoding", em Stuart Hall et al. (orgs.), *Culture, media, language*, Londres: Hutchinson, 1980a.

[49] | David Morley, *The nationwide audience*, Londres: BFI, 1980.

[50] | Stuart Hall, "Notes on deconstructing 'the popular'", em: John Storey (org.), *Cultural theory and popular culture: a reader*, 4. ed., Harlow: Pearson Education, 2009b, citando outros autores; ver Capítulo 4.

ciedade e, assim, são potencialmente capazes de se unir – ou se organizar em "o povo versus o bloco de poder" – se suas lutas individuais estiverem interligadas.[51]

Isso, logicamente, transforma cultura popular em um conceito profundamente político.

Cultura popular é um lugar em que a construção da vida cotidiana pode ser examinada. O motivo para fazer isso não é apenas acadêmico – é também político, para examinar as relações de poder que constituem essa forma de cotidiano e, assim, revelar as configurações dos interesses visados por sua construção.[52]

No último capítulo, abordo o uso "semiótico" que John Fiske fez do conceito de hegemonia de Gramsci.[53] Assim como Paul Willis, mas de uma perspectiva um pouco diferente, Fiske afirma que cultura popular é a que as pessoas fazem a partir dos produtos das indústrias culturais – cultura de massa é o repertório; cultura popular é o que as pessoas criam com base nela, o que fazem de fato com os bens e práticas transformados em mercadorias que consomem.

A sexta definição de cultura popular é uma gerada por ideias recentes no estudo do pós-modernismo.[54] No momento, quero apenas chamar a atenção para alguns pontos básicos no estudo da relação entre pós-modernismo e cultura popular. O principal, aqui, é insistir na alegação de que a cultura pós-moderna é uma cultura que não mais reconhece a distinção entre cultura popular e alta cultura. Como veremos, isso é – para alguns

---

51 | Tony Bennett, "The politics of the popular", em: *Popular culture and social relations*, Milton Keynes: Open University Press, 1986, p. 20.
52 | Graeme Turner, *op. cit.*, p. 6.
53 | Ver Capítulo 10.
54| É o tema do Capítulo 9.

– motivo para celebrar o fim de um elitismo construído com base em distinções arbitrárias de cultura; para outros, é razão para se desesperar pela vitória final do comércio sobre a cultura. Um exemplo da suposta interpenetração de comércio e cultura (a indistinção pós-moderna entre cultura "autêntica" e cultura "comercial") pode ser encontrado na relação entre comerciais televisivos e música *pop*. Por exemplo, há uma lista crescente de artistas que lançaram discos de sucesso como consequência de suas músicas terem aparecido em comerciais televisivos. Uma das questões levantadas por essa relação é: "O que está sendo vendido: música ou produto?". Suponho que a resposta óbvia seja: ambos. Além disso, agora é possível comprar CDs compostos por músicas que fizeram, ou voltaram a fazer, sucesso por terem sido usadas em publicidade. Há uma circularidade maravilhosa nisso: músicas são usadas para vender produtos, e o fato de serem bem-sucedidas serve para vender essas músicas. Para os que não têm muita simpatia pelo pós-modernismo ou pela festiva teorização de alguns pós-modernistas, a pergunta de fato é: "O que essa relação está fazendo com a cultura?". Esquerdistas podem se preocupar com seus efeitos sobre as possibilidades oposicionistas da cultura popular. Já a preocupação de direitistas pode ser o que isso provoca no *status* da autêntica cultura. Isso levou a um debate prolongado nos estudos culturais. Nesse debate, é central a significância da cultura popular.[55]

Por fim, o que todas essas definições têm em comum é insistir em que não importa o que cultura popular seja, mas ela definitivamente só surgiu depois da industrialização e da urbanização. Como Williams afirma no prefácio de *Culture and society*, "o princípio organizador deste livro é a descoberta de que a ideia de cultura, e a própria palavra, em seus usos gerais modernos, veio para o pensamento inglês no período que costuma-

---

55 | Esta e outras perguntas serão exploradas no Capítulo 9, que também aborda, do ponto de vista do estudante de cultura popular, a questão: "O que é pós-modernismo?".

mos descrever como o da Revolução Industrial".[56] É uma definição – de cultura e de cultura popular – que depende da existência de uma economia de mercado, capitalista. Definida dessa forma historicamente restrita, isso, é claro, faz da Grã-Bretanha o primeiro país a produzir cultura popular. Há outras maneiras de definir cultura popular que independem desse período histórico ou dessas circunstâncias específicas, mas são definições que fogem ao âmbito dos teóricos culturais e da teoria cultural estudados neste livro. O argumento que subjaz à periodização da cultura popular é que a experiência de industrialização e urbanização alterou fundamentalmente as relações culturais no espaço da cultura popular. Antes da industrialização e da urbanização, a Grã-Bretanha tinha duas culturas: uma cultura comum, mais ou menos compartilhada por todas as classes; e, separada, uma cultura de elite, produzida e consumida por parte das classes dominantes da sociedade.[57]

Como consequência da industrialização e da urbanização, aconteceram três coisas que, juntas, acabaram redesenhando o mapa cultural. A primeira delas é que a industrialização alterou as relações entre empregados e empregadores. Isso acarretou a passagem de uma relação baseada na obrigação mútua para uma baseada unicamente nas demandas do que Thomas Carlyle chama de "nexo dinheiro".[58] A segunda é que a urbanização produziu uma separação residencial de classes. Pela primeira vez na história britânica, havia, nas cidades e vilas, seções inteiras habitadas ape-

---

56 | Raymond Williams, *Culture and society*, Harmondsworth: Penguin, 1963, p. 11.

57 | Ver Peter Burke, *Popular culture in early modern Europe*, Aldershot: Scolar, 1994; e John Storey, *Inventing popular culture: from folklore to globalisation*, Oxford: Blackwell, 2003.

58 | R. J. Morris, *Class and class consciousness in the Industrial Revolution 1780-1850*, Londres: Macmillan, 1979, p. 22, citando Thomas Carlyle.

nas por operários e operárias. A terceira foi o pânico causado pela Revolução Francesa – o medo de que ela pudesse ser importada para a Grã-Bretanha –, o que encorajou sucessivos governos a aprovar diversas medidas repressivas visando derrotar o radicalismo. O radicalismo político e as atividades sindicais, entretanto, não foram destruídos: passaram à clandestinidade, para se organizar longe da influência exercida pela interferência e controle da classe média. Esses três fatores combinados produziram um espaço cultural fora do alcance das considerações paternalistas da cultura comum anterior. A consequência foi produzir-se um espaço cultural para, mais ou menos afastado da influência controladora das classes dominantes, gerar uma cultura popular. A maneira como se preencheu esse espaço foi motivo de controvérsia entre os fundadores do culturalismo.[59] Mas, não importando quais fossem seus conteúdos, as ansiedades causadas pelo novo espaço cultural foram diretamente responsáveis pelo surgimento de abordagens à cultura popular via "cultura e civilização".[60]

CULTURA POPULAR COMO *OUTRO* | O que deve ter ficado claro até aqui é que a definição do termo "cultura popular" não é tão óbvia quanto parecia de início. Boa parte da dificuldade surge do *outro ausente*, que sempre assombra qualquer definição que possamos usar. Não basta falar de cultura popular: sempre temos de informar com qual cultura ela está sendo contrastada. E não importa qual das outras se utilize em relação à cultura popular – cultura de massa, alta cultura, cultura da classe operária, cultura folclórica etc. –, ela sempre vai trazer certa inflexão teórica e política para a definição de cultura popular. Como aponta Bennett, "não existe maneira única ou 'correta' de resolver esses problemas; há apenas uma série de soluções diferentes que têm diferentes implicações e efeitos".[61] O principal propósito deste livro é apresentar os muitos

---

59 | Ver Capítulo 3.
60 | Ver Capítulo 2.
61 | Tony Bennett, "Popular culture: defining our terms", em:

problemas encontrados – e as muitas soluções sugeridas – na complexa união entre teoria cultural e cultura popular. Como descobriremos, há muita distância entre a concepção de Arnold, de cultura popular como "anarquia", e a alegação de Dick Hebdige, de que "a cultura popular ocidental não é mais marginal, muito menos subterrânea. Na maior parte do tempo e para a maioria das pessoas, trata-se simplesmente de cultura".[62] Ou, como observa Geoffrey Nowell-Smith, "as formas de cultura popular moveram-se tanto na direção do centro da vida cultural britânica, que, hoje, se coloca em questão a existência separada de uma cultura popular distinta, em uma relação de antagonismo com a alta cultura".[63] Isso, é claro, torna ainda mais importante a compreensão do leque de caminhos para teorizar sobre cultura popular.

Este livro, então, fala sobre a teorização que nos trouxe à nossa atual maneira de pensar a cultura popular. Fala do terreno mutável da cultura popular, explorado e mapeado por diferentes teóricos culturais e diferentes abordagens teóricas: é em seus ombros que nos apoiamos ao pensar criticamente sobre cultura popular. O objetivo deste livro é introduzir os leitores às diferentes maneiras como se analisou cultura popular; e às diferentes culturas populares que se articularam em consequência do processo de análise. Deve-se lembrar, pois, que cultura popular não é um grupo historicamente definido de textos e práticas populares, nem é uma categoria conceitual historicamente definida. O objeto sob observação teórica é, ao mesmo tempo, historicamente variável e sempre construído, em parte, pelo próprio ato de engajamento teórico. Isso fica ainda mais complicado

Popular culture: themes and issues, 1, Milton Keynes: Open University Press, 1982a, p. 86.

62 | Dick Hebdige, "Banalarama, or can pop save us all?", em: *New Statesman & Society*, 9 de dezembro de 1988.

63 | Geoffrey Nowell-Smith, "Popular culture", em: *New Formations*, 2, 1987, p. 8.

devido ao fato de diferentes perspectivas teóricas tenderem a se concentrar em certas áreas do panorama cultural popular. A divisão mais comum é entre o estudo de textos (ficção popular, televisão, música *pop* etc.) e culturas ou práticas vivenciadas (férias de verão, subculturas de jovens, a celebração do Natal etc.). Este livro visa, portanto, propiciar aos leitores um mapa do terreno que lhes permita iniciar suas próprias explorações, a começar por seu próprio mapeamento dos principais debates teóricos e políticos que caracterizaram o estudo de cultura popular.

LEITURA COMPLEMENTAR

STOREY, John (org.). *Cultural theory and popular culture: a reader*. 4. ed. Harlow: Pearson Education, 2009. Volume que faz par com este livro, traz exemplos da maioria dos trabalhos aqui tratados, além de um *site* interativo (www.pearsoned.co.uk/storey), com *links* para outros *sites* e para recursos eletrônicos úteis.

AGGER, Ben. *Cultural studies as cultural theory*. Londres: Falmer, 1992. Como implícito no título, é um livro sobre estudos culturais, escrito de uma perspectiva simpática à Escola de Frankfurt. Traz alguns comentários úteis sobre cultura popular, principalmente o Capítulo 2, "Popular culture as serious business" ["Cultura popular como negócio sério"].

ALLEN, Robert C. (org.). *Channels of discourse, reassembled*. Londres: Routledge, 1992. Embora essa coleção seja especificamente focalizada em televisão, contém alguns ensaios excelentes, de interesse geral para o estudante de cultura popular.

BENNETT, Tony; MERCER, Colin & WOOLLACOTT, Janet (orgs.). *Popular culture and social relations*. Milton Keynes: Open University Press, 1986. Interessante coleção de ensaios, abordando tanto teoria como análise.

BROOKER, Peter. *A concise glossary of cultural theory*. Londres: Edward Arnold, 1999. Um brilhante glossário com termos-chave da teoria cultural.

DAY, Gary (org.). *Readings in popular culture*. Londres: Macmillan, 1990. Coleção que mistura ensaios – alguns interessantes e úteis, outros dúbios demais – sobre o grau de seriedade com que se deve ver a cultura popular.

DU GAY, Paul *et alii*. *Doing cultural studies: the story of the Sony Walkman*. Londres: Sage, 1997. Excelente introdução a algumas questões centrais em estudos culturais. Devido à explicação de "circuito de cultura", vale muito a pena ler.

FISKE, John. *Reading the popular*. Londres: Unwin Hyman, 1989a. Coleção de ensaios analisando diferentes exemplos de cultura popular.

_____. Londres: Unwin Hyman, 1989b. Apresentação clara de sua notável abordagem ao estudo da cultura popular.

GOODALL, Peter. *High culture, popular culture: the long debate*. St. Leonards: Allen & Unwin, 1995. O livro registra o debate entre alta cultura e cultura popular, referindo-se específica mas não exclusivamente à experiência australiana, desde o século XVIII aos dias de hoje.

MILNER, Andrew. *Contemporary cultural studies*. 2. ed. Londres: UCL Press, 1994. Útil introdução à teoria cultural contemporânea.

MUKERJI, Chandra & SCHUDSON, Michael (orgs.). *Rethinking popular culture*. Berkeley: University of California Press, 1991. Coleção de ensaios, com introdução abrangente e interessante. Divide-se, com proveito, em seções sobre diferentes abordagens de cultura popular: histórica, antropológica, sociológica e cultural.

NAREMORE, James & BRANTLINGER, Patrick. *Modernity and mass culture*. Bloomington: Indiana University Press, 1991. Coleção útil e interessante de ensaios sobre teoria cultural e cultura popular.

STOREY, John. *Inventing popular culture*. Malden: Blackwell, 2003. Um registro histórico do conceito de cultura popular.

_____. *Culture and power in cultural studies: the politics of signification*. Edimburgo: Edinburgh University Press, 2010. Expande muitas das afirmações deste livro para áreas mais detalhadas de pesquisa.

STRINATI, Dominic. *An introduction to theories of popular culture*. Londres: Routledge, 1995. Introdução clara e abrangente a teorias de cultura popular.

TOLSON, Andrew. *Mediations: text and discourse in media studies*. Londres: Edward Arnold, 1996. Excelente introdução ao estudo da cultura das mídias populares.

TURNER, Graeme. *British cultural studies*. 3. ed. Londres: Routledge, 2003. Ainda hoje, a melhor introdução aos estudos culturais britânicos.

WALTON, David. *Introducing cultural studies: learning through practice*. Londres: Sage, 2008. Outra excelente introdução aos estudos culturais.

2 A TRADIÇÃO DA "CULTURA E CIVILIZAÇÃO"

Minorias poderosas sempre se preocuparam com a cultura popular da maioria: detentores de poder político sempre consideram necessário policiar a cultura daqueles que não têm esse poder, nela procurando, "sintomaticamente",[1] sinais de inquietação política; e, continuamente, a remodelam, seja por patrocínio, seja por intervenção direta. No século XIX, contudo, há uma mudança fundamental nessa relação. Os poderosos perdem, então, por um período crucial, os meios de controlar a cultura das classes subordinadas. Quando começam a recuperar o controle, é a própria cultura – e não a cultura como sintoma ou sinal de outra coisa – que se torna, de fato pela primeira vez, o foco de preocupação. Como observamos no final do capítulo anterior, para compreender tais mudanças, dois fatores são fundamentais: a industrialização e a urbanização. Juntas, elas produzem outras mudanças que contribuem para a criação de uma cultura popular que significa ruptura decisiva com as relações culturais do passado.

Certos pontos ficam evidentes se tomarmos a Manchester do século XIX como exemplo da nova civilização urbana industrial. Primeiro, a cidade desenvolve limites claros de segregação de classes; segundo, a separação residencial combina-se com as novas relações de trabalho do capitalismo industrial. Terceiro, com base nas mudanças habitacionais e nas relações de trabalho, ocorrem alterações culturais. Simplificando, a classe operária de Manchester angariou espaço para desenvolver uma cultura independente, a certa distância da intervenção direta das classes dominantes. A industrialização e a urbanização redesenharam o mapa cultural. Não mais havia uma cultura comum compartilhada e uma cultura adicional dos po-

---

1 | Ver Capítulo 6.

derosos. Pela primeira vez na história, as classes subordinadas habitantes dos centros urbanos e industriais tinham uma cultura separada, originada principalmente de:

- uma cultura oferecida pelos novos empreendedores culturais, tendo em vista o lucro; e
- uma cultura produzida pela agitação política (e com esse fim) não só de artesãos radicais da nova classe operária urbana, mas também aquela dos reformadores de classe média, todos muito bem descritos por E. P. Thompson em *The making of the English working class*.[2]

Cada um desses avanços ameaçou, de diferentes maneiras, as noções tradicionais de coesão cultural e de estabilidade social. Um, pelo desmantelamento comercial da coesão cultural, ameaçava enfraquecer a autoridade; o outro, representava um desafio direto a todas as formas de autoridade política e cultural.

Não eram avanços que garantissem o encorajamento daqueles que zelavam pela continuação de uma ordem social baseada no poder e no privilégio. Tais ocorrências, argumentavam, só podiam significar um enfraquecimento da estabilidade social, uma desestabilização da ordem social. Isso marcou o início daquilo que Benjamin Disraeli chamaria de "duas nações",[3] e acabou dando origem ao cartismo, o primeiro movimento político e cultural da nova classe operária urbana. É desse contexto – e de suas consequências posteriores – que emerge o estudo político de cultura popular.

MATTHEW ARNOLD | Pode-se dizer que o estudo de cultura popular na era moderna começa com a obra de Matthew Arnold. De certa

---

2 | E. P. Thompson, *The making of the English working class*, Harmondsworth: Penguin, 1980; ver o próximo capítulo.

3 | Benjamin Disraeli, *Sybil, or The two nations*, Harmondsworth: Penguin, 1980 [a primeira edição é de 1845].

forma, isso é surpreendente, pois ele pouco tinha a dizer sobre cultura popular em si. A importância de Arnold é inaugurar uma tradição, uma maneira peculiar de ver a cultura popular, de inseri-la no âmbito geral da cultura. Tal tradição acabou sendo conhecida como a da "cultura e civilização". Minha abordagem sobre a contribuição de Arnold ao estudo de cultura popular basicamente se concentra (mas não apenas) em *Culture and anarchy*,[4] a obra que garantiu sua reputação como crítico cultural e até hoje a mantém. No debate iniciado na década de 1860, e que durou até os anos 1950, Arnold estabeleceu uma agenda cultural que permaneceu dominante. Sua importância, entretanto, deriva-se não de uma obra empírica qualquer, mas da enorme influência de seu enfoque geral – a perspectiva arnoldiana – da cultura popular.

Para Arnold, cultura começa tendo dois significados. Primeiro, e principalmente, é um campo de conhecimento: na famosa citação de Arnold, "o melhor de tudo que se pensou e disse no mundo".[5] Segundo, a cultura empenha-se em "fazer prevalecer a razão e a vontade de Deus".[6] É na "doçura e na leveza" da segunda afirmação que "se manifesta o caráter moral, social e benéfico da cultura".[7] Isto é, "cultura [...] é um estudo da perfeição [...] perfeição [essa] que consiste em tornar-se algo, e não em ter algo; em uma condição interior de mente e espírito, não em um grupo exterior de circunstâncias".[8] Em outras palavras, cultura é o empenho em conhecer o melhor e em fazer esse conhecimento prevalecer para o bem de toda a humanidade.

Como se adquire cultura? Segundo Arnold, essa aquisição se faz pelo

---

4 | Matthew Arnold, *Culture and anarchy*. Londres: Cambridge University Press, 1960; a primeira edição é de 1867-1869.

5 | *Idem*, p. 6.

6 | *Idem*, p. 42.

7 | *Idem*, p. 46.

8 | *Idem*, p. 48.

"uso imparcial e ativo da leitura, da reflexão e da observação, no esforço de conhecer o melhor do que se pode conhecer".[9] Portanto, os significados de cultura não mais são dois, mas três. Cultura é agora o meio de conhecer o melhor de tudo que se pensou e disse; e também tal corpo de conhecimento; e a aplicação desse conhecimento em benefício da "condição interior da mente e do espírito".[10] Existe, ainda, um quarto aspecto a ser considerado: Arnold insiste que a cultura busca "dedicar-se a cuidar do espírito enfermo de nosso tempo".[11] Isso poderia parecer um exemplo de seu terceiro aspecto, mas logo ele nos conta que a cultura cumprirá sua função "não tanto ao dar uma mão a nossos amigos e compatriotas *em seus esforços atuais* para a remoção de certos males arraigados, mas ao fazer com que nossos compatriotas busquem cultura".[12] Esta é a quarta e última definição de Arnold: cultura é a busca por cultura, o que Arnold chama de "inação culta".[13] Para Arnold, então, cultura é:

- a capacidade de conhecer o melhor;
- o melhor;
- a aplicação mental e espiritual do melhor; e
- a busca do melhor.

Em nenhum momento ele define cultura popular. Entretanto, no decorrer da leitura de sua obra, tal "definição" se torna clara ao descobrirmos que o termo "anarquia" funciona, em parte, como sinônimo para cultura popular. Especificamente, anarquia/cultura popular é usado para se referir à sua concepção a respeito da natureza supostamente "disruptora"

9 | *Idem*, p. 179.
10 | *Idem*, p. 31.
11 | *Idem*, p. 163.
12 | *Idem*, pp. 163-4; grifo meu.
13 | *Idem*, p. 163.

da cultura atuante da classe operária: os perigos políticos que acredita serem inevitavelmente concomitantes à entrada, em 1867, da classe operária urbana masculina na política formal. A conclusão é que, para Arnold, anarquia e cultura são conceitos profundamente políticos. A função social da cultura é policiar essa presença ruptora: as "massas rudes e incultas";[14] "as massas rudes e inamistosas";[15] "nossas massas [...] quase tão rudes e incultas quanto as francesas";[16] "essas massas vastas, miseráveis e intratáveis de pessoas decaídas".[17] O problema é a cultura atuante da classe operária: "A turba[18] [...] expressando um pouco de sua liberdade pessoal, indo aonde quiser, reunindo-se onde quiser, vociferando como quiser, agitando-se quando quiser".[19] E, mais uma vez,

> a classe operária [...] rude e semidesenvolvida [...] há muito enfurnada em meio à sua pobreza e imundície [...] agora saindo de seu esconderijo para expressar um privilégio caído do céu para o homem inglês, o de fazer o que quiser, e que começa a *nos* consternar ao marchar para onde quiser, reunir-se onde quiser, vociferar o que quiser, quebrar o que quiser.[20]

O contexto de tudo isso é a agitação devida ao sufrágio em 1866-67. O emprego que Arnold fez da frase "começa a nos consternar" é uma clara indicação da natureza classista de seu discurso. Sua divisão da sociedade em bárbaros (aristocracia), filisteus (classe média) e populacho (classe operária) parecia, à primeira vista, neutralizar essa natureza classista do

---

14 | *Idem*, p. 176.
15 | *Idem*, p. 69.
16 | *Idem*, p. 76.
17 | *Idem*, p. 193.
18 | Isto é, a classe operária que participa de protestos políticos.
19 | *Idem*, pp. 80-1.
20 | *Idem*, p. 105; grifo meu.

discurso, tendo como apoio seu argumento de que, sob todas "as nossas divisões de classe, há uma base comum da natureza humana".[21] Entretanto, se examinarmos o que Arnold quis dizer com base comum, somos levados a uma conclusão diferente. Se imaginarmos a raça humana em um *continuum* evolucionário – com ela mesma em uma ponta e, na outra, um ancestral comum com o macaco –, o que Arnold parecia sugerir é que a aristocracia e a classe média estariam mais avançadas no *continuum* evolucionário do que a classe operária. Isso fica evidente em seu exemplo dessa base comum de nossa natureza humana. Ele alega que

> toda vez que nos atemos a uma opinião veemente, cheia de ignorância e paixão; toda vez que desejamos destruir um adversário pelo uso de violência pura; toda vez que somos invejosos; toda vez que somos brutais; toda vez que adoramos o poder ou o sucesso em si; toda vez que somamos nossa voz para inflamar um clamor cego contra algum personagem impopular; toda vez que pisamos de forma selvagem sobre os caídos, [então encontramos] em nosso próprio peito o eterno espírito do populacho.[22]

Segundo Arnold, basta um pequeno auxílio das "circunstâncias" para que esse "eterno espírito" triunfe tanto sobre os bárbaros como sobre os filisteus. Nesse cenário, a cultura tem duas funções. Primeiro, cuidadosamente, deve afastar a aristocracia e a classe média dessas circunstâncias. Segundo, deve trazer para a classe operária (a classe em que reside essa suposta natureza humana) "um princípio muito desejado […] de autoridade, de conter a tendência para a anarquia que parece estar nos ameaçando".[23] O princípio de autoridade, como vamos ver, pode ser encontrado em um Estado centralizado e forte.

21 | *Idem, ibidem.*
22 | *Idem*, p. 107.
23 | *Idem*, p. 82.

A recomendação da cultura contra essa "anarquia" é o Estado: "Queremos uma autoridade [...] cultura sugere a ideia de Estado".[24] Dois são os fatores que tornam o Estado necessário: primeiro, o declínio da aristocracia como centro de autoridade; segundo, o crescimento da democracia. Juntos, criam um terreno favorável para a anarquia. A solução é ocupar esse terreno com uma mistura de cultura e coerção. O Estado culto de Arnold deve agir para controlar e restringir as aspirações sociais, econômicas e culturais da classe operária, até que a classe média seja culta o suficiente para assumir essa função para si. E o Estado agiria de duas maneiras: coagindo, para garantir que não ocorram mais tumultos no Hyde Park; e infundindo "a doçura e a leveza" da cultura.

Por que Arnold pensava isso? A resposta tem estrita relação com as mudanças históricas testemunhadas pelo século XIX. São essas as mudanças que ele tem em mente ao recomendar a cultura "como o grande auxílio para nossas atuais dificuldades".[25] O contexto das "atuais dificuldades" é duplo: por um lado, são os "problemas" imediatos, criados ao se permitir o direito de voto à classe operária urbana masculina; por outro, é o reconhecimento de um processo histórico que vinha ocorrendo pelo menos desde o século XVIII (o desenvolvimento do capitalismo industrial). Arnold acreditava que a cidadania dera poder a homens ainda não educados para o poder. Uma classe operária que perdeu "os fortes hábitos feudais de subordinação e deferência"[26] é uma classe muito perigosa. É função da educação restituir a essa classe o senso de subordinação e deferência. Em resumo, a educação levaria à classe operária uma "cultura" que, por sua vez, afastaria as tentações: o sindicalismo, a agitação política e o entretenimento barato. Isto é, a cultura afastaria a cultura popular.

24 | *Idem*, p. 96.
25 | *Idem*, p. 6.
26 | *Idem*, p. 76.

Culture and anarchy diz a seu leitor que a "educação é o caminho para a cultura".[27] Vale a pena, portanto, dar uma olhada nessa visão de educação. Arnold não considera que o caminho seguido para a cultura por estudantes da classe operária, por aqueles da classe média e pelos da aristocracia seja o mesmo. Para a aristocracia, a educação deve acostumá-la ao declínio, afastá-la da ideia de uma classe para a história. Para a classe operária, a educação serve para civilizá-la para a subordinação, a deferência e a exploração. As escolas (primárias, elementares) da classe operária eram vistas por Arnold como pouco mais do que postos avançados de civilização no continente sombrio da barbárie da classe operária: "elas civilizam a vizinhança onde estão localizadas".[28] Segundo ele, antes que pudessem ser instruídas, crianças da classe operária tinham de ser civilizadas. Em 1862, em carta que enviou à sua mãe, Arnold escreve: "o Estado tem interesse na escola primária como agente civilizador, mais importante, até, do que seu interesse nela como um agente instrutor".[29] Realizar isso era tarefa da cultura. Para a classe média, a educação era algo um tanto diferente. Sua função essencial é preparar os filhos da classe média para o poder que terão. Seu objetivo é converter "uma classe média limitada, descortês e sem atrativos [em] uma classe média culta, liberalizada, enobrecida e transformada, [uma para a qual a classe operária] pode, com alegria, dirigir suas aspirações".[30]

Citando o duque de Wellington, Arnold chamou suas várias propostas de "uma revolução pelo devido processo legal".[31] Isso a torna equivalente a uma revolução vinda de cima, uma revolução para evitar a revolução popular vinda de baixo. Segue o princípio de que uma reforma concedida

27 | *Idem*, p. 209.
28 | *Idem, On education*, Harmondsworth: Penguin, 1973, p. 39.
29 | *Idem, Letters 1848-1888*, I, Londres: Macmillan, 1896, p. 187.
30 | *Idem, Poetry and prose*, Londres: Rupert Hart Davis, 1954, p. 343.
31 | *Idem, Culture and anarchy, op. cit*, p. 97.

é sempre melhor do que uma reforma tomada, forçada ou conquistada. Reivindicações populares são satisfeitas, mas de maneira a enfraquecer novas reivindicações. Não que Arnold não desejasse uma sociedade melhor, com menos miséria, menos pobreza, menos ignorância etc., mas essa sociedade melhor nunca poderia ser vista como outra que não aquela em que a nova classe média urbana fosse "hegemônica".[32]

A maior parte do que afirmei é um jeito indireto de dizer que, de fato, o primeiro grande teórico da cultura popular tinha muito pouco a afirmar sobre cultura popular, com exceção de que ela seria sintomática de uma profunda desordem política. A principal preocupação da obra de Arnold não é cultura: sua temática principal é a ordem social, a autoridade social, obtida por meio de subordinação e deferência cultural. A cultura da classe operária é importante na medida em que sinaliza indícios de desordem e declínio, cultural e social – uma ruptura com a autoridade social e cultural. O fato de existir uma cultura da classe operária é prova suficiente de declínio e desordem. Deve-se suprimir a "anarquia" da classe operária com as influências harmoniosas da cultura – "o melhor de tudo que se pensou e disse no mundo".

Muitas ideias de Arnold são derivadas da crítica romântica ao industrialismo.[33] Parece ser especialmente relevante um autor específico: Samuel Taylor Coleridge, que faz distinção entre "civilização" ("um bem público-privado ou, talvez muito mais, uma influência corruptora") e "cultivo" ("o desenvolvimento harmonioso das qualidades e faculdades que caracterizam nossa humanidade").[34] Simplificando, Coleridge sugere que "civilização" se refere à nação como um todo; o "cultivo" é propriedade de uma

---

32 | Ver Capítulo 4.

33 | Ver Raymond Williams, *Culture and society*, Harmondsworth: Penguin, 1963, p. 63.

34 | Samuel Taylor Coleridge, *On the constitution of the Church and State*, Londres: Dent, 1972, p. 33.

pequena minoria, a quem ele chama de "classe dos intelectuais". É função dessa classe culta guiar o progresso da civilização,

> sendo esses os objetos e a intenção final de toda a ordem: preservar os suprimentos e guardar os tesouros das civilizações passadas e, assim, unir o presente ao passado; aperfeiçoar [tal herança] e adicionar [novos conhecimentos] e, assim, unir o presente ao futuro; mas, especialmente, difundir por toda a comunidade – e para todos os nativos sujeitos a suas leis e direitos – a quantidade e a qualidade de conhecimento indispensável tanto para a compreensão desses direitos quanto para o cumprimento dos respectivos deveres.[35]

Arnold inspira-se nas ideias de Coleridge. No lugar de "classe dos intelectuais", ele fala de "estrangeiros" ou "o restante". Mas o propósito é essencialmente o mesmo: a mobilização da cultura para policiar as forças rebeldes da sociedade de massa. Segundo Arnold, a história mostra que sociedades sempre foram destruídas por "falha moral da maioria doentia".[36] É pouco provável que tal leitura da história inspire muita confiança na democracia – e muito menos em cultura popular. A visão de Arnold tem como base um paradoxo curioso: os homens e mulheres de cultura conhecem o melhor de tudo que se pensou e disse; mas para quem eles estão preservando esses tesouros, quando a maioria é doentia, sempre foi doentia e sempre será doentia? A resposta, inevitável, parece ser: para eles mesmos – uma elite cultural que se autoperpetua. Tudo que se exige do restante de nós é que reconheçamos nossas diferenças culturais e aceitemos nossa deferência cultural. E Arnold é claro nesse ponto:

> A massa da humanidade nunca terá um entusiasmo ardente por ver as coisas como elas são: ideias muito inadequadas vão sempre satisfazê-la. Nessas ideias

---

[35] | *Idem*, p. 34.
[36] | Matthew Arnold, *Poetry and prose, op. cit.*, p. 640.

inadequadas repousa, e deve repousar, a prática geral do mundo. Isso equivale a dizer que, quem se propõe a ver as coisas como elas são, vai se encontrar em um círculo muito reduzido; mas é só devido a esse círculo fazer resolutamente o que tem de fazer que as ideias adequadas algum dia serão vigentes.[37]

E novamente,

Os poucos altamente instruídos – e não os muitos insuficientemente instruídos – sempre vão ser o órgão de conhecimento e verdade da raça humana. Conhecimento e verdade, no sentido real das palavras, não são alcançáveis pela grande massa da raça humana.[38]

Essas são declarações muito reveladoras. Se a massa da humanidade acaba sempre ficando satisfeita com ideias inadequadas e nunca é capaz de alcançar a verdade e o conhecimento, para quem trabalha esse círculo muito reduzido? E o que dizer das ideias adequadas que vigoram? Elas vigoram para quem? Para outros reduzidos círculos de elites? O círculo de Arnold parece ser pouco mais do que uma elite intelectual que se autoperpetua. Se ela nunca se envolve em política prática, e nunca tem qualquer influência real sobre a massa da humanidade, qual é o propósito de todas as grandes ideias humanistas que se encontram espalhadas por toda a obra de Arnold? Parece que Arnold foi seduzido por seu próprio elitismo – e a classe operária está destinada a permanecer chafurdando em "sua cerveja, seu gim, sua diversão".[39] No entanto, ele não chega mesmo a rejeitar as práticas políticas: ele as deixa nas mãos seguras de uma autoridade estabelecida. Portanto, as únicas políticas rechaçadas são a política de protesto

---

37 | *Idem*, pp. 364-5.
38 | *Idem*, *Complete prose works*, III, Ann Arbor: University of Michigan Press, 1960-77, p. 591.
39 | *Idem*, *Poetry and prose*, op. cit., p. 591.

e a política de oposição. Trata-se de uma defesa muito antiquada da ordem dominante. Apesar disso, ou talvez por causa disso, sua influência foi enorme, pois a perspectiva arnoldiana praticamente mapeou, até o final dos anos 1950, a maneira de pensar cultura popular e política cultural que dominou o campo.

LEAVISISMO | Para Matthew Arnold, foi de certa forma menos difícil. Estou falando das embrulhadas muitíssimo mais desesperadoras da cultura atual.[40]

Algo bem evidente em F. R. Leavis é a influência de Arnold, de quem ele aproveita a política cultural e a emprega na suposta "crise cultural" dos anos 1930. Segundo Leavis e os leavistas, o século XX é marcado por um crescente declínio cultural. Argumentam que aquilo que Arnold identificara como uma característica do século XIX continuou e aumentou no século XX: isto é, a propagação cada vez mais ampla de uma cultura de "padronização e nivelamento por baixo".[41] Contra esse processo e suas consequências "o cidadão [...] deve ser treinado para discerni-lo e resistir a ele".[42]

A obra do leavisismo abrange um período de aproximadamente quarenta anos. Contudo, a atitude leavista de cultura popular formou-se no início dos anos 1930, com a publicação de três textos: "Mass civilisation and minority culture", de F. R. Leavis, *Fiction and the reading public*, de Q. D. Leavis, e *Culture and environment*, de F. R. Leavis e Denys Thompson.[43] Juntos, formam a base da resposta leavista à cultura popular.

40 | F. R. Leavis, "Mass civilisation and minority culture", em: John Storey (org.), *Cultural theory and popular culture: a reader*, 4. ed., Harlow: Pearson Education, 2009, p. 12.

41 | F. R. Leavis & Denys Thompson, *Culture and environment*, Westport: Greenwood Press, 1977, p. 3.

42 | *Idem*, p. 5.

43 | F. R. Leavis, "Mass civilisation and minority culture", *op. cit.*; Q. D. Leavis, *Fiction and the reading public*, Londres: Chatto and

O leavisismo baseia-se na premissa de que a "cultura sempre esteve a cargo da minoria":[44]

Da minoria depende nosso poder de lucrar com as mais agradáveis experiências do passado: ela mantém vivas as partes mais sutis e perecíveis da tradição. Dela dependem os padrões implícitos que organizam o bem viver de uma era, a sensação de que isso tem mais valor do que aquilo; que esta, e não aquela, é a direção a ser seguida; de que o centro é aqui e não ali.[45]

O que mudou foi o *status* dessa minoria. Ela já não consegue ordenar a "deferência" cultural, sua autoridade cultural não mais é inconteste. Q. D. Leavis refere-se a uma situação em que "a minoria, que até então definira o padrão de gosto sem qualquer contestação séria", vivenciou um "colapso de autoridade".[46] Assim como Arnold lamentava o fim dos "fortes hábitos feudais de subordinação e deferência",[47] essa autora é nostálgica a respeito de uma época em que as massas exibiam uma "aceitação incondicional da autoridade".[48] Para confirmar a seriedade da situação, ela cita Edmund Gosse:

> Windus, 1978; e F. R. Leavis & Denys Thompson, *Culture and environment*, op. cit.
> 44 | F. R. Leavis & Denys Thompson, *Culture and environment*, op. cit., p. 3.
> 45 | *Idem*, p. 5.
> 46 | Q. D. Leavis, *Fiction and the reading public*, op. cit., pp. 185, 187.
> 47 | Ver seção anterior.
> 48 | John Docker, *Postmodernism and popular culture: a cultural history*, Cambridge: Cambridge University Press, 1994, p. 191. Este autor se refere a ela como "uma etnógrafa colonialista antiquada, olhando com desgosto para os modos bárbaros de pessoas estranhas e desconhecidas"; ver *idem*, p. 25.

Um perigo que previ há muito tempo com a expansão do sentimento democrático é o das tradições de gosto literário – os cânones da literatura – serem revogadas com sucesso por voto popular. Até o presente momento, em todas as partes do mundo, as massas de pessoas não educadas ou semieducadas (que formam a grande maioria dos leitores, embora não consigam apreciar, e não apreciem, os clássicos de sua raça) ficaram satisfeitas em reconhecer sua supremacia tradicional. Nos últimos tempos, parece-me ter havido alguns sinais, principalmente na América, de uma revolta do povo contra nossos mestres literários [...] Se a literatura deve ser julgada por um plebiscito e se as plebes reconhecem seu poder, certamente, aos poucos, vão parar de apoiar as reputações que não lhes deram prazer algum e que não conseguem compreender. A revolução contra o gosto, depois de iniciada, nos deixará em um caos irreparável.[49]

Para Leavis e Thompson, o que Gosse apenas temia já começara a acontecer:

A cultura sempre esteve a cargo da minoria. Mas a minoria se conscientizou, agora, de um ambiente não apenas destoante, mas também hostil [...] "Civilização" e "cultura" estão se tornando termos antitéticos. Não é simplesmente o fato de o poder e o sentido de autoridade estarem agora divorciados da cultura, mas de algumas das mais desinteressadas preocupações pela civilização poderem ser, consciente ou inconscientemente, inimigas da cultura.[50]

A civilização de massa e sua cultura de massa estabelecem uma frente subversiva, ameaçando "deixar-nos em um caos irreparável". Contra essa ameaça, o leavisismo escreve seus manifestos e propõe "introduzir nas

---

49 | Q. D. Leavis, *Fiction and the reading public*, *op. cit.*, p. 190, citando Edmund Gosse.
50 | F. R. Leavis & Denys Thompson, *Culture and environment*, *op. cit.*, p. 26.

escolas um treinamento em resistência [à cultura de massa]";[51] e, fora das escolas, promover um "esforço consciente e dirigido […] [para] assumir a forma de uma resistência por uma minoria armada e ativa".[52] Para o leavisismo, a ameaça da democracia – tanto em questões culturais como políticas – é uma ideia aterrorizante. Além disso, segundo Q. D. Leavis, "as pessoas que têm poder não mais representam a autoridade intelectual e a cultura".[53] Como Arnold, ela vê o colapso da autoridade tradicional surgindo ao mesmo tempo em que a democracia de massa se eleva. Juntas, elas oprimem a minoria culta e produzem um terreno favorável para a "anarquia".

O leavisismo reserva, para um estudo especial, certos aspectos da cultura de massa. A ficção popular, por exemplo, é condenada por oferecer formas viciantes de "compensação" e "distração":

> Esta forma de compensação […] é o próprio inverso da recriação/recreação, já que tende não a reforçar e renovar no viciado [a vontade de] viver, mas a aumentar sua incapacidade, ao habituá-lo a evasões fracas, à recusa a enfrentar a realidade.[54]

Q. D. Leavis refere-se a essa leitura como "vício por ficção",[55] e, para aqueles leitores de ficção romântica, pode levar a um "hábito de fantasiar [que] terá como consequência um desajuste na vida real".[56] Autoabuso é uma coisa, mas há algo pior: esse vício "ajuda a criar uma atmosfera social desfavorável às aspirações da minoria. Acaba agindo como um obstáculo a

---

[51] | F. R. Leavis, *For continuity*, Cambridge: Minority, 1933, pp. 188-9.

[52] | Q. D. Leavis, *Fiction and the reading public, op. cit.*, p. 270.

[53] | *Idem*, p. 191.

[54] | F. R. Leavis & Denys Thompson, *Culture and environment, op. cit.*, p. 100.

[55] | Q. D. Leavis, *Fiction and the reading public, op. cit.*, p. 152.

[56] | *Idem*, p. 54.

sentimentos genuínos e pensamentos responsáveis".[57] Para aqueles que não são viciados em ficção popular, há sempre o perigo do cinema. Sua popularidade o torna uma fonte muito perigosa de prazer: "eles [filmes] envolvem entrega, sob condições de receptividade hipnótica, aos apelos emocionais mais baratos, apelos muito traiçoeiros, pois são associados a uma ilusão vívida, forçada, da vida real".[58] Para Q. D. Leavis, filmes de Hollywood são "altamente masturbatórios".[59] Embora descrevam a imprensa popular como "o mais poderoso e penetrante deseducador da mente pública",[60] e aleguem que o rádio esteja colocando um fim ao pensamento crítico,[61] é para a publicidade, com suas "manipulações incessantes, invasivas, masturbatórias",[62] que os leavistas guardam seu tom mais condenatório.

Para o leavisismo, a publicidade – e a forma como é consumida – é o principal sintoma do declínio cultural. Para compreender por que, devemos entender sua atitude em relação à linguagem. Em *Culture and environment*, Leavis e Thompson afirmam: "Deve-se esclarecer aos aprendizes que essa adulteração da linguagem não é simplesmente uma questão de palavras; é uma adulteração da vida emocional e da qualidade de vida".[63] Publicidade, portanto, não é condenada apenas por aviltar a linguagem: é culpada por aviltar a vida emocional de toda a comunidade linguística, reduzindo "o padrão de vida". Eles fornecem exemplos para análise (a maior parte escrita pelo próprio F. R. Leavis). As questões que apresentam

---

57 | *Idem*, p. 74.

58 | F. R. Leavis, "Mass civilisation and minority culture", *op. cit.*, p. 14.

59 | Q. D. Leavis, *Fiction and the reading public, op. cit.*, p. 165.

60 | F. R. Leavis & Denys Thompson, *Culture and environment*, *op. cit.*, p. 138.

61 | F. R. Leavis, "Mass civilisation and minority culture", *op. cit.*

62 | F. R. Leavis & Denys Thompson, *Culture and environment*, *op. cit.*, p. 139.

63 | *Idem*, p. 4.

são bastante reveladoras da atitude geral do leavisismo. Eis um exemplo típico, um anúncio para o tabaco Two Quakers:

O TABACO DO TÍPICO FUMO DE ROLO
"Sim, é o melhor que já fumei. Mas é caro demais." "Quanto custo a mais? E, mesmo assim, você continua comprando. Queima bem e lentamente, é o típico fumo de rolo, de aparência diferenciada. Pura ciência. Veja, eles experimentaram [...]" "Oh! Pare de baboseira, e nos dê mais um. Você fala como se isso aqui fosse um anúncio." E, depois disso, paz e um cachimbo de Two Quakers.

Então, sugerem as seguintes perguntas, para alunos de quinto e sexto semestres:

1. Descreva o tipo de pessoa representada.
2. Como você espera se sentir em relação a ela?
3. Qual você acha que seria a atitude dela em relação a nós? Como se comportaria em situações de tumulto em que as paixões populares estão exaltadas?[64]

Dois itens são dignos de nota nessas perguntas. Primeiro, a conexão feita entre a publicidade e as chamadas paixões das massas populares. Essa é uma pergunta incomum, mesmo para alunos de estudos culturais. Segundo, notem o único "nós"; e observem, também, como o pronome tenta construir a afiliação do leitor a uma pequena elite educada. Outras perguntas agem quase da mesma forma. Eis alguns exemplos:

Descreva o tipo de leitor a quem essa passagem agradaria e diga por que isso o agradaria. Que tipo de pessoa você pode imaginar respondendo a um apelo como esse último? Qual a familiaridade que você imagina que ele teria com a obra de Shakespeare e qual seria sua capacidade de apreciá-la?[65]

64 | *Idem*, pp. 16-17.
65 | *Idem*, p. 40.

Pode-se pedir aos alunos que recordem suas próprias observações sobre o tipo de pessoas que podem ter visto visitando "locais de culto".[66]
Diante da "Lei de Gresham",[67] que tipo de influência você espera que o cinema tenha sobre o gosto e a mentalidade gerais?[68]
Que tipo de padrões estão implícitos aqui? Qual você consideraria ser a qualidade da "literatura" que ele lê, e da leitura que ele devota a ela?[69]
Por que nos assustamos com a mentalidade de quem usa tais idiomatismos?[70]
[Depois de descrever o cinema como "empobrecedor, aviltante, deformador"]: Desenvolva estudo sobre o valor educacional do cinema como sugerido aqui.[71]

É difícil ver como essas perguntas, em vez de encorajar "a distinção e a resistência", estimulariam outra coisa que não fosse um esnobismo criticamente debilitante e de autoconfirmação.

Em uma fuga temporária do "caos irreparável" do presente, o leavisismo rememora, saudoso, uma era de ouro da cultura, um passado rural mítico, quando existia uma cultura compartilhada não corrompida por interesses comerciais. O período elisabetano do teatro de Shakespeare é muitas vezes citado como uma época de coerência cultural, antes da desintegração cultural do século XIX e do século XX. F. R. Leavis descreve Shakespeare como alguém que pertence "a uma cultura genuinamente nacional, a uma comunidade em que o teatro conseguia ter o poder de atrair, ao mesmo tempo, os cultos e o populacho".[72] Um quadro desse suposto declínio é

---

66 | *Idem*, p. 51.
67 | "A má moeda tende a expulsar do mercado a boa moeda." (N.T.)
68 | F. R. Leavis & Denys Thompson, *Culture and environment*, *op. cit.*, p. 114.
69 | *Idem*, p. 119.
70 | *Idem*, p. 121.
71 | *Idem*, p. 144.
72 | F. R. Leavis, *For continuity*, Cambridge: Minority, 1933, p. 216.

apresentado por Q. D. Leavis, em *Fiction and the reading public*, em que há um relato bastante revelador das relações orgânicas entre o populacho e os cultos: "as massas recebiam a diversão vinda de cima [...] Tinham as mesmas diversões que os melhores [...] Felizmente, não tinham escolha".[73] Segundo ela,

> o espectador do drama elisabetano, embora pudesse não ser capaz de seguir o "pensamento" de maneira minuciosa nas grandes tragédias, estava recebendo diversão originária da mente e da sensibilidade de quem produziu essas passagens; de um artista, e não de alguém de sua classe. Não havia, na época, uma separação completa como temos hoje [...] entre a vida dos cultos e vida da maioria.[74]

O interessante nesse relato do passado é o que revela sobre o futuro por eles idealizado. A era de ouro estava marcada não apenas por coerência cultural, mas – felizmente, para os leavistas – por uma coerência cultural baseada em princípios autoritários e hierárquicos. Era uma cultura comum que, por um lado, gerava estímulo intelectual e, por outro, prazer afetivo. Esse era um mundo mítico, em que todos sabiam seu lugar, sabiam seu espaço na vida. F. R. Leavis insiste "que havia no século XVII uma cultura real das pessoas [...] uma cultura tradicional rica [...] uma cultura positiva que desapareceu".[75] Boa parte dessa cultura foi, na abordagem leavista, destruída pelas mudanças causadas pela Revolução Industrial. Os últimos resquícios da comunidade orgânica, contudo, ainda podiam ser encontrados em comunidades rurais da Inglaterra do século XIX. Como provas disso, ele cita obras de George Bourne.[76] Nas páginas

---

73 | Q. D. Leavis, *Fiction and the reading public*, op. cit. p. 85.

74 | *Idem*, p. 264.

75 | F. R. Leavis, *The common pursuit*, Londres: Hogarth, 1984, pp. 188-9.

76 | As obras usadas foram *Changing in the village* e *The weelwright's*

iniciais de *Culture and environment*, F. R. Leavis e Thompson apresentam uma lembrança do que foi perdido:

> Perdemos foi a comunidade orgânica, junto com a cultura viva que ela personificava. Músicas folclóricas, danças folclóricas, *cottages* das Cotswolds[77] e produtos artesanais – sinais e expressões de algo mais: de uma arte da vida, um meio de vida ordenado e padronizado, envolvendo artes sociais, códigos de comunicação e um ajuste, brotado de experiências imemoriais, sensível ao ambiente natural e ao ritmo do ano.[78]

Também alegam a deterioração da qualidade do trabalho, provocada pela perda da comunidade orgânica. É vista, como sinal dessa perda, a importância crescente que o lazer foi adquirindo. Enquanto no passado trabalhadores viviam em seu trabalho, hoje, trabalham para viver fora dele. E, ainda, em consequência da industrialização, a experiência do trabalho se deteriorou de tal forma, que, afirmam, eles estão "incapacitados por seu trabalho".[79] Portanto, em vez de recriação/recreação (recriar o que se perdeu no trabalho), o lazer propicia aos trabalhadores apenas "descriação" (que resume as perdas experimentadas por trabalhar). Diante de tal situação, não é de se admirar que o povo se volte para a cultura de massa, em busca de compensação e distração passiva; o vício por drogas se desenvolve,

---

shop. F. R. Leavis não nos oferece apenas um relato idealizado do passado – o que por certo faz –, mas, de fato, idealiza o próprio relato de Bourne, entretanto sem mencionar suas críticas à vida rural.

77 | Uma cadeia de colinas onde está a nascente do rio Tâmisa. *Cottages* são habitações rurais inglesas típicas. [N.T.]

78 | F. R. Leavis & Denys Thompson, *Culture and environment*, *op. cit.*, pp. 1-2.

79 | *Idem*, p. 69.

e as pessoas se tornam *junkies*, adictas a uma "vida substituta".[80] Na monotonia e na mediocridade do "suburbanismo", perdeu-se um mundo de ritmos rurais.[81] Na civilização de massa, deve-se fazer um esforço consciente e dirigido para evitar a influência insalubre da cultura cotidiana, enquanto a cultura do dia a dia, na comunidade orgânica, era um apoio constante à saúde do indivíduo. O que os leavistas deixam de mencionar, como observa Williams, é a "penúria, a tirania mesquinha, a doença e a mortalidade, a ignorância e inteligência frustrada, que também estavam entre seus ingredientes".[82] O que se nos apresenta não é um relato histórico, mas um mito literário, que chama a atenção para a natureza de nossa suposta perda: "a memória da antiga ordem deve ser o principal incentivo para uma nova".[83]

Embora a comunidade orgânica esteja perdida, ainda é possível ter acesso a seus valores e padrões lendo obras da grande literatura: um tesouro que contém tudo o que deve ser valorizado na experiência humana. Infelizmente, enquanto joia da coroa da cultura, a literatura perdeu, como a própria cultura, sua autoridade. O leavisismo, como já foi visto, tinha planos para remediar essa situação: enviar missionários culturais, um pequeno grupo seleto de intelectuais literários, para estabelecer postos avançados de cultura, não só nas universidades, com vistas a manter a tradição literária/cultural e incentivar sua "contínua renovação colaborativa",[84] mas

---

80 | Para uma afirmação semelhante, sob a perspectiva do marxismo, ver Capítulo 4.

81 | F. R. Leavis & Denys Thompson, *Culture and environment*, *op. cit.*, p. 99.

82 | Raymond Williams, *Culture and society*, Harmondsworth: Penguin, 1963, p. 253.

83 | F. R. Leavis & Denys Thompson, *Culture and environment*, *op. cit.*, p. 97.

84 | F. R. Leavis, *Nor shall my sword*, Londres: Chatto & Windus, 1972, p. 27.

também nas escolas, para armar os alunos no engajamento em uma guerra contra a barbárie geral da cultura de massa e da civilização de massa. O restabelecimento da autoridade da literatura, evidentemente, não significaria o retorno da comunidade orgânica, mas manteria sob controle a expansão da influência da cultura de massa e, assim, preservaria e manteria a continuidade da tradição cultural da Inglaterra. Em suma, ajudaria a manter e produzir um "público educado", que continuaria o projeto arnoldiano de manter em circulação "o melhor de tudo que se pensou e disse" (agora mais ou menos reduzido à leitura de obras da grande literatura).

É muito fácil ser crítico do argumento leavista em relação à cultura popular. Mas, como observa Bennett,

> até a segunda metade dos anos 1950 [...] o "leavisismo" [propiciou] o único terreno intelectual desenvolvido em que era possível realizar o estudo da cultura popular. Historicamente, é claro, a obra produzida pelos "leavistas" era de importância seminal, constituindo a primeira tentativa de aplicar, às formas populares, as técnicas de análise literária antes reservadas a obras "sérias" [...] Talvez mais importante seja que o impacto geral do "leavisismo" – pelo menos tão mordaz em suas críticas às estabelecidas "alta cultura" e cultura "convencional" quanto às formas populares – acabaria por perturbar os cânones vigentes de juízo estético e de avaliação, tendo, no longo prazo, consequências bastante radicais e muitas vezes imprevisíveis.[85]

No próximo capítulo, começaremos a abordar algumas dessas consequências (bastante radicais e muitas vezes imprevisíveis) como expostas na obra de Richard Hoggart e Raymond Williams.

---

85 | Tony Bennett, "Popular culture: themes and issues", em: *Popular Culture* (U203), Milton Keynes: Open University Press, 1982b, pp. 5-6.

CULTURA DE MASSA NOS ESTADOS UNIDOS: O DEBATE PÓS-GUERRA

| Após o final da Segunda Guerra Mundial, nos primeiros quinze anos (ou mais), intelectuais norte-americanos envolveram-se em um debate sobre a chamada cultura de massa. Andrew Ross vê "massa" como "um dos termos-chave que determinam a distinção oficial entre americano e não americano".[86] Ele argumenta que "[a] história por trás dessa distinção oficial é, em muitos aspectos, a história da formação da cultura nacional moderna".[87] Após a Segunda Guerra Mundial, os Estados Unidos experimentaram o sucesso temporário de um consenso cultural e político, supostamente baseado em liberalismo, pluralismo e ausência de classes. Até seu colapso – na agitação pelos direitos civis dos negros, a formação da contracultura, a oposição à guerra do Vietnã, o movimento de liberação das mulheres e a campanha pelos direitos de *gays* e lésbicas –, foi um consenso dependente, em grande medida, da autoridade cultural dos intelectuais americanos. Como aponta Ross: "Talvez pela primeira vez na história americana, os intelectuais, como grupo social, tiveram a oportunidade de se reconhecer como agentes nacionais de liderança cultural, moral e política".[88] Essa importância recém-descoberta era devida, em parte, ao "debate, intenso e um tanto público, sobre 'cultura de massa', que mantém os intelectuais ocupados por quase quinze anos, até o final dos anos 1950".[89] Ross passa a maior parte do tempo falando a respeito do debate sobre a ideologia da Guerra Fria, de "contenção": a necessidade de manter um organismo político saudável, tanto internamente (livre dos perigos de empobrecimento cultural) quanto externamente (livre dos perigos do comunismo soviético). Nesse debate, ele identifica três posições:

---

86 | Andrew Ross, *No respect: intellectuals and popular culture*, Londres: Routledge, 1989, p. 42.

87 | *Idem, ibidem.*

88 | *Idem*, p. 43.

89 | *Idem, ibidem.*

1. Uma posição estético-liberal, que lamenta o fato de que a maioria da população, diante de uma escolha, prefere textos e práticas de segunda e terceira categorias, em detrimento de textos e práticas da alta cultura.
2. A posição corporativo-liberal ou progressista-evolucionista, que afirma ter a cultura popular uma função benigna de socializar pessoas para os prazeres do consumo na nova sociedade capitalista-consumista.
3. A posição radical ou socialista, que vê a cultura de massa como forma, ou meio, de controle social.

No final dos anos 1950, o debate ficou cada vez mais dominado pelas duas primeiras posições. Isso refletia, em parte, a crescente pressão macarthista para abandonar qualquer coisa que se parecesse com uma análise socialista. Dado o espaço limitado, vou me concentrar apenas nos estudos sobre a saúde do organismo político interno. Para compreendê-los, é essencial ler uma publicação: a antologia *Mass culture: the popular arts in America*,[90] publicada em 1957. Lendo as muitas contribuições, logo se percebem os parâmetros debatidos – o que neles está em jogo e quem são os principais participantes.

Bernard Rosenberg (coorganizador, junto com David Manning White) afirma que a riqueza material e o bem-estar da sociedade norte-americana estão sendo corroídos pelos efeitos desumanizantes da cultura de massa. Sua maior preocupação é que, "na pior das hipóteses, a cultura de massa, ao pavimentar o caminho para o totalitarismo, ameaça não apenas cretinizar nosso gosto, mas brutalizar nossos sentidos".[91] Ele reclama que tal cultura não é americana por natureza, ou mesmo que a americana sirva de

---

90 | Bernard Rosenberg & David Manning White (orgs.), *Mass culture: the popular arts in America*, Nova York: Macmillan, 1957.

91 | Bernard Rosenberg, "Mass culture in America", em: Bernard Rosenberg & David Manning White (orgs.), *Mass culture: the popular arts in America*, Nova York: Macmillan, 1957, p. 9.

exemplo, tampouco é a cultura inevitável da democracia. Segundo Rosenberg, não há lugar em que a cultura de massa seja mais difundida do que na União Soviética. Mas seu autor não é o capitalismo, e sim a tecnologia. Portanto, os Estados Unidos não podem ser considerados responsáveis por seu surgimento ou permanência.

Com um propósito diferente, White faz uma observação semelhante e afirma: "Os críticos da cultura de massa têm uma visão extremamente fraca da sociedade norte-americana contemporânea".[92] E defende a cultura (de massa) americana comparando-a com aspectos da cultura popular do passado. Afirma que os críticos romantizam o passado, a fim de repreender o presente; e condena aqueles que "estudam a cultura americana como se estivessem com um verme morto em suas mãos",[93] mas se esquecem da realidade sádica e brutal da selvageria animal que era a cultura cotidiana quando surgiram as peças de Shakespeare. Seu argumento é que todo período histórico produziu "homens que se aproveitavam da ignorância e das inseguranças da maior parte da população [...] e, portanto, não precisamos ficar tão chocados com a existência desse tipo de pessoa nos dias de hoje".[94] A segunda parte de sua defesa consiste em registrar como a alta cultura prospera na América: por exemplo, Shakespeare na televisão, quantidades recordes de empréstimos de livros nas bibliotecas, uma bem-sucedida turnê do Sadler's Wells Ballet, o fato de haver mais pessoas assistindo a eventos de música clássica do que a jogos de beisebol, o número crescente de orquestras sinfônicas.

Uma figura-chave no debate é Dwight Macdonald. Em "A theory of mass culture", um ensaio muito importante, ele ataca a cultura de massa

---

[92] David Manning White, "Mass culture in America: another point of view", em Bernard Rosenberg & David Manning White (orgs.), *Mass culture: the popular arts in America*, Nova York: Macmillan, 1957, pp. 13, 14.

[93] *Idem*, p. 14.

[94] *Idem, ibidem*.

em vários pontos. Em primeiro lugar, afirma que ela enfraquece a vitalidade da alta cultura. É uma cultura parasitária, que se alimenta da alta cultura, além de não oferecer nada em troca.

A arte folclórica veio de baixo. Foi uma expressão espontânea e autóctone do povo, por ele mesmo moldada, praticamente sem o benefício de alta cultura, para atender a suas próprias necessidades. A cultura de massa é imposta de cima. É fabricada por técnicos contratados por empresários; seu público são consumidores passivos, e sua participação limitada a escolher entre comprar e não comprar. Os Senhores do *kitsch*, em suma, exploram as necessidades culturais das massas, a fim de aferir lucro e/ou manter suas regras de classe [...] em países comunistas, vale apenas o segundo objetivo. A arte folclórica era uma instituição do próprio povo, seu pequeno jardim privado, separado por um muro do grande parque formal da alta cultura de seus mestres. Mas a cultura de massa rompe esse muro, integrando as massas em uma forma degradada de alta cultura e, assim, torna-se um instrumento de dominação política.[95]

Como outros participantes do debate, Macdonald é rápido ao negar a afirmação de que os Estados Unidos são a terra da cultura de massa: "o fato é que a URSS é muito mais uma terra de cultura de massa do que os EUA".[96] Esse fato, segundo ele, é muitas vezes ignorado por críticos que se concentram apenas na "forma" da cultura de massa na União Soviética. Mas é cultura de massa (não cultura folclórica: a expressão do povo; nem alta cultura: a expressão de cada artista); e ela difere da cultura de massa norte-americana, pois "sua qualidade é ainda menor", e por "explorar, em vez de satisfazer, as necessidades culturais das massas [...] por razões

---

95 | Dwight Macdonald, "A theory of mass culture", em John Storey (org.), *Cultural theory and popular culture: a reader*, 2. ed., Harlow: Pearson Education, 1998, p. 23.

96 | *Idem, ibidem*.

políticas, e não, comerciais".[97] Apesar de sua superioridade em relação à cultura de massa soviética, a cultura de massa americana ainda é um problema ("grave nos Estados Unidos"): "A explosão das massas no cenário político [produziu] [...] resultados culturais desastrosos".[98] Esse problema foi agravado pela ausência de "uma elite cultural claramente definida".[99] Se existisse uma, as massas poderiam ter cultura de massa e a elite poderia ter alta cultura. No entanto, sem uma elite cultural, os Estados Unidos estão sob a ameaça de uma Lei de Gresham da cultura: o mau vai expulsar o bom; o resultado será não apenas uma cultura homogênea, mas uma "cultura homogeneizada [...] que ameaça engolir tudo em seu lodo disseminado",[100] dispersando o creme do topo e transformando o povo americano em massas infantis. Suas conclusões, para dizer o mínimo, são muito pessimistas: "Como a cultura de massa não vai melhorar, nossa sorte será se não ficar pior".[101]

A análise muda novamente se passarmos do ex-trotskismo desiludido de Macdonald para o liberalismo de Ernest van den Haag, que sugere ser a cultura de massa consequência inevitável da sociedade de massa e da produção de massa:

O artigo produzido para a massa não precisa ter poucas pretensões, mas deve objetivar uma média dos gostos. Ao satisfazer todos os gostos individuais (ou, pelo menos, muitos deles) em alguns aspectos, ele viola cada um em outros aspectos. Pois não existem, até o momento, pessoas medianas tendo gostos medianos. Médias são apenas números estatísticos. É improvável que um artigo produzido para a massa, ainda que de certa forma reflita o gosto de pratica-

---

97 | *Idem*, p. 24.
98 | *Idem, ibidem*.
99 | *Idem, ibidem*.
100 | *Idem*, p. 27.
101 | *Idem*, p. 29.

mente todo mundo, abranja totalmente o gosto de alguém. Essa é uma fonte da sensação de violação que, em teorias sobre a degradação deliberada do gosto, é vagamente racionalizada.[102]

E também sugere outra razão: as tentações ofertadas à alta cultura pela cultura de massa. Dois fatores devem ser particularmente atraentes:

• as recompensas financeiras da cultura de massa; e
• o público potencialmente enorme.

Usa como exemplo o famoso poeta italiano Dante Alighieri (1265-1321). Embora Dante tenha sofrido pressões religiosas e políticas, não se sentiu seduzido a moldar sua obra para torná-la atraente a uma média dos gostos. Tivesse sido "tentado a escrever para a *Sports Illustrated*" ou tivessem lhe pedido para "condensar sua obra para a *Reader's Digest*" ou mesmo recebido um contrato "para adaptá-la para o cinema", teria sido ele capaz de manter sua estética e seus padrões morais? Dante era feliz – nunca tentaram atrair seu talento para longe do verdadeiro caminho da criatividade: "sua única opção era ser o melhor escritor que seu talento permitisse".[103]

Não é que o gosto da massa tenha se deteriorado, argumenta, mas, nas sociedades ocidentais, sua importância para os produtores culturais aumentou. Como White, ele observa a pluralidade de textos e práticas culturais consumidas na América. Além disso, van den Haag também nota a forma como a alta cultura e a cultura folclórica são absorvidas pela cultura de massa e, consequentemente, são consumidas como cultura de massa:

102 | Ernest van den Haag, "Of happiness and despair we have no measure", em Bernard Rosenberg & David Manning White (orgs.), *Mass culture: the popular arts in America*. Nova York: Macmillan, 1957, p. 512.

103 | *Idem*, p. 521.

"Não é novidade nem desastroso que poucas pessoas leiam os clássicos. A novidade é que muitas pessoas os interpretam mal".[104] E não consegue evitar a observação de que a cultura de massa é uma droga que "diminui a capacidade das pessoas de experimentar a vida em si".[105] Basicamente, cultura de massa é um sinal de empobrecimento. Marca a desindividualização da vida, uma busca infinita pelo que Sigmund Freud chama de "gratificações substitutivas".[106] O problema das gratificações substitutivas, segundo a crítica à cultura de massa, é que elas excluem as "gratificações reais".[107] Isso leva van den Haag a sugerir que o consumo de cultura de massa é uma forma de repressão: os textos e práticas vazios da cultura de massa são consumidos para preencher um vazio interior, que fica cada vez maior à medida que vão sendo consumidos tais textos e práticas vazios da cultura de massa. Esse ciclo de repressão torna cada vez mais impossível experimentar uma "gratificação real". O resultado é um pesadelo, em que o "masturbador" cultural ou o "adicto" em cultura de massa fica preso em um ciclo de não satisfação, movendo-se indeciso entre o tédio e a distração:

> Embora a pessoa entediada deseje muito que coisas lhe aconteçam, o fato desanimador é que, quando acontecem, ao usá-las como distrações, ela as esvazia do verdadeiro significado que, inconscientemente, aspirava. Na cultura popular, até mesmo a segunda vinda de Cristo se tornaria apenas mais uma emoção "estéril", a ser assistida pela televisão enquanto se aguarda a aparição de Milton Berle.[108]

---

104 | *Idem*, p. 528.

105 | *Idem*, p. 529.

106 | Deve-se notar que, diferentemente de van den Haag, Freud refere-se a todas as artes, e não apenas à cultura popular.

107 | Ernest van den Haag, "Of happiness and despair we have no measure", *op. cit.*, pp. 532-5.

108 | *Idem*, p. 535. [Milton Berle, apelidado Mr. Television, (1908--2002) foi o primeiro grande astro da TV americana. (N.T.)]

Van den Haag diverge dos "nostálgicos culturais" que, em sua incerteza a respeito do passado, usam versões romantizadas desse período para condenar o presente. Ele sabe que a "cultura popular empobrece a vida sem levar à satisfação. Mas, se 'a massa de homens' sentir-se-ia melhor ou pior sem as técnicas de produção para massas, das quais a cultura popular é uma parte inelutável, nunca saberemos".[109]

Já Edward Shils não tem nada da incerteza de van den Haag. Sabe que, ao dizer que a indústria empobreceu a vida, o que este fala é puro *nonsense*:

> Os prazeres presentes da classe operária e da baixa classe média não merecem uma estima profunda, estética, moral ou intelectual, mas certamente não são inferiores às coisas desprezíveis que deram prazer aos seus antepassados europeus da Idade Média ao século XIX.[110]

E rejeitará, completamente,

> a ideia totalmente errônea de que o século XX é um período de severa deterioração intelectual e essa suposta deterioração é produto da cultura de massa [...] Na verdade, seria muito mais correto afirmar que a cultura de massa é, hoje, menos prejudicial às classes baixas do que o fora a existência sombria e severa de séculos passados.[111]

Até onde Shils consegue ver, o problema não é a cultura de massa, mas a resposta de intelectuais a ela. De certa maneira, embora concordando com boa parte dos argumentos de Macdonald, D. W. Brogan permanece

---

[109] | *Idem*, p. 536.

[110] | Edward Shils, "Mass society and its culture", em Peter Davison, Rolf Meyersohn & Edward Shils (orgs.), *Literary taste, culture, and mass communication*, I, Cambridge: Chadwyck Healey, 1978, p. 35.

[111] | *Idem*, p. 36.

mais otimista. Ele acredita que Macdonald, ao ser "tão cruelmente crítico aos Estados Unidos do presente, é muito gentil com o passado dos Estados Unidos e com o passado e o presente da Europa".[112] Dessa forma, o pessimismo de Macdonald a respeito do presente só se sustenta devido à sua visão extremamente otimista do passado. Em suma, ele "exagera [...] a má fama dos Estados Unidos".[113]

Diferentemente da maioria dos outros participantes dos estudos, Leslie Fiedler alega que a cultura de massa

> é um fenômeno particularmente americano [...] Não quero dizer [...] que seja encontrado apenas nos Estados Unidos, mas, onde quer que se encontre, primeiro veio de nós, e apenas entre nós é que ela ainda pode ser vista em sua forma totalmente desenvolvida. Nossa experiência nesse sentido é, assim, um prenúncio para o restante do mundo, do que virá após a inevitável desintegração de antigas culturas aristocráticas.[114]

Para Fiedler, cultura de massa é cultura popular que "se recusa a reconhecer seu espaço". E explica que a

> cultura vulgar contemporânea é bruta e perturbadora – expressão quase espontânea dos habitantes desarraigados e culturalmente despossuídos de cidades anônimas, projetando mitologias que reduzem, a uma forma controlável, a

---

[112] | D. W. Brogan, "The problem of high and mass culture", em Peter Davison, Rolf Meyersohn & Edward Shils (orgs.), *Literary taste, culture, and mass communication*, I, Cambridge: Chadwyck Healey, 1978, p. 191.

[113] | *Idem*, p. 193.

[114] | Leslie Fiedler, "The middle against both ends", em Bernard Rosenberg & David Manning White (orgs.), *Mass culture: the popular arts in America*, Nova York: Macmillan, 1957, p. 539.

ameaça da ciência, o terror da guerra ilimitada, e a expansão geral da corrupção, em um mundo em que as bases sociais de antigas lealdades e heroísmos foram há muito destruídas.[115]

Fiedler questiona: qual é o problema da cultura de massa dos Estados Unidos? E sabe que, para alguns críticos, em seu país e no exterior, o fato de ser americano é suficiente para condenar. Mas, para Fiedler, a inevitabilidade da experiência americana torna sem sentido a afirmação; isto é, exceto se aqueles que a apoiam também sejam contra a industrialização, a educação de massa e a democracia. Ele vê os Estados Unidos "no meio de uma estranha guerra de classes em dois frontes". No centro está "a gentil mente mediana", no topo está "a sensibilidade irônico-aristocrática", e embaixo fica "a mentalidade bruta-populista".[116] O ataque à cultura popular é sintoma de timidez e expressão de conformidade em termos de cultura. "O medo do vulgar é o reverso do medo da excelência, e ambos são aspectos do medo da diferença: sintomas de um impulso para o conformismo polido, tímido, sentimental, estúpido-imaterial."[117] A gentil mente mediana quer igualdade cultural sob suas próprias condições. Não se trata da exigência leavista por deferência cultural, mas de insistir em pôr fim na diferença cultural. Portanto, Fiedler vê a cultura de massa americana como hierárquica e pluralista, e não homogeneizada e niveladora. Além disso, ele a elogia por ser assim.

Um modelo semelhante é sugerido por Shils. A cultura norte-americana é dividida em três "classes", cada uma englobando diferentes versões do cultural: no topo, cultura "superior" ou "refinada"; no meio, cultura "medíocre"; embaixo, cultura "bruta".[118] A sociedade de massa alterou o

---

[115] | *Idem*, p. 540.

[116] | *Idem*, p. 545.

[117] | *Idem*, p. 547.

[118] | Edward Shils, "Mass society and its culture", *op. cit.*, p. 206.

mapa cultural, reduzindo a significância da "cultura superior ou refinada" e aumentando a importância tanto da "medíocre" como da "bruta".[119] Shils, contudo, não vê o fato como uma ocorrência totalmente negativa: "É indicação de um despertar estético rudimentar, em classes que antes aceitavam o que lhes era entregue ou praticamente não tinham expressão e recepção estéticas".[120] Como Fiedler, Shils não se esquiva da alegação de que os Estados Unidos são o lar da cultura de massa, e chama o país de "a mais massiva de todas as sociedades de massa".[121] Mas permanece otimista: "Para falar a verdade, a vitalidade e a individualidade, que podem reabilitar nosso público intelectual, vão provavelmente ser frutos da liberação de poderes e possibilidades inerentes às sociedades de massa".[122] No artigo de Fiedler – e na obra de outros autores dos anos 1950 e início dos 1960 –, como sugere Ross,

> após anos nos confins intelectuais, o conceito de "classe" volta, mas sob certas condições. Desta vez, a análise de classe retorna, não para chamar a atenção para conflitos e contradições, como acontecera na década de 1930, mas, sim, para servir como momento hegemônico em que se estabelece um consenso acerca da coexistência não antagônica de diferentes concepções políticas do mundo. Classes culturais poderiam existir, desde que não interferissem umas nas outras.[123]

Opção e consumo culturais tornaram-se não só sinais de pertencimento a certa classe mas também marca da diferença de classes. Entretanto, em vez de antagonismo de classes, existe apenas pluralidade de opções de consumo, dentro de um consenso geral que aponta perigos internos e

---

119 | *Idem*, p. 209.
120 | *Idem, ibidem*.
121 | *Idem*, p. 218.
122 | *Idem*, p. 226.
123 | Andrew Ross, *op. cit.*, p. 58.

externos. Em resumo, o debate sobre cultura de massa tornou-se o terreno em que se construiria a ideologia de contenção da Guerra Fria. Afinal de contas, como observa Melvin Tumin, "os Estados Unidos e os norte-americanos têm à sua disposição recursos, mentais e materiais, para construir e apoiar a melhor cultura que o mundo jamais conheceu".[124] O fato de isso ainda não ter ocorrido não desanima Tumin; para ele, simplesmente instiga a pergunta: Como fazermos para ocorrer? Para a resposta, ele volta suas expectativas aos intelectuais norte-americanos, que "nunca antes estiveram [...] tão à vontade em situações em que pudessem atuar como intelectuais",[125] por meio do debate sobre cultura de massa, para assumir a liderança na busca por construir a melhor *cultura popular* que o mundo jamais conheceu.

A CULTURA DOS OUTROS | É fácil ser crítico da abordagem à cultura popular na tradição da "cultura e civilização". Diante dos recentes desenvolvimentos no campo da teoria cultural, é quase suficiente apresentar uma narrativa de sua abordagem para condená-la à desaprovação populista. No entanto, é preciso lembrar que, do ponto de vista histórico, o trabalho dessa tradição é absolutamente fundamental para o projeto de estudo da cultura popular em estudos culturais britânicos. Além disso, é difícil superestimar seu impacto: por mais de um século, foi, sem dúvida, o paradigma dominante na análise cultural. De fato, pode-se argumentar que ainda forma uma espécie de "senso comum", reprimido em certas áreas da vida (acadêmica e não acadêmica) britânica e americana.

Embora a tradição da "cultura e civilização", especialmente em sua forma leavista, tenha criado um espaço educacional para o estudo da cultura popular, também existe um sentido em que essa abordagem da cultura

---

124 | Melvin Tumin, "Popular culture and the open society", em Bernard Rosenberg & David Manning White (orgs.), *Mass culture: the popular arts in America*, Nova York: Macmillan, 1957, p. 550.

125 | *Idem, ibidem*.

popular, de fato, "impediu ativamente seu desenvolvimento como área de estudos".[126] O problema principal é sua hipótese de trabalho: cultura popular sempre representa pouco mais do que um exemplo de declínio cultural e potencial desordem política. Diante dessa suposição, pesquisas teóricas e investigações empíricas continuaram confirmando o que sempre se esperou encontrar.

> Haver algo errado com a cultura popular era uma suposição da teoria e, claro, depois dessa hipótese, o restante veio naturalmente: encontrou-se o que se estava procurando – sinais de decadência e deterioração – justamente porque a teoria exigia que isso fosse encontrado. Em suma, o único papel oferecido aos produtos da cultura popular foi o de bode expiatório.[127]

Como já vimos, a cultura popular é condenada por muitas coisas. No entanto, como Bennett aponta, a tradição de "cultura e civilização" não é conhecida por suas análises detalhadas de textos e práticas da cultura popular. Em vez disso, olhava de cima para baixo, das alturas esplêndidas de alta cultura, para o que via como os solos comerciais improdutivos da cultura popular, buscando apenas confirmação de declínio cultural, diferença cultural e da necessidade por deferência, regulação e controle culturais. Era

> muito mais um discurso dos "cultos" sobre a cultura dos sem "cultura" […] Em resumo, a cultura popular era abordada à distância e cautelosamente, mantida bem afastada, por estranhos ao campo, que claramente não tinham qualquer sentimento de afeto por ela nem participavam das formas que estavam estudando. Sempre estava em questão a cultura de "outras pessoas".[128]

126 | Tony Bennett, "Popular culture: themes and issues", *op. cit.*, p. 6.
127 | *Idem, ibidem.*
128 | *Idem, ibidem.*

As ansiedades da tradição de "cultura e civilização" dizem respeito à extensão social e cultural: como lidar com os desafios de exclusividade cultural e social. Com o fim do século XIX – e como os tradicionalmente afastados da "cultura" e "sociedade" exigiam ser incluídos –, foram adotadas estratégias para incorporar e excluir. Passou-se a aceitar "alta sociedade" e "alta cultura", algo distinto de sociedade e cultura; ou, melhor ainda, sociedade de massa e cultura de massa. Em suma, é uma tradição que exigia, e esperava, duas respostas das "massas" (Foto 2.1) – diferença cultural e social, e deferência cultural e social. Como vamos ver adiante,[129] alguns dos debates sobre pós-modernismo podem, em parte, ser pouco mais do que essa luta pela inclusão na Cultura – escrita com C maiúsculo – (ou ser dela excluído), o que, em última instância, tem menos relação com textos e, muito mais, com as pessoas e as culturas que elas vivenciam cotidianamente.

Foto 2.1 Excursão para Blackpool no início dos anos 1950.
"Não existem [...] massas; existem apenas maneiras de ver [outras] pessoas como massas"
(Raymond Williams, *Culture and society*, p. 289).

129 | Nos capítulos 9 e 10.

LEITURA COMPLEMENTAR

STOREY, John (org.). *Cultural theory and popular culture: a reader*. 4. ed. Harlow: Pearson Education, 2009. É o volume que faz par com este livro. Traz exemplos da maioria dos trabalhos aqui tratados, além de um *site* interativo (www.pearsoned.co.uk/storey), com *links* para outros *sites* e para recursos eletrônicos úteis.

BALDICK, Chris. *The social mission of English 1848-1932*. Oxford: Clarendon, 1983. Contém capítulos interessantes e informativos sobre Arnold e o leavisismo.
BILAN, R. P. *The literary criticism of F. R. Leavis*. Cambridge: Cambridge University Press, 1979. Embora a maior parte aborde Leavis como crítico literário, contém material útil a respeito de sua atitude em relação à alta cultura e à cultura popular.
BRAMSON, Leon. *The political context of sociology*. Princeton: Princeton University Press, 1961. Contém um capítulo brilhante sobre o debate relativo à cultura de massa nos Estados Unidos.
GANS, Herbert J. *Popular culture and high culture: an analysis and evaluation of taste*. Nova York: Basic Books, 1974. Este livro é uma contribuição recente para o debate relativo à cultura de massa nos Estados Unidos. Apresenta um argumento convincente em defesa do pluralismo cultural.
JOHNSON, Lesley. *The cultural critics*. Londres: Routledge & Kegan Paul, 1979. Contém capítulos úteis sobre Arnold e sobre F. R. Leavis.
MULHERN, Francis. *The moment of scrutiny*. Londres: New Left, 1979. Talvez seja o relato clássico sobre o leavisismo.
ROSS, Andrew. *No respect: intellectuals and popular culture*. Londres: Routledge, 1989. Um livro interessante, com um capítulo útil sobre o debate a respeito da cultura de massa nos Estados Unidos.
TRILLING, Lionel. *Matthew Arnold*. Londres: Unwin University Press, 1949. Ainda é a melhor introdução a Arnold.
WAITES, Bernard; BENNETT, Tony & MARTIN, Graham (orgs.). *Popular culture: past and present*. Londres: Croom Helm, 1982. Uma coletânea de ensaios sobre diferentes exemplos de cultura popular. Os capítulos 1, 4 e 6 abordam cultura popular e o contexto histórico que fez surgirem as ansiedades da tradição da "cultura e civilização".

WILLIAMS, Raymond. *Culture and society*. Harmondsworth: Penguin, 1963. Livro seminal sobre a tradição de "cultura e civilização", inclui capítulos sobre Arnold e F. R. Leavis.

3 Culturalismo

Neste capítulo, abordo o grupo de obras produzidas no final dos anos 1950 e início dos 1960 por Richard Hoggart, Raymond Williams, E. P. Thompson, e também por Stuart Hall e Paddy Whannel. Apesar de certas diferenças entre seus autores, esses trabalhos constituem textos fundamentais do culturalismo. Como Hall mais tarde observou, "entre os estudos culturais na Grã-Bretanha, a linha mais vigorosa ali desenvolvida foi o 'culturalismo'".[1] Na conclusão do capítulo, há uma pequena análise da institucionalização do culturalismo no Centro de Estudos Culturais Contemporâneos.

As posições de Hoggart e de Williams desenvolveram-se em resposta ao leavisismo. Como vimos no capítulo anterior, os leavistas abriram, na Grã-Bretanha, um campo educacional para o estudo da cultura popular. Hoggart e Williams ocuparão tal espaço, mesmo desafiando muitos dos pressupostos básicos do leavisismo, ao mesmo tempo em que os compartilham. Foi essa mistura contraditória – de voltar o olhar para a tradição da "cultura e civilização", ao mesmo tempo em que avança para o culturalismo e os fundamentos da abordagem dos estudos culturais à cultura popular – que levou *The uses of literacy*, *Culture and society* e *The long revolution* a serem chamados, ao mesmo tempo, de textos de "ruptura", e exemplos do "leavisismo de esquerda".[2]

---

[1] Stuart Hall, "Some paradigms in cultural studies", *Annali*, 3, 1978, p. 19.

[2] *Idem*, "Cultural studies: two paradigms", em John Storey (org.), *What is cultural studies?: a reader*, Londres: Edward Arnold, 1996a. [Das obras citadas, a primeira é de Richard Hoggart; as duas outras, de Raymond Williams. (N.T.)]

Por outro lado, Thompson descreveria sua obra – na época e sempre –, como marxista. Para representar a sua abordagem, e as de Hoggart e de Williams, foi cunhado o termo "culturalismo" por Richard Johnson,[3] um dos ex-diretores do Centro de Estudos Culturais Contemporâneos, que o utiliza para indicar a presença de um núcleo de preocupações teóricas que une a obra dos três. Cada um rompe, a seu modo, com aspectos-chave da tradição que herdou: Hoggart e Williams rompem com o leavisismo; Thompson rompe com versões mecanicistas e economicistas do marxismo. O que os une é uma abordagem que insiste em ser possível, pela análise da cultura de uma sociedade – ou seja, as formas textuais e as práticas documentadas de uma cultura –, reconstituir o comportamento padronizado e as constelações de ideias compartilhadas pelos que produzem e consomem os textos e práticas daquela sociedade. É uma perspectiva que enfatiza a capacidade humana de fazer escolhas, a "agência humana" (*human agency*): a produção ativa de cultura, em vez de seu consumo passivo. Embora normalmente não esteja incluído nos textos sobre a formação do culturalismo com base no leavisismo de esquerda, *The popular arts*, de Hall e Whannel,[4] está aqui pelo seu clássico foco leavista de esquerda na cultura popular. Reunidas como um conjunto de obras, as contribuições de Hoggart, Williams, Thompson e de Hall e Whannel marcam claramente o surgimento do que hoje é conhecido como a abordagem dos estudos culturais à cultura popular. O lar institucional desses desenvolvimentos foi, especialmente na década de 1970 e início da de 1980, o Centro de Estudos Culturais Contemporâneos da Universidade de Birmingham.[5]

3 | Richard Johnson, "Three problematics: elements of a theory of working-class culture", em John Clarke *et alii* (orgs.), *Working class culture: studies in history and theory*, Londres: Hutchinson, 1979.

4 | Stuart Hall & Paddy Whannel, *The popular arts*, Londres: Hutchinson, 1964.

5 | Ver Michael Green, "The Centre for Contemporary Cultural

RICHARD HOGGART: *THE USES OF LITERACY* | *The uses of literacy* compõe-se de duas partes: "An 'older' order", descrevendo a cultura da classe operária nos anos 1930, durante a infância de Hoggart; e "Yielding place to new", descrevendo a cultura da classe operária tradicional sob ameaça das novas formas de entretenimento de massa dos anos 1950. Organizar o livro desse modo deixa bem claras não só a perspectiva assumida, mas também as conclusões esperadas. Por um lado, temos a "cultura vivida", tradicional, da década de 1930. Por outro, o declínio cultural dos anos 1950. Hoggart, na verdade, tem consciência de que, durante a escrita do livro, a "nostalgia estava de antemão influenciando o material: fiz o que pude para impedir seus efeitos".[6] E também sabe que a divisão que faz entre o "velho" e o "novo" diminui a importância do quanto há de continuidade entre os dois. Deve-se notar, também, que as evidências de "velho" dependem não de "invocar uma tradição pastoral concebida, de modo um tanto nebuloso, para atacar o presente, [mas], em grande medida, das memórias de minha infância cerca de vinte anos atrás".[7] Para evidenciar o declínio cultural, representado pela cultura popular dos anos 1950, usa do material coletado como palestrante e pesquisador universitário. Em suma, o "velho" é baseado em experiências pessoais; o "novo", em pesquisas acadêmicas. Essa é uma distinção muito significativa, que revela muita coisa.

A respeito do projeto de Hoggart, vale observar, também, algo que costuma ser mal interpretado. Ele ataca não um declínio "moral" da classe operária em si, mas o que percebe como um declínio na "seriedade moral" da cultura fornecida para a classe operária. Em diversas ocasiões, repete

Studies", em John Storey (org.), *What is cultural studies?: a reader*, Londres: Edward Arnold, 1996.

6 | Richard Hoggart, *The uses of literacy*, Harmondsworth: Penguin, 1990, p. 17.

7 | *Idem*, pp. 23-4.

sua confiança na capacidade da classe operária de resistir às muitas manipulações da cultura de massa: "Não se trata simplesmente de um poder de resistência passiva, mas de algo que, embora não seja articulado, é positivo. As classes operárias têm uma forte capacidade natural de sobreviver a mudanças, adaptando, no novo, ou assimilando a ele, aquilo que querem, e ignorando o resto".[8] Sua confiança tem raízes em sua crença de que a resposta que dão à cultura de massa é sempre parcial: "Uma grande parte simplesmente não 'está ali', está vivendo alhures, intuitivamente, habitualmente, verbalmente, recorrendo a mitos, aforismos e rituais. Isso a salva de alguns dos piores efeitos".[9]

Segundo Hoggart,

> a classe operária tradicionalmente, ou pelo menos há várias gerações, via a arte como fuga, como algo que pode ser usufruído, mas não como tendo alguma conexão com a vida diária. Arte é marginal, "divertida" [...] a vida "real" acontece em outro lugar [...] Arte é para ser usada.[10]

Ele descreve que a estética da classe operária tinha um "interesse predominante nos detalhes" do cotidiano; um interesse profundo sobre o que já se conhece; um gosto pela cultura que "mostra" em vez de "explorar". Na visão de Hoggart, o consumidor da classe operária busca, portanto, não "uma fuga da vida usual", mas sua intensificação, na crença manifesta de que "a vida usual é intrinsecamente interessante".[11] E o novo entretenimento de massa dos anos 1950 enfraquece essa estética:

---

8 | *Idem*, p. 32.
9 | *Idem*, p. 33.
10 | *Idem*, p. 238.
11 | *Idem*, p. 120.

A maior parte dos entretenimentos de massa são, no final, o que D. H. Lawrence descrevia como "antivida". São cheios de brilho corrupto, de apelos impróprios e de evasões morais […] nada oferecem que consiga realmente atrair o cérebro ou o coração. Colaboram para o esgotamento gradual dos tipos mais positivos, mais completos, mais cooperativos de diversão, em que se ganha muito dando muito.[12]

Não se trata apenas de serem os prazeres do entretenimento de massa "irresponsáveis" e "vicários";[13] eles também estão destruindo o próprio tecido de uma cultura mais velha e mais saudável da classe operária. E é inflexível ao afirmar que

estamos nos movendo [nos anos 1950] para a criação de uma cultura de massa; que estão sendo destruídos os resquícios do que era, pelo menos em parte, uma cultura urbana "do povo"; e que a nova cultura de massa é, em alguns aspectos importantes, menos saudável do que a cultura, um tanto rude, que ela está substituindo.[14]

Alega, ainda, que a cultura da classe operária dos anos 1930 expressava o que chama de "a rica vida plena", marcada por um forte senso de comunidade. Essa é uma cultura que, em larga medida, é feita pelo povo. Eis um exemplo muito conhecido do que quer dizer com isso – sua descrição de um dia típico no litoral:

os "*charas*"[15] vão rodando pelos baixios para as areias da praia, para lá dos restaurantes de estrada que torcem o nariz aos turistas, para algum que o motorista

---

12 | *Idem*, p. 340.

13 | *Idem, ibidem*.

14 | *Idem*, p. 24.

15 | *Charas* (ing.), forma reduzida de *charabancs*: veículo com grande número de assentos, em geral sem capota, comumente usado na Inglaterra, no início do século XX, para passeios turísticos. (N.T.)

conhece, onde sabe que servem café e biscoitos e, talvez, um café da manhã completo com ovos e *bacon*. E aí param, para o substancial lanche da chegada, e, depois disso, dividem-se em grupos. Mas raramente se distanciam uns dos outros, porque conhecem o lugar deles na cidade e a fatia que lhes cabe na praia, onde se sentem em casa [...] Fazem um belo passeio pelas lojas; quiçá bebem alguma coisa; sentam-se em uma espreguiçadeira tomando um sorvete ou chupando *mint humbugs* [as populares balinhas de menta com recheio de chocolate]; dão uma bela gargalhada – com a senhora Johnson insistindo em jogar frescobol com o vestido enfiado em suas calçolas; com a senhora Henderson fingindo que "ficou louca" com o garçom das espreguiçadeiras; ou fazendo fila para o banheiro feminino. E, então, acontece a compra de presentes para a família, depois um grande chá completo e o retorno para casa, parando no meio do caminho para tomar um drinque. Se os maridos estiverem junto, e certamente se for uma excursão só de homens, provavelmente haverá diversas paradas, e uma caixa, ou duas, de cerveja no porta-malas para beber no caminho. Em algum ponto do caminho de volta, todos os grupos só de homens vão dar uma paradinha, com muitas palhaçadas e piadas barulhentas sobre a capacidade das bexigas. O motorista sabe exatamente o que se espera dele enquanto conduz sua comunidade – animada, cantante, e com um bafo daqueles – de volta para a cidade; de sua parte, recebe uma gorjeta bem alta, coletada nos últimos quilômetros já nas ruas da cidade.[16]

Esta é uma cultura popular, comunitária e autodidata. Hoggart pode ser criticado por seu romantismo, mas devemos também reconhecer aqui, na energia utópica da passagem, um exemplo do esforço de Hoggart para estabelecer uma distinção funcional entre uma cultura do "povo" e um "mundo onde as coisas são feitas para o povo".[17]

A primeira metade de *The uses of literacy* consiste, principalmente, de exemplos de entretenimento comunitário e espontâneo. A análise muitas

---

16 | Richard Hoggart, *The uses of literacy, op. cit.*, pp. 147-8.

17 | *Idem*, p. 151.

vezes está bem à frente do leavisismo. Por exemplo, contra a hostilidade desdenhosa da saudade (leavisesca) de Cecil Sharp pela "pureza" da música folclórica,[18] ele defende a apreciação de músicas populares pela classe operária, em termos que logo se tornariam fundamentais para o projeto dos estudos culturais. Músicas fazem sucesso, argumenta, "não importando quanto a Tin Pan Alley as divulgue",[19] apenas se puderem ser *feitas para* satisfazer às exigências emocionais de seu público popular. Diz, a respeito da apropriação popular da canção *After the ball is over*: "Eles a assumiram em suas próprias condições, e, portanto, não é para eles algo tão pobre quanto poderia ter sido".[20]

A ideia de um público que se apropria – para seus próprios fins ou sob suas próprias condições – de mercadorias oferecidas pelas indústrias culturais nunca é totalmente explorada. Mas ela está presente em Hoggart, mais uma vez apontando para a mal explorada sofisticação de *partes* de *The uses of literacy* – muitas vezes desconsideradas por serem não acadêmicas, nostálgicas e meio autobiográficas. A verdadeira fraqueza do livro é a incapacidade de transportar suas ideias a respeito do tratamento da cultura popular dos anos 1930 para o tratamento da chamada cultura de massa dos 1950. Se tivesse feito isso, teria logo considerado, por exemplo, totalmente inadequados os títulos descritivos contrastantes: "The full rich life" e "Invitations for a candy-floss world".

---

18 | Ver John Storey, *Inventing popular culture: from folklore to globalisation*, Oxford: Blackwell, 2003.

19 | Richard Hoggart, *The uses of literacy*, op. cit., p. 159. [Tin Pan Alley é o nome (informal) dado à indústria de música popular, especialmente aos que escrevem e publicam canções e suas partituras. O nome originalmente se referia a uma área de Nova York onde essas pessoas trabalhavam. (N.T.)]

20 | *Idem*, p. 162.

Vale notar, neste momento, que não é necessário dizer que a imagem que Hoggart fazia dos anos 1930 é romantizada, com vistas a provar que sua imagem dos 1950 é exageradamente pessimista. Não é necessário provar que ele está errado a respeito dos 1930, como alguns críticos parecem acreditar, para provar que está errado sobre os 1950. É possível que esteja certo quanto à década de 1930, mesmo estando errado sobre a de 1950. Como muitos intelectuais que vêm da classe operária, talvez ele seja propenso a diminuir suas próprias experiências de classe devido à altivez, real e imaginada, de seus colegas da nova classe média: "Sei que a classe operária contemporânea é deplorável, mas a *minha* era diferente". Embora não queira me alongar sobre essa motivação, na revisão de Williams de *The uses of literacy*, quando comenta "os relatos de Hoggart favoráveis ao garoto escolarizado, que, imagino, foram bem recebidos por alguns leitores (e por que não seriam? é bem o que eles querem escutar, e hoje até um estudante real deve estar repetindo aquilo)",[21] tal motivação não é apoiada. E, mais uma vez, em outra obra – um estudo sobre grupos dominantes "estranhamente aliados" sempre se atraírem –, Williams faz uma observação semelhante, mas mais geral:

> Em nossa geração, temos uma nova classe do mesmo tipo: homens e mulheres jovens que se beneficiaram da extensão da educação pública e, em quantidades surpreendentes, se identificam com o mundo onde foram aceitos; e gastam boa parte de seu tempo, para o aplauso dos novos observadores, explicando e documentando a vulgaridade incorrigível do povo que abandonaram; uma coisa é necessária agora, enfraquecer a crença na praticabilidade de mais extensão educacional.[22]

21 | Raymond Williams, "Fiction and the writing public", em: *Essays in Criticism*, 7, 1957, pp. 426-7.

22 | *Idem*, *The long revolution*, Harmondsworth: Penguin, 1965, pp. 377-8.

Quando, na segunda parte de seu estudo, Hoggart passar a considerar "algumas características da vida contemporânea",[23] na maior parte do tempo é ignorado o aspecto autodidata da cultura da classe operária. A estética popular – tão importante para se compreender o prazer que se via na classe operária nos anos 1930 – é agora esquecida, na ânsia de condenar a cultura popular dos 1950. O sucesso das "'novelas de rádio', entre as mulheres operárias […] se deve à inteira consumação de sua atenção […] à apresentação incrivelmente prolongada do que é perfeitamente ordinário e desinteressante".[24] Isso se repete nos cartuns dos jornais, em que há figuras como "o 'homenzinho' diariamente preocupado com as chances de sua filha na competição de culinária da escola […] um exercício cotidiano de prolongar o irrelevante e insignificante".[25] O que aconteceu com a significância intrínseca do dia a dia? Em vez de falar de estética popular, somos convidados a um passeio pelo poder manipulativo das indústrias culturais. A cultura popular dos anos 1950, como descrita por Hoggart, não mais oferece a possibilidade de uma vida plena e rica; tudo é, agora, raso e insípido. Cresceu a força da "cultura comercial", implacável em seu ataque ao velho (a cultura tradicional da classe operária) em benefício do novo, a "barbárie cintilante"[26] da cultura de massa. Este é um mundo em que "ser 'antiquado' é ser condenado"[27] – uma condição a que os jovens são particularmente vulneráveis. Esses "bárbaros no país das maravilhas"[28] exigem mais (e recebem mais) do que seus pais e avós tiveram ou esperavam ter. Mas esse hedonismo supostamente "sem noção", alimentado por "cardápios" ralos e insípidos, leva apenas a um excesso debilitante.

23 | Richard Hoggart, *The uses of literacy, op. cit.*, p. 169.
24 | *Idem*, p. 181.
25 | *Idem, ibidem*.
26 | *Idem*, p. 193.
27 | *Idem*, p. 192.
28 | *Idem*, p. 193.

"Divertir-se" parece ter se tornado algo tão importante, a ponto de superar quase todas as outras reivindicações; porém, quando isso foi permitido, tornou-se uma questão de rotina. O argumento mais forte contra os entretenimentos de massa modernos não é que eles degradam o gosto – a degradação pode estar viva e ativa –, mas que o estimulam demasiado, acabando até por embotá-lo e, finalmente, o matam [...] e o matam na raiz. Entretanto, ainda assim, tanto confundem e persuadem seu público, que este é quase incapaz de erguer a cabeça e dizer: "Ora, este bolo é feito de serragem!".[29]

Embora (no final dos anos 1950) tal estágio ainda não tivesse sido atingido, todos os sinais, segundo Hoggart, indicavam ser esse o caminho que o mundo estava seguindo. Mas, mesmo neste "mundo de algodão--doce",[30] ainda existem sinais de resistência. Por exemplo, apesar de a cultura de massa poder produzir algumas canções populares horríveis,

as pessoas não precisam cantar ou escutar essas canções, e muitas não o fazem; e as que o fazem, costumam achar as músicas muito melhores do que na verdade o são [...] as pessoas costumam lê-las à sua moda. Assim, mesmo aí, elas são menos afetadas do que pareceria indicar a quantidade em que as consomem.[31]

Mais uma vez, isso nos lembra que o alvo de Hoggart são (principalmente) os produtores das mercadorias que compõem a cultura popular, e não aqueles que transformam (ou não) essas mercadorias em cultura popular. Embora ofereça muitos exemplos de "prova" do declínio cultural, a ficção popular é evidentemente seu principal exemplo de deterioração. Ele compara um texto contemporâneo (na verdade, uma imitação que ele mesmo escreveu) com um

29 | *Idem*, pp. 196-7.
30 | *Idem*, p. 206.
31 | *Idem*, p. 231.

trecho de *East Lynne* e outro de *Adam Bede*.[32] Conclui que, em comparação, o trecho contemporâneo é ralo e insípido, "um conta-gotas de leite aguado, que protela os espasmos de uma fome irrefutável e nega as satisfações de uma refeição que sacia nutritivamente".[33] Deixando de lado o fato de ser o texto contemporâneo uma imitação (assim como todos os seus exemplos contemporâneos), Hoggart argumenta que essa inferioridade se deve ao fato de faltar o "tom moral"[34] dos outros dois trechos. Isso pode ser verdade, mas também é significativo o fato de os outros dois trechos estarem *repletos* de "tom moral", e em um sentido bem definido: tentam dizer ao leitor o que ele deve pensar; como ele mesmo admite, são textos de "oratória".[35] O texto contemporâneo é, da mesma forma, "ralo": não diz ao leitor o que ele deve pensar. Portanto, ainda que existam vários aspectos em que possamos desejar classificar os três trechos – com *Adam Bede* no topo e o texto contemporâneo embaixo –, o "tom moral" (ou seja, que a ficção deveria dizer às pessoas o que pensar) parece nos levar exatamente às certezas um tanto falsas do leavisismo. Além disso, podemos facilmente inverter o julgamento: o trecho contemporâneo deve ser avaliado por suas qualidades elípticas e interrogativas: ao não pensar por nós, ele nos convida a pensar; isso é algo que não pode ser considerado ausência de pensamento (ou "tom moral"), mas, sim, "ausência" cheia de presença potencial, em que o leitor é convidado a produzir *ativamente*.

Um indício supostamente poderoso da jornada para o mundo de algodão-doce é o visitante habitual das novas leiterias[36], "o garoto do

---

32 | Romances, respectivamente, de Ellen Wood e George Elliot [Mary Ann Ewans], sucessos populares na segunda metade do século XIX. (N.T.)

33 | Richard Hoggart, *The uses of literacy*, op. cit., p. 237.

34 | *Idem*, p. 236.

35 | *Idem*, p. 235.

36 | As leiterias (*milk bars*) são a versão britânica da lanchonetes norte-americanas. (N.T.)

jukebox"[37] – nome que Hoggart dava aos *Teddy boys*[38]. *Milk bars* são, em si, sintomáticos: "evidenciam imediatamente, na sordidez de suas bugigangas modernistas, uma pompa berrante, um completo desarranjo estético".[39] Os frequentadores, em sua maioria, são "garotos entre 15 e 20 anos, com jaquetas longas, meio soltas, gravatas estampadas e um andar americano".[40] O principal motivo para estar lá é "colocar uma moeda atrás da outra no *jukebox*".[41] Permite-se que a música "seja alta e estridente em excesso, que assim o barulho consegue ocupar inteiro um salão de bom tamanho".[42] Escutando as músicas, "os jovens ficam sacudindo um ombro ou com um olhar fixo, tão extraordinário como o de Humphrey Bogart, de um lado para o outro, entre as cadeiras tubulares".[43]

> Mesmo comparada ao bar da esquina, essa é uma forma particularmente rala e inexpressiva de dissipação, uma espécie de podridão espiritual, em meio ao odor de leite fervido. Muitos clientes – como mostram suas roupas, cortes de cabelo, expressões faciais – vivem, em grande parte, num mundo mítico, mescla de alguns elementos simples que eles acham ser característicos da vida americana.[44]

37 | *Idem*, p. 247.

38 | Grupos de jovens britânicos da década de 1950, aficionados de *rockabilly*; comparáveis ao que se denominava aqui, na época, "juventude transviada". Seu nome vem de imitarem a moda eduardiana do início do século XX. Ted é apelido Edward. (N.T.)

39 | Richard Hoggart, *The uses of literacy, op. cit.*, p. 247.

40 | *Idem*, p. 248.

41 | *Idem, ibidem*.

42 | *Idem, ibidem*.

43 | *Idem, ibidem*.

44 | *Idem, ibidem*.

Segundo Hoggart,

> São um grupo deprimente [...] talvez a maioria deles seja menos inteligente do que a média [da juventude da classe operária], e, portanto, estão até mais expostos do que outros às debilitantes tendências de massa do momento [...] não têm responsabilidades, e pouco senso de responsabilidade, para consigo mesmos ou com outros.[45]

Embora "não sejam característicos", são sinais agourentos de coisas que estão por vir:

> são essas as figuras que algumas forças contemporâneas importantes estão criando: os hilotas sem rumo e domesticados, de uma classe preocupada com máquinas [...] O bárbaro hedonista, mas passivo – que viaja em um ônibus com motor de 50 cv, por três *pennies*, para assistir a um filme de 5 milhões de dólares por 1,08 libra –, não é simplesmente uma excentricidade social: é um preságio.[46]

O garoto do *jukebox* sintomaticamente sustenta a previsão de uma sociedade em que "a maior parte da população é reduzida a uma condição de passividade obedientemente receptiva, com os olhos vidrados na televisão, em cartazes de mulheres e telas de cinema".[47]

Hoggart, porém, não se desespera totalmente com a marcha da cultura de massa. Sabe, por exemplo, que a classe operária "não está levando vidas que sejam supostamente tão pobres quanto sugere sua literatura".[48] A velha cultura popular, comunal e autodidata, ainda permanece nas maneiras de falar, nos "clubes de trabalhadores, nos estilos de cantar, nas bandas de

---

45 | *Idem*, pp. 248-9.
46 | *Idem*, p. 250.
47 | *Idem*, p. 316.
48 | *Idem*, p. 324.

metais, nos tipos mais antigos de revistas, nos mesmos jogos em grupo, como dardos e dominó".[49] Além disso, ele confia em seus "consideráveis recursos morais",[50] para que consigam adaptar para seus próprios fins – e sejam encorajados a isso – as mercadorias, e as práticas transformadas em mercadorias, das indústrias culturais. Em suma, "são muito menos afetados do que poderiam ser. A pergunta, claro, é quanto tempo vai durar esse estoque de capital moral, e se ele será renovado".[51] Com todo seu otimismo cauteloso, ele alerta que é uma "forma de comodismo democrático exagerar nessa resiliência" diante das "pressões cada vez mais perigosas"[52] da cultura de massa, com todo seu enfraquecimento de comunidades genuínas e um "convite cada vez mais insincero [...] de compartilhar com amigos".[53] Seu principal medo é que o "comércio competitivo"[54] possa ter fins totalitários:

> Inibido, agora, por garantir a "degradação" econômica das massas [...] o comércio competitivo [...] torna-se uma forma de sujeição nova e forte; essa sujeição promete ser mais forte do que a antiga, porque os elos de subordinação cultural são mais fáceis de acatar e mais difíceis de romper do que os de subordinação econômica.[55]

A opinião de Hoggart sobre a cultura popular tem muito em comum com a do leavisismo (isso fica mais evidente na segunda parte do livro, na análise de cultura popular); ambas aproveitam uma noção de declí-

---

49 | *Idem, ibidem.*
50 | *Idem*, p. 325.
51 | *Idem, ibidem.*
52 | *Idem*, p. 330.
53 | *Idem*, p. 340.
54 | *Idem*, p. 243.
55 | *Idem*, pp. 243-4.

nio cultural; ambas veem a educação na discriminação [de classes] como uma maneira de resistir ao apelo manipulador da cultura de massa. Entretanto, o que torna essa opinião diferente daquela do leavisismo é sua preocupação – e, acima de tudo, um claro comprometimento – com a cultura da classe operária. A distância para o leavisismo fica mais clara na dicotomia "passado bom/presente mau": em vez da comunidade orgânica do século XVII, seu "passado bom" é a cultura da classe operária dos anos 1930. O que Hoggart celebra, da década de 1930, é a mesma cultura à qual os leavistas buscavam resistir. Só isso já transforma sua opinião em crítica implícita – e em avanço acadêmico – ao leavisismo. Mas, como observa Hall, ainda que Hoggart recuse "muitos dos julgamentos embutidos de [F. R.] Leavis", ele, todavia, em seu uso da metodologia literária leavista, "continuou 'uma tradição', embora buscasse, na prática, transformá-la".[56]

RAYMOND WILLIAMS: "THE ANALYSIS OF CULTURE" | A influência de Raymond Williams nos estudos culturais tem sido enorme, e é extraordinária a abrangência de sua obra individual: fez contribuições significativas para nossa compreensão de teoria cultural, história cultural, televisão, imprensa, rádio e publicidade. A bibliografia das obras publicadas de Williams, registrada por Alan O'Connor, chega a mais de 39 páginas.[57] Tal aporte é ainda mais notável quando se levam em consideração suas origens na classe operária galesa (seu pai era sinaleiro ferroviário), e sua carreira acadêmica como professor de teatro na Universidade de Cambridge. Aqui, comento apenas as obras pertinentes à fundação do culturalismo e ao estudo de cultura popular.

---

56 | Stuart Hall, "Cultural studies and the Centre; some problematics and problems", em: Stuart Hall *et alii* (orgs.), *Culture, media, language*, Londres: Hutchinson, 1980b, p. 18.

57 | Alan O'Connor, *Raymond Williams: Writing, culture, politics*, Oxford: Basil Blackwell, 1989.

Em "The analysis of culture", Williams realça "três categorias gerais na definição de cultura".[58] Na primeira está "o 'ideal', em que cultura é um estado ou processo de perfeição humana, em termos de absoluto indiscutível ou valores universais".[59] Usando essa definição, o papel da análise cultural "é, essencialmente, a descoberta e a descrição, em vidas e obras, daqueles valores que podem compor uma ordem infinita, ou fazer uma referência permanente à condição humana universal".[60] Essa é a definição herdada de Arnold e usada pelo leavisismo; aquilo que, em *Culture and society*, Raymond Williams chama de cultura: o supremo "tribunal de apelação humano, a ser definido ao longo de processos de julgamento social prático, e que, ainda, pode servir de alternativa mitigadora e agregadora".[61]

Na segunda está o registro "documental": os textos e práticas remanescentes de uma cultura. Nesta definição, "cultura é o conjunto da obra intelectual e imaginativa em que, de maneira detalhada, o pensamento e a experiência humana são registrados de maneira diversa".[62] Ao usar essa definição, o propósito da análise cultural é a necessidade de fazer uma avaliação crítica, que pode assumir a forma de uma análise semelhante àquela adotada para a categoria "ideal" – um ato de "peneiramento" crítico até a descoberta do que Arnold chama de "o melhor de tudo que se pensou e disse".[63] Também pode envolver uma prática menos exaltada: a cultura como o objeto crítico de descrição e avaliação interpretativa (o

---

58 | Raymond Williams, "The analysis of culture", em John Storey, *Cultural theory and popular culture: a reader*, 4. ed. Harlow: Pearson Education, 2009, p. 32.

59 | *Idem, ibidem*.

60 | *Idem, ibidem*.

61 | *Idem, Culture and society*, Harmondsworth: Penguin, 1963, p. 17.

62 | *Idem*, "The analysis of culture", *op. cit.*, p. 32.

63 | Ver capítulo 2.

exemplo óbvio dessa prática são os estudos literários). Por fim, pode envolver uma função avaliativa – menos histórica, mais literária –, um ato de leitura crítica para medir sua significância como "documento histórico" (os estudos históricos são o exemplo óbvio dessa prática).

Na terceira categoria, "há a definição 'social' de cultura, em que cultura é uma descrição de certo estilo de vida".[64] Para a fundação do culturalismo, essa é a definição crucial, pois introduz três novas maneiras de pensar a cultura: primeira, a posição "antropológica", que vê a cultura como uma descrição de certo estilo de vida; segunda, a proposição de que cultura "expressa determinados significados e valores";[65] terceira, a afirmação de que a obra de análise cultural deveria ser a "elucidação dos significados e valores implícitos e explícitos em certo estilo de vida, ou determinada cultura".[66] Williams sabe que, muitas vezes, o tipo de análise exigida pela definição "social" de cultura "vai envolver a análise de elementos, do estilo de vida, que não são 'cultura' para adeptos de outras definições".[67] Além disso, embora essa análise possa ainda utilizar modos de avaliação dos tipos "ideal" e "documental", também vai passar

> a uma ênfase que, a partir do estudo de certos significados e valores, busca não tanto compará-los, como maneira de estabelecer uma escala, mas estudar seus modos de mudança, para descobrir certas "leis" e "tendências" gerais, por meio das quais se pode compreender melhor o desenvolvimento social e cultural.[68]

Em conjunto, os três pontos contidos na definição "social" de cultura – a cultura como certo estilo de vida; cultura como expressão de certo estilo

---

64 | Raymond Williams, "The analysis of culture", *op. cit.*, p. 32.
65 | *Idem, ibidem.*
66 | *Idem, ibidem.*
67 | *Idem, ibidem.*
68 | *Idem*, pp. 32-33.

de vida; e a análise cultural como método de reconstituir certo estilo de vida – estabelecem tanto a perspectiva geral quanto os procedimentos básicos do culturalismo.

Williams, no entanto, reluta em retirar da análise qualquer das três maneiras de compreender cultura: "existe uma referência significativa em cada uma [...] e, sendo assim, são as relações entre elas que devem chamar nossa atenção".[69] Descreve como "inadequada" e "inaceitável" qualquer definição que não inclua as outras: "Por mais difícil que possa ser na prática, temos de tentar ver o processo como um todo e – se não explicitamente, pelo menos por referência – relacionar nossos estudos particulares com a organização real e complexa".[70] E explica:

> Assim, eu definiria a teoria da cultura como o estudo das relações entre os elementos de todo um estilo de vida. A análise da cultura é a tentativa de descobrir a natureza da organização que é o complexo dessas relações. A análise de certas obras ou instituições é, nesse contexto, a análise de seu tipo de organização essencial, as relações que trabalhos ou instituições incorporam como partes da organização como um todo.[71]

Ao abordar a "organização complexa" da cultura como todo um estilo de vida, a finalidade da análise cultural é sempre compreender o que uma cultura está expressando: "a experiência real por meio da qual se viveu uma cultura"; o "importante elemento comum"; "certa experiência comunitária".[72] Em suma, pretende-se reconstruir o que Williams chama de "a estrutura do sentimento".[73] Por estrutura do sentimento, ele se refere aos

---

[69] | *Idem*, p. 33.
[70] | *Idem*, p. 34.
[71] | *Idem*, p. 35.
[72] | *Idem*, p. 36.
[73] | *Idem, ibidem*.

valores compartilhados por determinado grupo, classe ou sociedade. O termo é usado para descrever uma estrutura discursiva que funciona como uma intersecção entre um inconsciente cultural coletivo e uma ideologia. E usa o termo, por exemplo, para explicar a maneira como muitos romances do século XIX empregam "soluções mágicas" para preencher a lacuna, existente naquela sociedade, entre "a ética e a experiência". Dá exemplos de homens e mulheres se livrando de casamentos sem amor devido à conveniente morte ou insanidade de seus parceiros; heranças surgem inesperadamente para superar reveses financeiros; vilões se perdem no Império [colonial]; homens pobres retornam do Império com grandes fortunas; e aqueles cujas aspirações não puderam ser satisfeitas por arranjos sociais são colocados em um barco para perseguir a realização de seus sonhos em outros lugares. Todos esses (e outros) são apresentados como exemplos de uma estrutura compartilhada do sentimento – de soluções conscientes e inconscientes, em textos ficcionais, sobre as contradições da sociedade do século XIX. O objetivo da análise cultural é ler a estrutura do sentimento por meio do registro documental, "desde poemas a construções e moda em vestuário".[74] Como ele deixa claro,

> o que estamos procurando, sempre, é a vida real que a organização busca expressar. A importância da cultura documental é que, mais claramente do que qualquer outra coisa, ela expressa para nós aquela vida em termos simples, enquanto as testemunhas vivas ficam em silêncio.[75]

A situação é complicada, devido ao fato de serem sempre três os níveis em que a cultura existe:

---

74 | *Idem*, p. 37.
75 | *Idem, ibidem*.

> Precisamos distinguir três níveis de cultura, mesmo em sua definição mais geral. Existe a cultura vivida, de tempo e lugar determinados, totalmente acessível apenas àqueles que vivem naquele tempo e lugar. Existe a cultura gravada, de todo tipo, desde a arte até os fatos mais cotidianos: a cultura de um período. Existe também, como elemento de conexão entre a cultura vivida e as culturas de um período, a cultura de tradição seletiva.[76]

Cultura vivida é aquela vivenciada e experimentada por pessoas em seu dia a dia, em determinado lugar e em determinado momento no tempo; as únicas pessoas que têm acesso total a essa cultura são aquelas que realmente viveram sua estrutura de sentimento. Depois que passa o momento histórico, a estrutura do sentimento começa a fragmentar-se. Somente por meio do registro documental da cultura a análise cultural tem acesso a ela. Mas, sob os processos de "tradição seletiva",[77] o próprio registro documental se fragmenta. Entre uma cultura vivida e sua reconstituição na análise cultural, é evidente, perde-se grande quantidade de detalhes. Por exemplo, como Williams observa, ninguém pode alegar ter lido todos os romances do século XIX. Em vez disso, o que se tem é: o especialista, que talvez possa alegar ter lido muitas centenas; o acadêmico interessado, que leu um pouco menos; o "leitor educado", que leu um pouco menos ainda. Este claro processo de seletividade não impede que os três grupos de leitores compartilhem uma ideia a respeito da natureza do romance do século XIX. Williams, naturalmente, sabe que nenhum leitor do século XIX teria, de fato, lido todos os romances do século XIX. Seu argumento, no entanto, é que o leitor do século XIX "tinha algo que [...] nenhum indivíduo posterior poderia recuperar totalmente: o sentido da vida onde [e quando] os romances foram escritos, e do qual, agora, nos aproxima-

---

76 | *Idem, ibidem.*
77 | *Idem, ibidem.*

mos por meio de nossa seleção".[78] Para Williams, é crucial entender a seletividade das tradições culturais. Ela (inevitavelmente) sempre produz um registro cultural, uma tradição cultural, marcados por "uma rejeição a muitas áreas daquilo que outrora foi uma cultura viva".[79] Além disso, como explica em *Culture and society*, "sempre haverá uma tendência de estar esse processo de seleção relacionado aos interesses da classe que é dominante e até mesmo ser regido por eles".[80]

> Em determinada sociedade, a seleção será regida por muitos tipos de interesses especiais, incluindo interesses de classe. Assim como a situação social real rege [tal seleção], em grande parte, a seleção contemporânea, o desenvolvimento da sociedade – o processo de mudanças históricas – vai determinar a tradição seletiva. A cultura tradicional de uma sociedade tende a sempre corresponder ao seu sistema contemporâneo de interesses e valores, pois não é um conjunto absoluto de obras, mas uma seleção e uma interpretação contínuas.[81]

Isso tem implicações bastante profundas para o estudante de cultura popular. Como a seleção invariavelmente é feita com base em "interesses contemporâneos", e diante da incidência de muitas "inversões e redescobertas", conclui-se que, "em qualquer situação futura, a relevância do trabalho passado é imprevisível".[82] Se isso for verdade, também se conclui que, na cultura contemporânea, julgamentos absolutos sobre o que é bom e o que é mau, sobre o que é alto e o que é baixo, deveriam ser feitos com muito menos certeza, abertos a realinhamentos históricos, em um potencial sorvedouro de contingência histórica. Williams defende, como

---

78 | *Idem*, p. 38.
79 | *Idem, ibidem*.
80 | Raymond Williams, *Culture and society, op. cit.*, p. 313.
81 | *Idem*, "The analysis of culture", *op. cit.*, pp. 38-39.
82 | *Idem*, p. 39.

já observado, uma forma de análise cultural que tenha consciência de que "a tradição cultural não é apenas uma seleção, mas também uma interpretação".[83] Embora a análise cultural não consiga reverter isso, ela torna possível, ao retornar um texto ou uma prática a seu momento histórico, mostrar "alternativas históricas" para a interpretação contemporânea e "os valores contemporâneos em que se baseia".[84] Dessa forma, somos capazes de fazer distinções claras entre "toda a organização histórica dentro da qual [algo] se expressou" e "a organização contemporânea em que se usou [algo]".[85] Ao trabalhar assim, "surgem processos culturais reais".[86]

A análise de Williams rompe com o leavisismo em inúmeros aspectos. Primeiro, a arte é uma atividade humana como qualquer outra, não há lugar especial para ela: "a arte, enquanto atividade, está junto com a produção, o comércio, a política, a promoção das famílias".[87] Ele reforça a ideia de um registro democrático de cultura: a cultura como certo estilo de vida. Em *Culture and society*, distingue entre cultura da classe média – "a ideia individualista básica e as instituições, os costumes, os hábitos de pensamento e as intenções que vêm daí"[88] –, e a cultura da classe operária – "a ideia coletiva básica, e as instituições, os costumes, os hábitos de pensamento e as intenções que vêm daí".[89] E, em seguida, faz este balanço das realizações da cultura da classe operária:

> Devido à sua posição, desde a Revolução Industrial, a classe operária não produziu uma cultura em seu sentido mais estrito. A cultura que ela produziu – e é im-

83 | *Idem, ibidem*.
84 | *Idem, ibidem*.
85 | *Idem, ibidem*.
86 | *Idem, ibidem*.
87 | *Idem*, p. 34.
88 | Raymond Williams, *Culture and society, op. cit.*, p. 313.
89 | *Idem, ibidem*.

portante reconhecer isso – é a instituição democrática coletiva, seja nos sindicatos, no movimento cooperativo ou em forma de partido político. A cultura da classe operária, na fase em que está, é primordialmente social (por ter criado instituições), e não individual (em certos trabalhos intelectuais ou imaginativos). Quando é considerada no contexto, pode ser vista como uma realização criativa notável.[90]

É ao insistir em cultura como uma definição da "experiência vivida" de homens e mulheres "comuns", que tem lugar na interação diária com os textos e as práticas da vida cotidiana, que Williams por fim rompe decisivamente com o leavisismo. Aí é que está a base para uma definição democrática de cultura. Ele leva a sério o apelo de Leavis para uma cultura comum, mas, entre o leavisismo e Williams, neste ponto, a diferença é que Williams quer uma cultura comum, enquanto o leavisismo quer somente uma cultura hierárquica de diferença e deferência. A revisão feita por Williams de *The uses of literacy* indica algumas das principais diferenças entre a sua opinião e as tradições do leavisismo (onde, em parte, coloca Hoggart):

> A análise dos jornais de domingo e de histórias de crimes e de romances é [...] familiar, mas, quando você mesmo veio de seu suposto público, quando a pessoa reconhece em si laços que ainda a ligam àquilo, não é possível ficar satisfeita com a velha fórmula: minoria esclarecida, massa degradada. Sabe-se quão má é a maior parte da "cultura popular", mas também se sabe que a irrupção da "multidão suína" – que [Edmund] Burke profetizara que espezinharia a luz e o aprendizado – é a chegada ao poder e à justiça relativos de seu próprio povo, do qual não faria parte caso tivesse tentado desertar.[91]

Embora ele ainda afirme reconhecer "quão má é a maior parte da 'cultura popular'", não mais se trata de um julgamento feito do interior de um

---

90 | *Idem*, p. 314.
91 | *Idem*, "Fiction and the writing public", *op. cit.*, pp. 424-5.

círculo encantado de certezas e policiado pela "velha fórmula: minoria esclarecida, massa degradada". Além disso, Williams insiste que é possível distinguir entre o que é disponibilizado pelas indústrias culturais e o que as pessoas fazem com isso. Ele observa o que chama de

> identificação extremamente prejudicial, e muito incorreta, de "cultura popular" (o comércio de jornais, revistas, entretenimentos etc.) com a "cultura da classe operária". Na verdade, a principal fonte dessa "cultura popular" está fora da classe operária, pois é instituída, financiada e executada pela burguesia comercial e mantém-se tipicamente capitalista em seus métodos de produção e distribuição. O fato de talvez a maior parte dos consumidores desse material vir da classe operária [...] não justifica essa identificação desavisada.[92]

Em outras palavras, pessoas não se resumem aos produtos que consomem. O problema de Hoggart, segundo Williams, é que ele "se apoiou demasiado nas fórmulas" – desde "Matthew Arnold" até "ideias conservadoras, contemporâneas, da decadência da política na classe operária" –, e o resultado é um argumento que necessita uma "revisão radical".[93] A publicação de "The analysis of culture", acompanhando os outros capítulos de *The long revolution*, foi descrita por Hall como "um evento seminal para a vida intelectual inglesa no pós-guerra",[94] que muito auxiliou na revisão radical necessária para estabelecer a base para um estudo não leavista de cultura popular.

E. P. THOMPSON: *THE MAKING OF THE ENGLISH WORKING CLASS* | No "Prefácio" de *The making of the English working class*, E. P. Thompson afirma:

---

92 | *Idem*, p. 425.

93 | *Idem, ibidem*.

94 | Stuart Hall, "Cultural studies and the Centre; some problematics and problems", *op. cit.*, p. 19.

Este livro tem um título desajeitado, mas adequado a seu propósito. Formação (*the making*), porque estuda um processo ativo, que se deve tanto à agência (*agency*) quanto ao condicionamento. A classe operária (*working class*) não surge, como o sol, em um momento determinado: ela esteve presente em sua própria formação.[95]

A classe operária inglesa, como qualquer outra classe, é para Thompson "um fenômeno *histórico*" – não uma "estrutura" ou uma "categoria", mas a união, "na matéria-prima da experiência e na consciência, [de] uma série de eventos díspares e aparentemente desconectados"; é "algo que de fato acontece (e pode ser provado) nas relações humanas".[96]

Além disso, classe não é uma "coisa"; é sempre uma relação histórica de unidade e diferença: unir uma classe contra outra, ou outras, classe(s). E explica: "classe acontece quando alguns homens, em consequência de experiências comuns (herdadas ou compartilhadas), sentem e articulam a identidade de seus interesses; e [unem-se] contra outros homens cujos interesses são diferentes dos deles (geralmente, opostos)".[97] A experiência comum de classe "é em grande parte determinada pelas relações de produção em que os homens nascem – ou entram involuntariamente".[98] No entanto, a consciência de classe, a tradução da experiência em cultura, "é definida pelos homens enquanto vivem sua própria história e, no final, essa é sua única definição".[99] Para Thompson, portanto, classe é "uma formação social e cultural, resultante de processos que podem ser estudados enquanto se exercem ao longo de um período histórico considerável".[100]

---

95 | E. P. Thompson, *The making of the English working class*, Harmondsworth: Penguin, 1980, p. 8.

96 | *Idem, ibidem*; grifado no original.

97 | *Idem*, pp. 8-9.

98 | *Idem*, p. 9.

99 | *Idem*, p. 10.

100 | *Idem*, p. 11.

A obra detalha a formação política e cultural da classe operária inglesa, abordando seu objeto sob três perspectivas diferentes mas relacionadas. Primeiro, reconstrói as tradições políticas e culturais do radicalismo inglês do final do século XVIII: dissidência religiosa, descontentamento popular e influência da Revolução Francesa. Segundo, centra-se na experiência social e cultural da Revolução Industrial, como foi vivenciada por diferentes grupos de homens e mulheres trabalhadores: tecelões, trabalhadores rurais, fiandeiros de algodão, artesãos etc. Por fim, analisa o crescimento da consciência de classe, evidenciado no correspondente aumento de um leque de "instituições, fortemente baseadas na classe operária e conscientes de sua força",[101] nos campos político, social e cultural. E insiste: "A classe operária tanto se formou por si própria quanto foi formada".[102] De sua pesquisa, ele tira duas conclusões: primeira, sendo "tomadas todas as cautelas, o fato marcante do período entre 1790 e 1830 é a formação da 'classe operária'".[103] Segunda, a alegação de que "essa foi, talvez, a cultura popular mais notável que a Inglaterra jamais conheceu".[104]

The making of the English working class é o clássico exemplo de "história vista por baixo". O objetivo de Thompson é colocar a "experiência" da classe operária inglesa como fundamental para qualquer entendimento da formação de uma sociedade capitalista industrial nas décadas que culminaram em 1830. É, no duplo sentido sugerido por Gregor McLellan, uma história vista por baixo: não só naquele sentido que busca reintroduzir a experiência da classe operária no processo histórico; mas também na medida em que insiste que a classe operária foi o agente consciente de sua própria formação.[105] Thompson parafraseia a famosa observação

---

101 | *Idem*, pp. 212-3.

102 | *Idem*, p. 213.

103 | *Idem*, p. 212.

104 | *Idem*, p. 914.

105 | Gregor McLellan, "E. P. Thompson and the discipline of

de Marx[106] sobre a maneira como homens e mulheres fazem a história: "Os homens fazem sua própria história, mas não a fazem exatamente como lhes agrada; não a fazem sob circunstâncias escolhidas por eles próprios, mas sob circunstâncias exatamente como as encontram, oferecidas e transmitidas pelo passado".[107] O que Thompson faz é reforçar a primeira parte da afirmação de Marx (agência humana), mas discorda do que

> historical context", em Richard Johnson (org.), *Making histories: studies in history writing and politics*, Londres: Hutchinson, 1982. Para outro excelente exemplo de "história vista de baixo", ver *Gay New York*, de George Chauncey, que explica: "Como sugere meu foco no patrulhamento de gêneros no nível das ruas, outro dos argumentos subjacentes a este livro é que histórias de homossexualidade – e de sexo e sexualidade de modo mais geral – sofreram por dar crédito excessivo ao discurso da elite. Foram os elementos mais poderosos da sociedade norte-americana que projetaram os mapas oficiais da cultura. [...] Embora este livro dê o devido crédito a esses mapas, ele está mais interessado em reconstruir os mapas gravados nas ruas da cidade pelo hábito cotidiano, os caminhos que guiaram as práticas dos homens, ainda que nunca tivessem sido publicados ou formalizados de outra forma. [...] Este livro busca analisar [...] a representação mutável da homossexualidade na cultura popular, e as práticas e dinâmicas sociais que, nas ruas, moldaram as maneiras como homens homossexualmente ativos eram categorizados, como eles se viam e como interagiam com outros" (George Chauncey, *Gay New York: gender, urban culture, and the making of the gay male world, 1890-1940*, New York: Basic, 1994, pp. 26-7).
> 106 | Karl Marx, *The eighteenth Brumaire of Louis Bonaparte*, Moscou: Progress, 1977.
> 107 | E. P. Thompson, *The making of the English working class*, op. cit., p. 10.

ele considera ter sido uma ênfase exagerada dos historiadores marxistas na segunda parte (determinantes estruturais). Paradoxalmente, ou talvez não, ele próprio foi criticado por sobrecarregar o papel da agência humana – experiências humanas, valores humanos – em detrimento de fatores estruturais.[108]

The making of the English working class é, em muitos aspectos, uma contribuição monumental para a história social (só em termos de extensão, a edição da Penguin passa de 900 páginas). O que a torna significativa para o estudante de cultura popular é a natureza de seu registro histórico. A história de Thompson não é a de processos econômicos e políticos abstratos, nem um relato dos feitos dos grandes e valorosos. O livro é sobre homens e mulheres "comuns", suas experiências, seus valores, suas ideias, suas ações, seus desejos: em suma, a cultura popular como um espaço de resistência para aqueles em cujos interesses se baseou a Revolução Industrial. Hall a considera "a obra mais produtiva da história social do período pós-guerra", apontando para a maneira como desafia "a concepção estreita e elitista de 'cultura', consagrada na tradição leavista, bem como a abordagem um tanto evolutiva que, por vezes, marcava *The long revolution*, de Williams".[109]

Em uma entrevista feita mais ou menos uma década após a publicação do livro, Thompson comentou sobre seu método histórico: "Se você quer uma generalização, tenho de dizer que é o historiador precisar estar escutando o tempo todo".[110] Ele não é, de maneira alguma, o único historiador que escuta: o conservador G. M. Young também escuta, talvez de forma

---

108 | Ver Perry Anderson, *Arguments within English Marxism*, Londres: Verso, 1980.

109 | Stuart Hall, "Cultural studies and the Centre; some problematics and problems", *op. cit.*, pp. 19-20.

110 | E. P. Thompson, "Interview", em: *Radical History Review*, 3, 1976a, p. 15.

bem mais seletiva. "A história é [ele alega] a conversa de pessoas que tinham valor."[III] O que torna a escuta de Thompson radicalmente diferente são as pessoas que ele escuta. Como explica em uma famosa passagem do prefácio de *The making of the English working class*:

> Estou tentando resgatar, da enorme altivez da posteridade, o pobre tecelão de malhas, o meeiro luddita, o tecelão do "obsoleto" tear manual, o artesão "utópico", e mesmo o iludido seguidor de Joanna Southcott [a profetisa]. Seus ofícios e tradições podem estar morrendo. Sua hostilidade ao novo industrialismo pode ter sido retrógrada. Seus ideais comunitários podem ter sido fantasiosos. Suas conspirações insurrecionais podem ter sido temerárias. Mas eles viveram esses tempos de aguda perturbação social; nós, não. Suas aspirações eram válidas em termos de sua própria experiência; e, se foram vítimas da história, continuam a ser, como vítimas, condenados em suas vidas.[112]

Antes de concluir este breve relato da contribuição de Thompson para o estudo de cultura popular, deve-se notar que ele não aceita o termo "culturalismo" como apropriado à descrição de sua obra. Este e outros pontos relacionados foram tema de "History Workshop", um acalorado debate entre Richard Johnson, Stuart Hall e o próprio Thompson.[113] Ao ler as contribuições para o debate, uma das dificuldades é compreender como "culturalismo" porta, ao mesmo tempo, dois significados completamente diferentes. Por um lado, é utilizado como a descrição de determinada metodologia (é como estou usando o termo aqui). Por outro, é visto co-

---

111 | *Apud* Gregor McLellan, "E. P. Thompson and the discipline of historical context", *op. cit.*, p. 107.

112 | E. P. Thompson, *The making of the English working class*, *op. cit.*, p. 12.

113 | Ver Raphael Samuel, *Peoples' history and socialist theory*, Londres: Routledge & Kegan Paul, 1981.

mo um termo da crítica (geralmente, a partir de uma posição marxista mais "tradicional" ou a partir da perspectiva do estruturalismo marxista). Trata-se de uma questão complexa, mas, para servir de *coda* ao debate de Hoggart, Williams e Thompson, eis um esclarecimento muito simplificado: positivamente, o culturalismo é uma metodologia que enfatiza a cultura (agência humana, valores humanos, experiência humana) como algo de fundamental importância para uma plena compreensão sociológica e histórica de determinada formação social; negativamente, o termo é usado para sugerir um uso desses pressupostos sem pleno reconhecimento e aprovação de que cultura é o efeito de estruturas que vão além dela mesma, e que essas têm o efeito de, principalmente, determinar, constranger e, por fim, produzir cultura (agência humana, valores humanos e experiência humana). Thompson discorda absolutamente da segunda proposição e rejeita totalmente qualquer sugestão de que o termo culturalismo, independentemente da definição, possa ser aplicado à sua própria obra.

STUART HALL E PADDY WHANNEL: *THE POPULAR ARTS*
| Em *The popular arts*, a "tese central" é de que, "em termos de qualidade real [...] a luta entre o que é bom e valoroso e o que é vulgar e degradante não é uma luta *contra* as formas modernas de comunicação, mas um conflito *dentro* dessas mídias".[114] A preocupação de Hall e Whannel é com a dificuldade de fazer tais distinções. Dedicaram-se à tarefa de desenvolver "um método crítico para lidar com [...] problemas de valorização e avaliação"[115] no estudo de cultura popular. Nessa tarefa, são muito gratos especificamente às obras de Hoggart e Williams, sem esquecer de figuras-chave do leavisismo.

O contexto em que o livro foi escrito era o da preocupação com a influência da cultura popular na sala de aula. Em 1960, a Conferência Anual

---

114 | Stuart Hall & Paddy [Atholl Douglas] Whannel, *The popular arts*, Londres: Hutchinson, 1964, p. 15.

115 | *Idem, ibidem*.

da União Nacional de Professores (NUT) aprovou uma resolução que, em parte, dizia:

> A Conferência considera que deve ser feito um esforço para combater a degradação de padrões que resultam do uso incorreto da imprensa, do rádio, do cinema e da televisão [...] Convoca especialmente aqueles que usam e controlam os meios de comunicação de massa, além dos pais, para apoiar os esforços de professores, em uma tentativa de evitar o conflito que muitas vezes surge entre os valores inculcados em sala de aula e aqueles encontrados por jovens no mundo exterior.[116]

A resolução teve como consequência a Conferência especial da NUT intitulada "A cultura popular e a responsabilidade pessoal". O compositor Malcolm Arnold, um dos palestrantes, disse: "Ninguém é, de forma alguma, uma pessoa melhor – moralmente ou em qualquer outro aspecto – por gostar mais de Beethoven do que de Adam Faith [...] É claro que a pessoa que gosta de ambos está em uma posição muito feliz, pois é capaz de desfrutar muito mais em sua vida do que várias outras pessoas".[117] Embora Hall e Whannel reconheçam nas observações de Arnold "a intenção honesta", eles questionam o que chamam de "uso aleatório de Adam Faith como exemplo", porque, como dizem, "enquanto cantor de músicas populares, ele está, em qualquer padrão sério, muito abaixo na classificação". E explicam que, "por padrão sério, referimo-nos àqueles que podem ser legitimamente aplicados à música popular – o padrão, por exemplo, de Frank Sinatra ou Ray Charles".[118] Hall e Whannel estão, de fato, rejeitando tanto os argumentos do leavisismo quanto os da crítica da

---

116 | Resolução da Conferência especial da NUT, *apud* Stuart Hall & Paddy [Atholl Douglas] Whannel, *The popular arts, op. cit.*, p. 23.
117 | Stuart Hall & Paddy [Atholl Douglas] Whannel, *The popular arts, op. cit.*, p. 27, citando Malcolm Arnold.
118 | *Idem*, p. 28.

cultura de massa (principalmente a americana), que afirma que toda alta cultura é boa, e que toda cultura popular é má, preferindo um argumento que diz, por um lado, que a maior parte da alta cultura é boa e, por outro, contrário ao leavisismo e à crítica da cultura de massa, que parte da cultura popular também é boa – é, principalmente, uma questão de discriminação popular.

Parte do objetivo de *The popular arts*, portanto, é substituir as "generalizações enganosas" de ataques anteriores à cultura popular, ajudando a facilitar a distinção popular na própria cultura popular e em toda sua amplitude. Em vez de nos preocuparmos com os "efeitos" da cultura popular, "deveríamos procurar formar um público mais exigente".[119] Um público mais exigente, para Hall e Whannel, é aquele que prefere *jazz* ao *pop*, Miles Davis a Liberace, Frank Sinatra a Adam Faith, filmes poloneses aos hollywoodianos, *L'année dernière à Marienbad* a *South Pacific*; e sabe, intuitiva e instintivamente, que a alta cultura ("Shakespeare, Dickens e Lawrence") costuma ser sempre melhor. Aproveitam a ideia de Clement Greenberg (que se apoiou em Theodor Adorno) de que cultura de massa é sempre "pré-digerida" (nossas respostas são predeterminadas, e não o resultado de uma interação genuína com o texto ou a prática) e usam essa ideia como meio não apenas de diferenciar entre cultura popular boa e má; sugerem que também se aplica a exemplos de alta cultura: "O importante, nessa definição [de cultura "pré-digerida"], é que ela transcende as diferenciações comuns. Aplica-se a filmes, mas não a todos; a alguns programas de TV, mas não a todos. Abrange segmentos da cultura tradicional, assim como os da cultura popular".[120]

Sua abordagem os leva a rejeitar duas estratégias comuns no ensino, muitas vezes encontradas quando a cultura popular é introduzida em sala de aula. Em primeiro lugar, há a estratégia defensiva, que introduz a cul-

---

119 | *Idem*, p. 35.
120 | *Idem*, p. 36.

tura popular a fim de condená-la como cultura de segunda categoria. Em segundo, há a estratégia "oportunista", que abrange os gostos populares de estudantes na esperança de, eventualmente, conduzi-los a coisas melhores. "Em nenhum dos casos", afirmam, "ocorre uma resposta genuína, nem qualquer base para julgamentos reais".[121] Nenhuma das estratégias levaria ao que eles insistem ser necessário: "um treinamento em distinção".[122] Esta distinção não é – para repetir uma observação feita anteriormente – a distinção clássica do leavisismo, que defende a "boa" alta cultura das invasões da "má" cultura popular, mas a distinção dentro da cultura popular, e não apenas contra ela, separando a "boa" cultura popular da cultura popular "má". No entanto, apesar de não acreditarem que a introdução de textos e práticas de cultura popular na educação, "como degraus em uma hierarquia do gosto", acabaria por levar, no final, à cultura *real*,[123] eles ainda insistem (como fazem Hoggart e Williams) que existe uma diferença categórica fundamental – uma diferença de valor entre alta cultura e cultura popular. No entanto, a diferença não é necessariamente questão de superioridade/inferioridade; é mais sobre diferentes tipos de satisfação: não convém dizer que a música de Cole Porter é inferior à de Beethoven. As músicas de Porter e Beethoven não têm valor igual, e Porter não fez uma tentativa frustrada de criar música comparável à de Beethoven.[124]

121 | *Idem*, p. 37.

122 | *Idem, ibidem*.

123 | Lembro, no ensino médio, um professor que nos encorajava a trazer para as aulas de música nossos discos dos Beatles, de Bob Dylan e dos Stones. A aula sempre terminava da mesma forma (e também seu liberalismo) – ele tentava nos convencer do erro fundamental de nosso gosto musical adolescente.

124 | Stuart Hall & Paddy [Atholl Douglas] Whannel, *The popular arts, op. cit.*, p. 39.

Não de valor desigual, mas diferente, é uma distinção muito difícil de deslindar. O que isso parece sugerir é que devemos julgar textos e práticas em seus próprios termos: "reconhecer objetivos diferentes [...] avaliar, com limites definidos, realizações diversas".[125] Essa estratégia vai abrir a possibilidade de avaliação de uma série de atividades culturais, evitando que a alta cultura se isole em um gueto, afastada do resto. Apesar de reconhecerem o "enorme débito" que têm para com os "pioneiros" do leavisismo (e de certa forma aceitarem a opinião leavista – alterada por uma leitura de William Morris – sobre a cultura orgânica do passado), eles, todavia, em um clássico deslocamento leavista de esquerda, rejeitam o conservadorismo e o pessimismo do leavisismo e são contra a convocação de uma "resistência armada e consciente de uma minoria" à cultura do presente (isso é, o apelo de Q. D. Leavis), pois, "se queremos recriar uma cultura popular genuína, devemos buscar os pontos de crescimento dentro da sociedade que existe hoje".[126] Alegam que, adotando "uma atitude crítica e avaliativa"[127] e a consciência de que é "tolice fazer grandes críticas a essa cultura popular",[128] é possível "romper com a falsa distinção [...] entre o 'sério' e o 'popular', e entre 'entretenimento' e 'valores [culturais]'".[129]

Isso leva Hall e Whannel ao que poderíamos chamar de segunda parte de sua tese: a necessidade de reconhecer, dentro da cultura popular, uma categoria distinta, que eles chamam de "arte popular". Arte popular não é a arte que tentou e não conseguiu ser arte "real", mas é a arte que atua dentro dos limites do popular. Usando como exemplo o melhor do teatro de variedades, especialmente Marie Lloyd (mas também pensando no início de Charlie Chaplin, *The Goon Show* e músicos de *jazz*), apresentam essa definição:

125 | *Idem*, p. 38.
126 | *Idem*, p. 39.
127 | *Idem*, p. 46.
128 | *Idem*, p. 40.
129 | *Idem*, p. 38.

embora tenha muito em comum com a arte folclórica, tornou-se uma arte individual, no âmbito de uma cultura letrada comercial. Certos elementos "folclóricos" foram trazidos, ainda que o artista popular anônimo tenha sido substituído por um artista cujo "estilo" era o do ator, e não um estilo comunal. As relações aqui são mais complexas – a arte não é mais simplesmente criada pelo povo, vinda de baixo –, ainda que a interação, por meio das convenções de apresentação e sensibilidade, restabeleça a afinidade. Embora essa arte não seja mais diretamente o produto do "estilo de vida" de uma "comunidade orgânica", e não seja "feita pelo povo", ela ainda é, de uma maneira que não se aplica às altas artes, uma arte popular, para o povo.[130]

Por esse argumento, a boa cultura popular ("arte popular") é capaz de restabelecer a relação ("afinidade") entre o artista e o público, que se perdeu com o advento da industrialização e da urbanização. Eles explicam que

arte popular [...] é, na essência, uma arte convencional, que reafirma, de forma intensa, valores e atitudes já conhecidos; que os avalia e reafirma, mas traz, para isso, a surpresa da arte, bem como o choque do reconhecimento. Essa arte tem em comum com a arte popular o contato genuíno entre público e artista, mas, na medida em que é uma arte individualizada – a arte do artista conhecido –, difere da arte popular. O público, enquanto comunidade, passou a depender da habilidade do artista e da força de um estilo pessoal para articular seus valores comuns e interpretar suas experiências.[131]

Nessa distinção entre arte e arte popular, um problema é que ela, para ser clara, depende da arte enquanto "surpresa", mas isso é arte conforme definida em termos modernistas. Antes da revolução modernista na arte,

---

130 | *Idem*, p. 59.
131 | *Idem*, p. 66.

tudo o que aqui se reivindicava para a arte popular também poderia ter sido reivindicado para a arte em geral. Para incluir a "arte de massa", eles fazem uma distinção adicional. Existe arte popular (boa e má), existe arte (boa e não tão boa) e existe arte de massa: uma versão "corrompida" da arte popular. Aqui, eles adotam, sem questionar, as críticas que se costuma fazer à cultura de massa: é escapista, estereotipada, esteticamente desprezível e emocionalmente pouco gratificante.

Em vez de confrontar a crítica à cultura de massa, eles buscam privilegiar certos textos e práticas da cultura popular e, assim, afastá-los da condenação desses que criticam a cultura de massa. Para fazer isso, introduzem uma nova categoria – as artes populares. Arte popular é cultura de massa que superou suas origens. Ao contrário de "filmes médios ou de música *pop*, [que] são considerados arte de massa", a arte popular é, por exemplo, o "cinema de qualidade", o "*jazz* mais sofisticado".[132] Eles afirmam que, "uma vez que já foi feita a distinção entre arte popular e arte de massa, nossa opinião é que ultrapassamos as generalizações mais grosseiras sobre 'cultura de massa', e estamos diante da gama completa dos materiais oferecidos pela mídia".[133]

O foco principal de *The popular arts* são as qualidades textuais da cultura popular. No entanto, ao voltarem-se para questões de cultura juvenil, Hall e Whannel acham necessário estudar a interação entre texto e público. Além disso, reconhecem que, para fazer justiça a essa relação, eles têm de incluir outros aspectos da vida do adolescente: "trabalho, política, a relação com a família, crenças sociais e morais, e assim por diante".[134] Obviamente, a afirmação traz à baila a questão: por que isso não é algo também necessário ao serem estudados outros aspectos da cultura popular? A cultura da música *pop* – músicas, revistas, concertos, festivais, quadrinhos,

---

132 | *Idem*, p. 78.
133 | *Idem, ibidem*.
134 | *Idem*, p. 269.

entrevistas com estrelas *pop*, filmes etc. – ajuda a estabelecer um senso de identidade entre os jovens: "A cultura oferecida pelo mercado de entretenimento comercial [...] tem papel fundamental. Espelha atitudes e sentimentos que já existem e, ao mesmo tempo, propicia um campo expressivo, além de uma série de símbolos que servem para projetar tais atitudes".[135]

Além disso, as músicas *pop*

> refletem as dificuldades dos adolescentes em lidar com um emaranhado de problemas emocionais e sexuais. Evocam a necessidade de experimentar a vida direta e intensamente. Em um mundo emocional incerto e mutável, expressam o desejo por segurança. O fato de músicas e ambientes serem produzidos para o mercado comercial significa que não têm muita autenticidade, no entanto, dramatizam sentimentos autênticos. Expressam vividamente o dilema emocional do adolescente.[136]

A música *pop* exibe uma espécie de realismo emocional; homens e mulheres jovens "identificam-se com essas representações coletivas e [...] usam-nas como finalismo de ficção. Tais ficções simbólicas são o folclore que o jovem usa, em parte, para modelar e compor sua imagem mental do mundo".[137] Hall e Whannel também identificam particularidades próprias dos jovens – nas maneiras de falar, nos lugares que frequentam, nos modos de dançar e em certos jeitos de se vestir –, para estabelecer sua distância do mundo dos adultos. Descrevem o estilo de vestir, por exemplo, como "uma arte popular menor [...] usada para expressar certas atitudes contemporâneas [...], por exemplo, uma forte corrente de não conformidade social e rebeldia".[138]

---

135 | *Idem*, p. 276.
136 | *Idem*, p. 280.
137 | *Idem*, p. 281.
138 | *Idem*, p. 282.

Na década de 1970, no trabalho do Centro de Estudos Culturais Contemporâneos, realizado sob a direção do próprio Hall, tal linha de investigação chegaria ao seu auge. Mas em *The popular arts*, Hall e Whannel se afastam da força total das possibilidades abertas por suas pesquisas, preocupados com o risco de que um "relativismo negligente [...] antropológico", com foco na funcionalidade da cultura da música *pop*, os impeça de inserir questões, de valor e de qualidade, sobre preferências ("tais preferências são suficientes?"), necessidades ("tais necessidades são saudáveis?") e gostos ("talvez tais gostos possam ser melhorados").[139]

Nos estudos sobre cultura da música *pop*, admitem que "é simplista demais a imagem de jovens como inocentes explorados"[140] pela indústria da música *pop*. Contra isso, afirmam ser comum haver conflito entre a utilização de um texto, ou de um bem transformado em texto[141] por um público, e o uso pretendido pelos produtores. De maneira significativa, observam: "Tal conflito é particularmente evidente no campo dos entretenimentos para adolescentes [...] [embora], até certo ponto, em um ambiente comercial, seja comum a toda a área de entretenimento de massa".[142] O reconhecimento do potencial conflito entre mercadorias e seu uso leva Hall e Whannel a uma formulação muito semelhante à apropriação (liderada pelo próprio Hall) que os estudos culturais fizeram do conceito de hegemonia, de Gramsci:[143] "A cultura *teen* é uma mistura contraditória entre o autêntico e o manufaturado: para o jovem, é uma

---

139 | *Idem*, p. 296.

140 | *Idem, ibidem*.

141 | No Capítulo 10 há uma discussão sobre a diferença entre essas variações.

142 | Stuart Hall & Paddy [Atholl Douglas] Whannel, *The popular arts*, op. cit., p. 270.

143 | Ver próximo capítulo.

área de autoexpressão; e um pasto abundante para os fornecedores comerciais".[144]

Como observamos antes, Hall e Whannel comparam, desfavoravelmente, música *pop* e *jazz*. Alegam que o *jazz* é "infinitamente mais rico [...] tanto estética quanto emocionalmente".[145] Também afirmam que a comparação é "bem mais gratificante" do que aquela, mais usual, *pop versus* clássica, já que *jazz* e *pop* são músicas populares. Ora, isso pode até ser verdade, mas qual o objetivo dessa comparação? No caso da música clássica com a *pop*, é sempre para mostrar a banalidade da música *pop* e dizer algo sobre aqueles que a consomem. A comparação de Hall e Whannel faria, fundamentalmente, alguma diferença? Eis a justificativa para tal comparação:

> O objetivo dessas comparações não deve ser simplesmente afastar aos poucos os adolescentes dos heróis do *jukebox*, mas alertá-los para as limitações severas e a qualidade efêmera de uma música muito dominada por fórmulas e em sintonia direta com padrões estabelecidos pelo mercado comercial. É por uma ampliação genuína da sensibilidade e do âmbito emocional que devemos trabalhar – uma extensão de gostos que pode levar a uma extensão do prazer. O pior que podemos dizer sobre a música *pop* não é que ela é vulgar, ou moralmente má, mas simplesmente que boa parte dela não é muito boa.[146]

Mesmo com a riqueza de sugestões teóricas de grande parte de sua análise (especialmente a identificação das contradições da cultura jovem), e até mesmo de seus protestos contrários, a posição de Hall e Whannel sobre a cultura da música *pop* ainda está tentando se libertar das limitações

---

144 | Stuart Hall & Paddy [Atholl Douglas] Whannel, *The popular arts, op. cit.*, p. 276.
145 | *Idem*, p. 311.
146 | *Idem*, pp. 311-312.

teóricas do leavisismo: jovens devem ser convencidos de que seu gosto é deplorável, e que, ao escutar *jazz* em vez de *pop*, eles podem romper limitações impostas e autoimpostas, ampliar suas sensibilidades, estender seu alcance emocional e, talvez, até aumentar seu prazer. Eventualmente, a posição desses autores parece muito próxima da estratégia de ensino que condenam como "oportunista", pois parece sugerir que como a maioria dos estudantes, por uma série de razões, não tem acesso ao melhor de tudo que se pensou e disse, eles podem ter acesso crítico ao melhor do que se pensou e disse dentro das artes populares dos novos meios de comunicação de massa: *jazz* e bons filmes compensarão a ausência de Beethoven e Shakespeare. E explicam como:

> Tal processo – a exclusão de grupos e classes da sociedade, na prática, da tradição seletiva daquilo que melhor se produziu e está sendo produzido em cultura – é especialmente prejudicial em uma sociedade democrática e se aplica tanto a formas tradicionais como a novas formas de grande arte. No entanto, a própria existência desse problema aumenta a importância de alguns meios de comunicação que, sendo capazes de divulgar uma obra séria e significativa, permanecerem abertos e acessíveis; e, ainda, de que a qualidade da obra popular ali transmitida seja da mais alta ordem possível, em seus próprios termos.[147]

Onde rompem de maneira significativa com o leavisismo é na defesa da formação de uma consciência crítica, não como meio de defesa *contra* a cultura popular, mas como método de distinguir entre o que é bom e o que é mau *dentro* dessa cultura. A reunião das ideias de Hall e Whannel e as de Hoggart, Williams e Thompson sob a bandeira do culturalismo, no Centro de Estudos Culturais Contemporâneos da Universidade de Birmingham, levaria a uma ruptura decisiva com o leavisismo.

---

147 | *Idem*, p. 75.

O CENTRO DE ESTUDOS CULTURAIS CONTEMPORÂNEOS

| Na introdução de *The long revolution*, Williams lamenta o fato de que "não há nenhuma disciplina acadêmica em que possam ser solucionadas as perguntas que me interessam; espero que um dia possa haver".[148] Três anos após a publicação desses comentários, Hoggart estabeleceu o Centro de Estudos Culturais Contemporâneos da Universidade de Birmingham. Em "Schools of English and contemporary society", palestra inaugural que criava o Centro, Hoggart afirma: "É difícil escutar um programa de música *pop* [...] sem sentir uma mistura complexa de atração e repulsão".[149] Como Michael Green[150] descreveu, depois que o trabalho do Centro iniciou sua transição "de Hoggart para Gramsci",[151] especialmente sob a direção de Hall, vemos o surgimento de uma atitude muito diferente em relação à cultura da música *pop* e à cultura popular em geral. Muitos dos pesquisadores que seguiram Hoggart até o Centro (inclusive eu) não consideravam a música *pop* nem um pouco repugnante, mas profundamente atraente. Focalizávamos um Hoggart diferente, aquele que criticava a aceitação do valor nominal do que era dito, aquele que propôs um procedimento que ecoaria pelas práticas de leitura dos estudos culturais:

148 | Raymond Williams, *The long revolution*, *op. cit.*, 1965, p. 10.

149 | Richard Hoggart, "Schools of English and contemporary society", em Richard Hoggart (org.), *Speaking to each other*, II, Londres: Chatto & Windus, 1970, p. 258.

150 | Michael faleceu em dezembro de 2010. Ele foi meu supervisor no Centro de Estudos Culturais Contemporâneos, na Universidade de Birmingham. Sua contribuiçao para meu desenvolvimento acadêmico (na CECC e depois) foi enorme; nunca pude lhe agradecer da maneira adequada.

151 | Michael Green, "The Centre for Contemporary Cultural Studies", em John Storey (org.), *What is cultural studies?: a reader*, Londres: Edward Arnold, 1996, p. 49.

Temos de tentar e ver, além dos hábitos, o que os hábitos representam; ver através do que é dito, para ver o que tais ditos realmente significam (que pode até ser o oposto do que aparentam), para [poder] detectar as diferentes pressões emotivas que há por trás de expressões idiomáticas e práticas ritualísticas [...] [E ver como] publicações de massa [por exemplo] estão conectadas com atitudes comumente aceitas, como elas estão alterando essas atitudes e qual a resistência que estão encontrando.[152]

Culturalistas estudam textos e práticas culturais para reconstituir ou reconstruir as experiências, os valores etc. – isto é, a "estrutura do sentimento" de certos grupos ou classes, ou sociedades inteiras –, a fim de entender melhor a vida de quem viveu a cultura. De maneiras diferentes, o exemplo de Hoggart, a definição social de cultura por Williams, a ação de resgate histórico por Thompson, a extensão "democrática" do leavisismo por Hall e Whannel – cada contribuição aqui estudada alega que vale a pena pesquisar cultura popular (definida como a cultura vivida de homens e mulheres comuns). Com base nessas suposições e em outras do culturalismo, canalizadas pelas tradições inglesas de sociologia e história, começaram os estudos culturais britânicos. No entanto, a pesquisa no Centro rapidamente trouxe o culturalismo para relações complexas, e muitas vezes contratórias e conflituosas, com importações do estruturalismo francês,[153] o que levou, por sua vez, essas duas abordagens a um diálogo crítico com a evolução do "marxismo ocidental", especialmente com as obras de Louis Althusser e Antonio Gramsci.[154] Dessa mistura complexa e crítica nasceu o campo "pós-disciplinar" dos estudos culturais britânicos.

152 | Richard Hoggart, *The uses of literacy, op. cit.*, pp. 17-19.
153 | Ver Capítulo 6.
154 | Ver Capítulo 4.

LEITURA COMPLEMENTAR

STOREY, John (org.). *Cultural theory and popular culture: a reader*. 4. ed. Harlow: Pearson Education, 2009. É o volume que faz par com este livro. Traz exemplos da maioria dos trabalhos aqui tratados, além de um *site* interativo (www.pearsoned.co.uk/storey), com *links* para outros *sites* e para recursos eletrônicos úteis.

CHAMBERS, Iain. *Popular culture: The Metropolitan experience*. Londres: Routledge, 1986. Uma pesquisa interessante e abalizada sobre o surgimento da cultura popular urbana a partir dos anos 1880, em sua maior parte sob a perspectiva do culturalismo.

CLARKE, John; CRITCHER, Chas & JOHNSON, Richard (orgs.). *Working class culture: studies in history and theory*. Londres: Hutchinson, 1979. Alguns bons ensaios sob perspectiva culturalista. Ver especialmente "Three problematics: elements of a theory of working-class culture", de Richard Johnson.

EAGLETON, Terry (org.). *Raymond Williams: critical perspectives*. Cambridge: Polity, 1989. Ensaios de apreciação crítica da obra de Raymond Williams.

HALL, Stuart & JEFFERSON, Tony (orgs.). *Resistance through rituals*. Londres: Hutchinson, 1976. Relato seminal sobre subculturas jovens publicado pelo Centro de Estudos Culturais Contemporâneos. No primeiro capítulo há uma formulação clássica da versão do CECC do culturalismo.

_____. *et alii* (orgs.). *Culture, media, language*. Londres: Hutchinson, 1980. Uma coletânea de ensaios que praticamente abrange os primeiros dez anos das obras publicadas pelo CECC. Ver especialmente o primeiro capítulo, que traz o importante relato de Stuart Hall sobre o desenvolvimento teórico do trabalho no CECC: "Cultural studies and the Centre; some problematics and problems".

JONES, Paul. *Raymond Williams's sociology of culture: a critical reconstruction*. Basingstoke: Palgrave, 2004. Um relato interessante, mas sua insistência implacável em reivindicar a obra de Williams para a sociologia distorce seu lugar nos estudos culturais.

KAYE, Harvey J. & MCCLELLAND, Keith (orgs.). *E. P. Thompson: critical perspectives*. Oxford: Polity, 1990. Uma coletânea de ensaios críticos sobre diferentes aspectos da contribuição de Thompson para o estudo da história; há algumas referências, bastante úteis, a *The making of the English working class*.

O'CONNOR, Alan (org.). *Raymond Williams: writing, culture, politics.* Oxford: Basil Blackwell, 1989. Fornece uma pesquisa crítica sobre a obra de Williams. Excelente bibliografia.

4 Marxismos

MARXISMO CLÁSSICO | Os escritos do marxismo constituem uma obra difícil e controversa. Mas, *mais* do que isso, a obra também é uma teoria revolucionária, com o objetivo de mudar o mundo. A famosa frase dita por Marx – "Os filósofos apenas *interpretaram* o mundo, de diferentes maneiras; a questão é transformá-lo"[1] – politiza a análise marxista de uma forma muito específica. Não serve, no entanto, para sugerir que outros métodos e abordagens são apolíticos: ao contrário, o marxismo insiste em serem todos, em última análise, políticos. Como observa o crítico cultural marxista norte-americano Fredric Jameson, "a perspectiva política [é] o horizonte absoluto de toda leitura e toda interpretação".[2]

A atitude marxista quanto à cultura afirma que textos e práticas devem ser analisados em relação a suas condições históricas de produção (e, em algumas versões, às condições de mudança de seu consumo e recepção). O que diferencia a metodologia marxista de outras abordagens "históricas" à cultura é a concepção marxista de história. A mais completa exposição da atitude marxista quanto à história está nas páginas do prefácio e da introdução de *Contribution to the critique of political economy*,[3] em que Marx descreve a já famosa concepção de "base/superestrutura" do desenvolvimento social e histórico. No primeiro capítulo deste livro, expus brevemente tal formulação, relacionando-a a diferentes conceitos de

---

[1] | Karl Marx, "Theses on Feuerbach", em Frederick Engels, *Ludwig Feuerbach and the end of classical German philosophy*, Pequim: Foreign Languages, 1976b, p. 65.

[2] | Fredric Jameson, *The political unconscious*, Londres: Methuen, 1981, p. 17.

[3] | Karl Marx, *Contribution to the critique of political economy*, Pequim: Foreign Languages, 1976a.

ideologia. Agora é o momento de explicá-la com mais detalhes e mostrar como pode ser usada para compreender as "determinações" que influenciam a produção e o consumo de cultura popular.

Marx argumenta que, na história, cada período significativo é construído em torno de um certo "modo de produção", isto é, a forma como uma sociedade é organizada (isto é, escravocrata, feudal, capitalista) para produzir as necessidades materiais indispensáveis à vida – comida, abrigo etc. Em termos gerais, cada modo de produção gera:

- meios específicos de obter o indispensável à vida;
- relações sociais específicas entre trabalhadores e aqueles que controlam o modo de produção; e
- instituições sociais específicas (incluindo as culturais).

No cerne dessa análise está a alegação de que a maneira como uma sociedade produz seus meios de subsistência (seu "modo de produção" particular) acaba determinando o molde político, social e cultural daquela sociedade e suas possíveis evoluções futuras. Como explica Marx, "o modo de produção de vida material condiciona o processo social, político e de vida intelectual em geral".[4] Essa afirmação se baseia em certas suposições sobre a relação entre "base" e "superestrutura". Nesta relação – entre "base" e "superestrutura" – apoia-se a concepção marxista de cultura.

A "base" consiste em uma combinação de "forças de produção" e "relações de produção". As forças de produção referem-se às matérias-primas, às ferramentas, à tecnologia, aos trabalhadores e suas técnicas etc. As relações de produção referem-se às relações de classe entre aqueles envolvidos na produção. Isto é, cada modo de produção, além de ser diferente, digamos, em termos de estar baseado em produção agrária ou em industrial, também é diferente por gerar relações de produção particulares: o modo escravocrata

4 | *Idem*, p. 3.

gera relações mestre/escravo; o modo feudal gera relações senhor/camponês; o modo capitalista gera relações burguesia/proletariado. Nesse sentido, a classe de uma pessoa é determinada por sua relação com o modo de produção.

A "superestrutura" (que se desenvolve em conjunto com determinado modo de produção) consiste em instituições (políticas, legais, educacionais, culturais etc.) e "formas definidas de consciência social" (política, religiosa, ética, filosófica, estética, cultural etc.) geradas por essas instituições. A relação entre base e estrutura é dupla. Por um lado, ao mesmo tempo, a superestrutura legitima e desafia a base. Por outro, diz-se que a base "condiciona" ou "determina" os limites do conteúdo e da forma da superestrutura. Tal relação pode ser entendida em um leque de maneiras diversas. Pode ser vista como uma relação mecânica ("determinismo econômico") de causa e efeito: o que acontece na superestrutura é reflexo passivo do que está acontecendo na base. O resultado disso costuma ser a "teoria marxista do reflexo" na cultura, bastante trivial, em que a política de um texto ou de uma prática é analisada considerando-se as condições materiais de sua produção – ou é reduzida a isso. A relação também pode ser vista como uma definição de limites, como a criação de um enquadramento específico, em que certos desenvolvimentos são prováveis, e outros não. Não importando como vemos a relação, não é possível compreendê-la totalmente se a base for reduzida a um monólito econômico (uma instituição econômica estática) e esquecermos que, para Marx, a base também incluía relações sociais e antagonismos de classe.

Após a morte de Marx, em 1883, o amigo e colaborador Frederick (Friedrich) Engels se viu tendo de explicar muitas sutilezas do marxismo, e o fez por meio de uma série de cartas a jovens marxistas que, em seu entusiasmo revolucionário, ameaçavam reduzi-lo a uma forma de determinismo econômico. Eis parte de sua famosa carta a Joseph Bloch:

> Segundo a concepção materialista da história [o marxismo], o elemento determinante da história é, em última instância, a produção e a reprodução da vida

real. Nem Marx nem eu afirmamos algo além disso. Portanto, se alguém desfigura isso para dizer que o fator econômico é o único determinante, ele está transformando essa proposição em uma frase sem sentido, abstrata, absurda. A situação econômica é a base, mas os vários componentes da superestrutura [...] também exercem sua influência no curso das lutas históricas e, em muitos casos, determinam sua forma [...] Nós fazemos nossa própria história, mas, em primeiro lugar, sob pressuposições e condições bem definidas. Entre essas, as econômicas são as decisivas. Mas as políticas etc., e mesmo as tradições que assombram as mentes humanas, também têm uma função, embora não sejam decisivas.[5]

Engels alega que a base produz o terreno superestrutural (este terreno, e não aquele), mas que a forma de atividade que lá ocorre é determinada não apenas pelo fato de o terreno ter sido produzido e ser reproduzido pela base (embora isso claramente defina limites e influencie os resultados), mas também pela interação das instituições e dos participantes enquanto ocupam o terreno. Portanto, ainda que, na história, textos e práticas nunca sejam a "força principal", eles podem ser os agentes ativos da mudança histórica ou os servidores da estabilidade social.

Uma breve análise dessa ideologia poderia deixar um pouco mais clara a relação entre base e superestrutura. Marx e Engels afirmam que "as ideias da classe dominante são, em qualquer época, as ideias dominantes; isto é, a classe que é a força *material* reinante na sociedade é, ao mesmo tempo, sua força *intelectual* reinante".[6] Com isso, querem dizer que é quase garantido que a classe dominante – com base em sua propriedade dos meios

---

5 | Frederick Engels, "Letter to Joseph Bloch", em John Storey (org.), *Cultural theory and popular culture: a reader*, 4. ed., Harlow: Pearson Education, 2009, p. 61.

6 | Karl Marx & Frederick Engels, "Ruling class and ruling ideas", em John Storey (org.), *Cultural theory and popular culture: a reader*, 4. ed., Harlow: Pearson Education, 2009, p. 58.

de produção material (o modo de produção), e o controle que aí exercem – também tenha controle dos meios de produção intelectual. Entretanto, isso não significa que as ideias da classe dominante sejam simplesmente impostas sobre classes subordinadas. Uma classe dominante é "compelida [...] a apresentar seu interesse como o interesse comum de todos os membros da sociedade [...] a dar a suas ideias a forma de universalidade e a representá-las como as únicas racionais, universalmente válidas".[7] A não ser que incluamos ambas as formulações (ideias dominantes e compulsão, e especialmente a maneira como a segunda qualifica a primeira), chegamos a uma noção muito simplificada de poder: uma em que a luta de classes é substituída por controle social; em que o poder é apenas algo imposto, e não algo pelo qual homens e mulheres têm de lutar. Durante períodos de transformação social, a luta ideológica se torna crônica. Como Marx observa, nas "formas ideológicas" da superestrutura (que inclui textos e práticas de cultura popular) homens e mulheres "se conscientizam do [...] conflito e resolvem encará-lo".[8]

Uma abordagem marxista clássica da cultura popular insistiria, acima de tudo, que, para compreender e explicar um texto ou prática, ele deve ser sempre situado em seu momento histórico de produção, analisado considerando-se as condições históricas que o produziram. Aqui existem perigos: condições históricas são reduzidas ao modo de produção, e a superestrutura torna-se um reflexo passivo da base. É fundamental, como alertam Engels e Marx – e como mostra Thompson[9] –, manter uma dialética sutil entre "agente" e "estrutura". Por exemplo, uma análise completa do melodrama teatral do século XIX (uma das primeiras indústrias culturais) teria de reunir não só as mudanças no modo de produção, que possibilitaram a

---

7 | *Idem*, p. 59.

8 | Karl Marx, *Contribution to the Critique of Political Economy*, *op. cit.*, p. 4.

9 | Ver Capítulo 3.

criação de um público para o melodrama teatral, mas também as tradições teatrais que geraram sua forma. O mesmo também vale para uma análise completa do teatro de variedades (outra indústria cultural antiga). Embora em nenhuma circunstância a atuação deva ser reduzida a mudanças nas forças materiais de produção, insiste-se que uma análise completa do melodrama teatral ou do teatro de variedades não seria possível sem referências às mudanças no público teatral geradas por alterações no modo de produção. Como uma análise marxista alegaria, são mudanças assim que acabam produzindo as circunstâncias que possibilitam a apresentação de uma peça como *My Poll and my partner Joe*[10] e o surgimento (e o sucesso) de uma artista de variedades como Marie Lloyd. Dessa forma, portanto, uma análise marxista insistiria que, no fim das contas, embora indiretamente, existe uma relação real e fundamental entre o surgimento do melodrama teatral e do teatro de variedades, por um lado, e, por outro, as mudanças que ocorreram no modo capitalista de produção. Fiz uma observação semelhante sobre a invenção, no século XIX, do Natal inglês "tradicional".[11]

O MARXISMO INGLÊS DE WILLIAM MORRIS | Segundo E. P. Thompson,[12] o primeiro marxista inglês foi William Morris. Embora mais conhecido como artista e poeta, no final da vida Morris também foi

---

10 | Ver John Storey, "Texts, readers, reading formations: *My Poll and my partner Joe* in Manchester in 1841", *Literature and History*, 1 (2), 1992; e, do mesmo autor, *Culture and power in cultural studies: the politics of signification*, Edimburgo: Edinburgh University Press, 2010a.

11 | *Idem*, "The invention of the English Christmas", em: Sheila Whiteley (org.), *Christmas, ideology and popular culture*, Edimburgo: Edinburgh University Press, 2008; e *Culture and power in cultural studies*, op. cit.

12 | E. P. Thompson, *William Morris: romantic to revolutionary*, Nova York: Pantheon, 1976b.

um socialista revolucionário. Em 1883, juntou-se à Federação Democrática, o primeiro partido marxista britânico. No ano seguinte, formou a Liga Socialista (entre os fundadores estava Eleanor Marx, a filha caçula de Karl Marx). Completamente comprometido com a causa, ele se envolvia em todos os aspectos desse trabalho, desde campanhas políticas até mesmo editar e vender *The Commonweal*, o jornal da Liga. A contribuição de Morris para o pensamento marxista é extensa. Aqui, trato apenas de um aspecto: sua crítica à sociedade capitalista em termos de arte e alienação, e isso propicia um comentário implícito sobre o que é cultura popular.

Como Marx e Engels, Morris argumentava que o trabalho criativo não é só uma atividade a ser realizada ou evitada: é uma parte essencial do que nos torna humanos. O capitalismo industrial, com sua repetitividade, suas longas jornadas e sua negação da criatividade, produz o que Marx chama de alienação do trabalho. Como dizia Marx, o trabalhador "não se satisfaz em seu trabalho [...] não desenvolve livremente sua energia física e mental, mas fica fisicamente exausto e mentalmente enfraquecido".[13] A essa situação junta-se o fato de não ser o trabalho "a satisfação de uma necessidade, mas apenas um *meio* para satisfazer outras necessidades".[14] Sendo impossível encontrar-se no trabalho (isto é, expressar aí sua criatividade natural), a pessoa é forçada a buscar-se fora do trabalho. "O trabalhador, portanto, sente-se em casa apenas nas horas de lazer; já no trabalho, sente-se desabrigado."[15] Em outras palavras, trabalha para ganhar dinheiro, a fim de expressar, em termos de consumo, sua criatividade natural (que lhe é negada no trabalho industrial).

Com base nessa análise, fazer arte é visto como um modelo ideal de como o trabalho deveria ser experimentado. Dessa maneira, a definição de

---

13 | Karl Marx, *Selected writings in sociology and social philosophy*, Harmondsworth: Pelican, 1963, p. 177.
14 | *Idem, ibidem*; grifado no original.
15 | *Idem, ibidem*.

arte, para Morris, não é a definição estreita usada, por exemplo, em formas tradicionais de história da arte; para Morris, inclui toda produção humana criativa. "Uso a palavra *arte* em um sentido mais amplo do que se costuma usar [...] Para um socialista, uma casa, uma faca, uma xícara, uma máquina a vapor, ou [...] qualquer coisa [...] que seja feita pelo homem e tenha forma, deve ser ou uma obra de arte ou uma destruição da arte."[16] Para Morris, arte é, basicamente, "a expressão do prazer no trabalho de produção".[17] Sob as condições do capitalismo industrial, "fundado na falta de arte ou no trabalho infeliz de grande parte dos homens",[18] somente o artista consegue alcançar tal prazer. Uma parte fundamental da proposta do socialismo é que o prazer será estendido a toda a humanidade. Rejeitando métodos de produção em linha de montagem ("fordismo"), o trabalho, no socialismo, usará "a totalidade de um homem para a produção de um grupo de bens de consumo, e não pequenas porções de muitos homens".[19] Para Morris, portanto, arte não é um apêndice decorativo à vida cotidiana: é a própria substância do que nos torna verdadeiramente humanos.

Em um mundo não alienado, cujas relações sociais são comunistas, o trabalhador retorna para si mesmo (isto é, para a capacidade de expressar sua criatividade natural no trabalho). Em termos de arte popular, Morris, Marx e Engels assim o entendem: "A concentração exclusiva de talento artístico em certos indivíduos, e sua supressão na massa mais ampla estreitamente associada ao trabalho, é consequência da divisão do trabalho [...] Em uma sociedade comunista, não existem pintores, mas a maioria das pessoas, entre outras atividades, realiza pinturas".[20] O fim do capi-

---

16 | William Morris, "Art labour and socialism", em Maynard Solomon, *Marxism and art*, Brighton: Harvester, 1979, p. 84.
17 | *Idem, ibidem*.
18 | *Idem*, p. 85.
19 | *Idem*, p. 87.
20 | Karl Marx & Frederick Engels, *The German ideology* (student

talismo significa o fim da divisão do trabalho. "Na sociedade comunista [...] ninguém tem uma área exclusiva de atividade, e cada um pode se educar em qualquer campo que desejar [...] tornando possível eu fazer uma coisa hoje e outra amanhã; que cace pela manhã, pesque à tarde, crie gado no início da noite, faça discursos após o jantar, como eu bem quiser, sem nunca me tornar um caçador, um pescador, um pecuarista ou um crítico".[21]

Em outras palavras, em uma sociedade não alienada, comunista, todos os homens e mulheres vão trabalhar como artistas: todo trabalho vai produzir arte popular, porque todo trabalho será criativo. Como Morris insiste, "o que temos a ver com a arte se não pudermos todos compartilhá-la?".[22] Além disso, "a ausência de arte popular nos tempos modernos é mais inquietante e penosa de suportar por este motivo do que por qualquer outro, pois indica a divisão fatal de homens em classes cultas e degradadas, que o comércio competitivo [capitalismo] gerou e alimenta".[23] O fim da alienação significará o fim da distinção entre cultura e cultura popular.

O romance *News from nowhere*,[24] de Morris, descreve uma Inglaterra no século XXI, pós-revolução. Guest, o protagonista do romance, ador-

edition), org. e introd. C. J. Arthur, Londres: Lawrence & Wishart, 1974, p. 109.

21 | *Apud* Gregor McLellan, "E. P. Thompson and the discipline of historical context", em Richard Johnson (org.), *Making histories: studies in history writing and politics*, Londres: Hutchinson, 1982, p. 36.

22 | William Morris, *News from nowhere and selected writings and designs*, Harmondsworth: Penguin, 1986, p. 139.

23 | *Idem, ibidem.*

24 | *Idem, News from nowhere,* Oxford: Oxford World's Classics, 2003; a primeira edição é de 1890.

mece nos anos 1880 e acorda no século XXI para descobrir que a Inglaterra passou por uma revolução em 1952-54 e agora é uma sociedade não alienada, comunista. Bens feitos para vender, visando lucro, foram substituídos por bens produzidos para a satisfação do trabalhador e para atender às necessidades da comunidade. Do mesmo modo, a propriedade privada foi substituída pelo uso comum. Além disso, a arte deixou de ser uma categoria separada, e arte e criatividade estão agora totalmente integradas às rotinas da vida cotidiana.

O romance não deve ser lido como um retrato literal de uma sociedade futura, mas, sim, como um incitamento político para se criar a sociedade que Guest encontra na Inglaterra do século XXI. O objetivo é "a educação do desejo",[25] isto é, conscientizar homens e mulheres de que uma sociedade não alienada é possível, e educar seus desejos para produzir tal sociedade. Como observou Morris, o capitalismo "reduziu o trabalhador a uma existência tão miserável e deplorável, que ele mal sabe como desenvolver o desejo por uma vida muito melhor do que aquela que hoje ele tolera".[26] Morris deseja educar o desejo por uma "vida muito melhor", na esperança de que permitir a homens e mulheres que pensem nessa vida seja criar o desejo para que tenham tal sociedade.

News from nowhere fornece um belo exemplo do que Morris, Marx e Engels tinham em mente quando projetaram uma sociedade não alienada, comunista. O romance retrata um mundo a milhões de quilômetros dos horrores autoritários do stalinismo e da União Soviética; além disso, é uma sociedade em que a distinção entre cultura e cultura popular, e as correspondentes divisões de classe social, não mais existem.

25 | E. P. Thompson, *William Morris: romantic to revolutionary*, Nova York: Pantheon, 1976b.
26 | William Morris, *News from nowhere and selected writings and designs*, *op. cit.*, p. 37.

A ESCOLA DE FRANKFURT | Escola de Frankfurt é o nome dado a um grupo de intelectuais alemães associados ao Instituto de Pesquisa Social, da Universidade de Frankfurt, estabelecido em 1923. Em 1933, com a chegada ao poder de Adolf Hitler e do Partido Nazista, o Instituto acabou se mudando para Nova York, ligando-se à Universidade de Columbia, tendo voltado para a Alemanha em 1949. À crítica desenvolvida pelo Instituto, mescla de marxismo e psicanálise, foi dado o nome de Teoria Crítica. No que tange à cultura popular, a obra do Instituto é associada, em sua maior parte, aos textos de Theodor Adorno, Walter Benjamin, Max Horkheimer, Leo Lowenthal e Herbert Marcuse.

Em 1944, Theodor Adorno e Max Horkheimer[27] cunharam o termo "indústria cultural" para designar os produtos e processos da cultura de massa. Os produtos da indústria cultural, segundo alegam, são marcados por duas características: homogeneidade, "filme, rádio e revistas formam um sistema uniforme no todo e em cada parte […] toda a cultura de massa é idêntica";[28] e previsibilidade:

> Assim que o filme começa, fica bem claro como ele terminará, e quem será premiado, punido ou esquecido. Em música leve [música popular], assim que um ouvido treinado escuta as primeiras notas da canção de sucesso, consegue adivinhar o que vem em seguida e sente-se exaltado quando ouve […] O resultado é uma constante reprodução da mesma coisa.[29]

Enquanto Arnold e o leavisismo se preocupavam com o risco de a cultura popular representar uma ameaça à autoridade cultural e social, a Escola de Frankfurt argumenta que, na verdade, ela produz o efeito oposto.

---

27 | Theodor Adorno & Max Horkheimer, *Dialectic of Enlightenment*, Londres: Verso, 1979.

28 | *Idem*, pp. 120-1.

29 | *Idem*, pp. 125, 134.

mantém a autoridade social. Onde Arnold e Leavis viam "anarquia", a Escola de Frankfurt vê apenas "conformidade": uma situação em que "as massas iludidas"[30] são presas em um "círculo de manipulação e necessidade retroativa, em que a unidade do sistema fica cada vez mais forte".[31] Aqui temos Adorno lendo uma *sitcom* norte-americana sobre uma jovem professora que é mal paga (algumas coisas nunca mudam) e vive sendo multada pelo diretor da escola. Como consequência, fica sem dinheiro e, portanto, sem comida. O humor do enredo consiste nas várias tentativas que faz de garantir uma refeição à custa de amigos e conhecidos. Em sua leitura dessa comédia, Adorno é guiado pela crença de que, embora seja sempre difícil, se não impossível, estabelecer a "mensagem" inconfundível de uma obra de cultura "autêntica", não é absolutamente difícil identificar a "mensagem oculta" de um peça de cultura de massa. Segundo Adorno, "o roteiro implica" que

> uma pessoa bem-humorada, afável, perspicaz e charmosa como ela não se preocupa em receber um salário de fome [...] Em outras palavras, o roteiro é um método astuto de promover o ajuste a condições humilhantes, apresentando-as como objetivamente cômicas e retratando uma pessoa que enfrenta sua própria posição inadequada como um objeto divertido aparentemente livre de qualquer ressentimento.[32]

Essa é uma das maneiras de ler a comédia televisiva citada, mas, de forma alguma, é a única. O dramaturgo alemão marxista Bertolt Brecht pode ter oferecido uma outra maneira de ler, que implica um público menos passivo. Discutindo sua peça *Mãe Coragem e seus filhos*, Brecht sugere:

30 | *Idem*, p. 133.
31 | *Idem*, p. 121.
32 | Theodor Adorno, "How to look at television", em: *The culture industry*, Londres: Routledge, 1991a, pp. 143-4.

"Ainda que Coragem não aprenda nada, o público consegue, no meu entender, pelo menos aprender algo observando-a".[33] O mesmo argumento pode ser usado contra Adorno em relação ao comportamento da professora. Só tendo como ponto de partida a crença de que o texto dita seu significado para um público passivo é que ele pode ter tanta certeza sobre o significado da comédia televisiva.

Leo Lowenthal afirma que, ao produzir uma cultura marcada por "padronização, estereótipos, conservadorismo, falsidade, bens de consumo manipulados",[34] a indústria cultural acabou despolitizando a classe operária e limitando seus horizontes para a percepção de fins políticos e econômicos que, dentro da estrutura opressora e exploradora da sociedade capitalista, poderiam ser alcançados. Ele sustenta que, "sempre que tendências revolucionárias começam a aparecer, são mitigadas e interrompidas por uma falsa satisfação de desejos, como riqueza, aventura, paixão, poder e sensacionalismo em geral".[35] Em suma, a indústria cultural desencoraja as "massas" a pensar além dos limites do presente. Como afirma Herbert Marcuse em *One dimensional man*,

> o produto irresistível da indústria de entretenimento e informação [a indústria cultural] carrega consigo atitudes e hábitos prescritos, certas reações intelectuais e emocionais que, de certo modo prazeroso, amarram os consumidores aos produtores e, por meio destes, ao todo. Os produtos doutrinam e manipulam; promovem uma falsa consciência que é imune à sua própria falsidade [...] torna-se um estilo de vida. É um bom estilo de vida – muito melhor do que antes – e, sendo um bom estilo de vida, milita contra mudanças qualitativas. Assim, emer-

---

33 | Bertolt Brecht, *On Theatre*, trad. John Willett, Londres: Methuen, 1978, p. 229.

34 | Leo Lowenthal, *Literature, popular culture and society*, Palo Alto, CA: Pacific, 1961, p. 11.

35 | *Idem, ibidem*.

ge um padrão de pensamento e comportamento unidimensionais, em que ideias, aspirações e objetivos que, transcendendo o universo estabelecido de discurso e ação, por seu conteúdo, são repelidos ou reduzidos aos limites desse universo.[36]

Em outras palavras, ao fornecer os meios para a satisfação de certas necessidades, o capitalismo consegue evitar a formação de desejos mais básicos. A indústria cultural, dessa forma, retarda a imaginação política. Assim como ocorria com Arnold e o leavisismo, arte ou alta cultura são vistas como agindo de maneiras diferentes. Incorporam ideais negados pelo capitalismo. Assim, oferecem uma crítica implícita à sociedade capitalista, uma visão alternativa, utópica. Segundo Horkheimer, a cultura "autêntica" assumiu a função utópica da religião: manter vivo o desejo humano por um mundo melhor, além dos limites do presente. Carrega a chave para destravar a prisão estabelecida, com o desenvolvimento da cultura de massa, pela indústria cultural capitalista.[37] Mas, cada vez mais, os processos da indústria cultural ameaçam o potencial radical da cultura "autêntica". Aos poucos, a indústria cultural achata o que permanece do

> antagonismo entre cultura e realidade social, por meio da obliteração dos elementos de oposição – estranhos e transcendentes – da alta cultura, em virtude de isso constituir outra dimensão de realidade. Essa liquidação da cultura bidimensional ocorre não pela negação ou rejeição dos "valores culturais", mas por sua integral incorporação na ordem estabelecida, por sua reprodução e apresentação em uma escala maciça.[38]

36 | Herbert Marcuse, *One dimensional man*, Londres: Sphere, 1968a, pp. 26-7.

37 | Max Horkheimer, "Art and mass culture", em Peter Davison, Rolf Meyersohn & Edward Shils (orgs.), *Literary taste, culture and mass communication*, XII, Cambridge: Chadwyck Healey, 1978, p. 5.

38 | Herbert Marcuse, *One dimensional man, op. cit.*, p. 58.

Portanto, o futuro melhor, prometido pela cultura "autêntica", não está mais em contradição com o presente infeliz, um incentivo para fazer o futuro melhor; a cultura, agora, confirma que este é o futuro melhor – o aqui e agora –, o único futuro melhor. Oferece "satisfação" em vez da promoção de "desejo". Marcuse afirma que a esperança de que as "imagens e posições mais avançadas" de cultura "autêntica" ainda podem resistir à "absorção" e "continuar a assombrar a consciência com a possibilidade de seu renascimento" em um amanhã melhor.[39] Também espera que, um dia, aqueles à margem da sociedade, "os rejeitados e intrusos",[40] que estão distanciados das garras da indústria cultural, vão desarmar os malogros, satisfazer as esperanças e obrigar o capitalismo a manter todas as suas promessas em um mundo pós-capitalismo. Ou, como observa Horkheimer:

Um dia, podemos descobrir que, nas profundezas de seus corações, as massas [...] secretamente conheciam a verdade e desacreditavam das mentiras, como pacientes catatônicos que, apenas no final de seu transe, deixam que outros percebam que nada lhes havia passado despercebido. Portanto, pode não ser totalmente absurdo continuar falando uma língua que não seja facilmente compreendida.[41]

Mas, como observa Adorno, cultura de massa é um sistema difícil de desafiar:

Hoje, qualquer pessoa que não consiga falar da maneira prescrita, isto é, reproduzir simplesmente as fórmulas, convenções e julgamentos da cultura de massa como se fossem suas próprias, tem sua própria existência ameaçada, de quem se suspeita ser um idiota ou um intelectual.[42]

---

39 | *Idem*, p. 60.
40 | *Idem*, p. 61.
41 | Max Horkheimer, "Art and mass culture", *op. cit.*, p. 17.
42 | Theodor Adorno, "The schema of mass culture", em: *The culture industry*, Londres: Routledge, 1991b, p. 79.

A indústria cultural, em sua busca por lucros e homogeneidade cultural, retira da cultura "autêntica" sua função crítica, seu modo de negação – "[sua] Grande Recusa".[43] A mercantilização (às vezes entendida por outros críticos como "comercialização") desvaloriza a cultura "autêntica", deixando-a demasiado acessível, ao transformá-la, mais uma vez, em outra mercadoria vendável.

> Os críticos neoconservadores dos críticos esquerdistas da cultura de massa ridicularizam o protesto contra Bach como música ambiente na cozinha, contra Platão e Hegel, Shelley e Baudelaire, Marx e Freud [à venda] na farmácia. Em vez disso, insistem que se reconheça o fato de que os clássicos saíram do mausoléu e retornaram à vida, que as pessoas estão muito mais educadas. Verdade, mas, ao virem à vida como clássicos, eles vêm à vida como pessoas diferentes de si mesmas; são privados de sua força antagônica, da desavença que era a própria dimensão de suas verdades. A intenção e a função dessas obras foram, assim, fundamentalmente alteradas. Se antes estavam em contradição com a situação, essa contradição agora foi achatada.[44]

Não é difícil pensar em exemplos desse processo (estejamos ou não vendo as coisas exatamente da mesma forma, sendo esquerdista ou neoconservador). Nos anos 1960, uma quitinete sem um pôster do Che Guevara era considerada desmobilizada. Seria o pôster uma demonstração de comprometimento para com políticas revolucionárias ou comprometimento para com a última moda (ou seria uma complicada mistura de ambos)? Um exemplo esclarecedor, de uma publicidade inserida no *Times* em 1974, é apresentado por Bennett:

> Um anúncio de página inteira, que era uma reprodução colorida de *Le Pont*, de Matisse, tendo embaixo a legenda: "O negócio é nossa vida, mas a vida não são

---

43 | Herbert Marcuse, *One dimensional man, op. cit.*, p. 63.

44 | *Idem*, pp. 63-4.

só negócios". Profundamente contraditório: o que era ostensivamente oposto à vida econômica tornou-se parte dela, o que era separado passou a ser assimilado, já que qualquer dimensão crítica que poderia pertencer à pintura de Matisse foi eclipsada por sua nova e não solicitada função de publicidade para os benefícios do capital financeiro.[45]

Podemos pensar, também, em como ópera e música clássica são usadas para vender qualquer coisa, de pão a automóveis caros (ver exemplos na Tabela 4.1). É possível, por acaso, [para um inglês] escutar o segundo movimento da *Sinfonia do Novo Mundo*, de Antonín Leopold Dvorák, sem formar mentalmente uma imagem do pão Hovis?

Não que Marcuse ou os outros membros da Escola de Frankfurt façam objeções à "democratização" da cultura; apenas acreditam que a "assimilação da [indústria cultural] é historicamente prematura; estabelece igualdade cultural enquanto preserva a dominação"[46]. Em suma, a democratização da cultura resulta no bloqueio da exigência por democracia total; estabiliza a ordem social prevalecente.

Segundo a Escola de Frankfurt, trabalho e lazer, no capitalismo, têm uma relação forçada: os efeitos da indústria cultural são garantidos pela natureza do trabalho; o processo de trabalho afiança os efeitos da indústria cultural. A função da indústria cultural é, assim, organizar o tempo de lazer da mesma forma que a industrialização organizou o tempo de trabalho. Sob o capitalismo, o trabalho atrofia os sentidos; a indústria cultural continua o processo: "A fuga do enfado cotidiano, que toda a indústria cultural promete, [...] [é um] paraíso [...] [da] mesma velha fuga do [...] enfado [...] [e é] destinada a reconduzir ao ponto de partida. O

---

45 | Tony Bennett, "Media theory and social theory", em: *Mass Communications and Society* (DE 353), Milton Keynes: Open University Press, 1977, p. 45.

46 | Herbert Marcuse, *One dimensional man*, op. cit., p. 64.

prazer promove a resignação que deve ajudar a esquecer".[47] Em suma, o trabalho leva à cultura de massa; a cultura de massa leva de volta ao trabalho. Da mesma forma, lançadas pela indústria cultural, arte ou cultura "autênticas" agem da mesma forma. Apenas a cultura "autêntica" que atua fora dos limites da indústria cultural pode, um dia, quebrar o ciclo.

Para tornar mais concretos esses pontos gerais, examinarei aqui o artigo "On popular music", de Adorno, um exemplo específico da abordagem da Escola de Frankfurt à cultura popular. No ensaio, ele faz três afirmações sobre música popular. Primeiro, alega que é "padronizada". "Padronização", segundo Adorno, "estende-se das características mais gerais às mais específicas".[48] Quando um padrão musical e/ou lírico mostra-se bem-sucedido, ele é explorado até a exaustão comercial, culminando na "cristalização de padrões".[49] Além disso, detalhes de uma canção popular podem ser intercambiados com detalhes de outras. Ao contrário da estrutura orgânica de "músicas sérias", em que cada detalhe expressa o todo, a música popular é mecânica, no sentido de que determinado detalhe pode ser passado de uma canção para outra sem qualquer efeito real sobre a estrutura como um todo. A fim de ocultar a padronização, a indústria musical realiza o que Adorno chama de "pseudoindividualização": "A padronização de sucessos musicais manipula os consumidores, pois, de certo modo, outros escutam por eles. A pseudoindividualização, por sua vez, também os manipula, pois esquecem que o que escutam alguém já escutou para eles, foi 'pré-digerido'".[50]

---

47 | Theodor Adorno & Max Horkheimer, *Dialectic of Enlightenment*, *op. cit.*, p. 142.

48 | Theodor Adorno, "On popular music", em John Storey (org.), *Cultural theory and popular culture: a reader*, 4. ed., Harlow: Pearson Education, 2009, p. 64.

49 | *Idem, ibidem*.

50 | *Idem*, p. 69.

A segunda afirmação de Adorno é que música popular promove audições passivas. Como já observado, sob o capitalismo o trabalho é tolo e, assim, promove a busca por fuga, mas, por ser também estúpido, deixa pouca energia para uma fuga real – as necessidades por cultura "autêntica". Em vez disso, o refúgio é buscado sob forma de música popular – cujo consumo é sempre passivo, e eternamente repetitivo, confirmando *o mundo como ele é*. Enquanto a música "séria" (por exemplo, Beethoven) é tocada para o prazer da imaginação, oferecendo uma união com *o mundo como ele poderia ser*, a música popular é o "correlativo não produtivo"[51] da vida no escritório ou no chão de fábrica. A "extenuação e o tédio" do trabalho levam homens e mulheres a "evitar o esforço" em seu tempo de lazer.[52] Adorno faz que isso soe como o ritual desesperançado de um viciado em heroína (exemplo tirado de livros policiais, gênero que ele tanto detestava). Como em seu tempo de trabalho são negadas as "novidades", e estão exaustos demais para isso durante o tempo de lazer, "desejam um estimulante" – a música popular satisfaz o desejo.

51 | *Idem*, p. 70.
52 | *Idem, ibidem*.

TABELA 4.1 Retirando a função crítica da cultura "autêntica"

Uso de ópera e música clássica em publicidade		
Bach	*Suíte n. 3 em Ré*	charutos Hamlet
Bach	*Wachet auf, ruft uns die Stimme*	Lloyds Bank
Bach	*Concerto para cravos em Fá menor*	Nasdaq
Beethoven	*Sinfonia n. 6 em Fá*	margarina Blueband
Beethoven	*Für Elise*	espaguete Heinz; arroz Uncle Ben's
Bellini	*Norma*	Ford Mondeo
Boccherini	*Minueto*	Sociedade Imobiliária Save and Prosper
Britten	*Symphony Simple, Opus 4*	Royal Bank of Scotland
Debussy	*Suíte Bergamasque*	queijo Boursin
Delibes	*Lakmé*	British Airways; arroz basmati; Ryvita; computadores IBM; lenços Kleenex
Delibes	*Coppelia*	doces Jus-Rol
Dukas	*O aprendiz de feiticeiro*	toalhas de banho Fiesta; Sun Liquid; Royal Bank of Scotland; Philips; DCC
Dvorák	*Sinfonia do Novo Mundo*	pão Hovis
Fauré	*Réquiem, Opus 48*	manteiga Lurpak
Gluck	*Orfeo ed Euridice*	amaciante Comfort
Grieg	*Peer Gynt*	Nescafé, AEG, Alton Towers
Handel	*Serse [Xerxes]*	carros Rover
Handel	*Solomon [Salomão]*	Woolworths
Holst	*Os planetas*	Dulux Weathershield
Khachaturian	*Spartacus*	Nescafé
Mascagni	*Cavalleria rusticana*	lenços Kleenex; Stella Artois; chocolates Baci
Mozart	*Concerto para piano n. 21*	Aer Lingus
Mozart	*O casamento de Fígaro*	Citroën ZX
Mozart	*Cosí Fan Tutte*	Mercedes-Benz
Mozart	*Concerto para trompas n. 4*	Vauxhall Carlton

Mussorgsky	*Uma noite no monte Calvo*	fitas Maxell
Offenbach	*Contos de Hoffmann*	Bailey's Irish Cream
Offenbach	*Orfeu no inferno*	Bio Speed Weed
Orff	*Carmina Burana*	Old Spice; Carling Black Label; Fiat Marea
Pachelbel	*Canon em Ré*	vinhos Thresher
Prokofiev	*Pedro e o lobo*	Vauxhall Astra
Prokofiev	*Romeu e Julieta*	perfume Chanel L'Égoïste,
Puccini	*Madame Butterfly*	chá Twinings; suco de laranja Del Monte
Puccini	*Gianni Schicchi*	Phillips DCC
Puccini	*La Bohème*	Walkman Sony
Puccini	*Tosca*	FreeServe
Ravel	*Bolero*	Ryvita
Rimsky-Korsakov	*Tsar Saltan*	Black and Decker
Rossini	*O barbeiro de Sevilha*	molho para massas Ragu; Fiat Strada; barbeadores sem fio Braun
Saint-Saëns	*Carnaval dos animais*	Tesco
Satie	*Gymnopédie n. 3*	chocolate Bourneville; pastilhas expectorantes Strepsils
Schumann	*Cenas da infância*	chocolate Break
Smetana	*Má Vlast*	Peugeot 605
J. Strauss	*Valsa dos Jornais da Manhã*	Lloyd's TSB
Tchaikovsky	*Suíte Quebra-Nozes*	óculos Reactolite; chocolate Fruit and Nut da Cadbury's; maionese Hellmann's
Verdi	*Aida*	Diet Pepsi; Michelob Egypt
Verdi	*Il Trovatore*	molho para massas Ragu
Verdi	*La Forza del Destino*	Stella Artois
Verdi	*Nabucco*	British Airways
Verdi	*Rigoletto*	molho para massas Ragu; pizza Little Caesar's
Vivaldi	*As quatro estações*	perfume Chanel n. 19; pão Kingsmill; Citroën BX/Braun

Seus estímulos dão de encontro com a incapacidade de investir esforço no que é sempre idêntico. Isso significa mais tédio. É um ciclo que impossibilita a fuga. A impossibilidade de fugir causa uma atitude difusa de desatenção para com a música popular. O momento de reconhecimento é aquele da sensação fácil. A atenção repentina ligada a esse momento extingue-se instantaneamente e relega o ouvinte a um reino de desatenção e distração.[53]

A música popular atua em uma espécie de dialética obscura: para consumi-la, exige desatenção e distração; e seu consumo produz no consumidor desatenção e distração.

O terceiro ponto de Adorno é a alegação de que a música popular atua como "argamassa social".[54] Sua "função sociopsicológica" é realizar, nos consumidores de música popular, um "ajuste físico" às necessidades da estrutura de poder prevalecente.[55] Tal "ajuste" se manifesta em "dois tipos sociopsicológicos de comportamento de massa [...] o tipo obediente, 'de acordo com o ritmo', e o tipo 'emocional'".[56] O primeiro tipo de ouvinte dança distraído com o ritmo de sua própria exploração ou opressão. O segundo, chafurda em miséria sentimental, abstraído das condições reais de existência.

Na análise de Adorno, há inúmeras observações a fazer. Primeiro, devemos lembrar que ele escreveu em 1941, e, desde então, a música popular mudou muito. Contudo, mesmo assim, Adorno nunca pensou em alterar sua análise, acompanhando as mudanças que aí ocorreram até sua morte, em 1969. Seria a música popular monolítica, como ele queria que acreditássemos? Por exemplo, a pseudoindividualização explica até mesmo o advento do *rock-and-roll* em 1956, o surgimento dos Beatles em 1962, a música da contracultura em 1965? Explica o *punk rock* e o *Rock Against*

---

53 | Idem, p. 71.
54 | Idem, p. 72.
55 | *Idem, ibidem.*
56 | *Idem, ibidem.*

Racism nos anos 1970, o *acid house* e o *indie pop* nos 1980, a *rave* e o *hip-hop* nos 1990?

Além disso, o consumo de música popular seria tão passivo como Adorno alega? Para sugerir que não, Simon Frith mostra os números de vendas: "apesar das diferenças dos cálculos [...] a maioria dos comentaristas de negócios concorda que cerca de 10% de todos os álbuns lançados (um pouco menos para *singles*, um pouco mais para LPs) têm lucro".[57] Além disso, somente cerca de 10%, mais uma vez, cobrem seus custos.[58] Isso significa que, de fato, em torno de 80% dos discos dão prejuízo. E Paul Hirsch calculou, ainda, que pelo menos 60% dos álbuns lançados nunca são tocados por ninguém.[59] Isso não parece ser o trabalho de uma indústria cultural toda poderosa, facilmente capaz de manipular seus consumidores. Parece mais uma indústria cultural tentando desesperadamente vender discos a um público crítico e judicioso. Tais números certamente implicam ser o consumo mais ativo do que o argumento de Adorno sugere. O uso subcultural da música está claramente na extremidade desse juízo ativo, mas não é, absolutamente, o único exemplo.

Por fim, a música popular realmente funciona como argamassa social? Subculturas ou culturas de determinado gosto musical, por exemplo, pareceriam consumir música popular de forma não muito diferente daquela do modo ideal de Adorno para o consumo de "música séria". Richard Dyer argumenta ser o que certamente acontece com o consumo *gay* da *disco music*. Ele detecta, na *disco*, certo romantismo que mantém vivo um modo de ser que está sempre em conflito com a monotonia e o cotidiano, e explica: o "romantismo assegura que os limites do trabalho e da domesticidade não são os limites da experiência".[60]

---

57 | Simon Frith, *Sound effects: youth, leisure and the politics of rock*, Londres: Constable, 1983, p. 147.

58 | *Idem, ibidem*.

59 | *Idem, ibidem*, citando Paul Hirsch.

60 | Richard Dyer, "In defence of disco", em Simon Frith & Andrew

Em sua maior parte, a análise oferecida pela Escola de Frankfurt funciona com uma série de oposições binárias sustentadas pela suposta diferença fundamental entre cultura e cultura de massa (Tabela 4.2).

TABELA 4.2 "Cultura" e "cultura de massa" segundo a Escola de Frankfurt

CULTURA	CULTURA DE MASSA
Real	Falsa
Europeia	Norte-americana
Multidimensional	Unidimensional
Consumo ativo	Consumo passivo
Criação individual	Produção em massa
Imaginação	Distração
Negação	Argamassa social

O ensaio "The work of art in the age of mechanical reproduction", de Walter Benjamin, é muito mais otimista sobre a possibilidade de uma transformação revolucionária do capitalismo. Ele alega que o capitalismo "acabará [...] criando condições que tornarão possível a abolição do próprio capitalismo".[61] Benjamin acredita que mudanças na reprodução tecnológica de cultura estão alterando a função da cultura na sociedade: "a reprodução técnica pode colocar a cópia do original em situações que estariam fora do alcance do próprio original".[62] As reproduções, assim, desafiam o que Benjamin chama de "aura" de textos e práticas.

Goodwin (orgs.), *On record: rock, pop, and the written word*, Londres: Routledge, 1990, p. 417.

61 | Walter Benjamin, "The work of art in the age of mechanical reproduction", em *Illuminations*. Londres: Fontana, 1973, p. 219.

62 | *Idem*, p. 222.

Pode-se generalizar dizendo: a técnica de reprodução desamarra o objeto reproduzido do domínio da tradição. Ao fazer muitas reproduções, substitui por uma pluralidade de cópias o que era uma existência única. E, ao permitir à reprodução que chegue ao espectador ou ouvinte na situação particular em que ele está, reativa o objeto reproduzido. Esses dois processos levam a uma tremenda fragmentação da tradição [...] Seu agente mais poderoso é o filme. É impossível conceber sua importância social, especialmente em sua forma mais positiva, sem seu aspecto destrutivo, catártico, isto é, a liquidação do valor tradicional da herança cultural.[63]

A "aura" de um texto ou prática é seu sentido de "autenticidade", "autoridade", "autonomia" e "distanciamento". A decadência da aura separa o texto, ou prática, da autoridade e dos rituais da tradição. Abre-os para uma pluralidade de reinterpretações, libertando-os para serem usados em outros contextos, para outros propósitos. Não mais embutidos na tradição, sua significância agora está aberta ao debate; o significado torna-se uma questão de consumo, um evento ativo (político) em vez de passivo (para Adorno, psicológico). A reprodução tecnológica altera a produção: "Num nível cada vez mais alto, a obra de arte reproduzida torna-se a obra de arte voltada à reprodutividade".[64] O consumo também é alterado: desde sua posição em rituais religiosos até seu lugar nos rituais de estética, agora o consumo é baseado em práticas políticas. A cultura pode ter se tornado cultura de massa, mas o consumo não se tornou consumo de massa.

A reprodução mecânica de arte altera a reação das massas em relação a ela. A atitude reacionária em relação a uma pintura de Picasso altera-se para a reação progressiva a um filme de Chaplin. A reação progressiva é caracterizada pela fusão direta, íntima, de visual e diversão emocional, sob a orientação do especialista.[65]

63 | *Idem*, p. 223.
64 | *Idem*, p. 226.
65 | *Idem*, p. 236.

Questões de significado e consumo passam da contemplação passiva para um embate político ativo. A celebração que Benjamin faz do potencial positivo da "reprodução mecânica", sua ideia de que isso inicia o processo de um movimento de uma cultura "aurática" para uma cultura "democrática", em que o significado não mais é visto como único, mas como aberto a questionamento, aberto para ser usado e mobilizado, teve uma influência profunda (muitas vezes não reconhecida) sobre a teoria cultural e a cultura popular. Susan Willis assim descreve o ensaio de Benjamin: "Esse pode muito bem ser o mais importante ensaio no desenvolvimento da crítica marxista sobre cultura popular".[66] Enquanto Adorno localiza o significado no modo de produção (a forma como um texto é produzido determina seu consumo e significância), Benjamin sugere que o significado é produzido no momento do consumo; a significância é determinada pelo processo de consumo, não importando o modo de produção. Como observa Frith, o "debate"[67] entre Adorno e Benjamin – entre uma visão sociopsicológica do consumo (combinada com a insistência sobre a força determinante da produção), contra o argumento de que consumo é uma questão política – continua a ser travado nas opiniões contemporâneas sobre música popular: "Baseadas em Adorno, vieram análises da economia do entretenimento [...] [e os] efeitos ideológicos da criação comercial de música [...] Baseadas em Benjamin, vieram teorias subculturais, descrições da luta [...] para criar seus próprios significados em seus atos de consumo".[68]

Apesar de sua sofisticação marxista e da admirável intenção política, a abordagem da Escola de Frankfurt à cultura popular (com exceção de Benjamin) facilmente se encaixaria na tradição de "cultura e civilização"

---

66 | Susan Willis, *A primer for daily life*, Londres: Routledge, 1991, p. 10.

67 | Ver *New Left Review*, 1977.

68 | Simon Frith, *Sound effects*, op. cit., p. 57.

já estudada.[69] Como as perspectivas desenvolvidas por Arnold, pelo leavisismo e por alguns teóricos norte-americanos sobre a cultura de massa, a perspectiva da Escola de Frankfurt sobre cultura popular é essencialmente um discurso vindo de cima sobre a cultura de outras pessoas (um discurso de "nós" e "eles"). É verdade que a Escola de Frankfurt é bem crítica quanto a críticos culturais conservadores que, em seu próprio benefício, lamentavam o fim, ou a ameaça disso, de uma cultura autônoma "pura". Adorno, como aponta J. M. Bernstein, "considera que a defesa conservadora da alta cultura reflete uma hipoestatização irrefletida da cultura que protege a situação econômica".[70] Todavia, ainda existem certas semelhanças entre o foco da tradição de "cultura e civilização" e aquele da Escola de Frankfurt. Condenam a mesma coisa, mas por razões diferentes. A tradição de "cultura e civilização" ataca a cultura de massa porque ameaça os padrões culturais e a autoridade social; a Escola de Frankfurt ataca a cultura de massa porque ameaça os padrões culturais e despolitiza a classe operária, mantendo, assim, o punho de aço da autoridade social: "obediência ao ritmo do sistema de ferro [...] o poder *absoluto* do capitalismo".[71] É muito difícil imaginar a possibilidade de intervenção política em uma situação de poder absoluto.

ALTHUSSERIANISMO | A influência das ideias de Louis Althusser na teoria cultural e cultura popular foi enorme. Como sugere Hall, "as intervenções de Althusser e seu subsequente desenvolvimento são extremamente formativas para o campo dos estudos culturais".[72] A contribuição

---

69 | Ver Capítulo 2.

70 | J. M. Bernstein, "Introduction", em *The culture industry*, Londres: Routledge, 1978, p. 15.

71 | Theodor Adorno & Max Horkheimer, *Dialectic of Enlightenment*, op. cit., p. 120; grifo meu.

72 | Stuart Hall, "Some paradigms in cultural studies", em: *Annali*, 3, 1978, p. 21.

mais significativa de Althusser para o campo são suas diferentes tentativas de teorizar o conceito de ideologia. Assim, vou restringir-me a estudar esse aspecto de sua obra.

Althusser começa rejeitando interpretações mecanicistas da formulação base/superestrutura, insistindo, em seu lugar, no conceito de formação social. Para ele, uma formação social consiste em três práticas: a econômica, a política e a ideológica. A relação entre a base e a superestrutura não é a de expressão (isto é, a superestrutura como uma expressão ou reflexo passivos da base), mas, em vez disso, a superestrutura é vista como necessária para a existência da base, e o modelo propicia uma autonomia relativa para a superestrutura. A determinação permanece, mas é determinação em "último caso". Isso opera por meio do que Althusser chama de "estrutura em dominância"; ou seja, embora no final o econômico seja sempre o "determinante", isso não significa que, em certa conjuntura histórica, ele será necessariamente o dominante. No feudalismo, por exemplo, o nível político era o dominante. Todavia, em uma formação social, a prática dominante dependerá da forma específica de produção econômica. Com isso, ele quer dizer que as contradições econômicas do capitalismo nunca assumem uma forma pura: "nunca chega a situação que se considera em último caso".[73] O econômico é determinante em último caso, não porque os outros casos são seus epifenômenos, mas porque ele determina qual prática é a dominante. Marx, no primeiro volume de *O capital*, em resposta a críticas, faz uma observação semelhante, sugerindo limites definidos para o âmbito crítico da análise marxista:

[O marxismo, assim dizem os críticos,] é totalmente verdadeiro para seu tempo, em que preponderam interesses materiais, mas não para a Idade Média, dominada pelo catolicismo, não para Atenas e Roma, dominadas pela política [...] Uma coisa é clara: a Idade Média não podia viver do catolicismo, nem o mundo

---

73 | Louis Althusser, *For Marx*, Londres: Allen Lane, 1969, p. 113.

antigo, da política. Ao contrário, é a **maneira** como ganhavam a vida, o que explica por que – em um caso, a política e, em outro, o catolicismo – eram protagonistas [...] E então eis Dom Quixote, que, há muito tempo, foi penalizado por imaginar, erroneamente, que a cavalaria andante era compatível com todas as formas econômicas de sociedade.[74]

Althusser produziu três definições de ideologia, duas das quais se mostraram particularmente ricas para o estudante de cultura popular. A primeira definição, que se sobrepõe de certa forma à segunda, é a alegação de que ideologia – "um sistema (com sua própria lógica e rigor) de representações (imagens, mitos, ideias ou conceitos)"[75] – é uma "prática" por meio da qual homens e mulheres têm suas relações com as condições reais de existência. "Por prática [...] eu [...] me refiro a qualquer processo de transformação de determinada matéria-prima de determinado produto, uma transformação efetuada por determinado esforço humano, usando determinados meios (de 'produção')".[76] Portanto, como o econômico (o modo de produção historicamente específico) transforma certas matérias-primas em produtos usando determinados meios de produção, envolvendo determinadas relações de produção, também a prática ideológica molda para a formação social as relações vividas por um indivíduo. Realiza isso oferecendo resoluções falsas – mas que parecem reais – para problemas reais. Este não é um processo "consciente": em seu modo de operação, a ideologia "é profundamente inconsciente".[77]

> Na ideologia, homens [...] expressam, não a relação entre eles e suas condições de existência, mas a forma como vivem a relação entre eles e suas condições de

---

74 | Karl Marx, *Capital*, I, Harmondsworth: Penguin, 1976c, p. 176.
75 | Louis Althusser, *For Marx, op. cit.*, p. 231
76 | *Idem*, p. 166.
77 | *Idem*, p. 233.

existência: isso pressupõe uma relação real e uma relação "imaginária", "vivida". Ideologia [...] é a expressão da relação entre homens e seu "mundo", isto é, a unidade (sobredeterminada) da relação real com a relação imaginária entre eles e suas condições reais de existência.[78]

A relação é ao mesmo tempo real e imaginária, no sentido de ser ideologia a forma como vivemos nossa relação com as condições reais da existência no nível das representações (mitos, conceitos, ideias, imagens, discursos): existem condições reais e existem as maneiras como representamos essas condições para nós mesmos e para os outros. Isso se aplica tanto à classe dominante como à subordinada; ideologias não apenas convencem grupos oprimidos de que está tudo bem no mundo, mas também convencem os grupos governantes de que exploração e opressão são, na verdade, coisas bem diferentes: atos de necessidade universal. Apenas um discurso "científico" (o marxismo de Althusser) pode ver, através da ideologia, as condições reais de existência.

Como, para Althusser, ideologia é um sistema fechado, ela só pode definir problemas que consiga responder; isto é, para permanecer dentro de seus limites (um reino mítico sem contradições), deve ficar calada em questões que ameacem levá-la além desses limites. Essa formulação leva Althusser ao conceito da "problemática". Ele, primeiro, usa o conceito para explicar a "ruptura epistemológica" que alega ter ocorrido, em 1845, na obra de Marx. A problemática de Marx, "o sistema de referências interno objetivo [...] o sistema de questões que comandam as respostas dadas",[79] determina não apenas as questões e respostas que é capaz de movimentar, mas também a ausência, em sua obra, de problemas e conceitos.

De acordo com Althusser, uma problemática consiste em crenças, motivações, ideias subjacentes etc. de que é feito um texto (digamos, um

78 | *Idem*, pp. 233-4.
79 | *Idem*, p. 67.

anúncio). Nesse sentido, argumenta-se que um texto é estruturado tanto pelo que está ausente (o que não é dito) como pelo que está presente (o que é dito). Althusser afirma que, se quisermos compreender totalmente o significado de um texto, temos de estar cientes não apenas do que há nele, mas também das ideias que o informam (que podem não aparecer diretamente no texto em si, mas existir apenas em sua problemática). Uma forma como supostamente se revela a problemática de um texto é na maneira como parece responder perguntas que, formalmente, não apresentou. Essas perguntas, diz-se, foram formuladas na problemática do texto. A tarefa de uma prática crítica althusseriana é desconstruir o texto para revelar a problemática. Fazer isso é realizar o que Althusser chama de uma "leitura sintomática".

Em *Reading Capital*, Althusser caracteriza como "sintomático" o método de Marx ao ler a obra de Adam Smith, pois

> divulga o evento não divulgado no texto que lê e, no mesmo movimento, relaciona-o a um texto diferente, presente, como ausência necessária, no primeiro. Assim como sua primeira leitura, a segunda leitura de Marx pressupõe a existência de dois textos e a medida do primeiro em comparação com o segundo. Mas o que distingue essa nova leitura da antiga é o fato de que, na nova, o segundo texto é articulado com os lapsos do primeiro texto.[80]

Por meio de uma leitura sintomática de Smith, Marx consegue esquematizar, para análise, "a problemática inicialmente visível em seus escritos contra a problemática invisível contida no paradoxo de *uma resposta que não corresponde a nenhuma pergunta feita*".[81] O próprio Marx diz isso a respeito de Smith: "As contradições de Adam Smith têm importância

---

80 | Louis Althusser & Etienne Balibar, *Reading Capital*, Londres: Verso, 1979, p. 67.

81 | *Idem*, p. 28.

porque contêm problemas que, na verdade, ele não resolve, mas que revela ao se contradizer".[82]

Ler um texto sintomaticamente, portanto, é realizar uma leitura dupla: ler, primeiro, o texto manifesto e, então, no texto manifesto – por meio dos lapsos, distorções, silêncios e ausências (os "sintomas" de um problema difícil de apresentar) –, produzir e ler o texto latente. Por exemplo, uma leitura sintomática do filme *Taxi Driver* revelaria uma problemática em que são dadas respostas a perguntas que dificilmente seriam formuladas: "Em que condição, depois dos horrores no Vietnã, o veterano retorna para os Estados Unidos?". No cerne da problemática do filme estão questões relacionadas a problemas históricos reais, embora deformados e transformados em uma busca fantástica, com uma solução sanguinolenta. Uma leitura sintomática de *Taxi Driver*, em busca de "sintomas" que evidenciem uma *doença*, viria das contradições do filme, suas evasões, seus silêncios, sua violência inexplicável, seu final de conto de fadas, a ausência central e estruturante – a guerra dos Estados Unidos no Vietnã.

Outros exemplos podem ser vistos em vários anúncios automobilísticos recentes, que colocam veículos isolados na natureza (Fotos 4.1 e 4.2). Tal modo de propaganda, a meu ver, é uma resposta à crescente negatividade com que é vista a propriedade de automóveis (em especial, em termos de poluição e congestionamento). Para evitar que essa imagem tenha efeito adverso nas vendas de carros, tais críticas precisam ser contra-atacadas. Confrontá-la de maneira direta sempre representaria o risco de permitir que se colocassem críticas entre o carro que é divulgado e qualquer potencial comprador. Portanto, mostrar assim os carros – tanto na natureza (não poluída) como no espaço (sem congestionamento) – rebate esses argumentos, sem o risco de lhes dar uma visibilidade perigosa e desnecessária. Dessa maneira, as críticas são respondidas sem as próprias

---

82 | Karl Marx, *Theories of surplus value*, Londres: Lawrence & Wishart, 1951, p. 146.

perguntas terem sido formalmente feitas. A ênfase colocada na natureza e no espaço é, portanto, uma resposta às perguntas gêmeas (que não foram feitas nas propagandas em si, mas existem nas ideias que organizam os anúncios – na "problemática" do texto): o ato de comprar um carro aumenta a poluição e o congestionamento? A resposta dada, sem a pergunta ter sido feita, é que esses carros, como por passe de mágica, não poluem nem contribuem para congestionamentos; sequer os enfrentam.

A tentativa mais aceita de se aplicar a técnica da leitura sintomática althusseriana a textos culturais está, sem dúvida, em *A theory of literary production*, de Pierre Macherey. Embora, como implica o título do livro, o principal foco de Macherey seja a produção literária, a abordagem desenvolvida no livro é de grande interesse para o estudante de cultura popular.

Foto 4.1 Publicidade como um exemplo da "problemática".
Fonte: Volkswagen Group Sverige AB.

Foto 4.2 Publicidade como
um exemplo da "problemática".
Fonte: Advertising Archives, cortesia.

Ao elaborar o método de Althusser para leitura sintomática, Macherey rejeita o que chama de "falácia interpretativa": a ideia de que um texto tem um único significado, e que é tarefa da crítica descobri-lo. Para ele, o texto não é um quebra-cabeça que esconde um significado; é uma construção com múltiplos significados. "Explicar" um texto é reconhecer isso. Para fazê-lo, é necessário romper com a ideia de que um texto é uma unidade harmoniosa, movendo-se em espiral a partir de um momento de intencionalidade claríssima. Contra isso, alega que o texto literário é "descentrado", incompleto em si. Dizer isso não significa ser preciso adicionar algo a fim de torná-lo completo. Seu argumento é que todos os textos literários são "descentrados" (não centrados em uma intenção autoral), no sentido específico de que consistem em um confronto entre diversos discursos: explícito, implícito, presente, ausente. A tarefa da prática crítica não é, portanto, tentar medir e avaliar a coerência de um texto, sua totalidade harmoniosa, sua unidade estética, mas, sim, explicar as disparidades existentes no texto que apontem para um conflito de significados.

> Esse conflito não é indicativo de uma imperfeição: revela a inscrição, na obra, de uma diversidade, por meio da qual ela mantém uma relação com aquilo que não está ali, aquilo que acontece às suas margens. Explicar a obra é mostrar que, ao contrário do que parece, ela não é independente, mas carrega, em sua substância material, a marca de uma *determinada ausência* que é, também, o princípio de sua identidade. O livro é trilhado pela presença alusiva a outros livros contra os quais foi elaborado; gira em torno da ausência daquilo que não consegue dizer, assombrado pela falta de certas palavras que, suprimidas, acabam retornando. O livro não é a extensão de um significado; ele é gerado a partir da incompatibilidade de diversos significados, o laço mais forte pelo qual se liga à realidade, em um confronto tenso e sempre renovado.[83]

Um texto pode buscar controlar a produção do significado, mas sempre existe um excedente de significação, isto é, outros significados ameaçando deslocar a autoridade do significado primário. Este conflito de diversos significados é o que estrutura um texto: mostra tal conflito, mas não pode colocá-lo em palavras – sua ausência determinada. Tradicionalmente, a crítica vê sua função como ter de explicitar o que está implícito no texto, tornar audível o que é meramente um sussurro (isto é, um único significado). Para Macherey, não é questão de fazer o que está lá falar com mais clareza, para ter certeza do significado do texto. Como os significados de um texto são "ao mesmo tempo interiores e ausentes",[84] simplesmente repetir o autoconhecimento do texto é não conseguir explicar, de fato, o

---

83 | Pierre Macherey, *A theory of literary production*, Londres: Routledge & Kegan Paul, 1978, pp. 79-80; grifos meus.

84 | *Idem*, p. 78.

texto. A função de uma prática crítica competente não é tornar audível um sussurro, nem completar o que o texto não diz, mas produzir um novo conhecimento do texto: um que explique a necessidade ideológica de seus silêncios, suas ausências, sua incompletude estruturante, a *encenação* daquilo que não consegue falar.

> O ato de saber não é como ouvir um discurso já constituído, mera ficção que teríamos simplesmente de traduzir. É mais a elaboração de um novo discurso, a articulação de um silêncio. Conhecimento não é a descoberta ou reconstrução de um significado latente, esquecido ou escondido. É algo recém-alcançado, uma adição à realidade de onde se inicia.[85]

Retomando o trabalho de Sigmund Freud sobre os sonhos,[86] Macherey argumenta que, para algo ser dito, outras coisas não devem ser ditas. É(são) o(s) motivo(s) para essas ausências, esse(s) silêncio(s) dentro de um texto, que deve(m) ser interrogado(s). "O importante na obra é aquilo que ela não diz".[87] Mais uma vez, como em Freud – que acreditava não estarem os significados dos problemas de seus pacientes escondidos em seu discurso consciente, mas reprimidos no discurso turbulento do inconsciente, necessitando de uma forma sutil de análise séria para ver-se a diferença entre o que é dito e o que é mostrado –, a abordagem de Macherey vaga entre os diferentes matizes de *dizer* e *mostrar*. Isso o leva a dizer que existe uma "lacuna", um "distanciamento interno", entre o que um texto quer dizer e o que realmente diz. Para explicar um texto, é necessário ir além dele, entender o que "é forçado a dizer a fim de dizer o que quer dizer".[88] É aqui que se constitui o "inconsciente" do texto (termo de Macherey para

---

85 | *Idem*, p. 6.
86 | Ver Capítulo 5.
87 | Pierre Macherey, *A theory of literary production*, op. cit., p. 87.
88 | *Idem*, p. 94.

a "problemática" de Althusser). E é no inconsciente do texto que se revela sua relação com as condições ideológicas e históricas de sua existência. No centro ausente, vazado pelos discursos conflitantes, o texto é relacionado à história – a um momento particular na história e a discursos ideológicos específicos que circulam naquele momento. O inconsciente do texto não reflete contradições históricas; em vez disso, ele as evoca, encena e mostra, propiciando-nos não um conhecimento "científico" da ideologia, mas uma consciência da "ideologia em contradição consigo mesma"; sucumbindo diante de perguntas que não consegue responder, não fazendo o que a ideologia deveria fazer: "a ideologia existe precisamente para apagar qualquer traço de contradição".[89]

Em um sentido formal, um texto sempre começa apresentando um problema a ser resolvido. O texto, assim, existe como um processo de descoberta: o movimento narrativo para a solução final do problema. Macherey afirma que, entre o problema apresentado e a solução oferecida, existe sempre uma ruptura em vez de continuidade. Pelo exame dessa ruptura descobrimos a relação do texto com a ideologia e a história: "Sempre acabamos por encontrar, no canto do texto, a língua da ideologia, momentaneamente oculta, mas eloquente devido a essa própria ausência".[90]

Toda narrativa contém um projeto ideológico; isto é, promete contar a "verdade" sobre algo. A informação é inicialmente retida sob promessa de que será revelada. A narrativa constitui um movimento em direção à revelação. Começa com uma verdade prometida e termina com uma verdade revelada. Para ser mais esquemático, Macherey divide o texto em três instâncias: o projeto ideológico (a "verdade" prometida), a realização (a "verdade" revelada) e o inconsciente do texto (produzido por um ato de leitura sintomática): o retorno da "verdade" histórica reprimida.

---

89 | *Idem*, p. 130.
90 | *Idem*, p. 60.

"A ciência", afirma, "anula a ideologia, oblitera-a; a literatura desafia a ideologia usando-a. Se a ideologia é vista como um grupo não sistemático de significados, o trabalho propõe uma *leitura* desses significados combinando-os como signos. A crítica nos ensina a ler esses signos".[91] Dessa forma, a crítica machereyana buscar explicar a maneira como, ao dar forma a uma ideologia, o texto apresenta a ideologia em contradição consigo mesma.

Num estudo sobre o escritor francês de ficção científica Júlio Verne, ele demonstra como a obra de Verne apresenta as contradições do imperialismo francês do século XIX. Ele alega que o projeto ideológico da obra de Verne é a apresentação *fantástica* das aventuras do imperialismo francês: a colonização da terra. Cada aventura diz respeito à conquista da natureza pelo herói (uma ilha misteriosa, a lua, o fundo do mar, o centro da terra). Ao contar essas histórias, Verne é "forçado" a contar mais uma: cada viagem de conquista torna-se uma viagem de redescoberta, já que o herói de Verne descobre que ou outros estiveram lá antes ou já estão lá. O significado disso, para Macherey, está na disparidade que ele percebe entre a "representação" (o que se pretende: o objeto da narrativa) e a "figuração" (como é realizado, sua inscrição na narrativa): Verne "representa" a ideologia do imperialismo francês, mas, ao mesmo tempo, pelo ato de "figuração" (fazendo material *sob forma* de ficção), enfraquece um de seus *mitos* centrais com a apresentação contínua do fato de que as terras estão sempre ocupadas (do mesmo modo, a primeira edição deste livro foi escrita em meio a uma avalanche discursiva de argumentos da mídia – e de outros – de a América ter sido *descoberta* em 1492). "Na passagem do nível de representação para o de figuração, a ideologia passa por uma *modificação* completa [...] talvez porque nenhuma ideologia seja consistente o suficiente para sobreviver ao teste da figuração".[92] Assim,

91 | *Idem*, p. 133.
92 | *Idem*, p. 194-5.

ao dar forma ficcional à ideologia do imperialismo, a obra de Verne – ao "ler aquilo que está além de seu significado pretendido"[93] – apresenta as contradições entre o mito e a realidade do imperialismo. As histórias não nos fornecem uma "denúncia" científica ("um conhecimento no sentido estrito") do imperialismo, mas, por um ato de leitura sintomática "que desaloja internamente a obra", elas "nos fazem ver", "nos fazem perceber", "nos fazem sentir", as terríveis contradições dos discursos ideológicos a partir dos quais o texto se constitui: "onde ele nasce, onde ele se banha, de onde ele sai [...] e a que alude".[94] A ficção científica de Verne, assim, pode ser levada a nos revelar – embora não da forma pretendida – as condições ideológicas e históricas de seu surgimento.

No século XIX, havia muitos livros buscando ensinar a conduta apropriada a jovens mulheres. Aqui, por exemplo, eis um trecho de *Advice to young ladies on the improvement of the mind, and the conduct of life*, de Thomas Broadhurst, publicado em 1810:

> Aquela que fielmente se entrega a realizar os vários deveres de uma esposa e filha, mãe e amiga, tem uma ocupação muito mais útil do que aquela que, ao negligenciar por vontade própria as obrigações mais importantes, fica diariamente absorvida por especulações filosóficas e literárias, ou planando sobre as regiões encantadas da ficção e do romance.[95]

Em vez de ver isso como um sinal direto da opressão às mulheres, uma análise machereyana investigaria até que ponto esse texto é também uma indicação da recusa das mulheres em ocupar posições que tradicional-

---

93 | *Idem*, p. 230.

94 | Louis Althusser, *Lenin and Philosophy*, Nova York: Monthly Review, 1971, p. 222.

95 | Sara Mills, *Discourse*, 2. ed., Londres: Routledge, 2004, p. 80, citando Thomas Broadhurst.

mente se exige delas. Em outras palavras, se as mulheres não participassem de especulações filosóficas e literárias, não haveria necessidade de aconselhá-las a não o fazer. O fato de mulheres participarem de especulações literárias e filosóficas (e talvez muito mais) é, portanto, a ausência determinada do texto. Sara Mills, da mesma forma, mostra como os textos de viagens de mulheres no século XIX tinham de trazer um discurso de feminilidade, sugerindo que viagens eram coisas além do poder de uma mulher. Por exemplo, no relato que Alexandra David-Neel faz de suas viagens pelo Tibete, lemos: "Ficamos andando por dezenove horas. E o estranho é que não me sinto cansada".[96] É a frase "e o estranho é" que aponta para uma ausência determinada: um discurso masculino de descrença, que assombra o inconsciente do texto.

Foto 4.3 **Duas pessoas em uma praia.**

96 | *Idem*, p. 90, citando Alexandra David-Neel.

Por fim, a Foto 4.3 mostra duas pessoas em uma praia vazia; parecem estar sentindo frio e desconforto. Ao tentar decidir o que significa essa fotografia, é bem provável que nossa compreensão seja organizada e moldada por uma ausência específica, determinada historicamente: a expectativa normal de uma praia como um lugar de turistas relaxando e se divertindo. É essa ausência determinada que localiza o "significado" da fotografia em um momento histórico específico; na década de 1840, antes da ascensão do feriado na praia, essa expectativa não serviria como molde interpretativo. Em outras palavras, o significado que depreendemos é histórico e, ao mesmo tempo, estruturado pela ausência.

Na segunda formulação de Althusser, a ideologia ainda é uma representação da relação imaginária entre indivíduos e as condições reais de existência, só que agora não mais vista apenas como um grupo de ideias, mas como uma prática vivida, material – rituais, costumes, padrões de comportamento, modos de pensar que assumem a forma prática –, reproduzida por meio de práticas e produções dos aparelhos ideológicos de Estado (AIEs): educação, religião organizada, política organizada, a família, a mídia, as indústrias culturais etc. De acordo com essa segunda definição, "toda ideologia tem a função (que a define) de 'construir' indivíduos concretos como objetos".[97] Objetos ideológicos são produzidos por ações de "chamamento" ou "interpelação". Althusser usa a analogia de um policial chamando um indivíduo: "Ei, você aí!". Quando o indivíduo chamado se volta, ele ou ela foi interpelado(a), tornou-se um objeto do discurso do policial. Dessa forma, ideologia é uma prática material que cria objetos. Esses, por sua vez, são submetidos a seus padrões específicos de pensamento e modos de comportamento.

Tal definição de ideologia teve efeito significativo no campo dos estudos culturais e no estudo de cultura popular. Em *Decoding advertisements*,

---

97 | Louis Althusser, "Ideology and ideological state apparatuses", em John Storey (org.), *Cultural theory and popular culture: a reader*, 4. ed., Harlow: Pearson Education, 2009, p. 309.

seu influente estudo sobre publicidade, Judith Williamson[98] desenvolve a segunda definição de ideologia de Althusser. Ela argumenta que a publicidade é ideológica no sentido de representar uma relação imaginária com nossas condições reais de existência. Em vez de distinções de classe baseadas em nosso papel no processo de produção, a publicidade costuma sugerir que as distinções baseadas no consumo de certos bens é que são o realmente importante. Assim, a identidade social baseia-se no que consumimos, e não no que produzimos. Como toda ideologia, a publicidade funciona por interpelação: cria objetos que, por sua vez, são submetidos a seus significados e seus padrões de consumo. O consumidor é interpelado para criar significados e, por fim, adquirir e consumir, e adquirir e consumir novamente. Por exemplo, quando se referem a mim com expressões como "gente como você" está comprando esse ou aquele produto, sou interpelado como pertencente a um grupo, mas, mais importante, como um certo "você" daquele grupo. Sou referido como um indivíduo que consegue se reconhecer no espaço imaginário aberto pelo pronome "você". Assim, sou convidado a me tornar o "você" imaginário referido na publicidade. Mas, para Althusser, esse processo é um ato de "não reconhecimento" ideológico: primeiro, no sentido de que, para a publicidade funcionar, ela deve atrair muitos outros que também se reconhecem no "você" (cada um acreditando ser o verdadeiro "você" do discurso). Segundo, é não reconhecimento em outro sentido: o "você" que reconheço no anúncio é, na verdade, um "você" criado pela publicidade. Como observa Slavoj Žižek, interpelações funcionam assim: "Não é que me reconheço nela por ela ser endereçada a mim: me torno o endereçado no momento em que me reconheço nela".[99] A publicidade, portanto, nessa perspectiva,

---

98 | Judith Williamson, *Decoding advertisements*, Londres: Marion Boyars, 1978.

99 | Slavoj Žižek, *Enjoy your symptom: Jacques Lacan in Hollywood and out*, Londres: Routledge, 1992, p. 12.

nos estimula a acreditar que somos o "você" especial de seu discurso e, ao fazer isso, tornamo-nos objetos dela e somos submetidos a suas práticas materiais: atos de consumo. Dessa forma, a publicidade é ideológica tanto na maneira como funciona como nos efeitos que produz.

Um dos problemas do segundo modelo de ideologia de Althusser, e de sua aplicação na teoria cultural, é que ele parece funcionar muito bem. Homens e mulheres sempre são bem reproduzidos, com todos os hábitos ideológicos necessários para o modo capitalista de produção; não há sentido de falha, muito menos qualquer noção de conflito, luta ou resistência. Em termos de cultura popular, os anúncios, por exemplo, sempre vão conseguir nos interpelar como objetos consumidores? Além disso, ainda que a interpelação funcione, interpelações anteriores podem ser obstáculos a interpelações atuais (podem contradizê-las ou até impedir que funcionem). Simplificando, se sei que racismo é errado, uma piada racista não conseguirá me interpelar. Diante desse panorama de preocupações, muitos dos que trabalhavam no campo dos estudos culturais voltaram-se para a obra do marxista italiano Antonio Gramsci.

HEGEMONIA | O conceito de hegemonia é fundamental para compreender os estudos culturais de Gramsci. Para ele, hegemonia é um conceito político desenvolvido para explicar (dada a natureza exploradora e opressora do capitalismo) a ausência de revoluções socialistas nas democracias capitalistas ocidentais. Gramsci usa o conceito de hegemonia para se referir a uma *condição em curso*, em que uma classe dominante (aliada a outras classes e outras frações de classe) não simplesmente *regula* uma sociedade, mas a *lidera* através do exercício de "liderança intelectual e moral".[100] Hegemonia envolve certo tipo de consenso: um grupo social busca apresentar seus próprios interesses particulares como interesses gerais da

---

100 | Antonio Gramsci, "Hegemony, intellectuals, and the state", em John Storey (org.), *Cultural theory and popular culture: a reader*, 4. ed., Harlow: Pearson Education, 2009, p. 75.

sociedade como um todo. Nesse sentido, o conceito é usado para sugerir uma sociedade em que, apesar da opressão e da exploração, existe alto nível de consenso, alto grau de estabilidade social; uma sociedade em que grupos e classes subordinados parecem ativamente apoiar e adotar valores, ideais, objetivos, significados culturais e políticos que os unem, e os "incorpora", às estruturas prevalecentes de poder. Por exemplo, ao longo de boa parte do século XX, as eleições gerais na Grã-Bretanha foram contestadas pelo que são, hoje, os dois principais partidos políticos, o Trabalhista e o Conservador. Em cada ocasião, a contestação era em torno de qual deles consegue administrar melhor o capitalismo (em geral referido como "a economia", termo com menor carga política) – menos propriedade pública, mais propriedade pública, menos impostos, mais impostos etc. E a mídia de massa sempre concordava. Nesse sentido, os parâmetros do debate eleitoral acabam sendo ditados pelas necessidades e interesses particulares do capitalismo, apresentados como os interesses e necessidades da sociedade como um todo. Depois que a eleição é vencida, o novo primeiro-ministro será acompanhado em todas as visitas oficiais ao exterior por um grande grupo de capitalistas, todos esperando encontrar novas oportunidades de negócios. Da mesma forma, novas políticas governamentais serão justificadas e investigadas em termos de qual vai ser a resposta dos "mercados" (isto é, o capitalismo em geral). Esse é um exemplo claro de situação em que interesses de uma seção poderosa da sociedade foram "universalizados" como interesses da sociedade como um todo. A situação parece perfeitamente "natural", quase impossível de ser contestada. Mas nem sempre foi assim. A hegemonia do capitalismo é resultado de profundas mudanças políticas, sociais, culturais e econômicas que ocorreram ao longo de um período de pelo menos 300 anos. Até a segunda metade do século XIX, a posição do capitalismo ainda era incerta.[101] O sistema parece ter vencido, ou pelo me-

101 | Ver Gareth Stedman Jones, "Working-class culture and working-class politics in London, 1870-1900: notes on the remaking of a

nos estar na frente, só no século XXI, principalmente com o colapso político e econômico da União Soviética e do Leste Europeu e a introdução da "política de portas abertas" e do "socialismo de mercado" na China. Hoje o capitalismo é, mais ou menos, internacionalmente hegemônico.

Embora hegemonia implique uma sociedade com alto grau de consenso, não se deve entender como uma sociedade em que todos os conflitos foram removidos. O conceito visa sugerir uma sociedade em que conflitos são contidos e direcionados para portos ideologicamente seguros; isto é, a hegemonia é mantida (e deve ser continuamente mantida: é um processo permanente) por grupos dominantes e classes que "negociam" com – e fazem concessões a – grupos e classes subordinados. Por exemplo, consideremos o caso histórico da hegemonia britânica no Caribe. Uma das formas pelas quais a Grã-Bretanha tentou firmar seu controle – sobre a população indígena, e sobre os homens, mulheres e crianças africanas que para lá transportara como escravos – foi impor uma versão de cultura britânica (uma prática comum em regimes coloniais): parte do processo foi instituir o inglês como língua oficial. Em termos linguísticos, o resultado não foi a imposição do inglês, mas, para a maior parte da população, a criação de uma nova língua. O elemento dominante desse novo idioma era o inglês, com nova tonicidade e novos ritmos, eliminando-se algumas palavras e introduzindo-se outras (de línguas africanas e de outras partes). O novo idioma é resultado de uma "negociação" entre as culturas dominante e subordinada, uma língua marcada tanto por "resistência" como por "incorporação"; isto é, não é um idioma imposto de cima, nem uma língua que surgiu espontaneamente de baixo, mas uma língua resultante de uma luta hegemônica entre duas culturas linguísticas – uma cultura linguística dominante e uma mistura de culturas linguísticas subordinadas, envolvendo tanto "resistência" como "incorporação".

working class", em John Storey (org.), *Cultural theory and popular culture: a reader*, 2. ed., Harlow: Pearson Education, 1998.

Hegemonia nunca é simplesmente poder imposto de cima: é sempre o resultado de "negociações" entre grupos dominantes e subordinados, um processo marcado tanto por "resistência" como por "incorporação". Há, logicamente, limites a essas negociações e concessões. Como Gramsci deixa claro, nunca lhes é permitido desafiar os fundamentos econômicos do poder de classes. Além disso, em tempos de crise, quando a liderança moral e intelectual não é suficiente para garantir uma autoridade permanente, os processos de hegemonia são substituídos, temporariamente, pelo poder coercivo dos "aparelhos repressivos de estado": o exército, a polícia, o sistema carcerário etc.

A hegemonia é "organizada" por aqueles a quem Gramsci chama de "intelectuais orgânicos". Segundo o pensador italiano, intelectuais são definidos por sua função social. Isto é, todos os homens e mulheres têm capacidade de empenho intelectual, mas apenas alguns têm a função de intelectuais na sociedade. Cada classe, como explica Gramsci, cria "organicamente" seus próprios intelectuais:

> Um ou mais estratos de intelectuais que lhe dão homogeneidade e uma consciência de sua própria função, não apenas na esfera econômica, mas também nos campos social e político. O empreendedor capitalista [por exemplo] cria tendo ao seu lado o técnico industrial, o especialista em economia política, os organizadores de uma nova cultura, de um novo sistema legal etc.[102]

Intelectuais orgânicos funcionam como organizadores de classe (no sentido mais amplo do termo). É sua função moldar e organizar a reforma da vida moral e intelectual. Em outros textos, afirmei que se entende melhor Matthew Arnold como um intelectual orgânico: o que Gramsci identifica como "uma elite de homens de cultura, que têm a função de fornecer lide-

---

102 | Antonio Gramsci, "Hegemony, intellectuals, and the state", *op. cit.*, p. 77.

rança de natureza ideológica geral e cultural".[103] Gramsci costuma falar de intelectuais orgânicos como indivíduos, mas a forma como o conceito foi aproveitado em estudos culturais – seguindo os empréstimos nem tão creditados que Althusser fez de Gramsci – é em termos de intelectuais orgânicos *coletivos* – os chamados "aparelhos ideológicos de estado" da família, da televisão, da imprensa, da educação, da religião organizada, das indústrias culturais etc.

Usando a teoria da hegemonia, cultura popular é o que homens e mulheres produzem com base no consumo ativo de textos e práticas das indústrias culturais. Subculturas jovens são talvez os exemplos mais espetaculares desse processo. Dick Hebdige oferece uma explicação clara e convincente do processo ("bricolagem") por meio do qual subculturas jovens se apropriam, para seus próprios propósitos e significados, das mercadorias fornecidas comercialmente. Produtos são combinados e transformados de maneiras não pretendidas por seus produtores; mercadorias são rearticuladas para produzir significados "antagônicos". Dessa forma, e por meio de padrões de comportamento, modos de falar, gostos musicais etc., subculturas jovens engajam-se em formas simbólicas de resistência a culturas tanto dominantes como originais. Culturas jovens, de acordo com esse modelo, sempre passam da originalidade e oposição para a incorporação comercial e difusão ideológica, na medida em que as indústrias culturais acabam tendo sucesso na comercialização de resistência subcultural para consumo e lucro geral. Como explica Hebdige: "Estilos culturais jovens podem começar lançando desafios simbólicos, mas devem acabar estabelecendo novos grupos de convenções, criando novos bens, novas indústrias ou rejuvenescendo antigos".[104]

---

103 | Ver John Storey, "Matthew Arnold: the politics of an organic intellectual", *Literature and History*, 11 (2), 1985, p. 217; e *Culture and power in cultural studies*, op. cit.

104 | Dick Hebdige, *Subculture: the meaning of style*, Londres: Methuen, 1979, p. 96.

O conceito de hegemonia permite que estudantes de cultura popular se libertem da análise incapacitante de muitas abordagens anteriores do tema. Cultura popular não é mais uma cultura imposta, que interrompe a história, de manipulação política (a Escola de Frankfurt); nem é o sinal de declínio social e decadência (a tradição "cultura e civilização"); nem é algo que surge espontaneamente de baixo (algumas versões de culturalismo); nem é uma máquina de significados que impõe submissões a sujeitos passivos (algumas versões estruturalistas). Em vez dessas e de outras abordagens, a teoria da hegemonia permite-nos pensar a cultura popular como uma mistura "negociada" do que "vem de cima" com o que "vem de baixo", do "comercial" e do "autêntico"; um equilíbrio mutável de forças entre resistência e incorporação. Isso pode ser analisado em muitas configurações diferentes: classe, gênero, geração, etnia, "raça", região, religião, deficiência, sexualidade etc. Sob essa perspectiva, cultura popular é uma mistura contraditória de interesses e valores concorrentes: não é da classe média nem da operária; não é racista nem não racista; não é sexista nem não sexista; não é homofóbica nem homofílica […] mas sempre um equilíbrio mutável das duas – o que Gramsci chama de "um equilíbrio de compromissos".[105] A cultura comercialmente fornecida das indústrias culturais é redefinida, remodelada e redirigida, em atos estratégicos de consumo seletivo e atos produtivos de leitura e articulação, sempre de maneiras não pretendidas ou mesmo previstas por seus produtores.

PÓS-MARXISMO E ESTUDOS CULTURAIS | Como observa Angela McRobbie, o marxismo não é mais tão influente nos estudos culturais como o foi antigamente:

> O marxismo, um grande ponto de referência para todo o projeto de estudos culturais no Reino Unido, foi questionado não apenas pelo ponto de vista dos

---

105 | Antonio Gramsci, "Hegemony, intellectuals, and the state", *op. cit.*, p. 76.

críticos pós-modernos, que atacam suas proposições teleológicas, sua condição metanarrativa, seu essencialismo, economismo, eurocentrismo e seu espaço dentro do projeto iluminista, mas também, é claro, como resultado dos eventos no Leste Europeu, com o descrédito de boa parte do projeto socialista.[106]

O que é certo, como ela explica, é que

o retorno a um marxismo pré-pós-moderno, como assinalado por críticos como Fredric Jameson (1984) e David Harvey (1989), é indefensável, porque os termos daquele retorno são baseados em se priorizarem relações econômicas e determinações econômicas sobre relações culturais e políticas, relegando a estas últimas um papel mecânico e reflexionista.[107]

Mas, além disso, há um sentido real ao afirmar que os estudos culturais foram, agora e sempre, pós-marxistas. Como observa Hall,

nunca houve um momento prévio em que os estudos culturais e o marxismo tivessem um encaixe teórico perfeito. Desde o início [...] havia, agora e sempre, a questão das grandes inadequações, teóricas e políticas, os silêncios retumbantes, as grandes evasões do marxismo – coisas sobre as quais Marx não fala ou parecia não entender como nossos objetos privilegiados de estudo: cultura, ideologia, linguagem, o simbólico. Essas eram, pelo contrário, agora e sempre, as coisas que aprisionaram o marxismo como um modo de pensamento, como uma atividade de prática crítica – sua ortodoxia, seu caráter doutrinal, seu determinismo, seu reducionismo, sua lei imutável da história, sua condição como uma metanarrativa. Isto é, o encontro entre os estudos culturais britânicos e os

---

106 | Angela McRobbie, "Post-Marxism and cultural studies: a post-script", em Lawrence Grossberg, Cary Nelson & Paula Treichler, *Cultural studies*, Londres: Routledge, 1992, p. 719.
107 | *Idem, ibidem.*

marxismos precisa, primeiro, ser compreendido como o compromisso com um problema – não uma teoria, nem mesmo uma problemática.[108]

O pós-marxismo pode significar pelo menos duas coisas. Como observam Ernesto Laclau e Chantal Mouffe em sua tão influente contribuição ao pós-marxismo, *Hegemony and socialist strategy: towards a radical democratic politics*, "se nosso projeto intelectual neste livro é *pós-marxista*, também é evidentemente pós-*marxista*".[109] Ser *pós*-marxista é substituir o marxismo por algo melhor, enquanto ser pós-*marxista* é buscar transformar o marxismo, nele incluindo desenvolvimentos teóricos recentes, vindos, especialmente, do feminismo, do pós-modernismo, do pós-estruturalismo e da psicanálise lacaniana. Laclau e Mouffe são mais pós-*marxistas* do que *pós*-marxistas. Eles projetam uma parceria entre o marxismo e o "novo feminismo, os movimentos de protesto de minorias étnicas, nacionais e sexuais, as lutas anti-institucionais pela ecologia, promovidas por camadas marginalizadas da população, o movimento antinuclear, as formas atípicas de luta social em países da periferia capitalista".[110] Na minha visão, estudos culturais são pós-marxismo no sentido positivo defendido por Laclau e Mouffe.

O conceito de discurso é fundamental para o desenvolvimento do pós-marxismo. Como explica Laclau, "a hipótese básica de uma abordagem discursiva é que a própria possibilidade de percepção, pensamento e ação depende da estrutura de um campo significativo que preexiste a qualquer

---

108 | Stuart Hall, "Cultural studies and its theoretical legacies", em Lawrence Grossberg, Cary Nelson & Paula Treichler, *Cultural studies*, Londres: Routledge, 1992, p. 279.

109 | Ernesto Laclau & Chantal Mouffe, *Hegemony and socialist strategy*, 2. ed., Londres: Verso, 2001, p. 4; grifado no original.

110 | *Idem*, p. 1.

imediatez factual".[III] Para explicar a que se referem quando falam em discurso, Laclau e Mouffe dão o exemplo de duas pessoas construindo um muro. A primeira pede à segunda que lhe passe um tijolo. Ao receber o tijolo, a segunda pessoa insere-o no muro. A totalidade dessa operação consiste em um momento linguístico (o pedido de um tijolo) e um momento não linguístico (inserir o tijolo no muro). Discurso, de acordo com Laclau e Mouffe, consiste na totalidade do linguístico e não linguístico. Em outras palavras, usam o termo "discurso" para

> enfatizar o fato de que toda configuração social é *significativa*. Se chuto um objeto esférico na rua ou se chuto uma bola num jogo de futebol, o fato físico é o mesmo, mas seu *significado* é diferente. O objeto é uma bola de futebol apenas por estabelecer um sistema de relações com outros objetos, e essas relações não são dadas por simples materialidades referenciais dos objetos, mas são, em vez disso, socialmente construídas. Esse grupo sistemático de relações é o que chamamos de discurso. [Além disso,] o caráter discursivo de um objeto não implica, de forma alguma, duvidar de sua existência. O fato de uma bola de futebol ser apenas uma bola, desde que esteja integrada a um sistema de regras socialmente construídas, não significa que ela deixe de ser um objeto físico [...] Pelo mesmo motivo, é o discurso que constitui a posição subjetiva do agente social, e, portanto, não é o agente social a origem do discurso – o mesmo sistema de regras que transforma aquele objeto esférico em uma bola de futebol me torna um jogador.[112]

[III] | Ernesto Laclau, "Discourse", em: R. E. Goodin & P. Pettit (orgs.), *A companion to contemporary political philosophy*, Londres: Blackwell, 1993, p. 431.

[112] | Ernesto Laclau & Chantal Mouffe, "Post-Marxism without apologies", em John Storey (org.), *Cultural theory and popular culture: a reader*, 4. ed., Harlow: Pearson Education, 2009, p. 159.

Para entender isso, temos de diferenciar objetividade (a suposta capacidade de julgar sem contextos ou interesses) e o mundo objetivo, que existe independentemente de nossas experiências nele ou de nossos pensamentos a seu respeito. Em outras palavras, objetos existem independentemente de sua articulação discursiva, mas apenas dentro do discurso podem existir como objetos significativos. Por exemplo, terremotos existem no mundo real, mas eles serem

> construídos em termos de "fenômenos naturais" ou "expressões da fúria de Deus" depende da estruturação de um campo discursivo. O que se nega não é que esses objetos existem externamente ao pensamento, mas a afirmação bem diferente de que poderiam se constituir como objetos fora de qualquer condição discursiva de aparecimento.[113]

Como observa Gramsci, "objetivo sempre significa 'humanamente objetivo'".[114] E ele também afirma que Oriente e Ocidente, por exemplo, "não deixam de ser 'objetivamente reais' mesmo que uma análise prove que não passem de convenções, isto é, 'construções histórico-culturais'".

> É evidente que Oriente e Ocidente são construções arbitrárias, convencionadas, *i.e.*, históricas, porque, fora da história, qualquer ponto da terra é leste e oeste ao mesmo tempo. Podemos ver isso mais claramente pelo fato de esses termos terem se cristalizado não pela perspectiva do homem em geral, mas pelo ponto de vista das classes cultas europeias, que, por meio de sua hegemonia mundial, fizeram com que os termos por eles desenvolvidos fossem aceitos em toda parte. Japão é o Extremo Oriente não apenas para a Europa, mas [...] para os próprios japoneses,

---

113 | Ernesto Laclau & Chantal Mouffe, *Hegemony and socialist strategy*, op. cit., p. 108.

114 | Antonio Gramsci, *The modern Prince and other writings*, Nova York: International, 1968, p. 106.

que, pela cultura política inglesa, chamarão o Egito de Oriente Próximo. Assim, pelo teor histórico com que foi composto o termo geográfico, as expressões Oriente e Ocidente acabaram significando certas relações entre complexos de diferentes civilizações [...] Contudo, essas referências são reais, elas correspondem a fatos reais, permitem que se viaje por terra e por mar e se alcance um destino conhecido.[115]

Em outras palavras, Oriente e Ocidente são construções históricas, diretamente conectadas ao poder imperial do Ocidente. Contudo, são formas de significação que foram percebidas e embutidas na prática social: talvez sejam construtos culturais, mas designam locações geográficas reais e guiam movimentos humanos reais.

Como o exemplo de Gramsci deixa claro, significados produzidos em discursos informam e organizam ações sociais. Apenas no discurso, por exemplo, "uma relação de subordinação" pode se tornar "uma relação de opressão" e, assim, constituir um local de lutas.[116] Uma pessoa pode ser "objetivamente" oprimida, mas, a não ser que reconheça como opressão sua subordinação, é improvável que essa relação algum dia se torne antagônica e, portanto, aberta a possibilidades de mudanças. A hegemonia atua, como explica Laclau, pela transformação do antagonismo em uma simples diferença.

Uma classe é hegemônica não tanto pelo quanto é capaz de impor uma concepção uniforme do mundo sobre o resto da sociedade, mas pelo tanto que consegue articular diferentes visões do mundo de forma que seu potencial antagonismo seja neutralizado. A burguesia inglesa do século XIX foi transformada em classe hegemônica não pela imposição de uma ideologia uniforme sobre as outras classes, mas pela forma como conseguiu articular diferentes ideologias em seu projeto hegemônico e eliminar suas características antagônicas.[117]

---

115 | *Idem*, pp. 108-9.
116 | *Idem*, p. 153.
117 | Ernesto Laclau, "Discourse", *op. cit.*, pp. 161-162.

"Articulação" é um termo-chave para os estudos culturais pós-marxistas. "A prática da articulação", como explicam Laclau e Mouffe, "consiste em [...] fixar parcialmente o significado".[118] Hall desenvolveu o conceito para explicar as maneiras como a cultura é um terreno de lutas ideológicas. Assim como Laclau e Mouffe, ele argumenta que textos e práticas não têm seu significado inscrito; o significado é sempre o resultado de um ato de articulação.[119] Como ele observa, "significado é uma produção social, uma prática. O mundo tem de ser *feito para significar*".[120] Ele também aproveita a obra do teórico russo Valentin Volosinov,[121] que argumenta serem textos e práticas "polifônicos", isto é, podem ser "falados" com diferentes "vozes" por diferentes pessoas em diferentes discursos e diferentes contextos sociais e diferentes políticas. Quando, por exemplo, um ator negro usa a palavra "*nigger*"[122] para atacar o racismo institucional, ela é "falada" com um "tom" bem diferente do "tom" dado à palavra, por exemplo, no discurso racista de um neonazista. Isso, logicamente, não é apenas uma questão de luta linguística –

118 | Ernesto Laclau & Chantal Mouffe, *Hegemony and socialist strategy, op. cit.*, p. 113.

119 | Stuart Hall, "On postmodernism and articulation: an interview with Stuart Hall", em David Morley & Kuan-Hsing Chen (orgs.), *Stuart Hall: cultural dialogues in cultural studies*, Londres: Routledge, 1996b.

120 | *Idem*, "The rediscovery of ideology: the return of the repressed in media studies", em John Storey (org.), *Cultural theory and popular culture: a reader*, 4. ed., Harlow: Pearson Education, 2009a, p. 121; grifado no original.

121 | Valentin Voloshinov, *Marxism and the philosophy of language*, Nova York: Seminar, 1973.

122 | Em inglês, termo considerado pejorativo para se referir a africanos negros e a afrodescendentes. (N.T.)

um conflito semântico –, mas um sinal de luta política sobre quem pode clamar pelo poder e a autoridade de fixar (parcialmente) o significado da realidade social.

Um exemplo interessante dos processos de articulação é a música *reggae*, da cultura rastafári. Bob Marley, por exemplo, alcançou sucesso internacional com canções articulando os valores e crenças dos rastafári. Esse sucesso pode ser visto de duas maneiras. Por um lado, sinaliza a circulação da "mensagem" de suas convicções religiosas para um enorme público mundial; sem dúvida, para boa parte de seu público, a música causava iluminação, compreensão e, talvez, até conversão – e filiação para aqueles já convencidos – aos princípios da fé. Por outro lado, a música auferiu, e continua a auferir, enormes lucros para a indústria musical (divulgadores, Island Records etc.). Temos aqui um paradoxo, em que uma política anticapitalista rastafári está sendo articulada nos interesses econômicos do capitalismo: a música está ajudando a reproduzir o próprio sistema que busca condenar; isto é, a política rastafári está sendo expressa em uma forma que, afinal, traz benefício financeiro à cultura dominante (isto é, como uma mercadoria que circula visando lucro). Todavia, a música é a expressão de uma política (religiosa) antagônica e pode circular assim, além de produzir certos efeitos políticos e culturais. Portanto, o *reggae* rastafári é uma força de mudança que paradoxalmente estabiliza (pelo menos do ponto de vista econômico) as próprias forças de poder que busca derrubar.

Outro exemplo, de certa forma mais convincente que o do *reggae*, é a música da contracultura norte-americana. Ela inspirou pessoas a resistirem à convocação militar e a se organizarem contra a guerra da *Amerika* (grafia usada por seções políticas da contracultura, visando implicar, pelo uso do "k" germânico, que os Estados Unidos eram fascistas) no Vietnã; porém, ao mesmo tempo, sua música auferiu lucros (sobre os quais não tinha controle) que poderiam, então, ser usados para apoiar o esforço de guerra no Vietnã. Quanto mais o Jefferson Airplane cantava "Toda sua propriedade privada / É alvo para seu inimigo / E seu inimigo / É *nós*",[123] mais a RCA ganhava dinheiro. A proliferação da política anticapitalista do Jefferson Airplane aumentou os lucros de sua gravadora capitalista. Mais uma vez, esse é um exemplo do processo de articulação: a forma como os grupos dominantes na sociedade tentam "negociar" vozes antagônicas em um terreno que garante aos grupos dominantes uma posição permanente de liderança. A música da contracultura não teve sua expressão negada (e poucos duvidam de que essa música produziu certos efeitos culturais e políticos), mas também é verdade que ela foi articulada nos interesses econômicos da indústria musical capitalista que apoiava a guerra.[124] Como diz Keith Richards, dos Rolling Stones,

> descobrimos, e não faz muito tempo, que todo o pão que ganhamos para a Decca ia para fazer caixas pretas que seguiam para bombardeiros da Força Aérea Norte-Americana que bombardearam a porra do Vietnã do Norte. Pegaram o pão que ganhamos para eles e o colocaram na seção de radar de seus negócios. Quando descobrimos isso, ficamos alucinados. Que droga! Porra, você descobre que ajudou a matar Deus sabe quantos milhares de pessoas sem realmente se dar conta disso.[125]

No capítulo anterior, examinamos a definição social que Williams[126] deu para cultura. Estudamos o quanto isso amplia a definição de cultura:

---

123 | "All your private property / Is target for your enemy / And your enemy / Is We"; Jefferson Airplane, "We can be together", do álbum *Volunteers* (1969); grifo meu.

124 | Ver John Storey, *Culture and power in cultural studies, op. cit.*

125 | *Idem*, pp. 28-9, citando Keith Richards.

126 | Raymond Williams, "The analysis of culture", em John Storey (org.), *Cultural theory and popular culture: a reader*, 4. ed., Harlow: Pearson Education, 2009.

em vez de cultura sendo definida apenas como textos e práticas da "elite" (balé, ópera, o romance, poesia), Williams redefiniu a cultura para incluir *como* cultura, por exemplo, música *pop*, televisão, cinema, publicidade, viagens de férias etc. Contudo, outro aspecto da definição social de Williams mostrou-se ainda mais importante para os estudos culturais, principalmente nos estudos culturais pós-marxistas – a conexão que ele faz entre significado e cultura.

> Existe uma definição "social" de cultura em que a cultura é a descrição de determinado estilo de vida, *que expressa certos significados e valores* não apenas na arte e no aprendizado, mas também em instituições e no comportamento comum. A análise de cultura, a partir dessa definição, é o *esclarecimento dos significados e valores* em determinado estilo de vida.[127]

A importância de determinado estilo de vida está no fato de ele expressar "certos significados e valores". Além disso, pela perspectiva dessa definição de cultura, a análise cultural "é o esclarecimento dos significados e valores implícitos em determinado estilo de vida". E ainda, a cultura, como sistema expressivo, não pode se reduzir a "determinado estilo de vida"; em vez disso, é fundamental para moldar e manter coeso determinado estilo de vida. Isso não é reduzir tudo "para cima", para cultura como sistema expressivo, mas é insistir que cultura, definida dessa maneira, deve ser entendida "como essencialmente envolvida em todas as formas de atividade social".[128] Embora na vida haja mais do que sistemas expressivos, "seria errado […] supor que podemos estudar de maneira proveitosa um sistema social sem incluir, como parte central de sua prática, seus sistemas expressivos, dos quais, como sistema, ele fundamentalmente depende".[129]

---

127 | *Idem*, p. 32; grifos meus.
128 | *Idem, Culture,* Londres: Fontana, 1981, p. 13.
129 | *Idem*, p. 207.

Seguindo essa definição, e a teoria do discurso de Laclau e Mouffe, os estudos culturais pós-marxistas definem cultura como a produção, a circulação e o consumo de significados. Como explica, por exemplo, Hall, "cultura [...] não é apenas um grupo de coisas – romances e pinturas ou programas de TV e quadrinhos – enquanto um processo, um grupo de práticas. Antes de tudo, cultura tem a ver com a produção e o intercâmbio de significados – o dar e receber significados".[130] Segundo essa definição, culturas não consistem tanto, por exemplo, em livros; culturas são as redes mutáveis de significação em que, digamos, livros são *feitos* para representar objetos significativos. Por exemplo, se eu entregar um cartão de visitas a alguém na China, a maneira educada de fazê-lo é com as duas mãos. Se entregar com uma só mão, pode ser ofensivo. Isso é claramente uma questão de cultura. Contudo, a cultura não está tanto no gesto quanto no significado do gesto. Em outras palavras, não existe nada de essencialmente educado em usar duas mãos: fez-se o ato de usar duas mãos significar educação. A significação, entretanto, está embutida em uma prática material que, por sua vez, produz efeitos materiais (adiante comento mais sobre isso). Da mesma forma, como observou Marx, "um homem só é rei porque outros homens se colocaram com ele numa relação de súditos. E esses, ao contrário, imaginam ser súditos por ele ser rei".[131] Essa relação funciona por compartilharem uma cultura em que tais relações têm significados. Fora dessa cultura, essa relação pareceria sem sentido. Ser rei, portanto, não é um dom da natureza, mas algo construído na cultura. É a cultura, e não a natureza, que dá significado à relação.

Compartilhar uma cultura, portanto, é interpretar o mundo – dar-lhe significado e experimentá-lo como algo significativo – de maneiras reconhecidamente semelhantes. O chamado "choque cultural" aconte-

130 | Stuart Hall, "Introduction", em Stuart Hall (org.), *Representation*, Londres: Sage, 1997a, p. 2.
131 | Karl Marx, *Capital*, I, *op. cit.*, p. 149.

ce quando encontramos redes radicalmente diferentes de significados, quando nosso "sentido natural" ou "comum" é confrontado pelo "sentido natural" ou "comum" de outra pessoa. Porém, culturas nunca são simplesmente redes mutáveis de significados compartilhados. Pelo contrário, culturas são redes de significados compartilhados e, ao mesmo tempo, contestados; cultura é onde compartilhamos e contestamos significados de nós mesmos, dos outros, e dos mundos sociais em que vivemos.

Os estudos culturais pós-marxistas tiram duas conclusões dessa forma de pensar a cultura. Primeiro, embora o mundo exista, fora da cultura, em toda sua materialidade de possibilidades e restrições, é só na cultura que *se pode fazer o mundo significar*. Em outros termos, a cultura constrói as realidades que parece apenas descrever. Segundo, como diferentes significados podem ser atribuídos ao mesmo "texto" (isto é, qualquer coisa que possa receber um significado), criar significados (isto é, fazer cultura) é sempre um espaço potencial para lutas e/ou negociações. Por exemplo, a masculinidade tem condições materiais reais de existência, consideradas "biológicas", mas há diferentes maneiras de representar a masculinidade na cultura, diferentes maneiras de "ser masculino". Além disso, nem todas essas diferentes maneiras carregam as mesmas afirmações de "autenticidade" e "normalidade". A masculinidade, portanto, pode depender de condições biológicas de existência, mas o que ela *significa*, e a luta sobre o que ela *significa*, sempre acontece *na* cultura. Não é uma questão de diferença semântica – uma simples questão de interpretar o mundo de maneira diferente –, tem a ver com relações de cultura e poder; sobre quem pode reivindicar o poder e a autoridade para definir a realidade social; *fazer o mundo (e as coisas nele) significar* de determinados modos.

Cultura e poder são o principal objeto dos estudos culturais pós-marxistas. Como Hall explica, "significados [isto é, culturas] [...] regulam e organizam nossas condutas e práticas – eles ajudam a definir as regras, normas e convenções por meio das quais a vida social é ordenada e governada. Eles são [...], portanto, o que aqueles que desejam governar e regular a conduta e as ideias de outros buscam estruturar e moldar".[132] Significados têm uma existência "material", pois ajudam a organizar a prática; estabelecem normas de comportamento, como reconhecemos nos diferentes exemplos de masculinidades e na entrega de um cartão de visitas na China.

Em outras palavras, modos dominantes de tornar o mundo significativo, produzidos por aqueles que têm o poder de fazer seus significados circularem pelo mundo, podem gerar os "discursos hegemônicos", que por sua vez podem assumir uma autoridade sobre as formas como vemos, pensamos, comunicamos e agimos no mundo e tornar-se o "senso comum" – que direciona nossas ações – ou tornar-se aquilo contra o que direcionamos nossas ações. Entretanto, embora os estudos culturais pós-marxistas reconheçam que as indústrias culturais são um considerável espaço para produção ideológica, para a construção de imagens, descrições, definições e estruturas referenciais poderosas na compreensão do mundo, eles rejeitam a visão de que "as pessoas" que consomem essas produções são "tolos culturais", vítimas de "uma forma moderna de ópio do povo". Como insiste Hall,

> tal julgamento pode nos fazer sentirmo-nos corretos, decentes e satisfeitos conosco mesmos sobre nossas condenações dos agentes de manipulação de massa e embuste – as indústrias culturais capitalistas; mas não sei se essa é uma visão que pode sobreviver por muito tempo como um registro adequado de relações culturais; e, menos ainda, como uma perspectiva socialista sobre a cultura e a natureza da classe operária. Enfim, a noção de povo como uma força puramente passiva, generalizada, é uma perspectiva profundamente não socialista.[133]

---

132 | Stuart Hall, "Introduction", *op. cit.*, p. 4.

133 | *Idem*, "Notes on deconstructing 'the popular'", em John Storey (org.), *Cultural theory and popular culture: a reader*, 4. ed., Harlow: Pearson Education, 2009b, p. 512.

Estudos culturais pós-marxistas baseiam-se na proposição de que pessoas *fazem* cultura popular a partir do repertório de mercadorias fornecidas pelas indústrias culturais. *Fazer* cultura popular ("produção em uso") pode fortalecer maneiras de compreender o mundo subordinadas e criar obstáculos a compreensões dominantes. Mas isso não é dizer que cultura popular sempre dá força e cria obstáculos. Negar a passividade do consumo não é negar que, às vezes, o consumo é passivo; negar que consumidores sejam tolos culturais não é negar que as indústrias culturais buscam manipular. Mas é negar que cultura popular seja basicamente um cenário degradado, de manipulação comercial e ideológica, imposta de cima, a fim de auferir lucros e garantir controle social. Estudos culturais pós-marxistas insistem que, para decidir essas questões, é preciso ter vigilância e atenção a detalhes de produção, distribuição e consumo de mercadorias a partir das quais as pessoas podem, ou não, fazer cultura popular. Não são questões que podem ser decididas de uma vez por todas (ignorando as contingências históricas e políticas) com um olhar elitista e um desdém condescendente. Nem podem ser avaliadas considerando-se o momento da produção (localizando significado, prazer, efeito ideológico, a probabilidade de incorporar, a possibilidade de resistir, dependendo da situação, da intenção, dos meios de produção ou da produção em si); esses são apenas aspectos dos contextos para "produção em uso"; e, por fim, é na "produção em uso" que as questões de significado, prazer, efeito ideológico, incorporação ou resistência podem ser (eventualmente) decididas.

LEITURA COMPLEMENTAR

STOREY, John (org.). *Cultural theory and popular culture: a reader.* 4. ed. Harlow: Pearson Education, 2009. Volume que faz par com este livro, traz exemplos da maioria dos trabalhos aqui tratados, além de um *site* interativo (www.pearsoned.co.uk/storey), com *links* para outros *sites* e para recursos eletrônicos úteis.

BARRETT, Michele. *The politics of truth: from Marx to Foucault.* Cambridge: Polity Press, 1991. Introdução interessante ao "pós-marxismo".

BENNETT, Tony. *Formalism and Marxism.* Londres: Methuen, 1979. Contém capítulos interessantes sobre Althusser e Macherey.

BENNETT, Tony; MERCER, Colin & WOOLLACOTT, Janet (orgs.). *Culture, ideology and social process.* Londres: Batsford, 1981. A quarta seção traz trechos de Gramsci e três ensaios baseados na teoria da hegemonia. Há também seções semelhantes sobre culturalismo e estruturalismo.

HEBDIGE, Dick. *Subculture: the meaning of style.* Londres: Methuen, 1979. Relato seminal sobre subculturas jovens, é excelente introdução à teoria da hegemonia e à cultura popular.

LAING, Dave. *The marxist theory of art: an introductory survey.* Hemel Hempstead: Harvester Wheatsheaf, 1978. Uma introdução às teorias marxistas sobre cultura bem fácil de ler. Contém uma seção interessante sobre cultura popular.

MARX, Karl & ENGELS, Frederick. *On literature and art.* St. Louis: Telos, 1973. Seleção útil dos escritos de Marx e Engels sobre questões culturais.

NELSON, Cary; GROSSBERG, Lawrence (orgs.). *Marxism and the interpretation of culture.* Londres: Macmillan, 1988. Uma coletânea interessante de ensaios sobre marxismo e cultura.

SHOWSTACK SASSOON, Anne (org.). *Approaches to Gramsci.* Londres: Writers and Readers, 1982. Coletânea de ensaios sobre Gramsci, com um glossário de termos-chave bastante útil.

SIM, Stuart (org.). *Post-Marxism: a reader.* Edimburgo: Edinburgh University Press, 1998. Interessante coletânea de ensaios sobre a questão do pós-marxismo.

SIMON, Roger. *Gramsci's political thought: an introduction.* Londres: Lawrence & Wishart, 1982. Introdução a Gramsci, fácil de ler.

SLATER, Phil. *Origin and significance of the Frankfurt School: a Marxist perspective*. Londres: Routledge & Kegan Paul, 1977. O livro oferece uma visão crítica da obra da Escola de Frankfurt. O quarto capítulo, sobre indústria cultural, é muito interessante para o estudante de cultura popular.

STOREY, John. *Culture and power in cultural studies: the politics of signification*. Edimburgo: Edinburgh University Press, 2010. Uma coletânea de ensaios examinando a cultura pela ótica dos estudos culturais gramscianos.

WAYNE, Michael. *Marxism and media studies*. Londres: Pluto, 2003. Uma visão excelente sobre o que deveria ser o foco de estudos midiáticos marxistas

5 Psicanálise

Neste capítulo, exploro a psicanálise como método de ler textos e práticas. Isso significa que, embora eu vá explicar, até certo ponto, como a psicanálise entende o comportamento humano, isso será feito apenas para que possa ser estendido até a análise cultural em estudos culturais. Portanto, vou ser muito seletivo no que tange aos aspectos da psicanálise escolhidos para tanto.

<u>PSICANÁLISE FREUDIANA</u> | Sigmund Freud sustenta que o surgimento de civilização resultou na repressão de instintos humanos básicos. Além disso, "cada pessoa, assim que ingressa na sociedade humana, repete esse sacrifício, da satisfação pulsional, em benefício de toda a comunidade".[1] As pulsões instintivas mais importantes são as sexuais. A civilização demanda que essas sejam redirecionadas para processos inconscientes de sublimação:

> isto é, sejam desviadas de suas finalidades sexuais e direcionadas a outras socialmente mais elevadas e não mais sexuais. Mas esse arranjo é instável: os instintos sexuais são imperfeitamente domados, e, no caso de cada indivíduo que se supõe participar do trabalho da civilização, há um risco de que seus instintos sexuais possam se recusar a tal uso. A sociedade acredita que não poderia surgir ameaça maior à sua civilização do que os instintos sexuais serem liberados e retornarem a suas finalidades originais.[2]

---

[1] | Sigmund Freud, *Introductory lectures on Psychoanalysis*, Harmondsworth: Pelican, 1973a, p. 47.

[2] | *Idem*, pp. 47-8. O filme *Human nature* [*Natureza quase humana*, 2001] apresenta uma encenação muito divertida dessa ideia. Já Freud usa a erupção vulcânica em Pompeia, em 79 d.C., para explicar a

Nessa observação, o fundamental é a descoberta do inconsciente por Freud. Primeiro, ele divide a psique em duas partes, o consciente e o inconsciente. O consciente é a parte que se relaciona com o mundo externo, enquanto o inconsciente é o espaço das pulsões e dos desejos reprimidos. Então, a esse modelo binário, ele acrescenta o pré-consciente. Aquilo que não conseguimos lembrar em um dado momento, mas que, com certo esforço mental, podemos recordar, é recuperado no pré-consciente. O que está no inconsciente, como consequência de censura e resistência, só é expresso de forma distorcida; não conseguimos, por vontade própria, trazer material do inconsciente para o consciente. O modelo final de Freud para a psique introduz três novos termos: *o ego, o superego e o id* (ver Figura 5.1).[3]

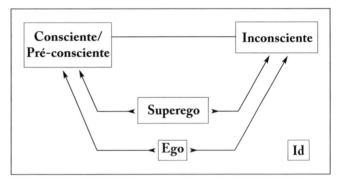

Figura 5.1 A psique freudiana.

repressão, e como desfazer suas consequências: "Na verdade, não existe nenhuma analogia melhor para a repressão, que preserva e ao mesmo tempo torna algo inacessível na mente, do que o sepultamento [soterramento] que vitimou Pompeia, e do qual [a cidade] só pode ressurgir pelo trabalho das pás"; em Sigmund Freud, *Art and literature*, Harmondsworth: Pelican, 1985, p. 65.

3 | No original alemão, *ego*, *superego* e *id* são *Ich* (eu), *über-Ich* (supereu) e *es* (algo, isso).

O *id* é a parte mais primitiva de nosso ser. É a parte de "nossa natureza [que] é impessoal e, por assim dizer, sujeita à lei natural";[4] "é a parte obscura e inacessível de nossa personalidade [...] um caos, um caldeirão cheio de excitações fervilhantes [...] cheio de uma energia proveniente das pulsões, mas não tem organização, não promove vontade coletiva, mas apenas uma aspiração a produzir a satisfação das necessidades instintivas sujeitas à observância do princípio do prazer".[5]

O *ego* se desenvolve a partir do *id*: "o *ego* não pode existir no indivíduo desde o início; o *ego* tem de ser desenvolvido".[6] Como ele explica adiante, o *ego*

> é a parte do *id* que foi modificada pela influência direta do mundo externo [...] Além disso, o *ego* busca trazer a influência do mundo externo sobre o *id* e suas tendências, e esforça-se por substituir, pelo princípio da realidade, o princípio do prazer, que reina sem limitações no *id* [...] O *ego* representa o que pode ser chamado de razão e senso comum, em contraste com o *id*, que contém as paixões.[7]

Freud compara a relação entre o *id* e o *ego* com a de um cavaleiro e seu cavalo: "O cavalo fornece a energia de locomoção, enquanto o cavaleiro tem o privilégio de decidir a meta e de guiar o movimento do poderoso animal. Mas com muita frequência surge, entre o *ego* e o *id*, a situação, não propriamente ideal, de o cavaleiro ser obrigado a guiar o cavalo

---

4 | Sigmund Freud, *On Metapsychology: the theory of Psychoanalysis*, Harmondsworth: Pelican, 1984, p. 362.

5 | *Idem, New introductory lectures on Psychoanalysis*, Harmondsworth: Pelican, 1973b, p. 106.

6 | *Idem, On Metapsychology: the theory of Psychoanalysis*, op. cit., p. 69.

7 | *Idem*, pp. 363-4.

por onde este quer ir".[8] Na verdade, o *ego* luta para servir três mestres, o "mundo exterior", a "libido do *id*" e a "severidade do *superego*".[9]

Id ←----------→ Ego (Superego)
"Princípio do prazer" ←----------→ "Princípio da realidade"

Figura 5.2 Modelo, de Freud, do conflito da psique humana.

Com a dissolução do complexo de Édipo (tratado adiante neste capítulo) surge o *superego*. O *superego* inicia-se com a internalização ou introjeção da autoridade dos pais na criança, principalmente do pai. A primeira autoridade é, então, revestida por outras vozes de autoridade, produzindo o que achamos ser a "consciência". Embora seja de muitas formas a voz da cultura, o *superego* permanece em aliança com o *id*. Freud assim explica: "Enquanto o *ego* é essencialmente o representante do mundo exterior, da realidade, o *superego*, por sua vez, atua como o representante do mundo interior, do *id*".[10] "Assim, o *superego* está sempre próximo do *id* e pode atuar como seu representante diante do *ego*. Ele aprofunda-se no *id* e, por esse motivo, está mais distante da consciência do que o *ego*".[11] Além disso, "uma análise acaba mostrando que o *superego* está sendo influenciado por processos que permanecem desconhecidos para o *ego*".[12]

8 | Idem, *New introductory lectures on Psychoanalysis, op. cit.*, pp. 109-10.

9 | Idem, *On Metapsychology: the theory of Psychoanalysis, op. cit.*, p. 397.

10 | *Idem*, p. 366.

11 | *Idem*, p. 390.

12 | *Idem*, p. 392.

No modelo da psique, de Freud, há duas coisas a serem notadas. Primeiro, todos nascemos com um *id*, enquanto o *ego* se desenvolve pelo contato com a cultura, que, por sua vez, produz o *superego*. Em outras palavras, nossa "natureza" é governada (às vezes com sucesso, outras vezes não) pela cultura. O que é chamado de "natureza humana" não é algo "essencialmente" natural, mas sim a governança de nossa natureza pela cultura. Isso significa que a natureza humana não é algo inato e imutável; é algo, pelo menos em parte, introduzido pelo exterior. Além disso, como a cultura é sempre histórica e variável, ela, em si, é aberta a mudanças. Segundo, e talvez bem mais fundamental para a psicanálise, a psique é encarada como um espaço de conflito perpétuo (ver Figura 5.2). O conflito mais básico é entre o *id* e o *ego*. O *id* quer os desejos satisfeitos, sem se importar com as questões da cultura, enquanto o *ego*, às vezes em franca aliança com o *superego*, é obrigado a atender às questões e convenções da sociedade. Esse conflito, por vezes, é retratado como uma luta entre o "princípio do prazer" e o "princípio da realidade". Por exemplo, enquanto o *id* (governado pelo princípio do prazer) pode exigir "quero isso" (não importando o que seja "isso"), o *ego* (governado pelo princípio da realidade) deve pensar sobre "isso" a fim de considerar como obter "isso".

"A essência da repressão", segundo Freud, "consiste simplesmente em afastar determinada coisa do consciente, mantendo-a a distância".[13] Dessa forma, pode-se dizer, então, que a repressão é uma forma especial de amnésia: afasta todas as coisas com as quais não conseguimos ou não queremos lidar. E, como Freud deixa claro, podemos ter reprimido essas coisas, mas elas não somem de fato: "Na realidade, nunca renunciamos a nada; apenas trocamos uma coisa por outra. O que parece ser uma renúncia é, na verdade, a formação de um substituto ou sub-rogado".[14] Essas "formações substi-

---

13 | *Idem*, p. 147.
14 | *Idem, Art and literature, op. cit.*, p. 133.

tutas" possibilitam o "retorno do reprimido".[15] Sonhos propiciam, talvez, a apresentação mais dramática do retorno do reprimido. Como Freud alega, "a interpretação de sonhos é a estrada real que conduz ao inconsciente".[16]

A função primária dos sonhos é serem os "guardiões do sono, que eliminam suas perturbações".[17] O sono recebe ameaças de três direções: estímulo externo, eventos recentes e "impulsos instintivos reprimidos que estão aguardando oportunidade de se expressar".[18] Ao incorporar possíveis perturbações em sua narrativa, os sonhos protegem o sono. Se, por exemplo, surge um barulho durante o sono, o sonho tentará incluir o ruído em sua organização narrativa. Da mesma forma, quando quem dorme tem perturbações somáticas (indigestão é o exemplo mais comum), o sonho tentará acomodar isso de forma a não incomodar o sono. Contudo, estímulos externos e internos desse tipo são sempre transformados. Como ele explica, "sonhos não reproduzem apenas o estímulo: eles o elaboram, aludem a ele, incluem-no em algum contexto, substituem-no por alguma outra coisa".[19] Um despertador, por exemplo, pode aparecer como o som de sinos de igreja em uma manhã ensolarada de domingo ou como o som de uma brigada correndo para a cena de um incêndio devastador. Portanto, embora consigamos reconhecer a maneira como estímulos exteriores podem contribuir para um sonho, não se explica por que ou como isso é elaborado. Do mesmo modo, sonhos também se baseiam em experiências recentes, "resíduos diurnos".[20] Estes podem, muitas vezes, determinar boa parte do conteúdo de

---

15 | Idem, *On Metapsychology: the theory of Psychoanalysis*, op. cit., p. 154.

16 | Idem, *The interpretation of dreams*, Harmondsworth: Pelican, 1976, p. 769.

17 | Idem, *Introductory lectures on Psychoanalysis*, op. cit., p. 160.

18 | *Idem*, p. 45.

19 | *Idem*, p. 125.

20 | *Idem*, p. 264.

um sonho, mas, como Freud insiste, isso, assim como ruídos e perturbações somáticas, é simplesmente o material a partir do qual o sonho é formulado, e não é o mesmo que um desejo inconsciente. Como ele explica, o "impulso inconsciente é o verdadeiro criador do sonho; é o que produz a energia psíquica para a construção do sonho".[21]

Sonhos, segundo Freud, são sempre uma "estrutura de conciliação"[22] – isto é, um compromisso entre desejos emanados do *id* e a censura atuada pelo *ego*: "Se o significado de nossos sonhos geralmente permanece obscuro para nós [...] é porque [contém] desejos dos quais nos envergonhamos; esses, devemos esconder de nós mesmos, e por isso foram reprimidos, empurrados para o inconsciente. Tais desejos reprimidos e seus derivados só podem ser expressos de forma muito distorcida".[23] A censura ocorre, mas desejos são expressos, isto é, são codificados numa tentativa de ludibriar a censura. Segundo a famosa formulação de Freud, "um sonho é a realização (disfarçada) de um desejo (suprimido ou recalcado)".[24]

Sonhos movem-se entre dois níveis: os pensamentos oníricos latentes (inconsciente) e o conteúdo manifesto (aquilo que o sonhador se lembra de ter sonhado). Uma análise do sonho tenta decodificar o conteúdo manifesto, a fim de descobrir o "real significado" do sonho. Para isso, tem de decifrar os diferentes mecanismos que traduziram os pensamentos oníricos latentes em conteúdo manifesto. Chama esses mecanismos de "trabalho do sonho".[25] O trabalho do sonho consiste em quatro processos: condensação, deslocamento, simbolismo [consideração à figurabilidade] e

---

21 | *Idem*, *New introductory lectures on Psychoanalysis*, op. cit., p. 47.
22 | *Idem*, p. 48.
23 | *Idem*, *Art and literature*, op. cit., p. 136.
24 | *Idem*, *The interpretation of dreams*, op. cit., p. 244.
25 | *Idem*, "The dream-work", em John Storey (org.), *Cultural theory and popular culture: a reader*, 4. ed., Harlow: Pearson Education, 2009, p. 246.

elaboração secundária. Cada um produz "a transformação de pensamentos em experiência alucinatória".[26]

O conteúdo manifesto é sempre menor do que o conteúdo latente. Isso é resultado da condensação, que pode atuar de três maneiras diferentes:
- elementos latentes são omitidos;
- apenas parte de um elemento latente chega ao conteúdo manifesto; e
- elementos latentes que têm alguma coisa em comum são condensados em "estruturas compostas".[27]

"Em consequência da condensação, um elemento do sonho manifesto pode corresponder a numerosos elementos dos pensamentos oníricos latentes; mas, também, inversamente, um elemento dos pensamentos oníricos pode estar representado por diversas imagens [do conteúdo manifesto] do sonho".[28] Freud apresenta o seguinte exemplo:

> Não se terá dificuldade de lembrar de situações, em seus próprios sonhos, de diferentes pessoas sendo condensadas em uma única. Uma figuração de compromisso desse tipo pode, talvez, parecer-se com A, mas pode estar vestida como B, pode fazer algo que nos faça lembrar de C e, ao mesmo tempo, podemos saber que se trata de D.[29]

No conteúdo manifesto também aparecem elementos latentes, por meio de uma cadeia de associações e alusões que Freud chama de deslocamento. Esse mecanismo atua de duas formas:

> Na primeira, um elemento latente é substituído não por uma parte componente de si mesmo, mas por alguma coisa mais remota – isto é, por uma alusão; e, na

---

26 | *Idem, Introductory lectures on Psychoanalysis, op. cit.*, p. 250.

27 | *Idem,* "The dream-work", *op. cit.*, p. 247.

28 | *Idem, New introductory lectures on Psychoanalysis, op. cit.*, p. 49.

29 | *Idem,* "The dream-work", *op. cit.*, p. 247.

segunda, o acento psíquico é deslocado de um elemento importante para outros sem importância, de forma que o sonho aparece descentrado e estranho.[30]

O primeiro aspecto do deslocamento atua por cadeias de associação, em que o que está no conteúdo manifesto alude a algo nos pensamentos oníricos latentes. Se, por exemplo, conheço uma pessoa que trabalha como professora, ela pode aparecer em meus sonhos como uma bolsa ou sacola de livros. Dessa forma, o afeto (a intensidade emocional vinculada à pessoa) é deslocado de sua origem (aquela que trabalha em uma escola) para algo associado a ela trabalhar em uma escola. Ou se conheço uma pessoa de sobrenome Clarke,[31] ela pode aparecer em meus sonhos como alguém trabalhando em um escritório. Mais uma vez, a partir do nome de alguém que conheço, o afeto foi movido, por uma cadeia de associações, para uma atividade associada a seu nome. Posso ter um sonho que se passe em um escritório, em que a observo trabalhando em uma escrivaninha (e pode até nem ser mulher), mas a "essência" de meu sonho é uma mulher de sobrenome Clarke que conheço. Esses exemplos atuam metonimicamente em termos de similaridade baseada em contração: uma parte substituindo o todo. O segundo mecanismo de deslocamento altera o foco do sonho. O que aparece no conteúdo manifesto é uma "centra[liza]ção diferente dos pensamentos oníricos – seu conteúdo tem elementos diferentes como ponto central".[32] "Com auxílio do deslocamento, a censura de sonhos cria estruturas substitutivas [...] [Trata-se de] alusões que não são facilmente reconhecíveis como tais, cujo caminho inverso até a coisa original não é

---

30 | Idem, *New introductory lectures on Psychoanalysis*, op. cit., p. 248.

31 | Clarke se assemelha à palavra inglesa "clerk", que serve para designar escreventes, balconistas, secretários, copistas etc., isto é, funcionários básicos de escritórios, comércios, cartórios. (N. T.)

32 | Idem, *The interpretation of dreams*, op. cit., p. 414.

fácil de estabelecer e que se relacionam com a coisa original por meio das associações externas mais estranhas, mais incomuns".[33] Ele ilustra esse segundo aspecto do deslocamento com uma anedota.

Numa vila havia um ferreiro que cometera um crime capital. O Tribunal decidiu que o crime deveria ser punido; mas, como o ferreiro era o único na vila e, portanto, indispensável, e, por outro lado, havia três alfaiates morando lá, um deles foi enforcado em seu lugar.[34]

Nesse exemplo, a cadeia de associações e afeto desloca-se dramaticamente. Para voltar ao ferreiro, saindo do destino de um dos alfaiates, seria necessária uma boa quantidade de análise, mas a ideia central parece ser: "A punição deve ser cumprida mesmo que não recaia sobre o culpado".[35] Além disso, como ele explica, "nenhuma outra parte da elaboração onírica é tão responsável por tornar o sonho estranho e incompreensível para o sonhador. O deslocamento é o meio principal usado na *distorção onírica*, à qual os pensamentos oníricos [latentes] devem submeter-se, sob a influência da censura".[36]

O terceiro aspecto do trabalho do sonho, que atua nos dois primeiros, é a simbolização, a "tradução dos pensamentos oníricos segundo um modo de expressão primitivo, semelhante à escrita pictográfica",[37] em que "os pensamentos oníricos latentes [...] são dramatizados e ilustrados".[38] A simbolização transforma "os pensamentos [oníricos] latentes, que são expressos em palavras, em imagens sensoriais, a maioria na forma de

---

33 | *Idem, Introductory lectures on Psychoanalysis, op. cit.*, p. 272.

34 | Idem, "The dream-work", *op. cit.*, p. 249.

35 | *Idem, On Metapsychology, op. cit.*, p. 386.

36 | *Idem, New introductory lectures on Psychoanalysis, op. cit.*, p. 50; grifado no original.

37 | *Idem, Introductory lectures on Psychoanalysis, op. cit.*, p. 267.

38 | *Idem, New introductory lectures on Psychoanalysis, op. cit.*, p. 47.

imagens visuais".[39] Mas, como esclarece Freud, nem tudo é transformado dessa maneira: certos elementos existem em outras formas. Todavia, símbolos "contêm a essência da formação de sonhos".[40] Além disso, "a grande maioria dos símbolos nos sonhos", explica Freud, "são símbolos sexuais".[41] Assim, em sonhos, genitais masculinos, por exemplo, são representados por uma variedade de "substitutos simbólicos" eretos, como "bengalas, guarda-chuvas, postes, árvores", e coisas capazes de penetrar, como "facas, punhais, lanças, sabres [...] rifles, pistolas e revólveres".[42] Genitais femininos são representados por coisas que compartilham a "característica de terem um espaço oco que pode conter algo dentro de si", como "buracos, cavidades [...] concavidades [...] vasos e garrafas [...] recipientes, caixas, malas, estojos, cofres, bolsas etc.".[43]

Esses substitutos simbólicos são retirados de um repertório de símbolos em constante mudança. Deixa isso claro ao expor a maneira como objetos capazes de desafiar as leis da gravidade são usados para representar a ereção masculina. Em 1917, aponta que o dirigível Zeppelin recentemente havia se juntado ao repertório desses objetos.[44] Embora tais símbolos sejam retirados de mitos, religião, contos de fadas, anedotas e do uso cotidiano da linguagem, os objetos não são conscientemente selecionados no repertório: "o conhecimento do simbolismo é inconsciente naquele que sonha [...] pertence à sua vida mental".[45]

Outro exemplo da atuação da cultura na psicanálise é a linguagem. As associações que um paciente possa trazer para algo serão possibilitadas e

---

39 | *Idem, Introductory lectures on Psychoanalysis, op. cit.*, p. 215.

40 | *Idem*, "The dream-work", *op. cit.*, p. 249.

41 | *Idem, Introductory lectures on Psychoanalysis, op. cit.*, p. 187.

42 | *Idem*, p. 188.

43 | *Idem*, p. 189.

44 | *Idem, The interpretation of dreams, op. cit.*, p. 188.

45 | *Idem, Introductory lectures on Psychoanalysis, op. cit.*, p. 200.

refreadas pela(s) linguagem(ns) que ele ou ela consiga falar. Além disso, os vários exemplos que Freud oferece de palavras substituindo algo diferente de seus significados literais são também limitados à(s) linguagem(ns) que o paciente entende.[46]

Freud é absolutamente claro sobre "a impossibilidade de interpretar um sonho a menos que se tenha à disposição as respectivas associações do sonhador".[47] Símbolos podem fornecer uma resposta preliminar à pergunta "O que esse sonho significa?". Mas é apenas uma resposta preliminar, a ser confirmada, ou, caso contrário, pela análise de outros aspectos do trabalho do sonho, em conjunto com a análise das associações ativadas pela pessoa cujo sonho está sendo analisado. E avisa: "Gostaria de externar uma advertência contra a supervalorização da importância dos símbolos na interpretação de sonhos, contra restringir o trabalho de traduzir sonhos à simples tradução de símbolos, e contra o abandono da técnica de aproveitar as associações do sonhador".[48] Além disso, símbolos "frequentemente têm mais de um significado, ou até mesmo vários, e [...] só se consegue chegar à interpretação correta a partir do contexto de cada ocasião".[49] Mais uma vez, o contexto será algo estabelecido pelo sonhador.

O processo final do trabalho do sonho é uma revisão secundária, ou seja, a narrativa feita pelo sonhador a respeito do simbolismo do sonho. Isso assume duas formas. Primeiro, é a explicação verbal do sonho: a tradução de símbolos em linguagem e narrativa – "preenchemos lacunas e introduzimos conexões, e, ao fazer isso, muitas vezes incorremos em equívocos brutais".[50] Segundo, e mais importante, a revisão secundária é a estratégia

---

46 | *Idem, The interpretation of dreams, op. cit.*
47 | *Idem, New introductory lectures on Psychoanalysis, op. cit.*, p. 36.
48 | *Idem*, p. 477.
49 | *Idem, The interpretation of dreams, op. cit.*, p. 470.
50 | *Idem, New introductory lectures on Psychoanalysis, op. cit.*, p. 50.

final de policiamento e intermediação [*channelling*] do *ego*, trazendo significado e coerência a um ato de censura (inconsciente).

Depois da interpretação de sonhos, Freud talvez seja mais conhecido por sua teoria do complexo de Édipo. Ele desenvolveu essa teoria a partir do drama de Sófocles, *Édipo Rei* (*ca.* 427 a.C.). Na peça de Sófocles, Édipo mata o pai (sem saber que é seu pai) e casa-se com a mãe (sem saber que é sua mãe). Ao descobrir a verdade, Édipo cega-se e vai para o exílio. Freud desenvolveu duas versões do complexo de Édipo, uma para meninos e outra para meninas. Entre 3 e 5 anos de idade, a mãe (ou aquela que tem o papel simbólico da mãe) torna-se um objeto de desejo para o menino. Devido a esse desejo, o pai (ou aquele que tem o papel simbólico de pai) é visto como um rival pelo amor e pela afeição da mãe. Como consequência, o menino anseia pela morte do pai. Contudo, o menino teme o poder do pai, em especial seu poder de castrar. Assim, o menino abandona o desejo pela mãe e começa a se identificar com o pai, de certo modo confiando que um dia terá o poder do pai, incluindo uma esposa sua (uma mãe simbólica substituta).

Freud não tinha certeza de como funcionava o complexo de Édipo para meninas: "Deve-se admitir [...] que nossa visão interna [*Einsichten*] desses processos de desenvolvimento em meninas é, em geral, insatisfatória, incompleta e vaga".[51] Em consequência, ele continuou a revisar suas ideias sobre o assunto. Uma versão começa com uma menina desejando o pai (ou quem quer que tenha o papel simbólico do pai). A mãe (ou quem quer que tenha o papel simbólico da mãe) é vista como uma rival pelo amor e pela afeição do pai. A menina anseia pela morte da mãe. O complexo é

---

51 | *Idem*, *On sexuality*, Harmondsworth: Pelican, 1977, p. 321. A maneira como Freud expressa a experiência da menina no complexo de Édipo, principalmente a linguagem aí usada, parece sugerir que para ele não era muito importante uma compreensão real do processo.

resolvido quando a menina se identifica com a mãe, reconhecendo que, um dia, será como ela. Mas é uma identificação ressentida – à mãe falta poder. Em outro relato, ele explica que o complexo de Édipo "raramente vai além de assumir o lugar da mãe e de adotar uma atitude feminina para com pai".[52] Já consciente de que fora castrada, a menina busca compensação: "Ela abandona seu desejo por um pênis e o substitui pelo desejo por um filho e, *com esse fim em vista*, toma o pai como objeto de amor".[53] O desejo da menina por ter um filho com o pai vai diminuindo aos poucos: "Tem-se a impressão de que o complexo de Édipo é, então, gradualmente abandonado, porque o desejo nunca é satisfeito".[54] O paradoxo é que "enquanto entre os meninos o complexo de Édipo é destruído pelo complexo de castração, nas meninas ele é possibilitado e conduzido pelo complexo de castração".[55]

Há pelo menos duas maneiras de usar a psicanálise freudiana como método de análise de textos. A primeira técnica é centrada no autor, tratando o texto como equivalente a um sonho do autor. Freud identifica o que chama de "a classe de sonhos que nunca foram sonhados – sonhos criados por escritores imaginativos e atribuídos a personagens inventados no correr da história".[56] A superfície de um texto (palavras, imagens etc.) é considerada o conteúdo manifesto, enquanto o conteúdo latente são os desejos ocultos do autor. Textos são lidos dessa forma para descobrirem-se

---

52 | *Idem, ibidem*.

53 | *Idem*, p. 340; grifado no original.

54 | *Idem*, p. 321.

55 | *Idem*, p. 341. Deve-se notar que Freud acreditava haver duas maneiras de superar o complexo de Édipo: a "positiva", que resulta em heterossexualidade; e a "negativa", que produz homossexualidade. Um menino pode "assumir o lugar de sua mãe e ser amado por seu pai"; *idem*, p. 318.

56 | *Idem, Art and Literature, op. cit.*, p. 33.

as fantasias de um autor; essas são vistas como o significado autêntico do texto. Segundo Freud,

> Um artista é […] um introvertido, uma pessoa não muito distante da neurose. Uma pessoa oprimida por necessidades instintivas demasiado poderosas. Deseja conquistar honras, poder, riqueza e o amor de mulheres; mas faltam-lhe meios para obter essas satisfações. Consequentemente, como qualquer outro homem insatisfeito, afasta-se da realidade e transfere todo o seu interesse, e também sua libido, para as construções, cheias de desejos, de sua vida de fantasia, e esse caminho pode levar à neurose.[57]

O artista sublima seu desejo. Ao fazer isso, ela ou ele disponibiliza suas fantasias para outros, possibilitando, assim, "que outros compartilhem o prazer que proporcionam".[58] Ele ou ela "possibilita a outras pessoas […] obter, de seus inconscientes, consolação e prazer que se lhes tornaram inacessíveis".[59] Textos "aquietam desejos insatisfeitos – primeiro no próprio artista criador e, em seguida, em seu público ou espectadores".[60] Como explica Freud, "o primeiro objetivo do artista é se libertar e, ao comunicar sua obra a outras pessoas que sofrem dos mesmos desejos reprimidos, oferece-lhes a mesma libertação".[61]

A segunda técnica é centrada no leitor e deriva de um aspecto secundário da técnica centrada no autor. Tem a ver com a maneira como textos permitem que leitores simbolicamente representem desejos e fantasias nos textos que leem. Dessa forma, um texto age como um substituto de

---

[57] | *Idem, Introductory lectures on Psychoanalysis*, op. cit., p. 423.

[58] | *Idem*, pp. 423-4.

[59] | *Idem*, p. 424.

[60] | *Idem, Historical and expository works on Psychoanalysis*, Harmondsworth: Pelican, 1986, p. 53.

[61] | *Idem*, p. 53.

sonho. Para explicar o modo como os prazeres do texto "possibilitam a libertação de prazer ainda maior a partir de fontes psíquicas mais profundas",[62] Freud traz a ideia de "prazer preliminar". Em outras palavras, textos ficcionais encenam fantasias que oferecem a possibilidade de prazer e satisfação inconscientes. E ele explica melhor:

> Em minha opinião, todo o prazer estético que o escritor criativo nos proporciona é da mesma natureza desse prazer preliminar [...] e a verdadeira satisfação que usufruímos de uma obra literária procede de uma libertação de tensões em nossas mentes [...] permitindo-nos dali em diante nos deleitarmos com nossos devaneios sem remorso ou vergonha.[63]

Em outras palavras, embora possamos obter prazer das qualidades estéticas de um texto, esses, na verdade, são apenas os mecanismos que nos permitem acessar os prazeres mais profundos de fantasias inconscientes.

Chapeuzinho Vermelho

Era uma vez uma menina adorável amada por todos que cuidavam dela, e principalmente por sua avó, que a adorava e sempre tentava pensar em novos presentes para dar à menina. Depois que ela lhe deu um chapeuzinho de veludo vermelho, e como caiu muito bem nela e a menina nunca mais quis usar qualquer outro acessório, ela era simplesmente conhecida como Chapeuzinho Vermelho. Um dia sua mãe lhe disse: "Venha, Chapeuzinho Vermelho, eis um pedaço de bolo e uma garrafa de vinho; leve isso para sua avó, que está doente e fraca e vai gostar muito. Parta antes que esquente e,

---

62 | *Idem, Art and Literature, op. cit.*, p. 141.
63 | *Idem, ibidem.*

no caminho, cuidado por onde anda, como uma boa menina, e não se afaste da estrada; caso contrário, vai cair e quebrar a garrafa, deixando sua avó sem nada. E, quando chegar ao quarto dela, lembre-se de dizer bom-dia e não ficar vasculhando o quarto todo antes."

"Não se preocupe, vou fazer tudo direitinho", prometeu Chapeuzinho Vermelho para a mãe. Agora sua avó vivia na floresta, a cerca de meia hora da vila. E, assim que Chapeuzinho Vermelho entrou na floresta, o lobo foi a seu encontro. Mas Chapeuzinho Vermelho não sabia que se tratava de um animal perverso e não tinha medo dele. "Bom dia, Chapeuzinho Vermelho", falou ele. "Obrigada, lobo." "Onde vai tão cedo, Chapeuzinho Vermelho?" "Para a casa de minha avó." "O que está levando debaixo de seu avental?" "Bolo e vinho – assamos ontem. Minha avó está doente e fraca, e por isso preciso de algo bom para ajudá-la a ficar forte novamente." "Chapeuzinho Vermelho, onde mora sua avó?" "A cerca de quinze minutos adentro na floresta, sob os três carvalhos grandes, é lá que fica a casa dela; é cercada por nogueiras, tenho certeza que você conhece o lugar", disse Chapeuzinho Vermelho. O lobo pensou consigo mesmo: essa coisinha delicada daria um petisco gordinho; deve ser ainda mais saborosa do que a velha. Mas preciso ser astuto para pegar as duas. Assim, ficou andando ao lado de Chapeuzinho Vermelho por um tempo e falou: "Chapeuzinho Vermelho, veja essas lindas flores crescendo à nossa volta; por que não olha os arredores? Acho que sequer nota quão doce é o canto dos pássaros. Você anda para a frente, sem olhar para os lados, como se estivesse indo para a escola, mas é tão divertido aqui na mata."

Chapeuzinho Vermelho ergueu a cabeça e, quando viu os raios solares dançando entre as árvores e todas as lindas flores crescendo por todos os lados, pensou: "Se eu levar para a Vovozinha um ramalhete de flores frescas, isso vai agradá-la; é tão cedo, que eu ainda chegaria lá a tempo". E saiu da estrada e correu para a floresta a fim de procurar flores. E, toda vez que colhia uma, via uma ainda mais bonita crescendo adiante, e corria para colhê-la e entrava cada vez mais na floresta. Mas o lobo foi direto para a casa de sua avó e bateu na porta. "Quem está aí?" "Chapeuzinho Vermelho, trazendo-lhe bolo e vinho; abra a porta." "Apenas levante a tranca", disse a avó, "estou fraca demais para sair da cama." O lobo levantou a tranca e, sem dizer nada, foi direto até a cama da velha e a devorou. Então, vestiu suas roupas e seu barrete para dormir, deitou-se em sua cama e fechou as cortinas.

Mas Chapeuzinho Vermelho estivera correndo para lá e para cá colhendo flores e, quando havia pegado o máximo que conseguia carregar, lembrou-se da avó e voltou a se encaminhar para sua casa. Ficou surpresa ao encontrar a porta aberta, e, quando entrou no quarto, as coisas pareciam tão estranhas que lhe veio o pensamento: "Oh, minha nossa, como estou nervosa hoje, mesmo que sempre goste de visitar a Vovozinha!". Ela deu um grito: "Bom dia", mas não obteve resposta. Então foi até a cama e abriu as cortinas – e lá estava sua avó com o gorro cobrindo todo seu rosto e com uma aparência muito peculiar. "Ora, Vovozinha, que orelhas grandes a senhora tem!" "São para te escutar melhor." "Ora, Vovozinha, que olhos grandes a senhora tem!" "São para te ver melhor." "Ora, Vovozinha, que mãos grandes a senhora tem!" "São para te agarrar melhor." "Mas, Vovozinha, que boca enorme a senhora tem!" "É para te comer melhor." E, assim que o lobo falou isso, deu um pulo da cama e devorou a Chapeuzinho Vermelho.

Tendo satisfeito seu apetite, o lobo deitou-se na cama novamente, caiu no sono e começou a roncar muito alto. O caçador estava passando perto da casa naquele momento e pensou: Como a velhinha está roncando; será que ela está com algum problema? Assim, ele entrou no quarto e, ao se aproximar da cama, viu o lobo deitado ali: "Então eu te encontrei aqui, seu velhaco!", e falou, "Faz muito tempo que estou te procurando". Ele estava prestes a mirar sua espingarda quando se deu conta de que o lobo poderia ter engolido a velhinha e de que ela ainda poderia ser salva – assim, em vez de atirar, pegou uma tesoura e começou a abrir a barriga do lobo dorminhoco. Ao fazer as primeiras incisões, viu o vermelho brilhante do chapeuzinho da menina e, depois de mais alguns cortes, ela pulou e gritou: "Ah, eu estava com muito medo, era muito escuro dentro do lobo!" E então sua vovozinha saiu

> *também, ainda viva, embora respirasse com dificuldade. Mas Chapeuzinho Vermelho rapidamente pegou umas pedras grandes e as colocou dentro da barriga do lobo. Quando ele acordou, tentou fugir; mas as pedras eram tão pesadas, que ele caiu com tudo e morreu na queda.*
>
> *Com isso, os três ficaram felizes; o caçador esfolou o lobo e levou sua pele para casa, a avó comeu o bolo e bebeu o vinho que Chapeuzinho Vermelho levara, que a fizeram se sentir muito melhor. Mas Chapeuzinho Vermelho disse para si mesma: "Enquanto eu viver, nunca mais sairei da estrada para adentrar na floresta sozinha quando minha mãe disser que não devo".*

O texto anterior é um conto folclórico reunido por Jacob e Wilhelm Grimm no início do século XIX. Uma abordagem psicanalítica dessa história pode analisá-la como um substituto do sonho (procurando os processos do trabalho do sonho) em que se encena o drama do complexo de Édipo. Chapeuzinho Vermelho é a filha que deseja o pai (representado, em primeira instância, pelo lobo). Para remover a mãe (condensada na figura composta pela mãe e pela avó), Chapeuzinho Vermelho direciona o lobo para a casa de sua avó. Em uma narração extremamente elíptica, é significativo que a descrição do local onde vive a avó é o único momento com detalhes em toda a história. Respondendo à pergunta do lobo, ela diz: "A cerca de quinze minutos adentro na floresta, sob os três carvalhos grandes, é lá que fica a casa dela; é cercada por nogueiras, tenho certeza que você conhece o lugar". O lobo come a avó e, então, Chapeuzinho Vermelho (um substituto para relação sexual). A história termina com o caçador (o pai pós-Édipo) entregando a avó (mãe) e a filha a um mundo pós-Édipo, em que as relações familiares "normais" foram restauradas. O lobo está morto, e Chapeuzinho Vermelho promete nunca mais sair "da estrada para adentrar na floresta sozinha quando minha mãe disser que não devo". A sentença final alude à colocação de Freud quanto à identificação reivindicatória (por ressentimento). Além desses exemplos de condensação e substituição, a história contém muitas instâncias de simbolização. Entre os exemplos estão as flores, a floresta, a estrada, o chapeuzinho de veludo vermelho, a garrafa de vinho sob seu avental (se ela sair da estrada, pode "cair e quebrar a garrafa") – tudo isso adiciona uma carga simbólica definitiva à narrativa.

Ao considerar as atividades dos leitores, deve-se ter em mente o que Freud disse sobre a interpretação de sonhos. Como referido anteriormente, ele alertou sobre "a impossibilidade de interpretar um sonho a menos que se tenha à disposição as respectivas associações do sonhador".[64] Isso levanta algumas questões teóricas muito interessantes a respeito do significado dos textos. Sugere que o significado de um texto não está simplesmente no texto em si; pelo contrário, sugere que precisamos conhecer as associações que um leitor faz em um texto. Em outras palavras, Freud está claramente apontando para a ideia de que um leitor não aceita passivamente o significado de um texto: ele ou ela produz ativamente seu significado, usando os discursos que ele ou ela traz para o texto. Minha leitura particular de Chapeuzinho Vermelho só é possível devido a meu conhecimento da psicanálise freudiana. Sem isso, minha interpretação seria muito diferente. Além disso, minha análise diz mais sobre mim do que sobre esse conto folclórico específico.

A tradução da psicanálise freudiana para a análise textual começa com uma versão um tanto tosca da psicobiografia e termina com um relato muito sofisticado de como são formados os significados. Contudo, sua sugestão sobre os prazeres reais da leitura pode ter efeito incapacitante para o criticismo psicanalítico. Isto é, se o significado depende das associações que um leitor traz para o texto, que valor pode haver na análise textual psicanalítica? Quando um crítico psicanalítico nos diz que o texto significa X, a lógica da psicanálise freudiana é que isso é, de fato, apenas o que significa para você.

64 | *Idem, New introductory lectures on Psychoanalysis, op. cit.*, p. 36.

PSICANÁLISE LACANIANA | Jacques Lacan relê Freud usando a metodologia teórica desenvolvida pelo estruturalismo. Busca ancorar a psicanálise firmemente na cultura, e não na biologia. Como explica, sua finalidade é desviar "o significado da obra de Freud da base biológica em que ele queria apoiá-la, e aproximá-la das referências culturais de que está imbuída".[65] Ele se apropria da estrutura de desenvolvimento de Freud, e trata de rearticulá-la, por meio de uma leitura crítica do estruturalismo, para produzir uma psicanálise pós-estruturalista. As ideias de Lacan sobre o desenvolvimento do "sujeito" humano exerceram enorme influência nos estudos culturais, principalmente no estudo do cinema.

Segundo Lacan, nascemos em uma condição de "falta" e, assim, passamos o restante de nossas vidas tentando superar essa condição. A "falta" é experimentada de diferentes maneiras e como diferentes coisas, mas sempre é uma expressão não representável da condição fundamental de sermos humanos. O resultado é uma busca incessante por um momento imaginado de plenitude. Lacan exprime isso como uma procura pelo que define como *l'objet petit a* (o objeto pequeno a), que é desejado, mas sempre impossível de alcançar; um objeto de perda, significando, no tempo, um momento imaginário em que éramos plenos. Jamais capazes de pegar esse objeto, consolamo-nos com estratégias de substituição e objetos substitutos.

Lacan expõe que fazemos uma jornada através de três estágios de desenvolvimento determinantes. O primeiro é o "estágio do espelho", o segundo é o jogo do "*fort-da*", também conhecido como *jogo do carretel*, e o terceiro é o "complexo de Édipo". Nossas vidas começam no âmbito que Lacan chama de Real. Aqui, simplesmente somos. No Real, não sabemos onde terminamos e onde tudo mais começa. O Real é como a Natureza antes da simbolização (isto é, antes da classificação cultural).

---

65 | Jacques Lacan, *Four fundamental concepts in Psychoanalysis*, Nova York: Norton, 1989, p. 116.

É exterior, em termos do que podemos chamar de "realidade objetiva", e ao mesmo tempo interior, no que Freud chama de nossos impulsos instintivos. O Real é tudo, antes de se tornar mediado pelo Simbólico. O Simbólico fatia o Real em partes separadas. Se fosse possível ir além do Simbólico, veríamos o Real como tudo condensado em uma única massa. O que pensamos ser um desastre natural, por exemplo, é uma irrupção do Real. Contudo, o modo de o caracterizarmos é sempre a partir do Simbólico: mesmo quando chamamos de desastre natural, simbolizamos o Real. Dito de outra forma, natureza, como Natureza, é sempre uma articulação da cultura: o Real existe, mas sempre como uma realidade constituída (isto é, criada) por cultura – o Simbólico. Como Lacan explica, "o reino da cultura" é sobreposto "ao da natureza":[66] "o mundo das palavras [...] cria o mundo das coisas".[67]

No âmbito do Real, nossa união com a mãe (ou com quem quer que represente esse papel simbólico) é experimentada como perfeita e completa. Não temos senso de individualidade separada. Nosso senso de ser um indivíduo único começa a surgir apenas no que Lacan chama de "estágio do espelho"[68]. Como observa Lacan, todos nós nascemos prematuramente. Leva um tempo até sermos capazes de controlar e coordenar nossos movimentos. Isso só é alcançado quando a criança se vê no espelho pela primeira vez (entre os 6 e os 18 meses de idade).[69] A criança, "ainda mer-

---

66 | *Idem*, p. 73.

67 | *Idem*, p. 72.

68 | *Idem*, "The mirror stage", em John Storey (org.), *Cultural theory and popular culture: a reader*, 4. ed., Harlow: Pearson Education, 2009.

69 | "Como observa com tanta eficácia um poeta perspicaz, o espelho seria muito melhor se refletisse um pouco mais antes de devolver a imagem para nós"; ver Jacques Lacan, *Four fundamental concepts in Psychoanalysis, op. cit.*, p. 152.

gulhada em sua impotência motora e na dependência da amamentação",[70] estabelece uma identificação com a imagem no espelho. O espelho sugere controle e coordenação que até então não existem. Portanto, quando a criança se vê pela primeira vez no espelho, ela vê não apenas uma imagem atual de si mesma, mas a promessa de um ser mais completo; nessa promessa o *ego* começa a emergir. Segundo Lacan, "o estágio do espelho é um drama cujo impulso interno se precipita da insuficiência para a antecipação – e que fabrica para o sujeito, apanhado no engodo da identificação espacial, as fantasias que se sucedem, desde uma imagem fragmentada do corpo até uma forma de sua totalidade".[71] Com base nesse reconhecimento ou, mais propriamente, *reconhecimento falho* (não de si, mas de uma imagem de si), começamos a nos ver como indivíduos separados: isto é, como sujeito (ser que olha) e como objeto (ser que é olhado). O "estágio do espelho" anuncia o momento de entrada em uma ordem de subjetividade que Lacan chama de Imaginário:

> O Imaginário para Lacan é precisamente esse reino das imagens onde criamos identificações, mas, no próprio ato de fazer isso, somos levados a perceber erroneamente e nos reconhecer de maneira falha. À medida que cresce, a criança continua a fazer essas identificações imaginárias com objetos, e é assim que o *ego* é construído. Para Lacan, o *ego* é apenas esse processo narcisista com que preservamos um senso fictício de indentidade unitária ao descobrirmos no mundo algo com que podemos nos identificar.[72]

A cada nova imagem, tentamos retornar a um tempo antes da "falta", para nos encontrarmos no que nós não somos; e toda vez vamos falhar.

---

70 | *Idem*, "The mirror stage", *op. cit.*, p. 256.

71 | *Idem*, p. 257.

72 | Terry Eagleton, *Literary theory: an introduction*, Oxford: Blackwell, 1983, p. 165.

"O sujeito [...] é o lugar da *falta*, um lugar vazio que várias tentativas de identificação vão tentar preencher".[73] Em outras palavras, desejo é o desejo de encontrarmos aquilo que nos falta, resgatar nossa integralidade, como éramos antes de encontrarmos o Imaginário e o Simbólico. Todos os nossos atos de identificação são sempre atos de desidentificação; nunca é "nós mesmos" que reconhecemos, mas apenas outras imagens potenciais de nós mesmos. "Desejo é uma metonímia":[74] permite-nos descobrir outra parte, mas nunca, jamais, o todo.

O segundo estágio de desenvolvimento é o jogo do *"Fort-Da"*, ou jogo do carretel, assim denominado por Freud depois de observar seu neto jogar um carretel de linha (*fort*: "ausente") e então puxá-lo de volta preso por um fio (*da*: "aqui"). Freud via isso como maneira de a criança aceitar a ausência da mãe – o carretel simbolicamente representando a mãe, sobre a qual a criança está exercendo controle. Em outras palavras, a criança compensa a ausência da mãe assumindo o controle da situação: faz desaparecer (*fort*) e então reaparecer (*da*). Lacan relê isso como uma representação da criança começando a entrar no Simbólico, e, especificamente, sua introdução *na* linguagem: "O momento em que o desejo se torna humano é também aquele em que a criança nasce na linguagem".[75] Como o jogo do *"Fort-Da"*, a linguagem é "uma presença feita de ausência".[76] Quando entramos na linguagem, a completude do Real deixa de existir para sempre. A linguagem introduz uma divisão alienante entre ser e significado; antes da linguagem, tínhamos apenas ser (*being*: uma natureza completa em si);

---

73 | Ernesto Laclau, "Discourse", em R. E. Goodin & P. Pettit (orgs.), *A companion to contemporary political philosophy*, Londres: Blackwell, 1993, p. 436.

74 | Jacques Lacan, *Four fundamental concepts in Psychoanalysis*, op. cit., p. 193.

75 | *Idem*, p. 113

76 | *Idem*, p. 71.

depois da linguagem, somos ao mesmo tempo objeto e sujeito: isso é manifestado toda vez que penso (sujeito) sobre mim mesmo (objeto). Em outras palavras, "eu me identifico na linguagem, mas apenas quando me perco nela enquanto objeto".[77] Sou "eu" quando falo com você e "você" quando você fala comigo. Como explica Lacan, "não é uma questão de saber se falo de mim mesmo de um modo adequado ao que sou, mas, sim, de saber se sou mesmo aquele sobre o qual falo".[78] Em uma tentativa de explicar essa divisão, Lacan reescreve a frase "Penso, logo existo", de René Descartes,[79] como "Penso onde não sou, logo sou onde não penso".[80] Nessa formulação, "penso" é o sujeito da enunciação (o sujeito Imaginário/Simbólico) e "sou" é o sujeito do enunciado (o sujeito Real). Portanto, há sempre uma lacuna entre o eu que fala e o eu sobre quem é falado. Entrar no Simbólico resulta no que Lacan descreve como castração: a perda simbólica de ser [being], necessária para entrar no significado. Ao participar da cultura, desistimos da autoidentidade com nossa natureza. Quando "eu" falo, sou sempre diferente do "eu" de quem falo, sempre incorrendo em diferença e malogro: "quando o sujeito aparece em um lugar como significado, ele é manifestado em outro lugar como 'sumido', como desaparecimento".[81]

O Simbólico é uma rede intersubjetiva de significados, que existe como uma estrutura em que devemos entrar. Enquanto tal, é muito similar à maneira como a cultura é entendida nos estudos culturais pós-marxistas.[82] É, portanto, o que experimentamos como realidade: realidade sendo a

---

77 | *Idem*, p. 94.

78 | *Idem*, p. 182.

79 | René Descartes, *Meditations on First Philosophy*, Londres: Hackett, 1993.

80 | Jacques Lacan, *Four fundamental concepts in Psychoanalysis*, *op. cit.*, p. 183

81 | *Idem*, *Écrits*, Londres: Routledge, 2001, p. 218.

82 | Ver capítulo anterior.

organização simbólica do Real. No Simbólico, nossa subjetividade é, ao mesmo tempo, possibilitada (podemos fazer coisas e atribuir significados) e restrita (existem limites ao que podemos fazer e à atribuição de significados). A ordem do Simbólico confirma quem somos. Posso pensar que sou isso ou aquilo, mas, a não ser que seja confirmado – a não ser que eu e outro possamos reconhecer isso no Simbólico –, não será de fato verdade. Na véspera de receber meu doutorado, eu não era menos inteligente do que no dia seguinte, mas no sentido simbólico eu era: agora tinha um doutorado e podia ser chamado de doutor! A ordem do Simbólico reconhecera e, portanto, permitira a mim e outros reconhecer meu novo *status* intelectual.

O terceiro estágio de desenvolvimento é o "complexo de Édipo": o encontro com a diferença sexual. Concluir com sucesso o complexo de Édipo impõe nossa transição do Imaginário para o Simbólico. Também compõe nosso senso de "falta". A impossibilidade de satisfação é agora experimentada como um movimento de significante para significante, incapaz de definir um significado. Para Lacan, desejo é a busca desesperançada do significado fixo (o "outro", o "Real", o momento de plenitude, o corpo da mãe), que está sempre se tornando outro significante – "o incessante deslizamento do significado sob o significante".[83] O desejo existe na impossibilidade de preencher a lacuna entre si e o outro – compensar aquilo que nos "falta". Ansiamos por um tempo em que éramos "naturais" (inseparáveis do corpo da mãe), em que tudo era simplesmente o que parecia, antes das mediações da linguagem e do Simbólico. Conforme avançamos na narrativa de nossas vidas, somos movidos por um desejo de superar a condição, e, quando olhamos para trás, continuamos a "acreditar" (isso é, em grande parte, um processo inconsciente) que a união com a mãe (ou a pessoa representando o papel simbólico da mãe) era um momento de plenitude antes de cairmos na "falta". A "lição" do "complexo de Édipo" é que

---

83 | Jacques Lacan, *Four fundamental concepts in Psychoanalysis*, *op. cit.*, p. 170.

a criança deve agora se resignar ao fato de que nunca terá qualquer acesso direto ao [...] corpo proibido da mãe [...]. Depois da crise de Édipo, nunca mais seremos capazes de obter esse objeto precioso, ainda que passemos nossas vidas inteiras buscando aquilo. Temos de nos contentar com objetos substitutos [...] com os quais tentamos em vão preencher a lacuna no centro de nosso ser. Movemo-nos entre substitutos para substitutos, metáforas para metáforas, nunca capazes de recuperar a autoimagem pura (ainda que fictícia) e a autocompletude [...] Na teoria lacaniana, é um objeto original perdido – o corpo da mãe – que faz avançar a narrativa de nossas vidas, incitando-nos a buscar substitutos para esse paraíso perdido no movimento metonímico infinito do desejo.[84]

O discurso do amor romântico – em que "amor" é a solução definitiva para todos nossos problemas – pode ser citado como exemplo dessa busca infinita. Com isso, quero dizer que a maneira como o romance como prática discursiva sustenta isso[85] nos torna integrais, completa nosso ser. O amor, de fato, promete que iremos retornar ao Real: aquele momento abençoado de plenitude, inseparável do corpo da mãe. Podemos ver isso representado no romance masculino de *Paris, Texas*. O filme pode ser visto como um filme da estrada do inconsciente, uma representação da luta impossível de Travis Henderson para retornar ao momento de plenitude. O filme apresenta três tentativas de retorno: primeiro, Travis vai para o México em busca das origens de sua *mãe*; então, ele vai para Paris (Texas) em busca do momento em que foi concebido no corpo de sua *mãe*; por fim, em um ato de "substituição", ele devolve Hunter para Jane (um filho para a *mãe*), no reconhecimento simbólico de que sua própria busca está fadada ao fracasso.

84 | Terry Eagleton, *Literary theory: an introduction*, op. cit., pp. 167, 168, 185.

85 | Ver discussões sobre Foucault no Capítulo 6 e sobre o pós-marxismo no Capítulo 4.

PSICANÁLISE DO CINEMA | O ensaio "Visual pleasure and narrative cinema", de Laura Mulvey, talvez seja a manifestação clássica sobre filmes populares na perspectiva da psicanálise feminista. O ensaio diz que o cinema popular produz, e reproduz, o que ela chama de "olhar masculino". Mulvey descreve sua abordagem como "psicanálise política". A teoria psicanalítica é "apropriada [...] como arma política [para demonstrar] o modo pelo qual o inconsciente da sociedade patriarcal estruturou a forma do filme".[86]

A inscrição da imagem da mulher nesse sistema tem dois lados:
• ela é o objeto do desejo masculino; e
• ela é o significante da ameaça de castração.

Para desafiar a "manipulação do prazer visual" do cinema popular, Mulvey convoca o que descreve como a "destruição do prazer como arma radical".[87] Nesse ponto, ela é inflexível: "Diz-se que, ao analisar o prazer, ou a beleza, os destruímos. Esta é a intenção deste artigo".[88]

Assim, quais prazeres devem ser destruídos? Ela identifica dois. Primeiro, é a escopofilia, o prazer de olhar. Citando Freud, ela sugere que há sempre algo mais além do simples prazer de olhar: a escopofilia envolve "tomar as outras pessoas como objetos, sujeitando-as a um olhar fixo, controlador".[89] A noção do olhar controlador é crucial para seu argumento. Assim é a objetificação sexual, e a escopofilia é também sexual, por "usar outra pessoa como objeto de estimulação sexual por meio da visão".[90] Embora se apresentem claramente para serem vistas, Mulvey explica que as convenções do cinema popular acabam sugerindo um "mundo herme-

---

86 | Laura Mulvey, "Visual pleasure and narrative cinema", em: *Screen*, 16 (3), 1975, p. 6.
87 | *Idem*, p. 7.
88 | *Idem*, p. 8.
89 | *Idem, ibidem*.
90 | *Idem*, p. 10.

ticamente fechado, que se desenrola magicamente, indiferente à presença da plateia".[91] A "fantasia voyeurística" do público é encorajada pelo contraste entre a escuridão do cinema e os padrões de luz em constante transformação na tela.

O cinema popular promove e satisfaz um segundo prazer, "desenvolvendo a escopofilia em seu aspecto narcisista".[92] Aqui Mulvey se inspira na ideia de Lacan sobre o "estágio do espelho", já abordada na seção anterior, para sugerir que existe uma analogia a ser feita entre a constituição do ego de uma criança e os prazeres da identificação cinemática. Assim como a criança se reconhece e se desreconhece [, isto é, há um falso reconhecimento] no espelho, o espectador se reconhece e se desreconhece na tela, e ela explica isso assim:

> A fase do espelho ocorre em um período em que as ambições físicas da criança ultrapassam sua capacidade motora, possibilitando que o reconhecimento de si mesma seja feliz, pois imagina sua imagem no espelho como mais completa, mais perfeita, do que a experiência tida de seu próprio corpo. O reconhecimento é assim revestido de um falso reconhecimento: a imagem reconhecida é concebida como o corpo refletido de si mesma, mas seu reconhecimento falso, como algo superior, projeta esse corpo para fora de si como um *ego* ideal, o sujeito alienado, que, reintrojetado como um *ego* ideal, gera [os processos de] futura identificação com outros.[93]

Seu argumento é que o cinema popular produz duas formas contraditórias de prazer visual. A primeira, estimula a escopofilia; a segunda, promove narcisismo. A contradição surge porque, "em termos de cinema, uma implica uma separação entre a identidade erótica do sujeito e o ob-

---

91 | *Idem*, p. 9.
92 | *Idem, ibidem*.
93 | *Idem*, pp. 9-10.

jeto na tela (escopofilia ativa), enquanto a outra requer identificação do *ego* com o objeto na tela por meio da fascinação e do reconhecimento, do espectador, com seu semelhante".[94] Em termos freudianos, a separação é entre "instinto escopofílico (prazer em olhar para outra pessoa como um objeto erótico)" e "libido do *ego* (formando processos de identificação)".[95] Mas em um mundo estruturado por "desequilíbrio sexual", o prazer do olhar foi separado em duas posições distintas: homens olham e mulheres exibem "propensão a serem olhadas" – ambos jogando com o desejo masculino, e significando-o.[96] Mulheres, portanto, são cruciais para o prazer do olhar (masculino). "Tradicionalmente, a mulher mostrada atuava como objeto erótico em dois níveis: para os personagens na tela do filme; e para o espectador no cinema; com uma interação alternada entre os olhares de cada lado da tela."[97]

Ela dá o exemplo da dançarina que pode ser vista dançando para ambos os olhares. Quando a heroína retira suas roupas, é para o olhar sexual, tanto o do herói da narrativa como o do espectador do auditório. Só quando eles acabam fazendo amor surge uma tensão entre os dois olhares.

O cinema popular é estruturado em dois momentos: um de narrativa e outro de espetáculo. O primeiro é associado com o macho ativo, o segundo, com a fêmea passiva. O espectador masculino fixa seu olhar no herói ("o portador do olhar"), para satisfazer à formação do *ego*, e, através do herói, para a heroína ("o olhar erótico"), para satisfazer à libido. O primeiro olhar lembra o momento de reconhecimento/reconhecimento falho diante do espelho. O segundo olhar confirma as mulheres como objetos sexuais, mas se torna mais complexo pela alegação de que,

---

94 | *Idem*, p. 10.
95 | *Idem*, p. 17.
96 | *Idem*, p. 11.
97 | *Idem*, pp. 11-2.

em última análise, o significado da mulher é a diferença sexual [...] Ela conota algo que o olhar continuamente contorna, e rejeita: sua falta de um pênis, que implica ameaça de castração e consequente desprazer [...] Assim, a mulher enquanto ícone, exibido para o olhar fixo e a satisfação de homens, os controladores ativos do olhar, sempre ameaça evocar a ansiedade que significava em sua origem.[98]

Para salvar o prazer e fugir do restabelecimento desagradável do complexo de castração original, o inconsciente masculino passa a assumir dois caminhos para a segurança. O primeiro meio de escapar é com uma investigação detalhada do momento original do trauma, que costuma levar à "desvalorização, punição ou redenção do objeto culpado".[99] Ela cita as narrativas de filmes *noir* como típicos desse método de controle de ansiedade. O segundo meio de escapar é com uma "completa rejeição da castração, substituindo-a por um objeto-fetiche, ou transformando a figura representada em um fetiche, para que se torne tranquilizadora em vez de perigosa".[100] E dá o exemplo do "culto à figura feminina da *star* [...] [em que] a escopofilia fetichista constrói a beleza física do objeto, transformando-o em algo capaz de satisfazer por si só".[101] Isso, muitas vezes, leva o olhar erótico do espectador a não mais ser conduzido pelo olhar do protagonista masculino, produzindo momentos de espetáculo puramente erótico enquanto a câmera mostra o corpo feminino (focalizando frequentemente certas partes do corpo) para o olhar erótico não mediado do espectador.

Mulvey conclui sua exposição sugerindo que o prazer [os códigos que o produzem] seja destruído no cinema popular, para libertar as mulheres da exploração e da opressão de ser a "matéria-prima (passiva) para o

---

98 | *Idem*, p. 13
99 | *Idem, ibidem*.
100 | *Idem*, pp. 13-4.
101 | *Idem*, p. 14.

olhar masculino (ativo)".[102] Ela propõe o que equivale a uma revolução brechtiana na produção de filmes.[103] Para produzir um cinema não mais "obsessivamente subordinado às necessidades neuróticas do *ego* masculino",[104] é necessário romper com o ilusionismo, fazendo truques de câmera e produzindo na audiência "dialética, imparcialidade apaixonada".[105] Além disso, "as mulheres, cuja imagem tem sido continuamente roubada e usada para tal fim [objetos do olhar masculino], só podem ver o declínio dessa forma tradicional dos filmes com nada além de um sentimental 'lamentamos muito'".[106]

SLAVOJ ŽIŽEK E FANTASIA LACANIANA | Terry Eagleton descreve o crítico esloveno Slavoj Žižek como o "expoente mais formidavelmente brilhante da psicanálise – na verdade da teoria cultural em geral – que já surgiu na Europa há algumas décadas".[107] Ian Parker, por outro lado, alega que "não existe sistema teórico na obra de Slavoj Žižek, mas muitas vezes parece que sim [...] Na verdade, ele não adiciona nenhum conceito específico aos de outros teóricos, mas articula e mescla os conceitos de outros".[108] As três principais influências na obra de Žižek são a filosofia de Georg Wilhelm Friedrich Hegel, a política de Marx e a psicanálise de Lacan. É, contudo, a influência de Lacan que organiza

---

102 | *Idem*, p. 17.

103 | Para a estética brechtiana, ver Bertolt Brecht, *On theatre*, trad. John Willett, Londres: Methuen, 1978.

104| Laura Mulvey, "Visual pleasure and narrative cinema", *op. cit.*, p. 18.

105 | *Idem, ibidem*.

106 | *Idem, ibidem*; para críticas feministas a Mulvey, ver Capítulo 7.

107 | Terry Eagleton, *apud* Tony Myers, *Slavoj Žižek*, Londres: Routledge, 2003, p. 1.

108 | Ian Parker, *Slavoj Žižek: a critical introduction*, Londres: Pluto, 2004, pp. 115, 157.

o lugar de Marx e Hegel em sua obra. Não importa se concordamos com Eagleton ou Parker, a verdade é que Žižek é um interessante leitor de textos.[109] Neste breve registro, foco quase exclusivamente em como ele elabora a noção lacaniana de fantasia.

Fantasia não é o mesmo que ilusão; em vez disso, a fantasia organiza a maneira como vemos e entendemos a realidade. Atua como um enquadramento pelo qual vemos e compreendemos o mundo. Nossas fantasias são aquilo que nos torna únicos; fornecem-nos nossos pontos de vista; organizam o modo como vemos e experimentamos o mundo ao nosso redor. Em 24 de abril de 2005, quando o músico *pop* Jarvis Cocker, antigo vocalista do Pulp, foi à Radio 4, no *Desert Island Discs*, tradicional programa da BBC, ele fez esse comentário: "Na verdade, não importa onde as coisas acontecem. É meio como se aquilo que acontece em sua cabeça fosse o que torna a vida interessante". Esse é um excelente exemplo do papel organizador da fantasia.

Žižek afirma que "A 'realidade' é uma construção fantasiosa que nos permite mascarar o Real de nosso desejo".[110] Em Freud, há o relato de um homem que sonha que seu filho já falecido veio até ele para reclamar: "Pai, não vês que estou queimando?".[111] O pai, diz Freud, é acordado por um assustador cheiro de queimado. Em outras palavras, o estímulo exterior (queimar), que foi incorporado ao sonho, tornou-se forte demais para ser acomodado no sonho. Segundo Žižek,

109 | Ver, por exemplo, Slavoj Žižek, *Looking awry: an introduction to Jacques Lacan through popular culture*, Cambridge, MA: MIT Press, 1991; e "From reality to the real", em John Storey (org.), *Cultural theory and popular culture: a reader*, 4. ed., Harlow: Pearson Education, 2009.

110 | Slavoj Žižek, *The sublime object of ideology*. Londres: Verso, 1989, p. 45.

111 | Sigmund Freud, *The interpretation of dreams, op. cit.*

a leitura lacaniana opõe-se diretamente a isso. O sujeito não acorda quando a irritação externa se torna demasiado intensa; a lógica de seu despertar é bem diferente. Primeiro, ele constrói um sonho, uma história que lhe permita prolongar seu sono, evitar que desperte para a realidade. Mas aquilo que ele encontra no sonho, a realidade de seu desejo, o Real lacaniano – no nosso caso, a realidade da censura do filho ao pai, "Não vês que estou queimando?", que implica a culpa fundamental do pai – é mais aterrorizante do que a chamada realidade externa, e é por isso que ele acorda: para escapar do Real de seu desejo, que se anuncia no sonho aterrorizante. Ele escapa para a chamada realidade para conseguir continuar a dormir, para manter sua cegueira, para escapar de ter de acordar para o Real de seu desejo.[112]

A culpa do pai por não ter feito o suficiente para evitar a morte do filho é o Real que o sonho busca ocultar. Em outras palavras, a realidade em que ele acorda é menos Real do que a que ele encontra em seu sonho.

Žižek fornece outros exemplos da construção fantasiosa da realidade na cultura popular. Em vez de satisfazer desejos, a fantasia é a encenação do desejo. Ele explica:

> O que a fantasia encena não é uma ocorrência em que nosso desejo é satisfeito, totalmente consumado, mas, pelo contrário, uma ocorrência que concebe, encena, o desejo como tal. O ponto fundamental da psicanálise é que o desejo não é algo dado previamente, mas algo que tem de ser construído – e são precisamente funções da fantasia dar as coordenadas do desejo do sujeito, especificar seu objeto, localizar a posição que o sujeito assume nele. É só por meio da fantasia que o sujeito se constitui como desejoso: por meio da fantasia, aprendemos como desejar.[113]

---

112 | Slavoj Žižek, *The sublime object of ideology*, *op. cit.*, p. 45.
113 | *Idem*, "From reality to the real", *op. cit.*, p. 335.

Desse modo, portanto, "o espaço da fantasia atua como uma superfície vazia, uma espécie de tela para a projeção de desejos".[114] Ele cita como exemplo um conto de Patricia Highsmith, "A casa negra". Em uma cidadezinha norte-americana, homens velhos reúnem-se em um bar toda noite para relembrar o passado. De diferentes modos, suas memórias parecem sempre se focalizar em uma velha casa negra em um morro nos arredores da cidade. É nessa casa que cada homem consegue se lembrar de certas aventuras, especialmente sexuais. No momento, entretanto, há entre os homens um consenso geral de que seria perigoso retornar à casa. Um jovem recém-chegado à cidade informa aos homens que não tem medo de visitar a velha casa. Quando ele a explora, encontra apenas ruína e decadência. Ao retornar ao bar, informa aos homens que a casa negra em nada difere de qualquer outra propriedade velha, deteriorada. Os homens ficam injuriados com a notícia. Quando ele sai, um dos homens o ataca, e o jovem forasteiro morre. Por que os homens ficaram tão ofendidos com o comportamento do rapaz? Žižek explica dessa forma:

> A "casa negra" era proibida aos homens porque funcionava como um espaço vazio em que podiam projetar seus desejos nostálgicos, suas memórias distorcidas; ao afirmar publicamente que a "casa negra" não passava de uma velha ruína, o jovem intruso reduziu, para a realidade cotidiana, comum, o que era o espaço de fantasia deles. Ele anulou a diferença entre realidade e espaço de fantasia, retirando dos homens o lugar em que eram capazes de articular seus desejos.[115]

O desejo nunca é totalmente consumado ou satisfeito; é infinitamente reproduzido em nossas fantasias. "A ansiedade é produzida com o desaparecimento do desejo".[116] Em outras palavras, a ansiedade é resultado de

---

114 | *Idem*, p. 336.
115 | *Idem*, p. 337.
116 | *Idem*, p. 336.

uma aproximação demasiada do que desejamos, ameaçando assim eliminar a própria "falta" e encerrar o desejo. Isso fica ainda mais complicado devido à natureza retroativa do desejo. Como observa Žižek, "o paradoxo do desejo é que ele postula retroativamente em sua própria causa, isto é, o *objeto a* [outro pequeno objeto] é um objeto que pode ser percebido apenas por um olhar 'distorcido' pelo desejo, um objeto que não existe para um olhar 'objetivo'".[117] Em suma, o que desejo é organizado por processos de fantasia que se fixam em um objeto e geram um desejo que parece me atrair para o objeto, mas que, de fato, não existia até que me fixei pela primeira vez no objeto: o que parece ser um movimento de avanço é sempre retroativo.

---

117 | *Idem*, p. 339.

LEITURA COMPLEMENTAR

STOREY, John (org.). *Cultural theory and popular culture: a reader.* 4. ed. Harlow: Pearson Education, 2009. Volume que faz par com este livro, traz exemplos da maioria dos trabalhos aqui tratados, além de um *site* interativo (www.pearsoned. co.uk/storey), com *links* para outros *sites* e para recursos eletrônicos úteis.

BELSEY, Catherine. *Culture and the real.* Londres: Routledge, 2005. Texto esclarecedor sobre Lacan e Žižek.

EASTHOPE, Antony. *The unconscious.* Londres: Routledge, 1999. Excelente introdução à psicanálise. Altamente recomendado.

EVANS, Dylan. *An introductory dictionary of Lacanian psychoanalysis.* Londres: Routledge, 1996. Indispensável para compreender Lacan.

FROSH, Stephen. *Key concepts in psychoanalysis.* Londres: British Library, 2002. Excelente introdução.

KAY, Sarah. *Žižek: a critical introduction.* Cambridge: Polity, 2003. Excelente introdução. Particularmente, gosto da maneira como ela reconhece que, às vezes, simplesmente não entende o que Žižek diz.

LAPLANCHE, J. & PONTALIS, J.-B. *The language of psychoanalysis.* Londres: Karnac, 1988. Um brilhante glossário de conceitos.

MITCHELL, Juliet. *Psychoanalysis and feminism.* Harmondsworth: Pelican, 1974. Texto clássico e pioneiro, que mostra como o feminismo pode usar a psicanálise para enfraquecer o patriarcado. Como a autora alega, "a psicanálise não é uma recomendação para uma sociedade patriarcal, mas uma análise desta".

MYERS, Tony. *Slavoj Žižek.* Londres: Routledge, 2003. Uma introdução muito acessível à obra de Žižek.

PARKER, Ian. *Slavoj Žižek: a critical introduction.* Londres: Pluto, 2004. Outro texto muito bom sobre a obra de Žižek. É a mais crítica das introduções recentes.

WRIGHT, Elizabeth. *Psychoanalytic criticism.* Londres: Methuen, 1984. Muito boa introdução para a crítica psicanalítica.

ŽIŽEK, Slavoj. *Looking awry: an introduction to Jacques Lacan through popular culture.* Cambridge, MA: MIT Press, 1991. Excelente introdução a Žižek e a cultura popular.

6 Estruturalismo e pós-estruturalismo

Diferindo de outras abordagens aqui apresentadas, o estruturalismo é, como observa Terry Eagleton, "totalmente indiferente ao valor cultural de seu objeto: qualquer coisa, de *Guerra e paz* a *The War Cry*,[1] serve. O método é analítico, não avaliativo".[2] É o estudo de textos e práticas derivado da obra teórica do linguista suíço Ferdinand de Saussure. Seus principais expoentes são franceses: Louis Althusser, na teoria marxista; Roland Barthes, em estudos culturais e literários; Michel Foucault, em filosofia e história; Jacques Lacan, em psicanálise; Claude Lévi-Strauss, em antropologia; e Pierre Macherey, em teoria literária. Suas obras costumam diferir muito e, muitas vezes, são bem difíceis. O que une esses autores é a influência de Saussure e o uso de um vocabulário extraído de sua teoria. Convém, pois, iniciarmos nossa exploração atentando para a obra linguística desse autor, e, para isso, o melhor é examinar alguns conceitos-chave.
FERDINAND DE SAUSSURE | Para Saussure, a língua compõe-se em duas partes. Quando escrevo a palavra "gato", produz-se o registro "gato", mas também o conceito ou imagem mental de um gato: uma criatura felina quadrúpede. Ao registro escrito, ele dá o nome de "significante" e, ao conceito, o de "significado". Juntos e opostos (como os dois lados de uma moeda ou de uma folha de papel), eles formam o "signo". E prossegue mostrando que a relação entre significante e significado é completamente arbitrária. A palavra "gato", por exemplo, não tem qualidades felinas; não há motivo para o significante "gato" produzir o significado "gato": criatura felina quadrúpede (outras línguas têm diferentes significantes para produzir o mesmo significado). A relação entre os dois é mero

---

1 | Periódico oficial do Exército da Salvação. (N.T.)

2 | Terry Eagleton, *Literary theory: an introduction*, Oxford: Blackwell, 1983, p. 96.

resultado de uma convenção – de um acordo cultural (ver Tabela 6.1). O significante "gato" poderia, da mesma forma, produzir o significado "cachorro": criatura canina quadrúpede.

Fundamentado nisso, ele sugere que a significação não é resultante de uma correspondência essencial entre significantes e significados, mas, sim, consequência de oposição e relação. Em outras palavras, a teoria de Saussure é uma teoria relacional da língua. A significação é produzida não por meio de uma relação biunívoca com as coisas no mundo, mas por estabelecer diferença. Por exemplo, "mãe" significa em relação a "pai", "filha", "filho" etc. Semáforos, por exemplo, operam em um sistema de três sinais: vermelho = pare; verde = prossiga; amarelo = atenção. A relação entre o significante "verde" e o significado "prossiga" é arbitrária; não existe nada na cor verde que a ligue naturalmente ao verbo "prosseguir". E eles operariam da mesma forma se vermelho significasse "prosseguir" e verde significasse "parar".

TABELA 6.1 Palavras para "gato" em diversos idiomas

chinês	mao
inglês	cat
francês	chat
alemão	Katze
japonês	neko
espanhol	gato
russo	koska

Não é por expressar uma significação natural, mas por marcar uma diferença, uma distinção dentro do sistema de oposição e relação, que o sistema opera. Para explicar por que a significação é relacional e não substancial, Saussure cita como exemplo os sistemas ferroviários. O 12.11 de Bochum para Bremen, por exemplo, circula todos os dias no mesmo horário. Para cada um desses trens, atribuímos a mesma identidade ("o 12.11 de Bochum para Bremen"). Contudo, sabemos que a locomotiva, os vagões e a equipagem dificilmente serão os mesmos todos os dias. Fixa-se a identidade do trem não por sua substância, mas por ele ser distinto em relação a outros trens, circulando em outros horários, outros percursos. Outro exemplo de Saussure é o jogo de xadrez. O cavalo, por exemplo, poderia ser representado de qualquer forma que um *designer* achasse interessante, desde que o fizesse diferente das outras peças do xadrez.

Segundo Saussure, a significação também se constrói em um processo de combinação e seleção, seja horizontalmente, ao longo do eixo sintagmático, seja verticalmente, na extensão do eixo paradigmático. Por exemplo, a sentença "Miriam fez caldo de galinha hoje" é significativa pela acumulação de suas diferentes partes: Miriam / fez / caldo de galinha / hoje. Sua significação só está completa após a palavra final ser falada ou escrita. Saussure chama esse processo de eixo sintagmático da língua. Podem ser adicionadas partes para ampliar a significação: "Miriam fez caldo de galinha hoje enquanto sonhava com seu namorado". A significação é, assim, acumulada ao longo do eixo sintagmático da língua. Isso fica bem claro quando uma sentença é interrompida. Por exemplo, "Eu ia dizer que…"; "Tenho certeza de que David deveria…"; "Você prometeu me contar sobre…".

Substituir partes da sentença por novas partes também pode alterar a significação. Por exemplo, eu poderia escrever "Miriam fez salada hoje enquanto sonhava com seu namorado", ou "Miriam fez caldo de galinha hoje enquanto sonhava com seu novo carro". Tais substituições atuam na extensão do eixo paradigmático da língua. Consideremos um exemplo politicamente mais carregado: "Terroristas realizaram hoje um ataque a uma base militar". Substituições no eixo paradigmático poderiam alterar consideravelmente a significação dessa sentença. Se colocássemos "libertários" ou "voluntários anti-imperialistas" no lugar da palavra "terroristas", teríamos uma sentença com significação muito diversa. Isso seria obtido sem qualquer referência a uma realidade correspondente externa à sentença em si. A significação da sentença é produzida por intermédio de um processo de seleção e combinação. Isso ocorre porque a relação entre "signo" e "referente" (em nosso exemplo anterior, gatos reais no mundo real) também é convencional. Disso se deduz, portanto, que a língua que falamos não *reflete* simplesmente a realidade material do mundo; em vez disso, ao nos fornecer um mapa conceitual para podermos impor certa ordem sobre o que vemos e experimentamos, a língua que falamos tem papel significativo em *moldar o que constitui* para nós a realidade do mundo material.

Os estruturalistas afirmam que a língua organiza e constrói nosso senso de realidade – diferentes línguas, na verdade, produzem diferentes mapeamentos do real. Quando, por exemplo, um europeu contempla uma paisagem nevada, vê neve. Um inuíte, que tem à disposição mais de trinta palavras para descrever neve e gelo, olhando a mesma paisagem provavelmente veria muito mais. Portanto, um inuíte e um europeu, lado a lado, observando a mesma paisagem, acabariam vendo dois cenários conceitualmente bem diversos. Aborígines australianos têm, do mesmo modo, muitas palavras para descrever o deserto. Para um estruturalista, o que esses exemplos demonstram é que a forma como conceituamos o mundo depende, antes de mais nada, da língua que falamos. E, por analogia, também dependerá da cultura em que habitamos. As significações tornadas possíveis pela língua são, assim, resultado da interação de uma rede de relações estabelecidas entre combinação e seleção, semelhança e diferença. A significação não pode ser creditada a uma referência a alguma realidade extralinguística. Como defende Saussure, "na língua, há apenas diferenças *sem termos positivos* […] a língua não comporta ideias nem sons preexistentes ao sistema linguístico, mas somente diferenças conceituais e diferenças fônicas resultantes deste sistema".[3] Podemos querer questionar essa afirmação observando que os inuítes nomeiam a paisagem nevada de modo diferente devido ao suporte

---

3 | Ferdinand de Saussure, *Course in general linguistics*, Londres: Fontana, 1974, p. 120; grifado no original. [Adaptado da edição

material que "neve" representa em sua existência cotidiana. Também se poderia objetar que substituir "terroristas" por "libertários" produz significações explicáveis não apenas pelo sistema linguístico.[4]

Saussure faz outra distinção que se mostrou essencial para o desenvolvimento do estruturalismo. É a divisão da língua em *langue* e *parole*. *Langue* refere-se ao sistema da língua, às regras e convenções que a organizam. Isso é, a língua como instituição social, e, como observa Roland Barthes, "trata-se essencialmente de um contrato coletivo ao qual temos de submeter-nos em bloco se quisermos comunicar".[5] *Parole* refere-se à fala de cada um, o uso individual da língua. Para esclarecer isso, Saussure compara a língua ao jogo de xadrez. Aqui podemos fazer distinção entre as regras do jogo e um jogo de xadrez de fato em andamento. Sem o grupo de regras, não poderia haver jogo, mas é apenas no jogo de fato que essas regras se manifestam. Portanto, existe *langue* e *parole*, estrutura e desempenho. É a homogeneidade da estrutura que possibilita a heterogeneidade do desempenho.

Por fim, Saussure distingue duas abordagens teóricas à linguística: a abordagem diacrônica, que estuda o desenvolvimento histórico de uma dada língua; e a abordagem sincrônica, que estuda uma língua em determinado momento no tempo. Ele afirma que, para fundar uma ciência linguística, é necessário adotar a abordagem sincrônica. De modo geral, os estruturalistas utilizaram a abordagem sincrônica no estudo de textos ou

brasileira; ver Ferdinand de Saussure, *Curso de linguística geral*, 7. ed., trad. Antônio Chelini, José Paulo Paes & Izidoro Blikstein, São Paulo: Cultrix, 1975, p. 139. (N.T.)]

4 | Ver Capítulo 4.

5 | Roland Barthes, *Elements of Semiology*, Londres: Jonathan Cape, 1967, p. 14. [Extraído da edição brasileira; ver Roland Barthes, *Elementos de semiologia*, 5. ed., trad. Izidoro Blikstein, São Paulo: Cultrix, 1977, p. 18. (N.T.)]

práticas. Eles afirmam que, para compreender de fato um texto ou prática, é necessário focalizar exclusivamente em suas propriedades estruturais. Isso, é claro, permite que críticos hostis ao estruturalismo censurem-no por sua abordagem a-histórica da cultura.

Da obra de Saussure, o estruturalismo capta duas ideias básicas: primeira, uma preocupação com as relações subjacentes a textos e práticas, a "gramática" que torna a significação possível; segunda, a visão de que a significação é sempre resultado da reciprocidade das relações de seleção e combinação, possibilitadas pela estrutura subjacente. Em outras palavras, textos e práticas são estudados como análogos à língua. Imaginem, por exemplo, que alienígenas vindos do espaço sideral tenham pousado em Barcelona em maio de 1999 e, como demonstração terrena de boas-vindas, foram convidados a assistir à final da Liga dos Campeões, entre Manchester United e Bayern de Munique. O que eles testemunhariam? Dois grupos de homens em trajes de diferentes coloridos (um grupo, vermelho; o outro, prata e castanho), movendo-se em diferentes velocidades, em diferentes direções, sobre uma superfície verde marcada com linhas brancas. Teriam notado que um projétil esférico branco parecia ter certa influência nos vários padrões de cooperação e competição. Teriam notado um homem trajado em verde escuro, com um apito que assoprava para cessar e iniciar as combinações de jogadas. Também notariam que ele parecia ser apoiado por dois outros homens, igualmente trajados em verde escuro, um em cada lado da atividade principal, cada um usando uma bandeira para apoiar a autoridade limitada do homem com o apito. Por fim, notariam a presença de dois homens, um em cada ponta da área de jogo, em pé, diante de construções tubulares parcialmente cobertas com redes. Veriam que, periodicamente, esses homens realizavam rotinas acrobáticas que envolviam contato com o projétil branco. Os visitantes alienígenas poderiam observar o evento, descrever o que viram para outros, mas, a não ser que alguém lhes explicasse as regras do futebol, sua *estrutura*, essa final da Liga dos Campeões, em que o Manchester United se tornou o primeiro time inglês na história a vencer a "tríplice coroa"

(Champions League, Premier League e a copa da Inglaterra), tudo isso faria pouco sentido para eles. Aos estruturalistas, interessam as regras subjacentes aos textos e práticas culturais. É a estrutura que possibilita a significação. A tarefa do estruturalismo é, portanto, explicitar as regras e convenções (a estrutura) que governam a produção de significação (atos de *parole*).

CLAUDE LÉVI-STRAUSS, WILL WRIGHT E O FAROESTE NORTE-AMERICANO | Claude Lévi-Strauss recorre a Saussure para auxiliá-lo na descoberta dos "fundamentos inconscientes" da cultura das chamadas sociedades "primitivas".[6] Assim, analisa a culinária, os costumes, os modos de vestir, a atividade estética, e outras formas de práticas sociais e culturais como análogas a sistemas de línguas; cada uma, à sua maneira, é um modo de comunicação, uma forma de expressão. Como observa Terence Hawkes, "sua presa é, em suma, a *langue* de toda a cultura; seu sistema e suas leis gerais: ele a espreita através das variedades específicas de sua *parole*".[7] Na busca de sua presa, Lévi-Strauss investiga inúmeros "sistemas". Para o estudante de cultura popular, contudo, é sua análise do mito que centraliza o interesse. Ele assevera que, sob a vasta heterogeneidade de mitos, pode-se descobrir uma estrutura homogênea. Em resumo, afirma serem eles, os mitos singulares, exemplos de *parole*, articulações de uma estrutura subjacente ou *langue*. Ao entender essa estrutura, devemos ser capazes de compreender de fato a significação – o "valor operacional"[8] – de mitos específicos.

Mitos, afirma Lévi-Strauss, operam como linguagem: compreendem "mitemas", análogos a certas unidades da língua, "morfemas" e "fonemas". Assim como morfemas e fonemas, os mitemas assumem significado apenas quando combinados em certos padrões. Vista assim, a tarefa dos

---

6 | Claude Lévi-Strauss, *Structural anthropology*, Londres: Allen Lane, 1968, p. 18.

7 | Terence Hawkes, *Structuralism and semiotics*, Londres: Methuen, 1977, p. 39.

8 | Claude Lévi-Strauss, *Structural anthropology*, op. cit., p. 209.

antropólogos é descobrir a "gramática" subjacente: as regras e regulamentos que possibilitam a significação dos mitos. Também observa que mitos são estruturados em termos de "oposições binárias". Dividir o mundo em categorias mutuamente exclusivas produz significado: cultura/natureza, homem/mulher, preto/branco, bom/mau, nós/eles, por exemplo. Inspirado em Saussure, ele vê o significado como resultado de interação em um processo de semelhança e diferença. Por exemplo, para dizer o que é mau, temos de ter alguma noção do que é bom. Da mesma forma, o significado de ser homem é definido em oposição ao que significa ser mulher.

Lévi-Strauss afirma que todos os mitos têm estrutura semelhante. Além disso, também defende – embora isso não seja, de forma alguma, seu principal foco de atenção – que, na sociedade, todos os mitos têm função sociocultural semelhante. Isto é, o propósito do mito é tornar o mundo explicável, resolver magicamente seus problemas e contradições. Como afirma, "o pensamento mítico sempre progride a partir da consciência das oposições até sua resolução [...] O propósito do mito é fornecer um modelo lógico capaz de superar uma contradição".[9] Mitos são histórias que contamos a nós mesmos enquanto cultura, para nos livrarmos de contradições e tornar o mundo compreensível e, portanto, habitável; tentam nos deixar em paz conosco e com nossa existência.

Em *Sixguns and Society*, Will Wright usa a metodologia estruturalista de Lévi-Strauss para analisar os faroestes hollywoodianos. Ele afirma que boa parte da força narrativa dos faroestes é derivada de sua estrutura de oposições binárias. Entretanto, Wright difere de Lévi-Strauss, pois sua preocupação "não é revelar a estrutura mental, mas mostrar como os mitos de uma sociedade, por intermédio de sua estrutura, comunicam uma ordem conceitual para os membros daquela sociedade".[10] Em suma, enquanto a

---

9 | *Idem*, pp. 224, 229.

10 | Will Wright, *Sixguns and society: a structural study of the Western*, Berkeley: University of California Press, 1975, p. 17.

principal preocupação de Lévi-Strauss está na estrutura da mente humana, o foco de Wright está na maneira como o faroeste "apresenta uma conceituação simbolicamente simples, mas incrivelmente profunda das crenças sociais norte-americanas".[11] Mostra que o faroeste evoluiu em três estágios: "clássico" (incluindo uma variação que chama de "vingança"), "tema de transição" e "profissional". Apesar dos diferentes tipos do gênero, identifica um grupo básico de oposições estruturantes, mostrado na Tabela 6.2.

TABELA 6.2 Oposições estruturantes no faroeste*

Dentro da sociedade	Fora da sociedade
Bom	Mau
Forte	Fraco
Civilização	Deserto

* Adaptado de: Will Wright, Sixguns and society, *op. cit.*, p. 49.

Entretanto, como ele mesmo insiste (o que o leva a ir além de Lévi-Strauss), a fim de compreender totalmente o significado social de um mito, é necessário analisar não apenas sua estrutura binária, mas sua estrutura narrativa – "a progressão de eventos e a resolução de conflitos".[12] O faroeste "clássico", segundo Wright, é dividido em dezesseis "funções" narrativas.[13]

1. O herói entra em um grupo social.
2. O herói é desconhecido pela sociedade.

---

11 | *Idem*, p. 23.

12 | *Idem*, p. 24.

13 | Ver Vladimir Propp, *The morphology of the folktale*, Austin: Texas University Press, 1968.

3. Revela-se que o herói tem uma habilidade excepcional.
4. A sociedade reconhece que o herói difere dela; o herói recebe um *status* especial.
5. A sociedade não aceita totalmente o herói.
6. Há conflito de interesses entre os vilões e a sociedade.
7. Os vilões são mais fortes do que a sociedade; a sociedade é fraca.
8. Há uma forte amizade ou respeito entre o herói e um vilão.
9. Os vilões ameaçam a sociedade.
10. O herói evita se envolver no conflito.
11. Os vilões põem em perigo um amigo do herói.
12. O herói luta contra os vilões.
13. O herói derrota os vilões.
14. A sociedade está segura.
15. A sociedade aceita o herói.
16. O herói perde ou desiste de seu *status* especial.[14]

Shane[15] talvez seja o melhor exemplo de faroeste clássico: a história de um estranho que sai do deserto e ajuda um grupo de fazendeiros a derrotar um poderoso rancheiro e, depois, retorna ao deserto. No faroeste clássico, o herói e a sociedade ficam (temporariamente) alinhados na oposição aos vilões, que permanecem fora da sociedade.

No faroeste do "tema de transição" – modalidade que Wright diz servir de ponte entre o faroeste clássico (a forma que dominou as décadas de 1930, 1940 e boa parte de 1950) e o faroeste profissional, que dominou os anos 1960 e 1970 –, revertem-se as oposições binárias e vemos o herói fora da sociedade, lutando contra uma civilização forte, mas corrupta e corruptora (Tabela 6.3). Também são invertidas muitas das funções narrativas:

14 | Will Wright, *Sixguns and society*, op. cit., p. 165.
15 | Distribuído no Brasil com o título *Os brutos também amam* (1953). (N.T.)

em vez de estar fora da sociedade, de início o herói é um membro valioso dela. Revela-se, então, que o verdadeiro "vilão" é a sociedade, em oposição ao herói e àqueles fora da sociedade e da civilização. Em apoio a esses, e em eventual alinhamento com eles, o próprio herói passa, de dentro, para fora da sociedade, da civilização para o deserto. Mas, no final, a sociedade é demasiado forte para os que estão fora dela, que são impotentes contra sua força. E o melhor que conseguem fazer é escapar para o deserto.

TABELA 6.3 Oposições estruturantes no faroeste "profissional"*

Herói	Sociedade
Fora da sociedade	Dentro da sociedade
Bom	Mau
Fraco	Forte
Deserto	Civilização

* Will Wright, Sixguns and society, *op. cit.*, pp. 48-9.

Embora, segundo Wright, *Johnny Guitar*, de 1954, tenha sido o último faroeste de "tema de transição", parece claro, usando suas próprias oposições binárias e funções narrativas, que *Dances with wolves*[16] é um perfeito exemplo da categoria. Um oficial da cavalaria, condecorado por bravura, rejeita o Leste ("civilização") e demanda um posto no Oeste ("deserto") – como anuncia a divulgação do filme, "em 1864, um homem partiu em busca da fronteira e encontrou a si mesmo". E, entre os sioux, também encontrou a *sociedade*. O filme conta a história de como "ele é atraído para o amável e honroso acolhimento de uma tribo sioux [...] e, no final, a decisão crucial que deve tomar, quando colonos brancos continuam sua

16 | No Brasil, *Dança com lobos* (1990).

jornada violenta e implacável nas terras dos nativos norte-americanos".[17] Sua decisão é lutar ao lado dos sioux, contra a "civilização" que rejeitou. Por fim, considerado traidor pela cavalaria, decide deixar os sioux, para não dar à cavalaria uma desculpa para massacrá-los. A cena final, porém, mostra sua partida enquanto, sem que ele ou os sioux saibam, a cavalaria se aproxima para o que, sem dúvida, será o extermínio da tribo.

Se aceitamos *Dança com lobos* como um faroeste de "tema de transição", surgem algumas questões interessantes sobre o filme como mito. Wright afirma que cada tipo de faroeste "corresponde" a um momento diverso do desenvolvimento econômico recente dos Estados Unidos:

> O enredo do faroeste clássico corresponde à concepção individualista da sociedade subjacente a uma economia de mercado [...] O enredo da vingança é uma variação que começa a refletir mudanças na economia de mercado [...] O enredo profissional revela uma nova concepção de sociedade, correspondente aos valores e atitudes inerentes a uma economia corporativa planejada.[18]

Cada tipo, por sua vez, articula sua própria versão mítica sobre como alcançar o *sonho americano*:

> O enredo clássico mostra que a forma de alcançar recompensas humanas como amizade, respeito e dignidade é separar-se dos outros e usar sua força como indivíduo autônomo para socorrê-los [...] A variação da vingança [...] enfraquece a compatibilidade do indivíduo com a sociedade ao mostrar que o caminho para o respeito e o amor é separar-se dos outros, lutando individualmente contra seus inimigos, fortes e numerosos, mas se esforçando para lembrar e retornar aos valores mais brandos, do casamento e da humildade. O tema da transição, antecipando novos valores sociais, afirma que amor e companheirismo estão à disposição,

---

17 | *Guild Home Video*, 1991.
18 | Will Wright, *Sixguns and society*, op. cit., p. 15.

mas o custo, para o indivíduo que se opõe firme e honradamente à intolerância e ignorância da sociedade, pode ser tornar-se um pária social. Por fim, o enredo profissional [...] afirma que companheirismo e respeito só podem ser alcançados caso se torne um técnico competente, juntando-se a um grupo profissional de elite, aceitando qualquer trabalho que lhe é oferecido, e sendo leal apenas à integridade do grupo, e não a qualquer valor comunitário ou social concorrente.[19]

Dado o sucesso de crítica e financeiro de *Dances with wolves*,[20] ele pode muito bem representar – se aceitarmos a teoria de correspondência, um tanto redutora, de Wright – um faroeste de "tema de transição", que marca o início de uma transição inversa, de volta a um tempo de valores comunitários e sociais menos mercenários – de volta, de fato, a uma época de *sociedade e comunidade*.

ROLAND BARTHES: *MYTHOLOGIES* | Os trabalhos iniciais de Roland Barthes tratando de cultura popular estudam os processos de significação, os mecanismos pelos quais significados são produzidos e colocados em circulação. *Mythologies* é uma coletânea de ensaios sobre a cultura popular francesa, em que ele estuda, entre muitas coisas, luta livre (*catch, wrestling*), sabões em pó e detergentes, brinquedos, bifes com fritas, turismo, e atitudes populares em relação à ciência. Seu princípio básico é sempre questionar "o falso óbvio",[21] para explicitar o que muitas vezes per-

---

19 | *Idem*, pp. 186-7.

20 | *Dança com lobos* foi vencedor de sete Oscars; quinto filme mais bem-sucedido tanto no Reino Unido como nos Estados Unidos, faturando, respectivamente, mais de 10,9 milhões de libras e 122,5 milhões de dólares no ano de seu lançamento.

21 | Roland Barthes, *Mythologies*. Londres: Paladin, 1973, p. 11. [Na edição brasileira consultada está: "falsas evidências"; ver Roland Barthes, *Mitologias*, 2. ed., trad. Rita Buongermino e Pedro de Souza, São Paulo: Difel, 1975, p. 7. (N.T.)]

manece implícito nos textos e práticas da cultura popular. Seu propósito é político; seu alvo é o que ele chama de a "norma burguesa".[22] Como afirma no "Prefácio" da edição de 1957, ele "sofria por ver a todo momento confundidas, nos relatos da nossa atualidade, Natureza e História, e queria localizar, na exposição decorativa *do que é óbvio*, o abuso ideológico que […] nele se dissimula".[23] *Mythologies* é a experiência mais significativa de tentar fazer que a metodologia semiológica se aproxime da cultura popular. A possibilidade da semiologia foi inicialmente indicada por Saussure:

> A língua é um sistema de signos que exprimem ideias e é comparável, por isso, à escrita, ao alfabeto dos surdos-mudos, aos ritos simbólicos, às formas de polidez, aos sinais militares etc. […] Pode-se, então, conceber uma ciência que estude a vida dos sinais no seio da vida social […] chamá-la-emos de *Semiologia*.[24]

Na conclusão de *Mythologies* está o importante ensaio teórico "Myth today",[25] em que Barthes delineia um modelo semiológico para interpretar cultura popular, aproveitando o esquema de Saussure de significante/significado = signo e incluindo aí um segundo nível de significação.

Como observamos anteriormente, o significante "gato" produz o significado "gato": uma criatura felina quadrúpede. Barthes afirma que isso indica

---

22 | *Idem*, p. 9.

23 | "Prefácio" [da edição de 1957], em Roland Barthes, *Mythologies*, *op. cit.*, p. 11. [adaptado da edição brasileira; ver Roland Barthes, *Mitologias*, *op. cit.*, p. 7. (N.T.)]

24 | Ferdinand de Saussure, *Course in general linguistics*, *op. cit.*, p. 16. [Adaptado da edição brasileira; ver Ferdinand de Saussure, *Curso de linguística geral*, *op. cit.*, p. 24; o grifo é da tradução brasileira. (N.T.)]

25 | "Myth today" ["O mito, hoje"], de Barthes, e "The analysis of culture" ["A análise da cultura"], de Williams são dois dos textos fundadores dos estudos culturais britânicos.

apenas a significação primária. Produzido no nível de significação primária, o signo "gato" está disponível para, em um segundo nível de significação, tornar-se o significante "gato". Isso pode, assim, produzir, no segundo nível de significação, o significado "gato" como alguém [bonito], "legal" e popular. Como mostra a Tabela 6.4, o signo de significação primária torna-se o significante em um processo de secundária significação. Em *Elementos de semiologia*, Barthes substitui os termos mais conhecidos, "denotação" (significação primária) e "conotação" (significação secundária): "*o primeiro sistema* [denotação] *torna-se o plano de expressão ou significante do segundo sistema* [conotação] [...] Os significantes de conotação [...] são constituídos por *signos* (significantes e significados reunidos) do sistema denotado".[26]

TABELA 6.4 Significação primária e secundária

Significação primária	1. Significante	2. Significado
Denotação	3. Signo	
Significação secundária	I. SIGNIFICANTE	II. SIGNIFICADO
Conotação	III. SIGNO	

Barthes assegura ser no nível da significação secundária, ou conotação, que se produzem mitos para consumo. Por mito, ele se refere à ideologia, entendida como um grupo de ideias e práticas que, ao promover ativamente os valores e interesses de grupos dominantes na sociedade, defendem as estruturas predominantes de poder. Para compreender esse aspecto de sua afirmação, precisamos entender a natureza polissêmica dos signos – isto é, os

26 | Roland Barthes, *Elements of Semiology*, 1967, pp. 89-91. [Exemplo adaptado da edição brasileira; ver Roland Barthes, *Elementos de semiologia*, 5. ed., trad. Izidoro Blikstein, São Paulo: Cultrix, 1977, pp. 95-96; os grifos são da tradução brasileira. (N.T.)]

múltiplos significados potenciais que eles têm para significar. Um exemplo pode esclarecer esse ponto. Expliquei, no primeiro capítulo, que o Partido Conservador apresentou uma transmissão político-partidária que concluía com a palavra "socialismo" sendo posta atrás das grades vermelhas de uma prisão. Isso foi, sem dúvida, uma tentativa de fixar a significação secundária, ou conotações, da palavra "socialismo", para significar restritivo, coercivo, contra a liberdade. Barthes veria isso como exemplo da fixação de novas conotações ao produzir-se o mito – a produção de ideologia. Ele afirma ser possível provar que todas as formas de significação atuam dessa forma. Seu mais famoso exemplo de como a significação secundária opera (ver Foto 6.1) foi extraído de uma capa, de 1955, da revista francesa *Paris Match*. Inicia sua análise estabelecendo que o nível de significação primária consiste um significante: figura e áreas coloridas. Isso produz o significado: "um soldado negro saudando a bandeira francesa". Juntos, formam o signo primário. O signo primário, então, torna-se o significante "soldado negro saudando a bandeira francesa", e produz, no nível de significação secundária, o significado "imperialidade francesa". Eis seu relato do encontro com a capa da revista:

> Estou no barbeiro, dão-me um exemplar da *Paris Match*. Na capa, um jovem negro vestindo um uniforme francês faz a saudação militar, com os olhos erguidos, fixos, sem dúvida, numa prega da bandeira tricolor. Tudo isso é a significação da imagem. Mas, ingênuo ou não, bem vejo o que ela significa para mim: que a França é um grande Império, que todos os seus filhos, sem discriminação de cor, servem fielmente sob sua bandeira, e que não existe resposta melhor aos detratores de um pretenso colonialismo do que o zelo demonstrado por este negro em servir os seus pretensos opressores. Estou, assim, diante de um sistema semiológico ampliado: existe um significante, já formado em um sistema prévio (um soldado negro saúda a bandeira francesa); existe um significado (é uma mistura propositada de francidade e militarismo); há, enfim, a presença do significado através do significante.[27]

27 | *Idem*, "Myth today", em John Storey (org.), *Cultural theory and*

Foto 6.1
Soldado negro
saudando a bandeira.

No primeiro nível: soldado negro saudando a bandeira francesa; no segundo nível: uma imagem positiva do imperialismo francês. A ilustração da capa é, portanto, vista como algo que representa a tentativa, da *Paris Match*, de produzir uma imagem positiva do imperialismo francês. Após a derrota no Vietnã [Indochina] (1946-54) e a guerra então em curso na Argélia (1954-62), essa imagem pareceria a muitos como certa urgência política. E, como Barthes sugere, "o mito tem [...] função dupla: ele designa e notifica, faz-nos compreender e nos impõe isso".[28] O que faz disso uma possibilidade são os códigos culturais compartilhados, que tanto Barthes como os leitores da *Paris Match* são capaz de captar. As conotações, portanto, não são meramente produzidas pelos autores da imagem, mas ati-

popular culture: a reader, 4. ed., Harlow: Pearson Education, 2009, p. 265. [Adaptado da edição brasileira; ver Roland Barthes, *Mitologias, op. cit.*, p. 138. (N.T.)]

28 | *Idem, ibidem.* [*Idem*, p. 139 (N.T.)]

vadas a partir de um repertório cultural já existente. Em outras palavras, a imagem ao mesmo tempo em que as capta do repertório cultural, nele as adiciona. Além disso, o repertório cultural não forma um bloco homogêneo. Mito e contramito confrontam-se continuamente. Por exemplo, uma imagem com referências à cultura da música *pop* pode ser vista por um público jovem como índice de liberdade e heterogeneidade; já para um público mais velho pode sinalizar manipulação e homogeneidade. Os códigos a serem mobilizados dependerão, e muito, de um triplo contexto: a situação do texto, o momento histórico e a formação cultural do leitor.

Em "The photographic message", Barthes introduz muitas considerações mais.[29] Como eu já disse, o contexto de publicação é importante. Se a fotografia do soldado negro saudando a bandeira tivesse aparecido na capa da *Socialist Review*, seu(s) significado(s) conotativo(s) poderia(m) ser bem diferente(s). Leitores teriam procurado ver ironia. Em vez de ser lida como imagem positiva do imperialismo francês, ela teria sido vista como sinal de exploração e manipulação imperial. Além disso, ao ler o original da *Paris Match*, um socialista teria visto a foto não como uma imagem positiva do imperialismo francês, mas como uma tentativa desesperada de projetar essa imagem, dado o contexto histórico geral da derrota da França no Vietnã e sua iminente derrota na Argélia. Mas, apesar disso tudo, a intenção por trás da imagem é clara:

> O mito tem um caráter imperativo, de preenchimento, [...] [prende], tanto no sentido físico como no sentido legal do termo: o imperialismo francês condena o negro que faz a saudação militar a não ser nada mais do que um significante instrumental – o negro interpela-me em nome da imperialidade francesa; mas, ao mesmo tempo, a saudação do negro torna-se espessa, fica vitrificada, petrificada, em um considerando eterno, destinado a fundar a imperialidade francesa.[30]

29 | *Idem*, "The photographic message", em *Image-Music-Text*, Londres: Fontana, 1977, p. 26.

30 | *Idem*, "Myth today", *op. cit.*, pp. 265-6. [Roland Barthes,

Essa não é a única maneira de atribuir conotações positivas ao imperialismo francês. Barthes sugere outros significantes míticos que a imprensa pode usar: "Posso dar à imperialidade francesa muitos outros significantes, além da saudação militar de um negro: um general francês condecorando um senegalês maneta, uma enfermeira servindo uma tisana para um árabe acamado, um professor branco lecionando para crioulinhos atentos".[31]
Barthes prevê três possíveis posições de leitura, a partir das quais a imagem pode ser lida. A primeira simplesmente veria o soldado negro saudando a bandeira como um "exemplo" da imperialidade francesa, um "símbolo" disso. Essa é a posição daqueles que produzem esses mitos. A segunda veria a imagem como um "álibi" para a imperialidade francesa. Essa é a posição do leitor socialista já mencionado. A última posição de leitura é aquela do "consumidor de mitos".[32] Ele ou ela lê a imagem não como um exemplo ou um símbolo, nem como um álibi: o soldado negro saudando a bandeira "é a própria *presença* da imperialidade francesa";[33] isto é, o soldado negro saudando a bandeira é visto como *naturalmente* invocando o conceito de imperialidade francesa. Aí não há o que discutir: é óbvio que um implica a presença do outro. A relação entre o soldado negro saudando a bandeira e a imperialidade francesa foi "naturalizada". Como explica Barthes:

aquilo que permite ao leitor consumir o mito inocentemente é o fato de ele não ver no mito um sistema semiológico, mas sim um sistema indutivo: onde existe apenas uma equivalência, ele vê uma espécie de processo causal: o significante e o significado mantêm, para ele, relações naturais. Pode exprimir-se esta confu-

Mitologias, op. cit., p. 146. (N.T.)] A formulação de Barthes é incrivelmente similar ao conceito de "interpelação" desenvolvido, alguns anos depois, por Louis Althusser (ver Capítulo 4).

31 | *Idem*, p. 266. [*Idem*, p. 148. (N.T.)]
32 | *Idem*, p. 268.
33 | *Idem*, p. 267; grifado no original.

são de um outro modo: todo sistema semiológico é um sistema de valores; ora, o consumidor de mitos considera a significação como um sistema de fatos: o mito é lido como um sistema fatual, quando é apenas um sistema semiológico.[34]

Existe, é claro, uma quarta posição de leitura, aquela do próprio Barthes – o mitólogo. Essa leitura produz o que ele chama de "descrição estrutural". É uma posição de leitura que busca determinar como se processa a produção ideológica da imagem, sua transformação de história em natureza. Segundo Barthes, "a semiologia nos ensinou que a função do mito é transformar uma intenção histórica em natureza, uma contingência em eternidade. Ora, esse processo é o próprio processo da ideologia burguesa".[35] Seu argumento é que o "mito é constituído pela eliminação da qualidade histórica das coisas: nele, as coisas perdem a lembrança de sua produção".[36] É o que ele chama de "fala despolitizada".

> No caso do negro-soldado [...] o que é evacuado certamente não é a imperialidade francesa (muito pelo contrário, é precisamente ela que é necessário tornar presente); mas a qualidade contingente, histórica, isto é, fabricada, do colonialismo. O mito não nega as coisas; a sua função é, pelo contrário, falar delas; simplesmente, purifica-as, inocenta-as, fundamenta-as em natureza e eternidade, dá-lhes uma clareza, não de explicação, mas de constatação. Se constato a imperialidade francesa sem explicá-la, pouco falta para que a ache normal, decorrente da natureza das coisas: fico tranquilo. Passando da história à natureza, o mito faz uma economia: abole a complexidade dos atos humanos [...] organiza um mundo sem contradições, porque sem profundeza, um mundo plano e que se ostenta em sua evidência, cria uma clareza feliz: as coisas parecem significar sozinhas.[37]

34 | *Idem*, p. 268. [*Idem*, p. 152. (N.T.)]

35 | *Idem, ibidem*. [*Idem*, p. 162-3. (N.T.)]

36 | *Idem, ibidem*.

37 | *Idem*, p. 269. [*Idem*, pp. 163-4 (N.T.)] O mito funciona quase da

Imagens raramente aparecem sem o acompanhamento de um texto linguístico de qualquer tipo. Uma fotografia de jornal, por exemplo, estará cercada por um título, uma legenda, um artigo e o *layout* geral da página. Como já visto, também estará no contexto de um jornal ou revista. O contexto oferecido pelo *Daily Telegraph* (o conjunto de leitores e suas expectativas) é bem diferente daquele do *Socialist Worker*. Os textos que acompanham as imagens controlam a produção de conotações.

Antigamente, a imagem ilustrava o texto (deixava-o mais claro); hoje, o texto carrega a imagem, enche-a de cultura, de uma moral, uma imaginação. Antigamente, do texto à imagem, havia redução; hoje, há amplificação de um para a outra. Agora a conotação é sentida apenas como a ressonância natural da denotação básica, constituída pela analogia fotográfica, e enfrentamos, assim, um típico processo de naturalização do cultural.[38]

Em outras palavras, a imagem não ilustra o texto, é o texto que amplia o potencial conotativo da imagem. Ele se refere a esse processo como "revezamento". É claro que a relação pode operar de outras maneiras. Por exemplo, em vez de "ampliar um conjunto de conotações já existentes na fotografia [...] o texto produz (inventa) um significado totalmente novo que é retroativamente projetado na imagem, a ponto de parecer ali denotado".[39] Um exemplo pode ser a fotografia tirada em 2011 (ver Foto 6.2) de um roqueiro com ar pensativo, originalmente usada para promover uma canção de amor: "My babe done me wrong". No final de 2012, a fotografia foi reutilizada para acompanhar um artigo jornalístico sobre a morte, por overdose de drogas, de um dos melhores amigos do roqueiro. A fotografia

mesma forma que o conceito de poder de Foucault; é produtivo, e não repressivo (ver adiante neste capítulo).

38 | Roland Barthes, "The photographic message", *op. cit.*, p. 26.
39 | *Idem*, p. 27.

recebe nova legenda: "Drogas mataram meu melhor amigo" (ver Foto 6.3). A legenda alimentaria a imagem produzindo (inventando) conotações de perda, desespero e certa preocupação com o papel das drogas na cultura da música *rock*. Barthes refere-se a esse processo como "ancoragem". Como visto antes, esse exemplo (diferentes significados criados a partir da mesma fotografia do roqueiro) revela a natureza polissêmica de todos os signos: isto é, seu potencial para significação múltipla. Sem a adição de um texto linguístico, é muito difícil definir o significado da imagem. A mensagem linguística atua de duas formas. Ajuda o leitor a identificar o significado denotativo da imagem: trata-se de um roqueiro parecendo pensativo. Segundo, limita a potencial proliferação das conotações da imagem: o roqueiro está pensativo devido à overdose por drogas de um de seus amigos mais próximos. Portanto, o roqueiro está pensando sobre o papel das drogas na cultura do *rock*. Além disso, tenta fazer o leitor acreditar que o significado conotativo está de fato presente no nível da denotação.

Foto 6.2
Rock-a-day Johnny:
"My babe done me wrong",
do álbum *Dogbucket Days*.

Foto 6.3
Rock-a-day Johnny:
"Drogas mataram meu
melhor amigo."

O que possibilita esse movimento de "denotação" para "conotação" é a armazenagem de conhecimento social (um repertório cultural), que o leitor é capaz de aproveitar ao interpretar a imagem. Sem o acesso a esse código compartilhado (consciente ou inconsciente), as operações de conotação não seriam possíveis. E, claro, esse conhecimento é ao mesmo tempo histórico e cultural. Quer dizer, pode diferir de uma cultura para outra, e de um momento histórico para outro. A diferença cultural também pode ser marcada por diferenças de classe, raça, gênero, geração ou sexualidade. Como Barthes assinala,

> ler fielmente depende de minha cultura, de meu conhecimento do mundo, e é provável que uma boa fotografia de imprensa (e todas são boas, pois são selecionadas) jogue de imediato com o suposto conhecimento de seus leitores, sendo escolhidas as imagens [*prints*] que incluam a maior quantidade possível de informação desse tipo, de forma a auxiliar a leitura plenamente satisfatória.[40]

40 | *Idem*, p. 29.

Mais uma vez, como ele explica, "a variação nas leituras não é, entretanto, anárquica; depende de diferentes tipos de conhecimento – prático, nacional, cultural, estético – investidos na imagem [pelo leitor]".[41] Aqui, vemos novamente a analogia com a língua. A imagem individual é um exemplo de *parole*, e o código compartilhado (repertório cultural) é um exemplo de *langue*. A melhor forma de unir os diferentes elementos desse modelo de leitura é demonstrá-lo.

Foto 6.4
Publicidade para professores.
Fonte: Departamento de Educação, material protegido por *copyright* da Crown, reproduzido com a permissão da Secretaria de Informações do Setor Público (OPSI).

Em 1991, o Departamento de Educação e Ciência (DES) produziu uma propaganda, com inserção na popular revista de cinema *Empire* (ver Foto

41 | Idem, "Rhetoric of the image", em *Image-Music-Text*, Londres: Fontana, 1977, p. 46.

6.4). A imagem mostra duas estudantes de 14 anos: Jackie pretende ir para a universidade; Susan pretende parar de estudar aos 16. O anúncio pretende atrair homens e mulheres para o magistério. É um jogo duplo, um blefe. Isto é, vemos as garotas, lemos a legenda, e decidimos qual menina quer ir para a universidade e qual quer parar aos 16. O jogo duplo está blefando porque a garota que quer parar é aquela que alguém convencionou – aqueles sem a competência cultural necessária para lecionar – considerar estudiosa. É um jogo duplo porque não queremos ser enganados pela propaganda. Podemos nos parabenizar por nossa perspicácia. Nós, ao contrário de outros, não fomos ludibriados – temos a competência cultural necessária. Portanto, somos excelentes professores em potencial. A publicidade brinca com o conhecimento necessário para ser um professor e nos permite reconhecer em nós esse conhecimento: nos fornece uma posição para dizer: "Sim, eu devia ser um professor".

PÓS-ESTRUTURALISMO | Pós-estruturalistas rejeitam a ideia de uma estrutura subjacente sobre a qual o significado (*meaning*) pode permanecer seguro e garantido. O significado está sempre em processo. O que chamamos de "significado" de um texto sempre é apenas uma parada momentânea em um fluxo contínuo de interpretações após interpretações. Saussure, como já vimos, postulava que a linguagem consistia em uma relação entre o significante, o significado e o signo. Os teóricos do pós-estruturalismo sugerem que a situação é bem mais complexa do que isso: significantes não produzem significados; produzem mais significantes. O significado resulta de algo bastante instável. Em "The death of the author", o agora pós-estruturalista Barthes insiste em ser o texto um "espaço multidimensional onde diversas escritas – nenhuma delas original – se mesclam e colidem. O texto é uma tessitura de citações captadas de inúmeros centros de cultura".[42] Só o leitor pode trazer uma unidade

---

42 | *Idem*, "The death of the author", em *Image-Music-Text*, Londres: Fontana, 1977, p. 146.

temporária a um texto. Diferentemente da obra que se pode ver aparentemente completa nas estantes de bibliotecas e livrarias, "só se experimenta [o texto] em uma atividade de produção".[43] Um texto é uma obra vista como inseparável do processo ativo de suas muitas leituras.

JACQUES DERRIDA | O pós-estruturalismo é praticamente sinônimo da obra de Jacques Derrida. Para Saussure, como vimos, o signo torna-se significativo por sua localização em um sistema de diferenças. Derrida adiciona a isso a noção de que também o significado é sempre adiado, nunca totalmente presente, sempre ausente e presente ao mesmo tempo.[44] Derrida inventou um neologismo para descrever a natureza dividida do signo: *différance*, com ambos os significados de *diferir* (adiar e diferenciar).[45]

O modelo de diferença de Saussure é espacial, em que o significado surge das relações entre signos contidos em uma estrutura autorreguladora. O modelo de Derrida de *différance*, contudo, é estrutural e temporal; o significado depende da diferença estrutural, mas também de relações temporais de antes e depois.

Por exemplo, se buscarmos o significado de uma palavra em um dicionário, encontramos uma protelação contínua do significado. Olhando o significante "letter" no *Collins Pocket Dictionary of the English Language*, descobrimos haver cinco significados possíveis: uma mensagem escrita ou impressa, uma letra do alfabeto, o significado estrito de um contrato, exatamente (como em ao "pé da letra"), e escrever ou marcar letras em um signo. Se em seguida observamos um deles – o significado "mensagem [escrita ou impressa]" –, descobrimos que também ele é um significante, produzindo mais quatro significados: comunicação de uma

---

43 | Jacques Derrida, *Speech and phenomena*, Evanston: Northwestern University Press, 1973, p. 157.

44 | Ver Capítulo 1, ao tratar das definições de cultura popular.

45 | Jacques Derrida, *Speech and phenomena, op. cit.*

pessoa ou grupo para outro(a); um significado implícito, como em uma obra de arte, uma crença religiosa ou política que alguém tenta comunicar a outros e entender (como em "captar a mensagem").

Buscando dessa forma no dicionário, confirma-se a contínua protelação intertextual do significado, "uma remissão indefinida de significante para significante [...] que não dá trégua ao significado [...] de modo que sempre volta a significar".[46] Apenas quando se localiza em um discurso ou é lido em um contexto, há uma pausa temporária no infindável jogo entre significantes. Por exemplo, se lêssemos ou ouvíssemos as palavras "nada foi entregue", isso significaria coisas bem diversas se fossem as palavras iniciais de um romance, um verso de um poema, uma desculpa, um rabisco no caderno de um comerciante, um verso de uma música, um exemplo de um livro de frases, parte de um monólogo em uma peça, parte de uma resposta em um filme, um exemplo na explicação de *différance*. Mas mesmo o contexto não consegue controlar totalmente a infindável protelação intertextual do significado: a frase "nada foi entregue" traz consigo os "vestígios" de significados de outros contextos. Se sei que é de uma música, essa ressoará pelas palavras enquanto as leio no caderno de um comerciante.

Para Derrida, a oposição binária – tão importante para o estruturalismo – nunca é uma simples relação estrutural: é sempre uma relação de poder, em que um termo está em posição de dominância em relação ao outro. Além disso, a dominância de um sobre o outro (uma questão, digamos, de prioridade ou privilégio) não é algo que brota "naturalmente" da relação, mas que se produz na maneira como a relação é construída. Preto e branco, pode-se dizer, existem em uma oposição binária, um sendo sempre "o outro ausente" quando um dos termos é definido. Mas não é difícil ver, em muitos discursos de poder, que o branco é o termo positivo, mantendo prioridade e privilégio em relação ao preto. Por exemplo, os comentários

---

46 | *Idem, Writing and difference*, Londres: Routledge & Kegan Paul, 1978a, p. 25.

do historiador da televisão David Starkey ao programa *Newsnight* da BBC 2 (13 de agosto de 2011), sobre os tumultos em cidades inglesas nesse mesmo ano, articula-se nessa lógica. Ao condenar o que havia acontecido, disse: "Os brancos viraram pretos". E, mais adiante, reforçando-a, ao acrescentar: "Escutem David Lammy [membro do parlamento, do Partido Trabalhista, por Tottenham], um típico preto bem-sucedido. Se escurecessem a tela e só escutassem sua voz, como no rádio, achariam que é branco". Em ambos os casos, o branco é positivo, o preto é negativo. Mesmo deixando de lado o racismo, há um longo histórico de conotação negativa de "preto" e conotação positiva de "branco".[47]

O anúncio do DES que vimos antes – em seu dístico: menina "boa", que se interessa por eletromagnetismo, genética e Charles Dickens; e menina "má", que prefere música, roupas e garotos – contém o que Derrida chama de "hierarquia violenta".[48] No primeiro capítulo também vimos que, para ter definição consistente, "alta cultura" muitas vezes dependeu de "cultura popular". A crítica de Derrida nos alerta para a maneira como, nesses dísticos, um lado sempre é privilegiado em relação ao outro; um lado sempre luta por uma posição de *status* (de pura presença) sobre o outro. Além disso, como Derrida também aponta, não são opostos puros – cada um é *motivado* pelo outro, depende do "outro ausente" para ter presença e significado. Não há menina naturalmente "boa", que permanece na escola, para se opor a uma menina naturalmente "má", que quer parar de estudar aos dezesseis. Para simplesmente reverter a oposição binária, basta manter as hipóteses já construídas por essa oposição. Devemos fazer mais do que "simplesmente [...] neutralizar as oposições binárias. [...] Um dos dois termos controla o outro [...] mantém posição superior. Para desconstruir a oposição, [devemos] [...] derrubar a hierarquia".[49] Em vez de aceitar o jogo duplo do anún-

---

47 | Ver Capítulo 8.

48 | *Idem*, *Positions*, Londres: Athlone Press, 1978b, p. 41.

49 | *Idem*, *ibidem*.

cio do DES, uma leitura "desconstrutiva" desejaria desnudar o dístico, para demonstrar que ele só se mantém com certa "violência" – certo conjunto de pressuposições duvidosas a respeito de gênero e sexualidade.

Também se poderia fazer uma leitura desconstrutiva do já comentado *Dances with wolves*: em vez de ver o filme como algo que inverte as oposições binárias e as funções narrativas do modelo de Wright, talvez pudéssemos considerar a maneira como o filme desafia a hierarquia implícita no modelo. Como observa Derrida:

> Uma leitura [desconstrutiva] deve sempre almejar certa relação, não percebida pelo escritor, entre o que ele controla e o que ele não controla dos padrões da língua que usa. Essa relação é [...] uma estrutura significativa que a leitura crítica [isto é, desconstrutiva] deve produzir. [...] [Isto é, uma] produção [que] pretende tornar o não visto acessível à visão.[50]

DISCURSO E PODER: MICHEL FOUCAULT | Uma das principais preocupações de Michel Foucault está na relação entre conhecimento e poder, e em como essa relação atua em discursos e formações discursivas. O conceito de discurso, em Foucault, é semelhante à ideia da "problemática", de Althusser, isto é, cada um é um *corpus* de conhecimento, organizados e organizantes, com regras e regulamentos que governam determinadas práticas (modos de falar, pensar e agir).

Discursos operam de três maneiras: possibilitam, limitam e constituem. Como explica Foucault, discursos são "práticas que formam sistematicamente os objetos de que falam".[51] A língua, por exemplo, é um discurso: ela

---

50 | *Idem*, *Of Grammatology*, Baltimore: Johns Hopkins University Press, 1976, pp. 158, 163; parece-se muito com a proposta de Pierre Macherey; ver Capítulo 4.

51 | Michel Foucault, *The archaeology of knowledge*, Londres: Routledge, 1989, p. 49.

me *possibilita* falar, ela *limita* o que posso dizer; ela me *constitui* como um sujeito falante (isto é, situa e produz minha subjetividade: eu me conheço na língua; penso em língua; falo comigo pela língua). Disciplinas acadêmicas também são discursos: assim como as línguas, possibilitam, limitam e constituem. A Tabela 6.5 resume diferentes maneiras de estudar filmes. Cada disciplina fala sobre filmes de determinada maneira e, ao fazer isso, possibilita e limita o que se pode falar sobre filmes. Mas não apenas falam sobre filmes: ao erigir os filmes em objeto específico de estudo, constituem-nos como realidades específicas ("o significado real de filmes"). O jogo de *netball* é também um discurso: para jogá-lo (não importando o talento individual), devem ser conhecidas as regras do jogo, que, ao mesmo tempo, possibilitam e limitam o desempenho. Mas também constituem a pessoa como jogadora de *netball*. Em outras palavras, só se é um jogador de *netball* quando se joga *netball*. Ser um jogador de *netball* não é uma "dádiva" (isto é, uma expressão da "natureza"): é algo possibilitado, limitado e constituído no discurso (ou seja, um produto de "cultura").

TABELA 6.5 Filmes como objetos de estudo

Economia	= mercadoria
Estudos literários	= texto artístico semelhante a texto literário
História	= documento histórico
História da arte	= exemplo de cultura visual
Estudos culturais	= exemplo de cultura popular
Estudos de cinema	= objeto textual de estudo
Estudos de mídia	= tipo específico de mídia

Assim, discursos produzem posições de sujeito que somos convidados a ocupar (membro de uma comunidade linguística; estudante de cinema; jogador de *netball*). Discursos são, portanto, práticas sociais de que participamos; são como "roteiros" sociais que desempenhamos (consciente ou inconscientemente). O que vemos como "experimentar" é sempre experiência em determinado discurso e experimento dele. Além disso, o que vemos como "nós mesmos" é a internalização de uma multiplicidade de discursos. Em outras palavras, todas as coisas que somos são possibilitadas, limitadas e constituídas em discursos.

Formações discursivas consistem em entrecruzamentos hierárquicos de determinados discursos. As diferentes maneiras de estudar filmes, já mostradas, produzem uma formação discursiva. Em *The History of sexuality*, Foucault esquematiza o desenvolvimento da formação discursiva da sexualidade. Ao fazer isso, rejeita o que chama de "hipótese repressiva";[52] isto é, a ideia de sexualidade como algo "essencial" que os vitorianos reprimiam. Em seu lugar, apresenta um grupo diferente de questões:

> Por que se estudou tão amplamente a sexualidade e o que foi dito sobre ela? Quais os efeitos de poder gerados pelo que foi dito? Quais os elos entre esses discursos, esses efeitos de poder e os prazeres por eles investidos? Que conhecimento (*savoir*) resultou dessa cadeia?[53]

Ele rastreia o discurso da sexualidade em uma série de domínios discursivos: medicina, demografia, psiquiatria, pedagogia, assistência social, criminologia, governo. Em vez do silêncio da repressão, encontra "incitação – política, econômica e técnica – a falar sobre sexo".[54] Afirma que os diferentes discursos acerca de sexualidade não são *sobre* a sexualidade, mas *constituem* de fato a realidade da sexualidade. Em outras palavras, os vitorianos não reprimem a sexualidade, e, de fato, eles a inventaram.

---

52 | Idem, *The history of sexuality*, Harmondsworth: Penguin, 1981, p. 10.
53 | *Idem*, p. 11.
54 | *Idem*, pp. 22-3.

Isso não quer dizer que não exista sexualidade externa ao discurso, mas que nosso "conhecimento" de sexualidade e as relações de "poder-conhecimento" da sexualidade são discursivos.

Discursos produzem conhecimento, e conhecimento é sempre uma arma de poder: "É no discurso que poder e conhecimento se unem".[55] A invenção vitoriana da sexualidade não apenas produziu o conhecimento da sexualidade, mas buscou produzir poder sobre a sexualidade – era um conhecimento que poderia ser aproveitado para categorizar e organizar o comportamento, dividi-lo em "normal" e inaceitável. Dessa maneira, portanto, "poder produz conhecimento [...] poder e conhecimento implicam diretamente um ao outro [...] não há relação de poder sem a constituição correlacionada de um campo de conhecimento, nem conhecimento que não pressuponha e constitua, ao mesmo tempo, relações de poder".[56] O poder, contudo, não deve ser visto como força negativa, como algo que nega, reprime e anula: o poder é produtivo. "De uma vez por todas devemos parar de descrever os efeitos do poder em termos negativos: 'exclui', 'reprime', 'censura', 'abstrai', 'mascara', 'oculta'. De fato, o poder produz: produz real; produz domínios de objetos e rituais de verdade."[57]

O poder produz realidade, por meio de discursos, produz as "verdades" pelas quais vivemos: "Cada sociedade tem seu próprio regime de verdade, sua 'política geral' de verdade – isto é, os tipos de discurso que ela acolhe e faz atuar como verdadeiros".[58] Um de seus principais objetivos, portanto, é

---

[55] | *Idem*, "Method", em John Storey (org.), *Cultural theory and popular culture: a reader*, 4. ed., Harlow: Pearson Education, 2009, p. 318.

[56] | *Idem*, *Discipline and punish*, Harmondsworth: Penguin, 1979, p. 27. [*Vigiar e punir*]

[57] | *Idem*, p. 194.

[58] | *Idem*, "Truth and power", em James D. Faubion (org.), *Michel Foucault essential works: power*, Harmondsworth: Penguin, 2002a, p. 131.

descobrir "como homens [e mulheres] governam (a si mesmos e a outros) pela produção de verdade ([...] o estabelecimento de domínios em que a prática do verdadeiro ou falso se pode fazer simultaneamente ordenada e pertinente)".[59]

Os "regimes de verdade", de Foucault, não têm de ser "verdadeiros", precisam apenas ser vistos como "verdadeiros" e atuar como "verdadeiros". Quando se acredita em algumas ideias, elas estabelecem e legitimam determinados regimes de verdade. Por exemplo, antes de ter sido descoberto que a Terra é redonda, pensar na Terra como plana estava no regime de verdade da ciência e da teologia contemporâneas; dizer que ela era redonda podia levar alguém a ser torturado ou morto. No oitavo capítulo, mostramos o orientalismo como um poderoso regime de verdade.

Discurso, entretanto, não é só imposição de poder. Como Foucault assinala, "onde há poder, há resistência".[60]

De uma vez por todas, discursos não são subservientes ao poder ou alçados contra ele, assim como não o são os silêncios. Devemos admitir o complexo e instável processo por meio do qual o discurso pode ser um instrumento e um efeito de poder, mas também, e ao mesmo tempo, obstrução, obstáculo, ponto de resistência e ponto de partida para uma estratégia oposta. Discursos transmitem e produzem poder; reforçam-no, mas também minam suas bases e o expõem, deixando-o frágil e tornando possível frustrá-lo.[61]

A MÁQUINA PANÓPTICA | O panóptico é um tipo de prisão projetado por Jeremy Bentham em 1787 (ver Foto 6.5). No centro do edifício fica uma torre que permite ao diretor observar todos os prisioneiros nas celas

---

59 | *Idem*, "Question of method", em James D. Faubion (org.), *Michel Foucault essential works: power*. Harmondsworth: Penguin, 2002b, p. 230.
60 | *Idem*, "Method", *op. cit.*, p. 315.
61 | *Idem*, p. 318.

ao redor, sem que os prisioneiros saibam se estão, ou não, sendo de fato observados. Segundo Bentham, o panóptico é "um novo modo de obter o poder da mente sobre as mentes, em uma quantidade até então sem precedentes; e em um nível igualmente sem precedentes".[62] Ele também acreditava que o projeto do panóptico poderia ser usado em "qualquer tipo de estabelecimento em que pessoas de quaisquer características sejam mantidas sob inspeção, [incluindo] asilos, leprosários, indústrias, manufaturas, hospitais, reformatórios, manicômios e escolas".[63]

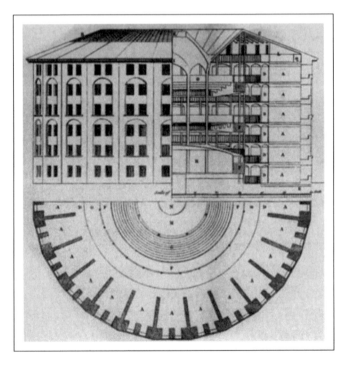

Foto 6.5 A máquina panóptica.

62 | Jeremy Bentham, *The panopticon writings*, org. e intr. Miran Bozovic, Londres: Verso, 1995, p. 31.
63 | *Idem*, p. 29.

De acordo com Foucault,

> o maior efeito do panóptico [é] induzir no detento um estado de visibilidade consciente e permanente que assegura o funcionamento automático do poder [...] mesmo que descontínua em sua ação, a vigilância é permanente em seus efeitos; e o aperfeiçoamento do poder tende a fazer com que seu real exercício seja desnecessário [...] Os detentos [...] [são] apanhados em uma situação de poder de que eles próprios são os portadores. [...] Quem está submetido a um campo de visibilidade, e sabe disso, retoma por sua conta as limitações do poder; as faz atuar espontaneamente sobre si mesmos; inscreve em si a relação de poder em que desempenha simultaneamente ambos os papéis: torna-se o princípio de sua própria sujeição.[64]

Em outras palavras, os detentos não sabem se estão, ou não, sendo de fato vigiados. Portanto, aprendem a comportar-se como se sempre o estivessem. Esse é o poder do panóptico. O panoptismo é a extensão desse sistema de vigilância à sociedade como um todo.

O panóptico de Bentham é, portanto, profundamente sintomático de uma mudança histórica, a partir do século XVIII, em métodos de controle social. Isto é, segundo Foucault, uma mudança da punição (impor normas de comportamento por meio de demonstrações espetaculares de poder: enforcamentos públicos e tortura etc.) para a disciplina (impor normas de comportamento por meio de vigilância); uma substituição da "disciplina em casos excepcionais para uma de vigilância generalizada [...] a formação daquilo que se pode chamar, de modo geral, de sociedade disciplinar".[65] Como explica Foucault, o panóptico é "um modelo generalizável

---

64 | Segundo Michel Foucault, *Discipline and punish*, op. cit., pp. 201-3.

65 | *Idem, ibidem*.

[...] [para] definir relações de poder em termos da vida cotidiana. [...] É o diagrama de um mecanismo de poder reduzido à sua forma ideal".[66] A substituição do espetáculo pela vigilância transforma "todo o corpo social em um campo de percepção".[67] As intersecções dos olhares atentos do poder entrecruzam o corpo social, captando para seu campo de visão cada vez mais aspectos da existência humana. Mas não é que o poder apenas nos capture nesse olhar, e sim, que ele opera quando reconhecemos seu olhar. Como Foucault esclarece, usando o teatro como metáfora, "não estamos no anfiteatro nem no palco, mas na máquina panóptica, investidos por seus efeitos de poder, que trazemos para nós, já que somos partes do mecanismo".[68] Dessa maneira, afirma, a vigilância tornou-se o modo dominante de operação do poder. "O panotismo é uma forma de poder [...] organizada em torno da norma, em termos do que [é] normal ou não, correto ou não, em termos do que se deve ou não fazer".[69] É um aspecto fundamental do que ele denomina "normalização".[70]

Uma confirmação óbvia do que explana é o uso difundido de tecnologias de vigilância na sociedade contemporânea. Por exemplo, uma pesquisa realizada em 2002 estimou que havia cerca de 4,2 milhões de câmeras de circuito fechado no Reino Unido; mais ou menos o equivalente a uma câmera para cada catorze pessoas.[71] Isso está em relação direta com o panóptico de Bentham. Mas a disciplina da vigilância também teve profunda influência na cultura popular. Posso pensar em no mínimo quatro

66 | *Idem*, p. 205.

67 | *Idem*, p. 214.

68 | *Idem*, p. 217.

69 | *Idem*, "Truth and juridical forms", em James D. Faubion (org.), *Michel Foucault essential works: power*. Harmondsworth: Penguin, 2002c, pp. 58-9.

70 | *Idem*, p. 79.

71 | Ver o *link* http://news.bbc.co.uk/1/hi/uk/6108496.stm.

exemplos de mídia de vigilância. Talvez os mais óbvios sejam programas de televisão como *Big Brother* e *I'm a Celebrity, Get me Out of Here* – a vigilância é um aspecto fundamental de como esses programas operam. De muitas maneiras, o *Big Brother* é a televisão panóptica em sua forma mais visível. Sem dúvida, parte de seu apelo está em parecer nos permitir assumir o papel do diretor imaginário de Bentham, pois obtemos prazer da habilidade de observar sem sermos observados, de nos envolver sem estarmos envolvidos, e de julgar sem sermos julgados. Porém, diante da constatação de Foucault acerca da produção de regimes de verdade, não poderíamos assumir que estamos, de fato, fora do alcance dos padrões e normas que o *Big Brother* promove e legitima. Em outras palavras, pode ser possível afirmar que o olhar atento do *Big Brother* é recíproco; ele nos disciplina tanto quanto os competidores que observamos estão sendo disciplinados: estamos nas celas e não na torre do diretor.

Dessa mesma forma opera o crescente número de revistas de vigilância de celebridades, como *Reveal, Closer, Heat* e *New*. Aí, para nosso prazer e entretenimento supostamente anônimos, celebridades são monitoradas e esquadrinhadas, principalmente em termos de aparência corporal e comportamento sexual e social. Mas, mais uma vez, as normas e padrões usados para criticar e ridicularizar celebridades são as mesmas normas e padrões que podem ser usadas para nos disciplinar. Da mesma forma, em programas de vigilância dos tipos "transformação total" ou "*talk-shows*", como o *Jerry Springer Show*, o *Jeremy Kyle Show*, o *What Not to Wear* e *Ten Years Younger*,[72] conselhos vem acompanhados de muito abuso e zombaria, quando – geralmente de maneira agressiva e para satisfazer a arrogância presunçosa dos apresentadores – participantes são encorajados

---

72 | *What Not to Wear* [O que não vestir]; *Ten Years Younger* [Dez anos mais jovem]; no Brasil, há inúmeros programas semelhantes a esses, como o *Programa do Ratinho, Casos de família, Esquadrão da moda* etc. (N.T.)

a se autodisciplinar para cumprir os padrões atualmente aceitos de estética e normalidade comportamental.[73] O fato de estarmos no outro lado da tela não significa que estejamos a salvo da exigência de nos adaptar, ou seguros fora da máquina panóptica.

[73] Se o leitor colocar Jeremy Kyle/Jon Culshaw na ferramenta de buscas do YouTube, vai encontrar a maravilhosa paródia que Jon Culshaw fez de Jeremy Kyle. Culshaw brilhantemente captura a agressão, o discurso de classe social e a presunçosa enfatuação desse tipo de programa.

LEITURA COMPLEMENTAR

STOREY, John (org.). *Cultural Theory and Popular Culture*: A Reader. 4. ed. Harlow: Pearson Education, 2009. Volume que faz par com este livro, traz exemplos da maioria dos trabalhos aqui tratados, além de um *site* interativo (www.pearsoned.co.uk/storey), com *links* para outros *sites* e para recursos eletrônicos úteis.

DURING, Simon. *Foucault and literature: towards a genealogy of writing*. Londres: Routledge, 1992. Embora seu foco seja a literatura, é uma introdução muito interessante a Foucault.

EAGLETON, Terry. *Literary theory: an introduction*. Oxford: Basil Blackwell, 1983. Contém um excelente capítulo sobre pós-estruturalismo.

EASTHOPE, Antony. *British Post-Structuralism*. Londres: Routledge, 1988. Tentativa ambiciosa de mapear o campo. Capítulos interessantes sobre teoria do cinema, estudos culturais, desconstrução e estudos históricos.

HAWKES, Terence. *Structuralism and semiotics*. Londres: Methuen, 1977. Importante introdução ao tema.

MCNAY, Lois. *Foucault: a critical introduction*. Cambridge: Polity Press, 1994. Excelente introdução à obra de Foucault.

NORRIS, Christopher. *Derrida*. Londres: Fontana, 1987. Introdução clara e interessante a Derrida.

SARUP, Madan, *An introductory guide to Post-Structuralism and Postmodernism*. 2. ed. Harlow: Prentice Hall, 1993. Excelente introdução ao pós-estruturalismo.

SHERIDAN, Alan. *Michel Foucault: the will to truth*. Londres: Tavistock, 1980. Ainda é a introdução a Foucault mais fácil de ler.

SILVERMAN, Kaja. *The subject of semiotics*. Oxford: Oxford University Press, 1983. Uma consideração interessante e acessível abrangendo estruturalismo, semiótica, psicanálise, feminismo e pós-estruturalismo. A parte sobre Barthes é especialmente interessante.

STURROCK, John (org.). *Structuralism and since: from Lévi-Strauss to Derrida*. Oxford: Oxford University Press, 1979. Contém bons ensaios introdutórios sobre Lévi-Strauss, Barthes, Foucault e Derrida.

TWAITES, Tony; DAVIS, Lloyd & WARWICK, Mules. *Tools for cultural studies: an introduction*. Melbourne: Macmillan, 1994. Apresenta uma abalizada consideração sobre o espaço da semiótica no campo dos estudos culturais.

WEEDON, Chris. *Feminist practice and poststructuralist theory*. Oxford: Basil Blackwell, 1987. Uma interessante introdução ao pós-estruturalismo por uma perspectiva feminista. Capítulo interessante sobre Foucault.

7 Gênero e sexualidade

FEMINISMOS | "Nas ciências humanas, uma das mudanças mais notáveis ocorridas nos anos 1980 foi a ascensão do gênero a categoria de análise".[1] Essa é a frase de abertura da "Introdução" de um livro de Elaine Showalter que trata de gênero e estudos literários. Não há dúvida de que, sem a restauração do feminismo (a segunda onda), no início da década de 1970, ela não poderia ter sido escrita. O feminismo colocou o gênero nos programas acadêmicos. Entretanto, a natureza dessa agenda provocou um debate vigoroso dentro do próprio feminismo, a ponto de não ser mais possível – se é que algum o dia foi – falar de feminismo como um corpo monolítico de pesquisas, textos e atividades; em vez disso, é preciso falar de *feminismos* (incluindo pós-feminismo).

Há, pelo menos, quatro diferentes feminismos: o radical, o marxista, o liberal e o que Sylvia Walby[2] chama de teoria dos dois sistemas (*dual-systems*). Cada um deles responde de maneira diversa à opressão das mulheres, definindo diferentes causas e soluções diferentes. Feministas radicais expõem que a opressão às mulheres é resultado do sistema patriarcal, um sistema de dominação em que os homens, como grupo, têm poder sobre as mulheres enquanto grupo. Na análise feminista marxista, a principal fonte de opressão é o capitalismo. A dominação das mulheres por homens é vista como consequência da dominação exercida pelo capital sobre o trabalho. O feminismo liberal difere tanto do feminismo marxista quanto do radical, pois não postula um sistema – patriarcado ou capitalismo – que determine a opressão das mulheres. Em vez disso, costuma ver o problema em termos de preconceito masculino contra mulheres,

[1] Elaine Showalter, "Introduction", em Elaine Showalter (org.), *Speaking of gender*, Londres: Routledge, 1990, p. 1.
[2] Sylvia Walby, *Theorising patriarchy*, Oxford: Blackwell, 1990.

incorporado nas leis ou expresso na exclusão, das mulheres, de determinadas áreas da vida. Já a teoria dos dois sistemas ou dos sistemas duais representa a união da análise feminista marxista com a radical, na crença de que a opressão às mulheres é resultado de uma articulação complexa do patriarcado com o capitalismo. Há, é lógico, outras perspectivas feministas. Rosemary Tong,[3] por exemplo, arrola: liberal, marxista, radical, psicanalítica, socialista, existencialista e pós-moderna.

O feminismo, assim como o marxismo,[4] é sempre mais do que um *corpus* de textos e práticas acadêmicos. E, talvez mais fundamental, é também um movimento político preocupado com a opressão às mulheres e com os meios, e as maneiras, de dar poder às mulheres – o que bell hooks[5] descreve como "encontrar uma voz".

> Como metáfora da autotransformação [...] ["encontrar uma voz"] [...] foi especialmente relevante para grupos de mulheres que nunca antes tiveram uma voz pública, mulheres que falavam ou escreviam pela primeira vez, incluindo muitas mulheres de cor. O foco feminista em encontrar uma voz pode às vezes soar como clichê [...] Entretanto, para mulheres de grupos oprimidos [...] alcançar uma voz é um ato de resistência. Falar torna-se não só a maneira de realizar uma autotransformação ativa, mas, ao mesmo tempo, também um rito de passagem, em que se deixa de ser objeto e passa-se a ser sujeito. Apenas como sujeitos, podemos falar.[6]

---

3 | Rosemary Tong, *Feminist thought: a comprehensive introduction*, Londres: Routledge, 1992.

4 | Ver Capítulo 4.

5 | Nome intencionalmente em minúsculas, adotado pela crítica norte-americana Gloria Jean Watkins. (N.T.)

6 | bell hooks, *Talking back: thinking feminist, thinking black*, Londres: Sheba, 1989, p. 12.

O feminismo, portanto, não é apenas outro método de ler textos. Mesmo assim, mostrou-se um meio incrivelmente produtivo de ler. Como Showalter explica,

> há uma ilusão de ótica que se pode ver ora como um cálice, ora como dois perfis. Em sua tensão, as imagens oscilam diante de nós, assumindo alternadamente uma o lugar da outra, reduzindo-a [assim] a um fundo sem significado. Na teoria literária feminista mais estrita, também somos colocados face a face com uma alteração radical de nossa visão, com a exigência de vermos significado no que antes era um espaço vazio. O tema ortodoxo retrocede, e outro tema, até então oculto no anonimato do fundo, sobressai com bastante destaque, como uma impressão digital.[7]

O que Showalter afirma para a crítica literária feminista também se aplica às obras feministas sobre cultura popular. Boa parte da análise feminista teve como objeto a cultura popular. Como Michèle Barrett observa, "a política cultural é de crucial importância para o feminismo, por envolver lutas a respeito de *significado*".[8] Lana Rakow faz quase a mesma observação: "Feministas que abordam a cultura popular vêm de posições teóricas variadas, que trazem consigo uma análise social e uma agenda política mais profundas".[9] Além disso, como nota Rakow,

---

[7] | Tania Modleski, *Loving with a vengeance: mass produced fantasies for women*, Hamden: Archon, 1982, p. 25, citando Elaine Showalter.

[8] | Michèle Barrett, "Feminism and the definition of cultural politics", em Rosalind Brunt & Caroline Rowan (orgs.), *Feminism, culture and politics*, Londres: Lawrence & Wishart, 1982, p. 37; grifado no original.

[9] | Lana Rakow, "Feminist approaches to popular culture: giving patriarchy its due", em John Storey (org.), *Cultural theory and popular culture: a reader*, 4. ed., Harlow: Pearson Education, 2009, p. 195.

embora as abordagens feministas contemporâneas da cultura popular sejam bem diversas, elas compartilham duas pressuposições principais. A primeira é que mulheres têm, com a cultura popular, uma relação particular que é diferente da dos homens [...] A segunda é a importância de entender como a cultura popular funciona, tanto para as mulheres como para a cultura patriarcal, se as mulheres quiserem ter o controle de suas identidades e mudar não só as mitologias, mas também as relações sociais [...] Feministas estão dizendo que a cultura popular desempenha um papel na sociedade patriarcal e que a análise teórica desse papel garante uma posição destacada em estudos futuros.[10]

MULHERES NO CINEMA | No quinto capítulo, tratamos do trabalho, extremamente influente, de Mulvey a respeito da espectadora. A análise de Mulvey é admirável e reveladora, e, apesar de apresentada em um ensaio de menos de treze páginas, sua influência foi enorme.[11] Reconhecendo-se o poder e a influência desse ensaio, também se deve notar que, mesmo assim, a "solução" de Mulvey é menos reveladora do que o é sua análise do "problema". Como alternativa ao cinema popular, ela preconiza um cinema de vanguarda "que seja radical em sentido tanto político como estético, e desafie os princípios básicos do cinema comercial".[12] Algumas feministas, incluindo Lorraine Gamman e Margaret Marshment, começaram a duvidar da "validade universal"[13] da afirmação

10 | *Idem*, p. 186.

11 | Trata-se do ensaio de Laura Mulvey, "Visual pleasure and narrative cinema", em: *Screen*, 16 (3), 1975, que participou de pelo menos dez antologias.

12 | *Idem*, pp. 7-8.

13 | Lorraine Gamman & Margaret Marshment, "Introduction", em Lorraine Gamman & Margaret Marshment (orgs.), *The female gaze, women as viewers of popular culture*, Londres: The Women's, 1988, p. 5.

de Mulvey, questionando se "o olhar é sempre masculino", ou se é "meramente 'dominante'"[14] em meio a inúmeras maneiras de ver, incluindo o olhar feminino. Além disso, como insistem,

> não basta repudiar a cultura popular como mera serviçal dos sistemas, complementares, do capitalismo e do patriarcado, vendendo "falsa consciência" às massas crédulas. Ela também pode ser vista como um espaço onde significados são contestados e ideologias dominantes podem ser perturbadas.[15]

Gamman e Marshment defendem uma política cultural de intervenção: "Não podemos nos permitir repudiar o popular nos posicionando sempre fora dele".[16] É da cultura popular

> que a maioria das pessoas em nossa sociedade recebe entretenimento e informação. É aí que são oferecidas a mulheres (e homens) as definições dominantes de seus respectivos papéis na cultura. Pareceria, portanto, crucial explorar as possibilidades e armadilhas da intervenção nas formas populares, a fim de encontrar meios de tornar os significados feministas parte de nossos prazeres.[17]

Christine Gledhill faz exigência semelhante: defende estudos culturais feministas "que relacionam formas populares derrisórias à sua condição de consumo nas vidas de audiências sócio-historicamente constituídas".[18] "A esse respeito", observa, "análises feministas de filmes para mulheres e de

---

14 | *Idem, ibidem.*

15 | *Idem*, p. 1.

16 | *Idem*, p. 2.

17 | *Idem*, p. 1.

18 | Christine Gledhill, "Pleasurable negotiations", em John Storey (org.), *Cultural theory and popular culture: a reader*, 4. ed., Harlow: Pearson Education, 2009, p. 98.

novelas estão começando a confrontar-se com mais relatos cinepsicanalíticos negativos [...] do público feminino, sugerindo posições colonizadas, alienadas e masoquistas de identificação".[19]

Em *Star gazing: Hollywood and female spectatorship*, Jackie Stacey mostra clara rejeição ao universalismo e ao determinismo textual de muitos trabalhos psicanalíticos sobre públicos femininos. Sua própria análise inicia-se com o público que está no cinema, e não com o público construído pelo texto. Sua abordagem a leva desde as tradições dos estudos sobre cinema (como a postura de Mulvey configura) às preocupações teóricas dos estudos culturais. A Tabela 7.1 ilustra as diferenças que marcam os dois paradigmas.[20]

Tabela 7.1 Filmes como objetos de estudo em estudos sobre cinema e estudos culturais

Estudos sobre cinema	Estudos culturais
Posicionamento do público	Leituras do público
Análise textual	Métodos etnográficos
Significado voltado à produção	Significado voltado ao consumo
Espectador passivo	Espectador ativo
Inconsciente	Consciente
Pessimista	Otimista

O estudo de Stacey baseia-se em uma análise de respostas recebidas de um grupo de mulheres britânicas brancas, a maioria com mais de 60 anos de idade e da classe trabalhadora, frequentadoras assíduas de cinema nos anos 1940 e 1950. Apoiada nas cartas e nos questionários respondidos, ela

19 | *Idem, ibidem.*
20 | Jackie Stacey, *Star gazing: Hollywood and female spectatorship*, Londres: Routledge, 1994, p. 24.

organizou sua análise em termos de três discursos gerados pelas próprias respostas: *escapismo* (ou fuga), *identificação* e *consumismo*.

Das razões para ir ao cinema citadas pelas mulheres, uma das mais frequentes é o *escapismo*. Buscando evitar conotações pejorativas do escapismo, Stacey aproveita o excelente argumento de Richard Dyer sobre a sensibilidade utópica de muitos entretenimentos populares para construir uma tese das possibilidades utópicas do cinema hollywoodiano para mulheres britânicas nos anos 1940 e 1950. Esse autor apresenta um conjunto de oposições binárias para revelar a relação entre os problemas sociais experimentados pelos públicos e as soluções textuais extraídas de textos de entretenimento popular (Tabela 7.2).

TABELA 7.2 Textos populares e soluções utópicas

Problemas sociais	Soluções textuais
Escassez	Abundância
Exaustão	Energia
Tediosidade	Intensidade
Manipulação	Transparência
Fragmentação	Comunidade*

*Adaptado de um diagrama de Richard Dyer, "Entertainment and utopia", em Simon During (org.), *The cultural studies reader*, 2. ed., Londres: Routledge, 1999, p. 376.

Para Dyer, a sensibilidade utópica do entretenimento é uma propriedade do texto. Já Stacey estende seu argumento para incluir o contexto social em que o entretenimento é experimentado. As cartas e questionários respondidos pelas mulheres deixam claro para ela que os prazeres do cinema expressos pelas pesquisadas sempre foram mais do que os prazeres visuais e auditivos do texto cinematográfico em si – incluíam o ritual de assistir a uma projeção, a experiência compartilhada e a imaginada comunidade do público, além do conforto e relativo luxo das salas de cinema. Nunca foi uma simples questão de curtir o glamour de Hollywood. Como explica Stacey,

> o espaço físico do cinema forneceu um espaço de transição entre a vida cotidiana fora do cinema e o mundo fantástico dos filmes de Hollywood que iam assistir. Seu projeto e a decoração facilitavam os processos de escapismo que essas espectadoras desfrutavam. Dessa forma, cinemas eram palácios oníricos não apenas por abrigarem a projeção de fantasias hollywoodianas, mas também porque seu projeto e decoração forneciam um espaço feminizado e glamorizado, adequado para o consumo cultural de filmes de Hollywood.[21]

Escapismo é sempre um evento histórico de mão dupla. As mulheres de Stacey, portanto, não estavam apenas escapando *para* a suntuosidade do cinema e o *glamour* de Hollywood, mas estavam fugindo também *das* privações e restrições do tempo da guerra e da Grã-Bretanha pós-guerra. É essa mistura de *glamour* de Hollywood, do relativo luxo dos interiores dos cinemas, experimentada em um contexto de guerra e seus consequentes sacrifícios e carências, que gera "as múltiplas camadas dos significados de escapismo".[22]

Na análise de Stacey, a segunda categoria é a *identificação*. Ela está ciente de que, na crítica psicanalítica, essa categoria muitas vezes serve para indicar a maneira como dizem que textos sobre cinema posicionam as espectadoras nos interesses do patriarcado. Em seu modo de ver, a identificação é o meio pelo qual mulheres conspiram contra sua opressão ao mesmo tempo em que se tornam cúmplices dela. Contudo, ao focalizar o público feminino real do cinema, desviando-se do foco da espectadora construída pelos textos sobre cinema, ela alega que se pode mostrar a ma-

---

21 | Jackie Stacey, *Star gazing, op. cit.*, p. 99.
22 | *Idem*, p. 97.

neira bem diversa do funcionamento da identificação. Suas entrevistadas chamam continuamente a atenção para o modo como as estrelas podem gerar fantasias de poder, controle e autoconfiança, fantasias que podem animar as atividades da vida cotidiana.

Sua terceira categoria é o *consumo*. Mais uma vez, ela rejeita a postura um tanto monolítica que retrata o consumo como envolvido em uma relação, sempre bem-sucedida, de dominação, exploração e controle. Assegura que, em vez disso, "o consumo é um espaço de significados negociados, de resistência e de apropriação, assim como de sujeição e exploração".[23] Muitos estudos sobre cinema, diz, costumavam ser voltados à produção, fixando seu olhar crítico nas "maneiras como a indústria cinematográfica produz espectadores para serem consumidores tanto do filme como dos produtos [associados] de outras indústrias".[24] Tal análise nunca consegue expor teoricamente (muito menos tratar em detalhes concretos) como os públicos de fato usam os significados, e os produzem, das mercadorias que consomem. Segundo ela, os relatos das mulheres revelam uma relação bem mais contraditória entre plateias e o que elas consomem. Por exemplo, ela realça os modos como os "ideais femininos norte-americanos são claramente lembrados como transgredindo a restritiva feminidade britânica e, assim, são empregados como estratégias de resistência".[25] Muitas das cartas e questionários respondidos revelam até onde as estrelas de Hollywood representavam uma feminidade alternativa, considerada excitante e transgressiva. Dessa forma, estrelas hollywoodianas (e as mercadorias a elas associadas) podiam ser *usadas* como meio para negociar com aquilo que era percebido como feminidade britânica socialmente restritiva, e estender os limites dessa feminidade. Ela toma cuidado em não dizer que aquelas mulheres eram livres para construir, por meio do consumo,

23 | *Idem*, p. 187.
24 | *Idem*, p. 188.
25 | *Idem*, p. 198.

identidades femininas inteiramente novas. Da mesma forma, não nega que tais formas de consumo podem aliciar o olhar patriarcal. A chave para sua tese é a questão do excesso. A transformação da autoimagem trazida pelo consumo de estrelas hollywoodianas e outras mercadorias associadas pode produzir um excesso de identidades e práticas nas necessidades da cultura patriarcal. Ela afirma que,

> paradoxalmente, enquanto na segunda metade dos anos 1950 o consumo de mercadorias por espectadoras britânicas tinha relação com produzir-se como objeto de desejo, tal consumo também oferece uma escapatória do que é percebido como o peso e o tédio da vida doméstica e da maternidade, que, na época, definiam cada vez mais a feminidade. Assim, o consumo pode significar uma afirmação de si mesma em oposição ao autossacrifício associado com casamento e maternidade na Grã-Bretanha da década de 1950.[26]

A obra de Stacey representa uma espécie de reprimenda às teses universalistas de muitas obras da psicanálise do cinema. Ao estudar o público, "a ida de mulheres ao cinema pode ser vista como um processo de negociação dos significados dominantes do cinema hollywoodiano, em vez de um processo passivo de posicionamento a favor dele".[27] Por essa perspectiva, o poder patriarcal de Hollywood começa a parecer menos monolítico, menos inteiriço, e seu sucesso ideológico nunca está garantido.

LENDO ROMANCES | Em *Loving with a Vengeance*, Tania Modleski alega que mulheres que escrevem sobre "narrativas femininas" tendem a adotar uma das três posições possíveis: "Desprezo; hostilidade (que, infelizmente, costuma ser dirigida às consumidoras das narrativas); ou, mais frequente, uma espécie de escárnio petulante".[28] Contra isso,

---

26 | *Idem*, p. 238.
27 | *Idem*, p. 12.
28 | Tania Modleski, *Loving with a Vengeance, op. cit.*, p. 14.

declara: "É o momento de iniciar uma leitura feminista das leituras para mulheres".[29] Modleski está se referindo ao que chama de "fantasias produzidas em massa para mulheres" (incluindo romances cor-de-rosa) "falam de problemas e tensões muito reais nas vidas das mulheres".[30] Apesar disso, reconhece que as maneiras como essas narrativas resolvem problemas e tensões raramente "agradarão às feministas modernas: muito longe disso".[31] Entretanto, aquela que lê fantasias e a leitora feminista têm algo em comum: insatisfação com a vida das mulheres. Por exemplo, referindo-se aos romances da Harlequin, alega que, "O que Marx dizia do sofrimento religioso vale igualmente para o 'sofrimento romântico': é 'ao mesmo tempo uma expressão de sofrimento real e um *protesto* contra o sofrimento real'".[32]

Modleski não condena tais romances ou as mulheres que os leem. Em vez disso, condena "as condições que os tornaram necessários", concluindo que "as contradições nas vidas de mulheres são mais responsáveis pela existência da Harlequin do que a Harlequin o é pelas contradições".[33] Ela se aproxima, e depois se afasta, da potência da opinião de Marx sobre religião, pois essa, apesar de seus protestos em contrário, poderia deixá-la muito próxima daquela ideia de cultura de massa que considera a cultura popular como "ópio do povo". Todavia, observa que, "de vez em quando, estudantes interrompem suas aulas de estudos femininos para descobrir o que está acontecendo em sua novela favorita. Quando isso acontece, está na hora de simplesmente pararmos de nos opor a novelas e começar

---

29 | *Idem*, p. 34.

30 | *Idem*, p. 14.

31 | *Idem*, p. 25.

32 | *Idem*, p. 47; a obra aí citada é Karl Marx & Frederick Engels, *On religion*, Moscou: Progress, 1957.

33 | *Idem*, p. 57.

a incorporá-las, e a outras fantasias produzidas para a massa, em nossos estudos sobre mulheres".[34]

Female desire, de Rosalind Coward, fala do prazer das mulheres na cultura popular. O livro explora moda, romance, música *pop*, horóscopos, novelas, comida, culinária, revistas femininas e outros textos e práticas que envolvem mulheres em um ciclo interminável de prazer e culpa: "Culpa – é nossa especialidade".[35] Coward não aborda o material como um "intruso [...] um estranho a [o prazer e a] culpa. Os prazeres que descrevo, em geral, são meus prazeres. [...] Não falo dessas coisas como uma crítica distante, mas como alguém que examina a si mesmo, examinando minha própria vida por um microscópio".[36] Sua postura está em notável contraste com aquela, digamos, da tradição de "cultura e civilização" ou com a perspectiva da Escola de Frankfurt. A cultura popular não é vista de cima, das alturas de um Olimpo, como a cultura decepcionante – e um tanto previsível – de outras pessoas. É um discurso sobre "nossa" cultura. Além disso, ela se recusa a ver as práticas e representações da cultura popular (o discurso do "desejo feminino") como "imposição forçada de estereótipos falsos e restritivos".[37]

> Em vez disso, exploro o desejo ousado por essas representações, o desejo que toca mulheres feministas e não feministas. Mas também não trato o desejo feminino como algo imutável, proveniente da condição feminina. Vejo as representações de prazer e desejo feminino como produzindo e apoiando posições femininas. Tais posições não são papéis distantes a nós impostos, vindos de fora, que seriam fáceis de afastar, nem são atributos essenciais da feminidade. Posições femininas são produzidas como respostas aos prazeres que nos são ofe-

---

34 | *Idem*, pp. 113-4.

35 | Rosalind Coward, *Female desire: women's sexuality today*, Londres: Paladin, 1984, p. 14.

36 | *Idem, ibidem*.

37 | *Idem*, p. 16.

recidos; nossas subjetividade e identidade são formadas nas definições de desejo que nos circundam. São essas as experiências que fazem tão difícil e desafiadora a tarefa de mudar, pois o desejo feminino é constantemente seduzido por discursos que sustentam o privilégio masculino.[38]

O interesse de Coward por ficção romântica está inspirado, em parte, no fato intrigante de que, "ao longo da década passada [os anos 1970], a retomada do feminismo foi acompanhada por uma proliferação, quase tão intensa quanto a de cogumelos, da popularidade da ficção romântica".[39] A respeito de romances românticos, ela acredita em duas coisas: primeira, que "eles ainda devem satisfazer a algumas necessidades bem definidas"; e, segunda, que oferecem evidências de "uma fantasia muito poderosa e comum",[40] e contribuem para ela. Defende que as fantasias apresentadas na ficção romântica são "pré-adolescentes, praticamente pré-conscientes".[41] Para ela, trata-se de fantasias "regressivas", em dois aspectos-chave: de um lado, adoram o poder masculino, de maneira que lembra a relação infantil com o pai; e, de outro, são regressivas devido à atitude assumida em relação ao desejo sexual feminino – passivo e sem culpa, como se a responsabilidade pelo desejo sexual estivesse projetada no homem. Em outras palavras, desejo sexual é algo que homens têm e a que as mulheres apenas respondem. Resumindo, a ficção romântica reproduz, no drama de Édipo, a experiência da menina, só que dessa vez sem terminar em impotência feminina: ela se casa com o pai e substitui a mãe. Há, portanto, uma trajetória desde a subordinação até uma posição de poder (na posição simbólica da mãe). Mas, como observa Coward,

38 | *Idem, ibidem.*

39 | *Idem*, p. 190; citando afirmação de Charlotte Lamb, publicada originalmente no *Guardian*, 13 de setembro de 1982.

40 | *Idem, ibidem.*

41 | *Idem*, pp.191-2.

ficção romântica é certamente popular porque [...] restaura o mundo infantil das relações sexuais e suprime as críticas à inadequação masculina, à sufocação da família ou ao danos infligidos pelo poder patriarcal. Ao mesmo tempo, porém, consegue evitar a culpa e o medo que podem advir desse mundo infantil. A sexualidade se define, com determinação, como responsabilidade do pai, e supera-se o medo da sufocação porque, na ficção romântica, as mulheres adquirem uma espécie de poder. Tal ficção promete um mundo seguro, promete que vai haver segurança com dependência, poder com subordinação.[42]

Janice Radway inicia seu estudo da leitura de romances com a observação de que a crescente popularidade do gênero pode ser explicada, em parte, pelas "importantes mudanças na produção, na distribuição, na publicidade e nas técnicas de *marketing* de livros".[43] Discordando de estudos anteriores, Radway aponta que o sucesso crescente dos romances bem pode ter mais relação com as sofisticadas técnicas editoriais de vendas – para tornar os romances mais visíveis, mais disponíveis – do que com qualquer concepção existente de que as mulheres tenham necessidade cada vez maior por fantasia romântica.

O estudo de Radway baseia-se em pesquisa que realizou em "Smithton", com um grupo de 42 leitoras de romance (a maioria casada e com filhos). Todas as mulheres são clientes regulares da livraria onde "Dorothy Evans" trabalha.[44] De fato, foi a reputação de "Dot" que atraiu Radway a Smithton. Além de seu entusiasmo pelo gênero, Dot publica uma *newsletter* ("Dorothy's diary of romance reading") em que os romances estão classificados por seu valor romântico. A *newsletter*, e o aconselhamento geral que Dot dá às consumidoras, acabou criando, de fato, o equivalente a uma

---

42 | *Idem*, p. 196.

43 | Janice Radway, *Reading the romance: women, patriarchy, and popular literature*, Londres: Verso, 1987, p. 13.

44 | "Smithton" e "Dorothy Evans" são pseudônimos. (N.T.)

comunidade simbólica, pequena, mas significativa, de leitoras de romances. Essa comunidade é o foco da pesquisa de Radway. O material de pesquisa foi compilado por meio de questionários individuais, grupos abertos de debates, entrevistas pessoais e algumas conversas informais, além de observar as interações entre Dot e suas clientes regulares na livraria. Radway complementou isso lendo os livros que as mulheres de Smithton lhe recomendavam.

A influência da *newsletter* de Dot nos padrões de compras das leitoras alertou Radway para a ineficácia de uma metodologia que tente tirar conclusões sobre o gênero a partir de uma amostra de títulos atuais. Ela descobriu que, para entender a significância cultural da leitura de romances, é preciso prestar atenção à triagem popular, ao processo de seleção e rejeição que acha alguns títulos satisfatórios e outros não. Também se viu frente à real *extensão* da leitura de romances. A maioria das mulheres que entrevistou lia todos os dias, e gastavam de onze a quinze horas por semana lendo romances. Pelo menos um quarto das mulheres informou que, a não ser quando impedida por necessidades domésticas e familiares, preferia ler um romance do início ao fim, de uma só vez. O consumo varia de um a quinze livros por semana. Quatro delas chegaram a dizer que liam de quinze a vinte e cinco romances por semana.[45]

Segundo as mulheres de Smithton, o romance ideal é aquele em que uma mulher inteligente e independente, com senso de humor – depois de muita suspeita e desconfiança, e alguma crueldade e violência –, é dominada pelo amor de um homem, que, no decorrer do relacionamento, se transforma de um analfabeto emocional em alguém que consegue *cuidar* dela e *apoiá-la* da maneira que, tradicionalmente, se espera que apenas uma mulher o faça em relação ao homem. Como explica Radway: "A fantasia romântica não é [...] uma fantasia da descoberta de um parceiro de vida único, incrivelmente interessante, mas um desejo ritual de ser cuidada, amada e, de certa

---

45 | Janice Radway considera esses números improváveis.

maneira, validada por ele".⁴⁶ É uma fantasia de reciprocidade: o desejo de acreditar que homens podem devotar a mulheres o cuidado e a atenção que normalmente se espera que mulheres dediquem a homens. Mas a fantasia romântica oferece mais do que isso, pois relembra uma época em que a leitora era, de fato, a recebedora de um cuidado "maternal" intenso.

A partir da obra de Nancy Chodorow, Radway defende que a fantasia romântica é uma forma de regressão em que, imaginativa e emocionalmente, a leitora é transportada para uma época "em que ela era o centro de uma atenção individual em que havia afeto e cuidados profundos".⁴⁷ Contudo, diferente da regressão centrada no pai, como Coward sugere, esta é uma regressão focalizada na figura da mãe. A leitura de romances é, assim, um meio substituto – pela relação entre herói e heroína – de mulheres conseguirem experimentar o arrimo emocional que, se espera, elas mesmas forneçam, sem esperar reciprocidade, a outros em sua existência diária.

Radway também traz de Chodorow a ideia do *self* ("eu") feminino como relacionado a outros, enquanto o *self* masculino é autônomo e independente. Chodorow afirma que isso é resultado das diferenças nas relações que meninas e meninos têm com a mãe. Radway vê uma correlação entre os eventos psicológicos descritos por Chodorow e o padrão narrativo do romance ideal: na jornada da identidade em crise para a identidade restaurada, "a heroína consegue com sucesso, no final da narrativa ideal, [...] estabelecer a agora conhecida identidade feminina, o *self* em relação aos outros".⁴⁸ Também de Chodorow, Radway resgata a ideia de que mulheres saem do complexo de Édipo com uma "estrutura psíquica

---

46 | Janice Radway, *Reading the romance*, *op. cit.*, p. 83.

47 | *Idem*, p. 84, citando Nancy Chodorow, *The reproduction of mothering: psychoanalysis and the sociology of gender*, Berkeley: University of California Press, 1978.

48 | *Idem*, p. 139, novamente citando Nancy Chodorow, *The reproduction of mothering*.

triangular intacta", ou seja, "que elas não apenas precisam ligar-se a um membro do sexo oposto, mas também continuam a necessitar de um vínculo emocional intenso com alguém que, reciprocamente, seja maternal e afetuosamente protetor".[49] Para experimentar essa regressão à satisfação emocional maternal, ela tem três opções: lesbianismo, um relacionamento com um homem, ou buscar satisfação por outros meios. A natureza homofóbica de nossa cultura limita a primeira; a natureza da masculinidade limita a segunda; a leitura de histórias românticas pode ser um exemplo da terceira. Radway sugere que

> a fantasia que gera o romance tem origem no desejo edipiano de amar e ser amado por alguém do sexo oposto e no constante desejo pré-edipiano que faz parte da configuração de objeto internalizada em uma mulher: o desejo de recuperar o amor da mãe e tudo o que isso implica – prazer erótico, completude simbiótica e confirmação de identidade.[50]

O final do romance ideal fornece a satisfação triangular perfeita: "proteção paterna, cuidado materno e amor adulto apaixonado".[51]

Fracassa o romance incapaz de propiciar essas satisfações, por ser, de um lado, muito violento e, de outro, ter conclusão triste, ou um final "feliz" que não convence. Isso realça, de modo desagradável, as duas ansiedades estruturantes de todos os romances. A primeira é o medo da violência masculina. No romance ideal, isso é controlado ao se revelar que algo não é a coisa terrível que parece ser, ou seja, é uma ilusão ou algo benigno. A segunda ansiedade é o "medo do despertar de uma sexualidade feminina e de seu impacto sobre os homens".[52] No romance frustrado, nem

---

49 | *Idem*, p. 140.
50 | *Idem*, p. 146.
51 | *Idem*, p. 149.
52 | *Idem*, p. 169.

a sexualidade feminina está confinada em um relacionamento amoroso permanente nem a violência masculina é convincentemente controlada. Juntas, ambas encontram forma e expressão na punição violenta infligida às mulheres vistas como sexualmente promíscuas. Em suma, o romance frustrado é incapaz de produzir uma experiência de leitura em que a completude emocional seja satisfeita, por não cumprir o compartilhar substituto da jornada da heroína em crise de identidade para o desfecho em que a identidade é restaurada nos braços de um homem afetuoso. Assim, a qualidade de um romance é determinada pelo tipo de relação que a leitora consegue estabelecer com a heroína.

> Se os acontecimentos da história da heroína provocam sentimentos demasiado intensos – raiva dos homens, medo de estupro e violência, preocupação com a sexualidade feminina ou com a necessidade de viver com um homem maçante –, o romance será descartado como fracasso ou considerado muito fraco. Se, por outro lado, esses acontecimentos produzem sensações de excitação, satisfação, contentamento, autoconfiança, orgulho e poder, já não importa tanto quais episódios são usados e como eles são manipulados. No fim das contas, o que vale é a sensação da leitora de, por algum tempo, ter se tornado outra e ter estado em outro lugar. E fechar o livro com a certeza de que homens e casamento realmente significam boas coisas para mulheres. Tem, também, de retornar emocionalmente reconstituída e recarregada à sua rotina diária de deveres, sentindo-se confiante em relação a seu valor, e convencida de sua capacidade e poder de lidar com problemas que sabe que precisa enfrentar.[53]

Dessa forma, as mulheres de Smithton "em parte aproveitam a forma patriarcal do romance para seu próprio uso".[54] Os principais "benefícios psicológicos" da leitura de romances vêm da "repetição ritualística de um

---

53 | *Idem*, p. 184.
54 | *Idem, ibidem.*

mito cultural único imutável".⁵⁵ O fato de 60% dessas leitoras considerarem ocasionalmente necessário ler primeiro o final, para garantir que a experiência do romance não frustrará as satisfações do mito subjacente, deixa claro que, na experiência delas com a leitura de romances, o mito subjacente do homem afetuoso é o que importa.

Seguindo uma série de comentários das mulheres de Smithton, Radway foi levada a concluir que, se de fato queria entender a visão daquelas mulheres em termos de leitura de romances, devia abandonar sua preocupação exclusiva com o texto e considerar também o próprio *ato* de lê-lo. Em conversas, ficou claro que, ao usarem o termo "fuga" para descrever os prazeres da leitura, ele funcionava em sentido duplo, mas relacionado. Como vimos, pode ser usado para descrever o processo de identificação entre a leitora e o relacionamento heroína/herói. Mas ficou claro que o termo, além disso, foi usado "literalmente para descrever o ato de negar o presente, o que acreditavam alcançar toda vez que começavam a ler um livro e eram atraídas para sua história".⁵⁶ Dot revelou a Radway que o ato de leitura pelas mulheres é, em si, muitas vezes visto como ameaçador pelos homens. Tal leitura é encarada como tempo subtraído dos deveres domésticos e familiares. Muitas das mulheres de Smithton descrevem a leitura de romances como "um presente especial" que dão a si mesmas. Para explicar isso, Radway cita a maneira como Chodorow vê a família patriarcal: aquela em que, "na reprodução diária, existe uma assimetria fundamental: [...] os homens são social e psicologicamente reproduzidos por mulheres, mas as mulheres são (ou não) reproduzidas basicamente por si mesmas".⁵⁷ A leitura de romances é, assim, uma contribuição pequena, mas não insignificante, para a reprodução emocional das mulheres de Smithton: "uma negação temporária mas literal das exigências que as

---

55 | *Idem*, pp. 198, 199.
56 | *Idem*, p. 90.
57 | *Idem*, pp. 91, 94.

mulheres reconhecem como parte integral de seus papéis como esposas e mães nutrizes".[58] E, como sugere Radway, "embora essa experiência seja vicária, o prazer que induz é, todavia, real".[59]

> Creio ser lógico concluir que a leitura de romances é valorizada pelas mulheres de Smithton porque a experiência em si é diversa da existência ordinária. Não apenas é uma liberação relaxante da tensão produzida pelos problemas e responsabilidades diárias, mas cria um tempo ou um espaço em que uma mulher pode ficar totalmente sozinha, preocupada com suas necessidades, desejos e prazeres pessoais. Também é um meio de transporte ou fuga para o exótico ou, mais uma vez, para aquilo que é diferente.[60]

A conclusão a que *Reading the romance* acaba chegando é ser muito difícil, no presente, chegar a conclusões absolutas a respeito da significância cultural da leitura de romances. Focalizar no ato de leitura ou focalizar na fantasia narrativa dos textos produz respostas diferentes, contraditórias. O primeiro foco sugere que "a leitura de romances é antagônica por permitir às mulheres recusarem momentaneamente seu papel social de autossacrifício".[61] O segundo, que "a estrutura narrativa do romance constitui uma simples recapitulação, e recomendação, do patriarcado e de suas práticas sociais e ideologias".[62] É essa diferença, "entre o significado do ato de ler e o significado do texto já lido",[63] que deve ser trazida à luz se quisermos compreender a totalidade da significação cultural da leitura de romances.

58 | *Idem*, p. 97.
59 | *Idem*, p. 100.
60 | *Idem*, p. 61.
61 | *Idem*, p. 210.
62 | *Idem, ibidem*.
63 | *Idem, ibidem*.

Radway é clara num ponto: mulheres não leem romances devido a um sentimento de satisfação com o patriarcado. Tal leitura contém um elemento utópico de protesto, um anseio por um mundo melhor. Mas, contra isso, a estrutura narrativa do romance parece sugerir que a violência e a indiferença masculina são, de fato, expressões de amor esperando ser decifradas pela mulher certa, e manifestadas de modo benigno. Isso sugere que o patriarcado só é problema até as mulheres aprenderem a lê-lo adequadamente. Essas complexidades e contradições Radway recusa ignorar ou fingir resolver. Sua única certeza é ser ainda muito cedo para saber se a leitura de romances pode ser citada apenas como agente ideológico da ordem social patriarcal.

> Sinto-me obrigada a apontar [...] que nem este estudo nem qualquer outro já publicado fornece evidências suficientes para corroborar totalmente tal afirmação. Simplesmente não sabemos que efeitos práticos a leitura reiterada de romances provoca na maneira como as mulheres se comportam depois de fecharem os livros e retornarem à rotina normal e comum de suas atividades diárias.[64]

É necessário, portanto, continuar reconhecendo as atividades dos leitores – seleções, compras, interpretações, apropriações, usos etc. – como parte essencial, nas culturas vivenciadas na vida cotidiana, dos processos culturais e práticas complexas de atribuir significados. Ao prestar atenção, aumentamos, dessa maneira, a possibilidade de "articular as diferenças entre a imposição repressiva da ideologia e as práticas antagônicas que, embora limitadas em sua abrangência e efeito, pelo menos questionam ou contestam o controle exercido pelas formas ideológicas".[65] O poder ideológico dos romances pode ser grande, mas onde há poder sempre há resistência. Essa pode estar confinada a atos seletivos de consumo – insa-

---

64 | *Idem*, p. 217.
65 | *Idem*, pp. 221-2.

tisfações momentaneamente satisfeitas pela articulação de protestos limitados e esperanças utópicas –, mas, como as feministas,

> devemos não apenas buscar compreender suas origens e sua utópica esperança, mas também aprender como melhor encorajá-la e trazê-la à fruição. Se não o fizermos, já teremos desistido da luta e, pelo menos no caso do romance, admitido a impossibilidade de criar um mundo em que seria desnecessário o prazer vicário propiciado por sua leitura.[66]

Charlotte Brunsdon considera *Reading the romance* "a mais ampla pesquisa acadêmica a tratar do ato de leitura", creditando a Radway a instauração, em sala de aula, "da figura da mulher comum".[67] Em uma resenha bastante simpática da edição britânica de *Reading the romance*, Ien Ang faz, no entanto, várias críticas à abordagem de Radway. Diz-se descontente com a maneira como Radway faz clara distinção entre feminismo e leitura de romances: "Radway, a pesquisadora, é uma feminista e não uma fã de romances; as mulheres de Smithton, as pesquisadas, são leitoras de romances e *não* feministas".[68] Ang vê isso como produção de uma política feminista de "elas" e "nós", em que as mulheres não feministas atuam como "elas", as estranhas a serem recrutadas para a causa. Em sua opinião, feministas não deveriam investir-se como guardiãs do verdadeiro caminho. Segundo Ang, é isso que Radway faz, ao insistir que as "'verdadeiras' mudanças sociais só podem ser produzidas [...] se as leitoras de romances pararem de ler livros e, em vez disso, tor-

---

66 | *Idem*, p. 222.

67 | Charlotte Brunsdon, "Pedagogies of the feminine: feminist teaching and women's genres", em: *Screen*, 32 (4), 1991, p. 372.

68 | Ien Ang, "Feminist desire and female pleasure", em John Storey (org.), *Cultural theory and popular culture: a reader*, 4. ed., Harlow: Pearson Education, 2009, p. 584.

narem-se ativas feministas".⁶⁹ No próximo item, ao comentar *Watching Dallas*, veremos que Ang não acredita que uma (a leitura de romances) exclui o outro (o feminismo). "A política feminista [...] de vanguarda", de Radway, leva apenas a "uma forma de moralismo político, estimulado por um desejo de tornar 'elas' mais parecidas com 'nós'." Ang acredita que o que falta, na análise de Radway, é um estudo sobre o prazer enquanto prazer. Esse é abordado, mas sempre em termos de sua irrealidade – sua vicariedade, sua função compensatória e sua falsidade. A reclamação de Ang é que uma abordagem assim focaliza demasiado os efeitos do prazer, e não seus mecanismos. Enfim, para Radway, acaba sendo, sempre, uma questão da "*função ideológica do prazer*". Contra isso, Ang defende que se veja o prazer como algo que pode "dar poder" às mulheres, e não algo que sempre atua "contra seus 'reais' interesses".⁷⁰ Janice Radway revisou esse aspecto de sua obra e concluiu:

> Embora tenha me esforçado muito para não rejeitar as atividades das mulheres de Smithton e tentado entender o ato da leitura de romances como uma resposta positiva às condições da vida diária, meu texto repetia, inconscientemente, para justificar boa parte dos comentários sobre romances, as suposições sexistas. Ainda estava motivada pela afirmação de que alguém deve preocupar-se responsavelmente com os efeitos da fantasia sobre as leitoras [...] [e repetia, portanto,] o conhecido padrão em que o estudioso, como o analista sabedor, distancia-se daqueles que, absortos na fantasia e arrebatados por ela, não têm como sabê-lo [...] Apesar de querer reclamar o romance para o feminismo, essa conhecida oposição entre fantasia cega e conhecimento perspicaz peramaneceu atuante em meu texto. Assim, agora eu queria ligá-lo [*Reading the romance*] – acompanhado de *Loving with a vengeance*, de Tania Modleski – com os primeiros esforços para

---

69 | *Idem*, p. 585.
70 | *Idem*, pp. 585-6.

289

se compreender esse gênero mutável, etapa do debate que, segundo creio, caracterizou-se fundamentalmente pela suspeita de fantasias, devaneios e jogos."[71]

Aprovando-o, cita o argumento de Alison Light: a "política cultural feminista não deve se tornar uma 'legislação da queima de livros'"; e, ao tratar de romances, as feministas tampouco deveriam cair nas armadilhas do moralismo ou da ditadura. "É possível conceber [...] que Barbara Cartland pode transformar você numa feminista. Ler nunca é só uma 'enrolação' linear, mas um [...] processo, e, portanto, permanece dinâmico e aberto a mudanças."[72]

WATCHING DALLAS | A publicação original de *Watching Dallas*,[73] de Ien Ang, ocorreu na Holanda, em 1982. A versão aqui tratada é a que foi revista e traduzida para o inglês em 1985. O contexto do estudo de Ang é a eclosão de *Dallas*, "no horário nobre", como sucesso internacional (assistido em mais de noventa países) no início dos anos 1980. Na Holanda, *Dallas* costumava ser vista por 52% da população. Com o sucesso espetacular, a série logo reuniu em seu entorno todo um discurso de atividades – desde a extensa cobertura na imprensa popular até o "Odeio JR" dos

---

[71] | Janice Radway, "Romance and the work of fantasy: struggles over feminine sexuality and subjectivity at the century's end", em John Cruz & Justin Lewis (orgs.), *Viewing, reading, listening: audiences and cultural reception*, Boulder: Westview, 1994, p. 19.

[72] | *Idem*, p. 220, citando Alison Light, "'Returning to Manderley': romance fiction, female sexuality and class", em: *Feminist Review*, 16, 1984. Do mesmo modo, a leitura, quando criança, de *Secret seven*, de Enid Blyton – com seu imperativo de ação coletiva –, talvez tenha preparado terreno para meu compromisso com o socialismo quando adulto.

[73] | Originalmente publicada em holandês, com o título *Het geval Dallas*. (N.T.)

bonés de *souvenir*. Também atraiu críticos como Jack Lang, o ministro da Cultura francês, que via a novela como o maior exemplo do "imperialismo cultural norte-americano".[74] Fosse como causa de prazer ou ameaça à "identidade nacional", o impacto mundial *Dallas*, no início da década de 1980, foi enorme. Nesse contexto Ang colocou um anúncio em *Viva*, uma revista feminina holandesa: "Gosto de assistir à série televisiva *Dallas*, mas frequentemente percebo reações curiosas a ela. Alguém gostaria de escrever me contando por que gosta de assistir também? Ou por que não gosta? Gostaria de inserir essas opiniões em minha tese universitária. Por gentileza, escrevam para [...]".[75]

Após o anúncio, ela recebeu 42 cartas (39 de mulheres, adultas ou jovens), tanto de gente que amava *Dallas* quanto dos que a odiavam. Essas correspondências formaram a base empírica de seu estudo sobre o(s) prazer(es) de assistir a *Dallas* segundo seu público predominantemente feminino. Ang está preocupada não com o prazer visto como a satisfação de uma necessidade preexistente, mas com "os mecanismos que despertam o prazer".[76] Em vez da pergunta "Quais são os efeitos do prazer?", ela indaga: "Qual é o mecanismo do prazer; como ele é produzido e como funciona?".

Ang escreve como "intelectual e feminista", mas também como alguém que "sempre gostou de assistir a novelas (*soap operas*) como *Dallas*".[77] Mais uma vez, estamos muito distantes da *visão de cima*, que tantas vezes caracterizou as relações entre teoria cultural e cultura popular.

> A admissão da realidade desse [meu próprio] prazer [...] serviu como ponto de partida deste estudo. Inicialmente, queria entendê-lo, sem ter de julgar a boa

---

74 | Ien Ang, *Watching Dallas: soap opera and the melodramatic imagination*, Londres: Methuen, 1985, p. 2; citando Jack Lang.
75 | *Idem*, p. 10.
76 | *Idem*, p. 9.
77 | *Idem*, p. 12.

ou má qualidade de *Dallas* do ponto de vista político, social ou estético. Bem o contrário: na minha opinião, o importante é enfatizar como é difícil fazer tais julgamentos – e tentar, assim, formular os termos para uma política cultural progressiva – quando o prazer está em jogo.[78]

Para as correspondentes de Ang, os prazeres e desprazeres de *Dallas* estão inextricavelmente ligados a questões de "realismo". As opiniões enviadas a respeito de ser o programa "bom" ou "mau" foram determinadas por acharem-no "realista" (bom) ou "não realista" (mau). Como crítica que é, tanto do "realismo empirista" (um texto é considerado realista quando adequadamente reflete aquilo que existe fora de si)[79] quanto do "realismo clássico" (a tese de que o realismo é uma ilusão criada pela eficácia de um texto em conseguir ocultar sua conceituação),[80] ela defende que *Dallas* é mais bem entendido como exemplo do que chama de "realismo emocional".[81] Liga isso à maneira como *Dallas* pode ser lido em dois níveis: o nível da denotação e o nível da conotação.[82] O nível da denotação refere-se ao conteúdo literal do programa: o enredo geral, as interações entre personagens etc. O nível da(s) conotação(ões) refere-se às associações, implicações, que provêm do enredo e das interações entre personagens etc.

É impressionante: as mesmas coisas, pessoas, relações e situações que, no nível denotativo, são consideradas como não realistas ou irreais, no nível conotativo aparentemente não são vistas assim, mas como "reconhecíveis". Fica claro que, no processo conotativo de leitura, o nível denotativo do texto é posto entre parênteses.[83]

78 | *Idem, ibidem.*
79 | *Idem*, pp. 34-8.
80 | *Idem*, pp. 38-41.
81 | *Idem*, pp. 41-7.
82 | Ver Capítulo 6.
83 | Ien Ang, *Watching Dallas, op. cit.*, p. 42.

Assistir a *Dallas*, como a qualquer outro programa, é um processo seletivo que, no correr da história, procura fazer corresponder cada denotação com uma conotação, entrelaçando o nosso sentido de *self* com a narrativa. Como diz uma correspondente: "Sabe por que gosto de assistir? Acho que é porque esses problemas e intrigas, os grandes e pequenos prazeres e confusões, também ocorrem em nossas vidas. […] Na vida real, conheço um cara repugnante como o JR, mas ele é só um mestre de obras".[84] É essa capacidade de fazer que nossas vidas se liguem às vidas de uma família de milionários texanos que dá ao programa seu realismo emocional. Podemos não ser ricos, mas é possível ter outras coisas básicas em comum: relacionamentos e relacionamentos frustrados, felicidade e tristeza, doença e saúde. Aqueles que o consideram realista mudam o foco de atenção da particularidade da narrativa ("denotação") para a generalidade de seus temas ("conotação").

Ang usa o termo "estrutura trágica de sentimentos"[85] para descrever a forma como *Dallas* brinca com as emoções em uma infindável "dança das cadeiras" de felicidade e dor. Como escreveu uma das correspondentes: "Às vezes, gosto muito de dar uma boa chorada junto com eles. E por que não? Dessa forma, acho um jeito de descarregar minhas outras emoções reprimidas".[86] Espectadores que "escapam" dessa forma não estão, de certo modo, participando de "uma negação da realidade, mas brincando com isso […] [em um] jogo que permite colocarem-se em discussão os limites do ficcional e do real, para deixá-los fluidos. E, nesse jogo, uma participação imaginária no mundo ficcional é experimentada como agradável".[87]

Deixando de lado o que mais possa estar aí envolvido, parte do prazer de *Dallas* está certamente ligado a quanta "fluidez" de limites os espec-

---

84 | *Idem*, p. 43.
85 | *Idem*, p. 46.
86 | *Idem*, p. 49.
87 | *Idem, ibidem*.

tadores conseguem, ou desejam, estabelecer entre seu mundo ficcional e o mundo de sua existência cotidiana. A fim de ativar a estrutura trágica de sentimento de *Dallas*, o espectador deve ter o capital cultural necessário para ocupar uma "formação de leitura",[88] animado pelo que ela chama, baseando-se em Peter Brooks, de "imaginação melodramática".[89] A imaginação melodramática é a articulação de uma forma de ver que, na existência cotidiana – com suas dores e triunfos, suas vitórias e derrotas –, encontra um mundo tão profundamente significativo e relevante quanto aquele da tragédia clássica. Em um mundo que deixou praticamente de lado as certezas da religião, a imaginação melodramática oferece um meio de organizar a realidade em contrastes e conflitos plenos de significação. Como forma narrativa comprometida com os contrastes enfáticos, os conflitos e excessos emocionais do melodrama, *Dallas* está bem colocada para dar apoio à imaginação melodramática e manifestá-la. Para aqueles que veem o mundo desse modo (Ang alega que isso exige uma competência cultural que, na maioria das vezes, é compartilhada por mulheres), "o prazer de *Dallas* [...] não é uma *compensação* para a suposta monotonia da vida cotidiana, nem um voo para longe dela, mas uma *dimensão* dela".[90] A imaginação melodramática aciona a estrutura trágica dos sentimentos manifestados em *Dallas*, o que, por sua vez, produz o prazer do realismo emocional. Entretanto, como a imaginação melodramática é

88 | Ver, de Tony Bennett, "Text, readers, reading formations", em: *Literature and History*, 9 (2), 1983; e, de John Storey, "Texts, readers, reading formations: *My Poll and My Partner Joe* in Manchester in 1841", em: *Literature and History*, 1 (2), 1992; e *Culture and power in cultural studies: the politics of signification*, Edimburgo: Edinburgh University Press, 2010a.

89 | Ang refere-se a Peter Brooks, *The melodramatic imagination*, New Haven: Yale University Press, 1976.

90 | Ien Ang, *Watching Dallas, op. cit.*, p. 83.

efeito de certa formação de leitura, nem todos os espectadores de *Dallas* acionarão o texto dessa maneira.

Um conceito-chave na análise de Ang é o que ela chama de "a ideologia da cultura de massa".[91] A ideologia *articula*[92] a visão de que a cultura popular é resultante do sistema capitalista de produção e, portanto, sujeita às leis da economia de mercado. Disso decorre uma circulação aparentemente infinita de mercadorias degradadas, cuja única significância de fato é manipular consumidores e gerar lucros para seus produtores. Com grande acerto, Ang vê isso como uma versão unilateral e distorcida da análise de Marx da produção capitalista de mercadorias, pois permite que o "valor de troca" mascare completamente o "valor de uso".[93] Contra isso, ela insiste (como Marx provavelmente também o faria) em não ser possível decifrar, a partir dos meios que o produziram, as maneiras possíveis de consumir um produto. A ideologia da cultura de massa, bem como outros discursos ideológicos, busca interpelar as pessoas sobre sua postura enquanto sujeito.[94] Para consumir *Dallas*, as respostas sugerem quatro posições:

- os que odeiam o programa;
- os espectadores irônicos;
- os fãs; e
- os populistas.

Essas correspondentes que dizem odiar *Dallas* com certeza estão movidas mais pela ideologia. Usam-na de dois modos. Primeiro, o programa é identificado de modo negativo, como exemplo de cultura de massa; segundo, veem-na como justificativa para apoiar e explicar seu desagrado com o programa. Como Ang afirma, "seu raciocínio resume-se a isso: 'É claro que *Dallas* não presta porque é cultura de massa, e é por isso que

---

91 | *Idem*, p. 15.
92 | No sentido gramsciano, tratado no quarto capítulo.
93 | Ver Capítulo 10.
94 | Ver, no Capítulo 4, o item relativo a Althusser.

eu não gosto'".[95] Dessa forma, ao mesmo tempo, a ideologia conforta e tranquiliza: "Torna supérflua a busca por explicações mais detalhadas e pessoais, pois oferece um modelo explanatório pronto, convincente, que parece lógico e irradia legitimidade".[96] Isso não quer dizer que é errado não gostar de *Dallas*, mas apenas que tais declarações de desagrado em geral são feitas sem pensar; de fato, feitas com uma confiança nascida do pensamento acrítico.

Espectadores que ocupam a segunda posição mostram como é possível gostar de *Dallas* e ainda endossar a ideologia da cultura de massa. A contradição é resolvida com "deboche e ironia".[97] Submetem *Dallas* a comentários irônicos e debochados, em que o enredo "é transformado, de um melodrama de intenções sérias, em algo oposto: uma comédia para morrer de rir. Espectadores irônicos, portanto, não veem o texto como ele é apresentado, mas invertem sua significação básica por meio de comentários irônicos".[98] Dessa posição, o prazer de *Dallas* deriva do fato de ser algo de *baixa qualidade* – prazer e má cultura de massa imediatamente se reconciliam. Como afirma uma das correspondentes: "Logicamente, *Dallas* é cultura de massa e, portanto, de baixa qualidade, mas precisamente por ter total consciência disso é que consigo de fato gostar de assistir e debochar dela".[99] Tanto para o espectador irônico como para aquele que odeia *Dallas*, a ideologia da cultura de massa funciona como alicerce para o senso comum, tornando os julgamentos óbvios e evidentes. Embora ambos operem dentro dos padrões normativos da ideologia, a diferença entre eles é marcada pela questão do prazer. De um lado, os irônicos podem ter prazer sem sentir culpa, na certeza e no conhecimen-

---

95 | Ien Ang, *Watching Dallas*, op. cit., pp. 95-6.

96 | *Idem*, p. 96.

97 | *Idem*, p. 97.

98 | *Idem*, p. 98.

99 | *Idem*, p. 100.

to expresso de que a cultura de massa não presta. De outro, aqueles que odeiam, embora apoiados no mesmo conhecimento, podem, todavia, sofrer "um conflito de sentimentos se, *apesar disso*, não conseguirem evitar sua sedução".[100]

Na terceira posição estão os fãs, aqueles que adoram *Dallas*. Para os espectadores que ocupam as duas posições anteriores, gostar realmente de *Dallas* sem recorrer à ironia é ser identificado como alguém trapaceado pela cultura de massa. Como diz uma correspondente: "O objetivo é simplesmente faturar fortunas, muito dinheiro. E as pessoas tentam fazer isso por todos os meios – sexo, gente da alta, riqueza. E sempre há os que se apaixonam por isso".[101] O argumento é apresentado com a confiança de ter todo o peso do suporte discursivo da ideologia. Ang analisa as diferentes estratégias que os fãs de *Dallas* têm de usar para, consciente e inconscientemente, lidar com tal condescendência. A primeira delas é "internalizar" a ideologia: reconhecer os "perigos" de *Dallas*, mas declarar sua capacidade de lidar com eles para obter prazer do programa. Comparando às campanhas britânicas de consciência sobre drogas, no início dos anos 1990, tal telespectador(a) se assemelha ao usuário de heroína que, contra os alertas de vício iminente, declara: "Posso lidar bem com isso". Uma segunda estratégia usada por fãs é confrontar a ideologia da cultura de massa, como faz uma das correspondentes: "Muitas pessoas consideram inútil ou sem substância. Mas acho que tem substância".[102] Porém, como Ang assinala, esse(a) permanece firme dentro dos limites discursivos da ideologia ao tentar relocar *Dallas* em uma relação diferente com as oposições binárias – com substância/sem substância, bom/mau. "Este(a) correspondente 'negocia' como se estivesse incluso no espaço discursivo criado pela ideologia da cultura de massa: não se coloca fora dele, nem

---

100 | *Idem*, p. 101; grifado no original.
101 | *Idem*, p. 103.
102 | *Idem*, p. 105.

fala a partir de uma postura ideológica oposta".[103] Uma terceira estratégia de defesa empregada por fãs contra os padrões normativos da ideologia da cultura de massa é usar ironia. Tais fãs são diferentes do "irônico" da segunda categoria de telespectadores de Ang, pois a estratégia envolve o uso de "ironia superficial" para justificar o que é, em todos os outros aspectos, uma forma de prazer não irônico. A ironia é usada para condenar as personalidades das pessoas "horríveis", enquanto, ao mesmo tempo, demonstra conhecimento íntimo do programa e grande envolvimento em seu desenrolar narrativo e nas interações entre os personagens. Quem usa essa estratégia fica entre o poder desdenhoso da ideologia e o prazer que obviamente obtém de assistir a *Dallas*. Sua resposta parece sugerir que adere à primeira quando assiste ao programa com os amigos, e ao segundo quando o vê a sós (e talvez secretamente quando vê com amigos). Como explica Ang: "A ironia aqui é um mecanismo de defesa com o qual tal telespectadora tenta satisfazer as normas sociais definidas pela ideologia da cultura de massa, enquanto secretamente gosta 'mesmo' de *Dallas*".[104]

Como Ang demonstra, fãs de *Dallas* consideram necessário localizar seu prazer na relação com a ideologia da cultura de massa: "internalizam" a ideologia; "negociam" com ela; usam "ironia superficial" para defender seu prazer contra a contundente rejeição da ideologia. O que todas essas estratégias de defesa revelam é que "não existe alternativa ideológica nítida que possa ser empregada contra a ideologia da cultura de massa – pelo menos, nenhuma alternativa que se equipare a ela em poder de convencimento e coerência".[105] A luta, portanto, como descrita até agora, entre quem gosta de *Dallas* e quem não gosta é uma luta desigual entre os que argumentam de dentro da força discursiva e da segurança da ideologia da cultura de massa e os que resistem de dentro (para eles) de seus limites

---

103 | *Idem*, p. 106.

104 | *Idem*, p. 109.

105 | *Idem*, p. 109-10.

hostis. "Em suma, tais fãs não parecem capazes de adotar uma postura ideológica efetiva – uma identidade – a partir da qual consigam dizer, de maneira positiva e independentemente da ideologia da cultura de massa: 'Gosto de *Dallas* porque...'".[106]

Revelada nas respostas, a quarta e última postura dos telespectadores – uma que pode ajudar quem é fã – é aquela baseada na ideologia do populismo. No cerne dessa ideologia está a crença de que o gosto de uma pessoa tem o mesmo valor que o de outra. Como na afirmação: "Considero ridículas essas pessoas que reagem de modo um tanto estranho – elas nada podem fazer em relação ao gosto de outra pessoa. E, de qualquer forma, podem considerar agradáveis coisas que outras simplesmente não suportam ver ou escutar".[107] A ideologia do populismo defende que, como gosto é uma categoria autônoma, sempre aberta à inflexão individual, é absolutamente inútil julgar a estética das preferências de outras pessoas. Já que isso pareceria ser um discurso ideal para defender o prazer obtido com *Dallas*, por que tão pouco(a)s correspondentes o adotaram? A resposta de Ang é apontar o vocabulário crítico extremamente limitado da ideologia. Depois de uma pessoa repetir várias vezes "não tem como explicar o gosto", o argumento começa a parecer de certa forma falho. Comparada a isso, a ideologia da cultura de massa tem um rol extenso, e elaborado, de argumentos e teorias. Não é de admirar, portanto, que, ao serem convidado(a)s a explicar por que gostam ou não gostam de *Dallas*, o(a)s correspondentes acham difícil escapar do discurso normativo da ideologia da cultura de massa.

Contudo, segundo Ang, há maneiras de escapar: é a própria natureza "teórica" do discurso que restringe a influência que exerce "nas opiniões e na consciência racional das pessoas, nos discursos que as pessoas usam quando *falam* de cultura. Em todo caso, não é absolutamente necessário

106 | *Idem, ibidem*.
107 | *Idem*, p. 113.

que tais opiniões e argumentações sirvam de receituário para as *práticas culturais das pessoas*".[108] Isso, em parte, explicaria as contradições experimentadas por correspondentes, ao serem confrontado(a)s, ao mesmo tempo, pela "dominância intelectual da ideologia da cultura de massa e pela atração 'espontânea', prática, da ideologia populista".[109] A dificuldade em adotar a ideologia populista em uma política radical de cultura popular está em ela já ter sido apropriada pelas indústrias culturais para seus próprios fins de maximização de lucros. Contudo, baseada na obra de Bourdieu, Ang sustenta que o populismo tem relação com a "estética popular", em que as categorias morais do gosto da classe média são substituídas por uma ênfase na eventualidade, no pluralismo e, acima de tudo, no prazer.[110] Prazer, para Ang, é o termo-chave em uma política cultural feminista transformada. O feminismo deve romper com "o paternalismo da ideologia da cultura de massa [...] [em que] mulheres são [...] vistas como as vítimas passivas das mensagens enganosas das novelas [...] [e seu] prazer [...] totalmente desconsiderado".[111] Mesmo quando se considera o prazer, ele está aí apenas para ser condenado como obstrução ao objetivo feminista de liberação das mulheres. A questão que Ang apresenta é: pode o prazer, ao ser identificado com as mulheres "chorosas" ou com as masoquistas das novelas, "ter um significado para mulheres que são relativamente independentes de suas atitudes políticas?".[112] A resposta é sim, pois fantasia e ficção não

atuam no lugar – mas ao lado – de outras dimensões da vida (prática social, consciência moral ou política). É uma fonte de prazer porque coloca a "reali-

---

108 | *Idem*, p. 115.

109 | *Idem, ibidem*.

110 | Ver Capítulo 10.

111 | Ien Ang, *Watching Dallas, op. cit.*, pp. 118-19.

112 | *Idem*, p. 133.

dade" entre parênteses, porque constrói soluções imaginárias para contradições reais que, em sua simplicidade ficcional e em sua ficcionalidade simples, afastam rapidamente a complexidade tediosa das relações sociais existentes, de dominância e subordinação.[113]

É óbvio que isso não quer dizer que representações de mulheres não importem. Em uma política cultural vigente, elas ainda podem ser condenadas como reacionárias. Mas sentir prazer com isso é, para elas, uma questão completamente diferente: "Não precisa implicar que somos também propensas a assumir tais posições e soluções em nossas relações com nossos amados e amigos, nosso trabalho, nossos ideais políticos etc.".[114]

Ficção e fantasia, então, funcionam tornando a vida no presente prazerosa ou, pelo menos, vivível, mas isso de forma alguma exclui a atividade política radical ou a consciência. Daí não se conclui que as feministas não devam perseverar na tentativa de produzir novas fantasias e lutar por um lugar para elas [...] Contudo, significa que, no que se refere a consumo cultural, não existem padrões fixos para graduar o "caráter progressivo" de uma fantasia. O que é pessoal pode ser político, mas o pessoal e o político nem sempre andam lado a lado.[115]

Em uma crítica desnecessariamente hostil a *Watching Dallas*, Dana Polan acusa Ang de simplificar questões de prazer ao não colocar em jogo a psicanálise. Ele também alega que o ataque de Ang à ideologia da cultura de massa simplesmente reverte as avaliações (implícitas e explícitas) da divisão alta cultura/cultura popular. Em vez de, aí, o consumidor da alta cultura imaginar o "bom gosto como um tipo de expressão livre de uma subjetividade integral, sempre correndo o risco de ser rebaixada por hábi-

---

113 | *Idem*, p. 135.
114 | *Idem, ibidem*.
115 | *Idem*, p. 135-6.

tos vulgares", Ang é acusada de apresentar "o fã da cultura de massa como um indivíduo livre, correndo o risco de ter seu livre acesso ao prazer imediato corrompido por valores artificiais e esnobes impostos de cima".[116] Polan alega que Ang está atacando "uma abordagem antiquada e anacrônica da cultura de massa", e que ela, ainda apegada a "noções míticas de cultura como tragédia, cultura como significado",[117] está desligada da nova sensibilidade pós-moderna. A ideia de que a ideologia da cultura de massa é antiquada e anacrônica pode ser verdadeira nos âmbitos fantasiosos da crítica cultural psicanalítica acadêmica norte-americana, mas ainda está muito viva no mundo consciente/inconsciente da cultura cotidiana.

LEITURA DE REVISTAS FEMININAS | No "Prefácio" para *Inside women's magazines*, Janice Winship relata ter pesquisado revistas femininas desde 1969. Também nos diz que foi mais ou menos na mesma época que começou a considerar-se feminista. Integrar as duas vertentes, admite, às vezes se mostrou difícil; era comum alertarem-na de que devia pesquisar "algo politicamente mais importante". Mas ela insiste que ambas devem ser integradas:

> Simplesmente ignorar revistas femininas era também ignorar as vidas de milhões de mulheres que leem essas revistas toda semana e gostam delas. Mais do que isso, eu ainda gostava delas, as considerava úteis, e "escapava" com elas. E sabia que não era a única feminista a ser leitora "de banheiro".[118]

---

116 | Dana Polan, "Complexity and contradiction in mass culture analysis: on Ien Ang's *Watching Dallas*", em: *Camera Obscura*, 16, 1988, p. 198.

117 | *Idem*, p. 202.

118 | Janice Winship, *Inside women's magazines*, Londres: Pandora, 1987.

Afirma que isso não significava não ser (ou ainda não ser) crítica das revistas femininas, mas sim que, para uma política cultural feminista, essa dialética de "atração e repulsa"[119] era crucial.

Nas revistas femininas, muitos dos estilos de feminidade contribuem para esse *status* secundário, do qual ainda desejamos nos libertar. Ao mesmo tempo, é a roupagem da feminidade que, ao mesmo tempo, serve como fonte do prazer de ser uma mulher – e não um homem – e como matéria-prima para uma visão feminista do futuro. [...] Assim, para as feministas, uma questão importante a que as revistas femininas podem dar margem é: Como – para criar novas imagens irrestritas de nós mesmas e para nós – assumirmos, delas, esse espaço feminino?[120]

Parte do objetivo do seu livro é, "portanto, explicar o apelo da fórmula da revista e considerar criticamente suas limitações e potencial para mudança".[121]

Desde seu início, no final do século XVIII, as revistas femininas têm oferecido a suas leitoras uma mistura de conselhos e entretenimento. Independentemente de sua política, elas continuam atuando como manuais de sobrevivência, fornecendo às suas leitoras conselhos práticos de como sobreviver em uma cultura patriarcal. Isso pode assumir a forma de uma política feminina explícita, como em *Spare Rib*, por exemplo; ou de histórias de mulheres que triunfam nas adversidades, como em *Woman's Own*. A política pode ser diferente, mas a fórmula é a mesma.

O apelo às leitoras de revistas femininas se processa mediante uma combinação de entretenimento e conselhos úteis. Tal apelo, segundo Winship, organiza-se em torno de um leque de "ficções". Podem ser as ficções visuais da publicidade ou artigos sobre moda, culinária ou relativos à família

---

119 | *Idem, ibidem.*
120 | *Idem*, p. XIII-XIV.
121 | *Idem*, p. 8.

e ao lar. Também podem ser ficções de fato: fotonovelas e folhetins românticos, historietas, por exemplo. Também há as histórias de famosos ou reportagens de eventos na vida de mulheres e homens "comuns". Cada uma dessas, a seu modo, tenta atrair a leitora para o mundo da revista e, por fim, para o do consumo. Isso costuma levar mulheres a "serem apanhadas definindo sua própria feminidade em termos de consumo".[122] Mas o prazer não é totalmente dependente de aquisições. Ela recorda que, no calor de julho, quando escrevia *Inside women's magazine*, obteve enorme prazer visual de um anúncio de revista (sem qualquer intenção de comprar o produto) mostrando uma mulher mergulhando num oceano que surrealisticamente brotava, na banheira, da ponta de uma torneira. E explica:

> Reconhecemos a linguagem dos sonhos de que anúncios se utilizam e nos deliciamos com ela; vamos nos envolvendo nas ficções que criam, mesmo sabendo muito bem que essas mercadorias não vão realizar as promessas fictícias. Não importa. Sem nos preocuparmos em comprá-los, podemos nos entregar indiretamente à boa vida, só por meio da imagem. Essa é a compensação pela experiência que não se tem nem se pode ter.[123]

Anúncios de revistas, e as revistas, propiciam, portanto, um terreno para sonhar. Assim, geram um desejo de satisfação (pelo consumo). O paradoxo é isso ser profundamente agradável, *por* sempre reconhecer, também, a existência dos afazeres diários.

Não ofereceriam o mesmo prazer, contudo, se não se esperasse das mulheres a realização das várias tarefas relacionadas a moda e beleza, alimentação e mobiliário. Essas imagens reconhecem tais tarefas, mas, ao mesmo tempo, possibilitam à leitora evitar realizá-las. Na vida cotidiana, o "prazer" das mulheres só

---

122 | *Idem*, p. 39.
123 | *Idem*, p. 56.

pode ser alcançado no cumprimento dessas tarefas; aqui a imagem oferece um substituto temporário, e também propicia um caminho (supostamente) fácil – muitas vezes, divertido – de alcançá-lo.[124]

O desejo é gerado por algo mais do que o cotidiano, mas só pode ser alcançado pelo que é, para a maioria das mulheres, uma atividade diária: compras. Afinal de contas, o que se vende nas ficções de revistas femininas, no editorial ou nos anúncios – moda e decoração, alimentos e cosméticos –, é uma feminidade com sucesso e, portanto, *prazerosa*. Siga *este* conselho prático ou compre *este* produto e seja melhor amante, melhor mãe, melhor esposa, uma mulher melhor. O problema disso tudo, de uma perspectiva feminista, é estar sempre construído envolvendo uma mulher mítica *única*, *fora* da influência de estruturas e limites, sociais e culturais, poderosos.

O comprometimento com a "solução individual" é sempre revelado pela maneira como as revistas femininas também procuram construir "coletividades fictícias"[125] de mulheres. Isso pode ser visto no uso insistente do "nós" nos editoriais; mas também está nas interações entre leitores e o editor das páginas de correspondência. Ali sempre encontramos mulheres atribuindo sentido ao mundo cotidiano com uma mistura de otimismo e fatalismo. Winship identifica tais tensões como expressas por mulheres "ideologicamente ligadas ao terreno pessoal, numa postura de relativa impotência em relação a eventos públicos".[126] Como as chamadas histórias "de triunfo diante de tragédias", as cartas das leitoras e as respostas editoriais muitas vezes revelam compromisso profundo com a "solução individual". Ambas "ensinam" a mesma parábola: o esforço individual supera todas as adversidades. A leitora é considerada merecedora de admiração,[127]

---

124 | *Idem*, p. 56-7.
125 | *Idem*, p. 67.
126 | *Idem*, p. 70.
127 | Ver, no Capítulo 4, a seção que fala de Althusser.

seus problemas são contextualizados, ela é capaz de resolvê-los. Contos funcionam quase da mesma forma. O que também une essas diferentes "ficções" é "que os triunfos humanos aí detalhados são emocionais, e não, materiais".[128] De muitas maneiras, isso é essencial para as comunidades imaginárias das revistas continuarem existindo, pois passar do emocional ao material é correr o risco de encontrar a conflitante presença, por exemplo, das diferenças de classe, sexualidade, deficiência física, etnia e "raça".

> Assim, a sensação de "nós, mulheres" construída pelas revistas é, de fato, retirada de diferentes grupos culturais; a própria noção de "nós" e "nosso mundo", porém, constantemente destrói essas discrepâncias para criar, dentro das revistas, a aparência de unidade. De fora, quando a leitora fecha a revista, ela não é mais "amiga" de Esther Rantzen e afins; mas, enquanto durou, foi um sonho agradável e tranquilizador.[129]

Isso talvez fique mais evidente na página de problemas. Embora esses sejam pessoais e, portanto, busquem soluções pessoais, Winship afirma que, "a não ser que as mulheres tenham acesso a um conhecimento que explique vidas pessoais em termos sociais [...] é provável que o ônus de 'você' resolver 'seu' problema intimide ou [...] leve apenas a 'soluções' frustradas".[130] Ela cita o exemplo de uma carta sobre um marido (com um passado sexual) que não consegue esquecer ou perdoar a vida sexual passada da esposa. Como Winship observa, uma solução pessoal para esse problema sequer se aproximaria da herança social e cultural do duplo padrão sexual. Fingir outra coisa seria iludir-se seriamente.

> Colunas de "aconselhamento" (*agony aunties*) (e revistas) atuam como "amigas" das mulheres – aproximam as mulheres em suas páginas e, ainda que não ofereçam

---

128 | Janice Winship, *Inside Women's Magazines*, op. cit., p. 76.

129 | *Idem*, p. 77.

130 | *Idem*, p. 80.

conhecimento que lhes permita ver a história de sua condição social comum, acabam, de modo triste e irônico, separando as mulheres, esperando que elas façam sozinhas (ou encorajando-as a isso) o que conseguem fazer apenas em grupo.[131]

O livro de Winship centra-se em três capítulos que tratam, respectivamente, dos valores individuais e familiares da *Woman's Own*, da ideologia da liberação sexual (até então) da *Cosmopolitan* e da política feminista da *Spare Rib*. Com referência a esses capítulos, não posso deixar de comentar um deles, mesmo meu espaço sendo pouco. Ao abordar as críticas a filmes e programas de televisão populares publicadas na *Spare Rib*, Winship responde com comentários que continuam ecoando em muitas análises "pós-feministas" recentes (e em boa parte das obras tratadas neste capítulo) sobre cultura popular:

> Essas críticas [...] apoiam a posição do crítico e elevam o feminismo e as feministas ao pomposo pedestal dos que "viram a luz", tendo como consequência o repúdio não apenas de uma grande variedade de acontecimentos culturais, mas também das muitas experiências agradáveis e interessantes que mulheres teriam neles. Intencionalmente ou não, as feministas estão se colocando numa categoria à parte: "nós", que sabemos e rejeitamos a maioria das formas culturais (incluindo revistas femininas); e "elas", que permanecem na ignorância e continuam a comprar *Woman's Own* ou assistir a *Dallas*. A ironia, contudo, é que muitas de "nós" sentimo-nos como "elas": leitoras "de banheiro" e espectadoras dessa futilidade.[132]

Joke Hermes, em *Reading women's magazines*,[133] começa comentando obras feministas anteriores sobre revistas femininas: "Sempre senti que

---

131 | *Idem, ibidem.*

132 | *Idem*, p. 140.

133 | Joke Hermes, *Reading women's magazines*, Cambridge: Polity, 1995.

a luta feminista em geral deveria tratar de respeito. É provável que, por esse motivo, nunca tenha me sentido confortável com a maioria das obras (feministas) que estudavam tais revistas. Quase todos esses estudos demonstram *preocupação* em vez de *respeito* em relação às leitoras de revistas femininas".[134] Esse tipo de abordagem (que pode ser chamada de "feminismo modernista"), diz ela, gera uma forma de crítica midiática em que a acadêmica feminista é, ao mesmo tempo, "profeta e exorcista".[135] E observa: "Usando o discurso da modernidade, feministas falam em nome de outras mulheres que, implicitamente, consideram ser incapazes de, sozinhas, ver quão ruins são textos como os das revistas femininas. Elas precisam ser esclarecidas; precisam de bons textos feministas, para serem salvas de sua falsa consciência e terem uma vida livre de representações falsas, como as mediadas por revistas femininas, em que uma mulher pode encontrar felicidade".[136]

Contra essa maneira de pensar e trabalhar, Hermes defende o que ela chama de "uma visão mais pós-moderna, em que respeito, e não preocupação – ou, neste caso, celebração, um termo que costuma ser visto como o "selo de qualidade" das perspectivas pós-modernas –, teria um lugar central".[137] Ela sabe que "leitoras de todos os tipos (incluindo nós, críticas), em alguns contextos, gostam de textos que, em outros contextos, criticam".[138] O foco de seu estudo, portanto, é "compreender como as revistas femininas são lidas, ao aceitar as preferências das [mulheres que entrevistou]".[139] Trabalhando da perspectiva de uma "postura feminista pós-moderna", ela defende

134 | *Idem*, p. 1; grifado no original.
135 | *Idem, ibidem.*
136 | *Idem, ibidem.*
137 | *Idem, ibidem.*
138 | *Idem*, p. 2.
139 | *Idem, ibidem.*

o reconhecimento de que leitores são produtores de significados, em vez de submissos culturais enganados pelas instituições de mídia. O reconhecimento, também, do local e dos significados específicos que atribuímos a textos de mídia, e das diferentes identidades das quais, ao vivenciar nossas multifacetadas vidas, qualquer pessoa pode ser portadora, em nossas sociedades saturadas com imagens e textos midiáticos, sendo as revistas femininas uma parte deles.[140]

Mais especificamente, ela busca situar sua obra em um meio-termo entre um foco em como são criados os significados de determinados textos[141] e um foco nos contextos do consumo de mídia.[142] Em outras palavras, em vez de começar com um texto e mostrar como as pessoas se apropriam dele e o tornam significativo, ou começar com os contextos de consumo e mostrar como estes limitam as maneiras em que a apropriação e a criação de significados podem ocorrer, ela "tentou reconstruir o gênero ou conjunto de gêneros difuso chamado de revistas femininas e [mostrar] que se tornam significativos exclusivamente por meio da percepção de suas leitoras".[143] Denomina essa abordagem como "teorização da produção de significado nos contextos cotidianos".[144] Ao trabalhar assim, consegue evitar que se desenvolva uma análise textual, com sua noção implícita de um significado, ou um grupo limitado de significados, identificável como correto, que uma leitora pode ou não ativar. "Minha perspectiva", explica, "é que

---

140 | *Idem, ibidem.*

141 | Como, por exemplo, Ien Ang, *Watching Dallas, op. cit*; e Janice Radway, *Reading the romance, op. cit.*

142 | Como, por exemplo, Ann Gray, *Video playtime: the gendering of leisure technology*, Londres: Routledge, 1992; e David Morley, *Family television: cultural power and domestic leisure*, Londres: Comedia, 1986.

143 | Joke Hermes, *Reading women's magazines, op. cit.*, p. 6.

144 | *Idem, ibidem.*

os textos adquirem significado apenas na interação entre leitores e textos; e que, por si só, a análise do texto nunca é suficiente para reconstruir tais significados".[145] Para possibilitar essa abordagem, introduz o conceito de "repertórios", assim explicado: "Repertórios são os recursos culturais a que os falantes recorrem e se referem. Os repertórios que vão ser usados dependem do capital cultural de cada leitor".[146] Além disso, "textos não têm significados diretos. Os vários repertórios que os leitores usam é que dão significados aos textos".[147]

Hermes realizou oitenta entrevistas com homens e mulheres. Inicialmente, ficou desapontada com o fato de seus entrevistados parecerem relutantes em falar sobre como criaram significados a partir das revistas femininas que leram; e, quando tratavam dessa questão, muitas vezes sugeriam, contra o "senso comum" de muitas teorias de mídia e culturais, que seus contatos com essas revistas raramente tinham algum significado. Após o desapontamento inicial, esses estudos aos poucos foram inspirando Hermes a reconhecer o que ela chama de "a falácia da significatividade",[148] expressão que visa transmitir sua rejeição a um modo de trabalho, na análise cultural e na de mídia, baseado na visão de que o contato entre o leitor e o texto deve ser entendido, sempre, apenas em termos de produção de significados. Essa preocupação geral com o significado, alega, resultou de um *corpus* influente de obras voltadas para fãs (e, vou acrescentar, subculturas jovens), em vez de concentrar-se nas práticas de consumo de pessoas comuns; e, além disso, resultou de um fracasso evidente ao situar o consumo nas rotinas da vida cotidiana. Contra a influência desse *corpus*, ela defende uma perspectiva crítica, em que "o texto de mídia deve ser deslocado em favor dos relatos que os leitores fazem de suas

---

145 | *Idem*, p. 10.
146 | *Idem*, p. 8.
147 | *Idem*, p. 40.
148 | *Idem*, p. 16.

vidas cotidianas"[149]. Hermes explica: "Para compreender e teorizar o uso cotidiano da mídia, é necessária uma visão mais sofisticada da produção de significados, uma que reconheça diferentes níveis de investimento psicológico, e compromisso e reflexão emocionais".[150]

Com uma análise detalhada e crítica dos temas recorrentes e de questões que se repetem no material coletado nas entrevistas, Hermes tenta reconstruir os vários repertórios que os entrevistados empregam ao consumir revistas femininas. E identifica quatro: "fácil de pegar e largar", "relaxamento", "conhecimento prático" e "aprendizado emocional e conhecimento relacionado".[151] O primeiro desses repertórios, talvez o mais fácil de entender, identifica as revistas femininas como um gênero que exige pouco de suas leitoras, que se pode simplesmente pegar e largar, e, por isso, é fácil acomodá-lo nas rotinas da vida diária.

O segundo repertório, claramente relacionado com o primeiro (e talvez tão esperado quanto ele), identifica a leitura de revistas femininas como uma forma de "relaxamento". Mas, como Hermes mostra, o relaxamento (assim como o "escapismo", já tratado aqui) não deve ser considerado um termo inocente ou óbvio – é, como ela assegura, "ideologicamente carregado".[152] De um lado, o termo pode ser empregado simplesmente como uma descrição válida de determinada atividade e, de outro, pode ser usado como mecanismo de bloqueio na defesa contra invasões de privacidade. Como ela nos lembra, dado o baixo *status* cultural das revistas femininas, talvez seja compreensível o uso do termo "relaxamento" como meio de bloquear futuras invasões no terreno pessoal. Em outras palavras, estou lendo esta revista para indicar aos outros que atualmente não estou disponível para fazer outras coisas.

149 | *Idem*, p. 148.
150 | *Idem*, p. 16.
151 | *Idem*, p. 31.
152 | *Idem*, p. 36.

O terceiro repertório, aquele do "conhecimento prático", pode ir de dicas culinárias a críticas de filmes e livros. Mas é enganosa essa sua aparente ancoragem na aplicação prática. O repertório do conhecimento prático pode oferecer muito mais do que dicas de como se tornar versado em culinária indiana ou conhecer quais filmes vale a pena, culturalmente, ir ao cinema assistir. Leitores podem usar essas dicas práticas, observa Hermes, para fantasiar não só um "*self* ideal [...] [que] seja pragmático e orientado para a resolução de problemas, [mas também] uma pessoa que consiga tomar decisões e seja um consumidor emancipado; mas, acima de tudo, que ela é uma pessoa que controla".[153]

O último repertório, o do "aprendizado emocional e do conhecimento relacionado", também tem a ver com aprendizado, mas, em vez de uma coleção de dicas práticas, é um aprendizado através do reconhecimento de si mesmo – de seu estilo de vida e de seus possíveis problemas – nos problemas de outros, representados nas páginas de histórias e nos artigos das revistas. Uma das entrevistadas disse gostar de ler "pequenos textos sobre pessoas que têm determinados problemas [...] [e] como esses problemas podem ser resolvidos".[154] Ou, como disse outra, "gosto de ler como as pessoas lidam com certas coisas".[155] Fazendo referência específica às páginas de problemas, outra entrevistada observou: "Aprende-se muito com os problemas de outras pessoas [...] e com os conselhos que eles [a revista] dão".[156] Como acontece com o repertório de conhecimento prático, o repertório de aprendizado emocional ou relacionado a ele também pode envolver a produção de um *self* ideal, um *self* que esteja preparado para todos os possíveis perigos emocionais e crises humanas, cujo enfrentamento pode ser necessário nas práticas sociais da vida cotidiana. Como explica

---

153 | *Idem*, p. 39.
154 | *Idem*, p. 41.
155 | *Idem*, p. 42.
156 | *Idem*, p. 43.

Hermes, "tanto o repertório de conhecimento prático como o repertório de conhecimento relacionado pode ajudar leitoras a ganhar um sentido (imaginário e temporário) de identidade e confiança, de estar no controle ou sentindo-se em paz com a vida, [sentido esse] que dura enquanto estão lendo e rapidamente se dissipa [ao contrário das dicas práticas] quando a revista é deixada de lado".[157]

A grande originalidade de Hermes está em ter rompido de uma vez por todas com uma abordagem da análise cultural em que o pesquisador, primeiro, insiste na necessidade de estabelecer o significado essencial de um texto ou textos e, na sequência, em como o público, para entender esse significado, pode (ou não pode) ler o texto. Em oposição a esse tipo de trabalho, observa que

> os repertórios usados pelas leitoras atribuem significado ao gênero das revistas femininas de uma maneira, de certo modo incrível, que independe do texto das revistas femininas. As leitoras constroem novos textos, em forma de fantasias e de "novas" identidades (*selves*) imaginadas. Isso leva à conclusão de que um estudo de gênero pode ser inteiramente baseado na maneira como as revistas femininas são lidas, não sendo necessário abordar a estrutura (narrativa) ou o conteúdo do texto em si.[158]

Diferentemente de outras teses que celebram mulheres e consumo, a pesquisa de Hermes sobre o papel dos repertórios a deixa relutante quanto a ver, nas práticas de mulheres ao ler revistas, uma forma não problemática de adquirir poder. Em vez disso, argumenta, devemos pensar no consumo de revistas femininas como proporcionando apenas "momentos temporários de poder".[159]

---

157 | *Idem*, p. 48.
158 | *Idem*, p. 146.
159 | *Idem*, p. 51.

PÓS-FEMINISMO | O pós-feminismo é um caso complexo. O termo pode ser usado para descrever um tipo de feminismo, uma postura teórica dentro do feminismo, e uma tendência na cultura popular contemporânea. Segundo Janice Winship, "se significa algo útil", o pós-feminismo refere-se à maneira como os "limites entre feministas e não feministas ficaram indistintos".[160] Isso se deve, em grande parte, a como, "com o 'sucesso' do feminismo, algumas ideias feministas deixaram de ter uma carga de oposição, e passaram a fazer parte do senso comum de muitas pessoas, não apenas de uma minoria".[161] Isso não significa que tenham sido cumpridas todas as exigências feministas (longe disso) e que agora o feminismo é redundante. Ao contrário, "sugere que o feminismo não tem mais uma coerência simples em torno de princípios facilmente definidos [...] e é, em vez disso, uma mistura muito mais rica, diversa e contraditória do que jamais o foi nos anos 1970".[162]

Angela McRobbie é bem menos otimista em relação ao "sucesso" do feminismo.[163] O que realmente aconteceu, afirma, é que boa parte da cultura popular contemporânea abala ativamente os ganhos feministas dos anos 1970 e 1980. Isso, no entanto, não deveria ser entendido como um "revide" direto contra o feminismo, mas um solapamento das obras feministas, ao reconhecê-lo mas, ao mesmo tempo, considerá-lo atualmente desnecessário, em um mundo onde as mulheres têm a liberdade de moldar o curso de suas vidas. Na cultura popular pós-feminista, o feminismo aparece como história: envelhecido, desinteressante e redundante. O reconhecimento do feminismo, portanto, serve apenas para mostrar que ele deixou de ser relevante. No lugar do movimento feminista, nos foi dada

---

160 | Janice Winship, *Inside women's magazines*, op. cit., p. 149.

161 | *Idem, ibidem.*

162 | *Idem, ibidem.*

163 | Angela McRobbie, "Post-Feminism and popular culture", em: *Feminist Media Studies*, 4 (3), 2004.

a mulher individual e bem-sucedida, personificando tanto a redundância do feminismo como a necessidade do esforço individual. Essa ação dual – ao mesmo tempo reconhecimento e dispensa – se encontra em muitos aspectos da cultura popular pós-feminista. McRobbie cita o exemplo da campanha publicitária do Wonderbra (ver Foto 7.1).

Foto 7.1 Pós-feminismo e o Wonderbra.
Fonte: Cortesia de The Advertising Archives.

O anúncio do Wonderbra mostrando a modelo Eva Herzigova olhando para baixo e admirando a proeminência de seu busto, melhorado pela pirotecnia rendada do Wonderbra, foi, em meados da década de 1990, exposto em *outdoors* enormes nas ruas de maior movimento do Reino Unido. A composição da imagem seguia tão à risca a cartilha do "anúncio sexista", que se poderia perdoar alguém por supor alguma familiaridade tanto com os estudos culturais, como com as críticas feministas à publicidade. De certa forma, levava o feminismo em consideração ao mostrá-lo como coisa do passado, ao provocativamente "encenar o sexismo", enquanto brincava com aqueles debates, da teoria do cinema, sobre mulheres como objetos do olhar[164] e mesmo sobre o desejo feminino.[165] [...] Eis um anúncio que reproduz para seu público aspectos bem conhecidos dos estudos de mídia feministas. [...] Ao mesmo tempo, o anúncio espera provocar condenações feministas, para gerar publicidade. Também assim são criados choques de geração, pois, junto com seus parceiros masculinos, o público feminino mais jovem, educado na ironia e visualmente alfabetizado, não fica enfurecido com tal repertório: aprecia suas camadas de significado e entende a brincadeira.[166]

Em vez de funcionar como uma crítica do que antes seria visto como uma imagem sexista, o feminismo está incorporado no texto à custa de repúdio e despolitização: foi trazido para o anúncio como um discurso da história, cuja única função é aumentar a profundidade semiótica da imagem e permitir que ela seja vista como irônica e inofensiva; um anúncio que só uma puritana feminista da década de 1970 poderia considerar ofensivo (e faz parte da brincadeira do anúncio o fato de que algumas ainda acham isso). Em outras palavras, a cultura popular pós-feminista não é um retorno à sensibilidade pré-feminista, mas, sim, uma resposta ao feminismo: é preciso conhecer o feminismo a fim de rejeitá-lo como antiquado, desinteressante e não mais relevante para as mulheres modernas liberadas enquanto indivíduos.

Para entender de fato a cultura popular pós-feminista, é preciso situá-la em relação à destradicionalização[167] e aos discursos neoliberais de escolha

---

164 | Ver comentários anteriores, sobre Laura Mulvey, neste capítulo.

165 | Ver comentários anteriores, sobre Rosalind Coward, neste capítulo.

166 | Angela McRobbie, "Post-Feminism and popular culture", *op. cit.*, pp. 258-9.

167 | Ver Anthony Giddens, *The transformation of intimacy*, Cambridge: Polity, 1992; e Ulrich Beck & Elisabeth Beck-Gernsheim, *Individualization*, Londres: Sage, 2002.

e individualismo ("o mercado tem a resposta para todos os problemas"). A destradicionalização sugere que agora as mulheres estão livres das identidades femininas tradicionais e, portanto, podem, pela autorreflexão, inventar novos papéis; já os dircursos neoliberais defendem que o livre mercado, com seu imperativo de escolha do consumidor, é o melhor mecanismo para permitir construções de novas identidades femininas. Entretanto, como observa Vicky Ball, em vez de uma destradicionalização, o que estamos de fato testemunhando é um processo de retradicionalização, em que estão sendo reinstauradas ideias tradicionais sobre o que é natural e normal em relação a gênero.[168] Esse movimento é capturado perfeitamente em uma entrevista com Kelly Reilly, que interpreta uma policial (a investigadora Anna Travis) no drama televisivo *Above Suspicion*, de Lynda La Plante. Quando perguntada se sua personagem é a nova Jane Tennison (inspetora-chefe de polícia no programa anterior de La Plante, *Prime Suspect*), respondeu:

Não, Anna Travis, minha personagem, está apenas no início de sua carreira policial; Jane Tennison havia alcançado os altos escalões e era de uma geração de mulheres que precisavam provar serem tão boas quanto os homens. Anna é de uma época mais contemporânea, em que não mais se trata de política sexual. Ela é forte, intuitiva e claramente feminina.[169]

168 | Ver Vicky Ball, "The 'feminization' of British television and the re-traditionalization of gender", em: *Feminist Media Studies* 12 (2), 2012a; e, da mesma autora, "Sex, class and consumerism in British television drama", em H. Thornham & E. Weissmann (orgs.), *Renewing feminism: stories, fantasies and futures*, Londres: I. B. Tauris, 2012b.

169 | *Idem*, "Sex, class and consumerism", *op. cit.*, citando Kelly Reilly.

Em um movimento sintomático da "sensibilidade", que é o pós-feminismo,[170] o comentário de Reilly reconhece o feminismo e o descarta, sugerindo que é um movimento do passado, não mais relevante para as mulheres contemporâneas.

A incorporação do feminismo à cultura popular pós-feminista é um exemplo clássico do processo de hegemonia, mas também poderia ser visto como exemplo dos mecanismos que Marcuse identifica como produtores de unidimensionalidade.[171]

ESTUDOS SOBRE O HOMEM E MASCULINIDADES | O feminismo gerou muitas coisas. Uma delas, já renegada por algumas feministas, foram os estudos sobre o homem. Apesar da preocupação de Peter Schwenger – de que, para um homem, "pensar em masculinidade o torna menos masculino. [...] O verdadeiro homem pensa sobre questões práticas em vez de abstratas e certamente não fica pensando sobre si mesmo ou sobre a natureza de sua sexualidade"[172] –, muitos homens pensaram, falaram e escreveram sobre sexualidade. Como escreve Anthony Easthope, em *What a man's gotta do*: "É hora de tentar falar sobre masculinidade, sobre o que é e como funciona".[173] O foco de Easthope é no que ele chama de masculinidade dominante (o mito da masculinidade heterossexual co-

---

170 | Rosalind Gill, "Postfeminist media culture: elements of a sensibility", em: *European Journal of Cultural Studies*, 10, 2007.

171 | Sobre ambas as posições, ver Capítulo 4.

172 | Elaine Showalter, "Introduction", em Elaine Showalter (org.), *Speaking of gender*, Londres: Routledge, 1990, p. 7, citando Peter Schwenger.

173 | Anthony Easthope, *What a man's gotta do: the masculine myth in popular culture*, Londres: Paladin, 1986, p. 1. Antony faleceu em dezembro de 1999. Conheci-o como professor e como colega. Embora muitas vezes discordasse dele, foi considerável sua influência sobre minha obra e a de outros.

mo algo essencial e óbvio, alguém que é vigoroso, imperioso, tem sangue frio, é inteligente, está sempre no controle etc.). Inicia com a afirmação de que masculinidade é um construto cultural; ou seja, não é "natural", "normal" ou "universal". Argumenta que a masculinidade dominante funciona como uma norma de gêneros, e é contra essa norma o embate para a aceitação dos muitos outros tipos diferentes de "masculinidades vividas" (incluindo masculinidades *gay*). Como parte desse argumento, analisa o modo de representação da masculinidade dominante em textos variados da cultura popular – músicas *pop*, ficção popular, filmes, televisão e jornais – e conclui:

> É claro que os homens não expõem passivamente o mito masculino imposto por histórias e imagens da cultura dominante. Mas também não conseguem viver completamente fora dele, já que esse mito permeia a cultura. Seu poder coercivo está ativo em todas as partes – não apenas nas telas, nos tapumes e no papel, mas dentro de nossas cabeças.[174]

De uma perspectiva semelhante, a análise feita por Sean Nixon da masculinidade do "novo homem" vai explorá-la como "um regime de representação", focalizado em "quatro espaços-chave da circulação cultural: publicidade televisiva, publicidade impressa, lojas de vestuário masculino, e revistas populares para homens".[175]

Embora seja verdade que as feministas sempre encorajaram os homens a examinar sua masculinidade, muitas delas são menos impressionáveis por estudos feitos por homens, como esclarecem Joyce Canaan e Christine Griffin:

---

[174] | *Idem*, p. 167.

[175] | Sean Nixon, *Hard looks: masculinities, spectatorship and contemporary consumption*, Londres: UCL, 1996, p. 4.

Embora, sem dúvida, a compreensão feminista do patriarcado pudesse ser mais ampla se tivéssemos acesso à compreensão dos homens, de como eles constroem e transformam esse sistema generalizado de relações, tememos, no entanto, que tal pesquisa poderia distorcer, depreciar ou negar as experiências das mulheres com homens e a masculinidade. Feministas, portanto, devem ser ainda mais insistentes na condução de pesquisas sobre homens e masculinidade, nesta época em que um número crescente de homens começa a conduzir pesquisas aparentemente "comparáveis".[176]

TEORIA QUEER | A Teoria Queer, como explicam Paul Burston e Colin Richardson, "fornece uma disciplina para explorar as relações de lésbicas e homens *gays* com a cultura que rodeia tais relações e (em grande parte) continua a tentar nos excluir.[177] Além disso, "ao afastar o foco da questão do que significa ser lésbica ou *gay* dentro da cultura, dirige seu foco para os diversos desempenhos da heterossexualidade criados pela cultura. Essa teoria busca localizar o *queer* em espaços que antes se imaginava serem estritamente para *straights*".[178] Dessa forma, argumentam, "a Teoria Queer trata 'sobre' lésbicas e *gays* tanto quanto estudos tratando de mulheres são 'sobre' mulheres. De fato, parte do projeto *queer* é atacar [...] a dita 'naturalidade' do gênero e, por extensão, as ficções que apoiam a heterossexualidade compulsória".[179]

---

[176] | Joyce Canaan & Christine Griffin, "The new men's studies: part of the problem or part of the solution", em Jeff Hearn & David Morgan (orgs.), *Men, masculinities and social theory*, Londres: Unwin Hyman, 1990, pp. 207-8.

[177] | Paul Burston & Colin Richardson, "Introduction", em Paul Burston & Colin Richardson (orgs.), *A queer romance: lesbians, gay men and popular culture*, Londres: Routledge, 1995, p. 1.

[178] | *Idem, ibidem*.

[179] | *Idem, ibidem*.

Para estudar a suposta naturalidade do gênero e as ficções ideológicas que apoiam a heterossexualidade compulsória, não existe melhor lugar para começar do que um dos textos fundadores da Teoria Queer, o influente livro de Judith Butler *Gender trouble*. Butler inicia com a observação, de Simone de Beauvoir, de que "não se nasce mulher: torna--se".[180] A distinção de Beauvoir estabelece uma diferença analítica entre sexo biológico ("natural") e gênero ("cultural"), sugerindo que, enquanto o sexo biológico é estável, sempre haverá versões diferentes e concorrentes (histórica e socialmente variáveis) de feminidade e masculinidade (ver Figura 7.1). Embora o argumento de Beauvoir tenha a vantagem de ver o gênero como algo feito na cultura – "os significados culturais que o corpo sexuado assume"[181] –, e não como algo fixo pela natureza, o problema desse modelo de sexo/gênero, segundo Butler, é funcionar afirmando a existência de apenas dois sexos biológicos ("masculino" e "feminino"), que são determinados pela natureza, e que, por sua vez, geram e garantem o sistema binário de gêneros. Contra essa tese, ela argumenta que a biologia em si sempre está culturalmente gerada como "masculino" e "feminino" e, assim, já garante versões específicas do feminino e do masculino. Portanto, a distinção entre sexo e gênero não é entre natureza e cultura: "a categoria 'sexo' é em si uma categoria *gerada*, politicamente investida em sua integralidade, naturalizada, mas não natural".[182] Em outras palavras, não existe uma "verdade" biológica no centro do gênero: sexo e gênero são categorias culturais.

---

180 | Judith Butler, *Gender trouble: feminism and the subversion of identity*, 10th anniv. ed., Nova York: Routledge, 1999, p. 12; citando Simone de Beauvoir, *The second sex*, Nova York: Vintage, 1984.
181 | *Idem*, p. 10.
182 | *Idem*, p. 143.

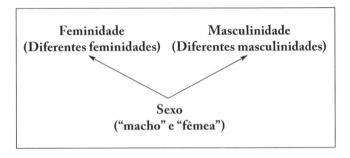

Figura 7.1 O sistema binário de gêneros.

Além disso, não se trata apenas de que o

gênero não é para a cultura o que o sexo é para a natureza; o gênero é também o meio discursivo/cultural pelo qual a 'natureza sexuada', ou 'um sexo natural', é produzida e estabelecida como 'pré-discursiva', anterior à cultura, uma área politicamente neutra *sobre a qual* a cultura age. [...] [Dessa forma,] ao colocar a dualidade do sexo em um domínio pré-discursivo, a estabilidade interna e o enquadramento binário estão efetivamente garantidos para o sexo.[183]

Como explica Butler, "não existe motivo para distribuir os corpos humanos nos sexos masculino e feminino, exceto se essa divisão servir às necessidades econômicas da heterossexualidade e proporcionar um brilho naturalista para a instituição da heterossexualidade".[184] Portanto, como ela afirma, "não se nasce uma mulher, torna-se uma; mas, além disso, não se nasce feminina, *torna-se* feminina; mas, ainda mais radical, é possível, caso faça tal opção, não se tornar masculino nem feminino, nem homem nem mulher".[185]

183 | *Idem*, p. 11.
184 | *Idem*, p. 143.
185 | *Idem*, p. 33.

Segundo Butler, o gênero não é expressão do sexo biológico, mas algo performativamente construído na cultura. Dessa maneira, "gênero é a estilização repetida do corpo, uma série de atos que se repetem dentro de um enquadramento regulatório altamente rígido, que se cristaliza ao longo do tempo para produzir a aparência de algo sólido, um tipo natural de ser".[186] Em outras palavras, as identidades de gênero consistem na acumulação do que está do lado de fora (isto é, na cultura), acreditando-se que são uma expressão do que está dentro (isto é, na natureza). Disso resulta que "só se consegue decifrar 'pessoas' quando elas são geradas em conformidade com padrões reconhecíveis de inteligibilidade".[187] Feminidade e masculinidade não são expressões da "natureza", são "desempenhos culturais em que sua 'naturalidade' [é] constituída por meio de atos performativos limitados pelo discurso [...] que criam o efeito do natural, do original e do inevitável".[188]

A teoria da performatividade de Butler é um desenvolvimento da teoria dos atos de fala, de J. L. Austin, que divide os atos de fala em dois tipos: constatativo e performativo. O tipo constatativo é o da linguagem descritiva. "O céu é azul" é um exemplo de uma afirmação constatativa. O tipo performativo, por outro lado, não descreve simplesmente o que já existe, mas faz algo existir. "Eu agora os declaro marido e mulher" é um exemplo óbvio; não descreve algo, mas faz existir algo: isto é, quando as palavras são

---

186 | *Idem*, pp. 43-4.

187 | *Idem*, p. 22. Butler, nessa obra, usa o termo "matriz heterossexual" "para designar aquela grade de entendimento cultural por meio da qual são naturalizados corpos, gêneros e desejos. [...] [Este é] um modelo discursivo/epistêmico hegemônico de entendimento de gênero que defende que, para corpos terem coerência e fazerem sentido, deve haver um sexo estável expressado por meio de um gênero estável (masculino expressa homem, feminino expressa mulher), que é oposta e hierarquicamente definido pela prática compulsória da heterossexualidade"; *idem*, p. 194.

188 | *Idem*, pp. XXVIII-XXIX.

ditas pela pessoa adequada, elas transformam duas pessoas solteiras em um par casado. Butler argumenta que o gênero funciona da mesma forma que a linguagem performativa. Ela diz que "não existe identidade por trás das expressões de gênero; que a identidade é performativamente constituída pelas próprias 'expressões' que se diz serem resultantes dela".[189] Um dos primeiros discursos performativos que todos encontramos é o pronunciamento "É uma menina" ou "É um menino". Cada pronunciamento vem com regras e regulamentos, que, se espera, sejam seguidos e obedecidos: "meninos fazem isso, meninas não fazem aquilo" etc. Vários discursos, incluindo os vindos de pais, de instituições educacionais, da mídia, todos vão se combinar para garantir nossa conformidade com a "performatividade como ritual cultural, como a reiteração de normas culturais".[190] Dessa forma, "a *performance* do gênero cria a ilusão de uma substancialidade prévia – um *self* gerado no âmago – e constrói o efeito do ritual performativo do gênero como emanações necessárias ou consequências causais daquela substância prévia".[191]

O conceito de performatividade de Butler não deve ser confundido com a ideia de *performance* entendida como forma de encenação, em que uma identidade mais básica permanece intacta sob a teatralidade da identidade à mostra. A performatividade do gênero não é uma prática voluntária; é um processo contínuo de reiteração quase disciplinar: "a performatividade do gênero não pode ser teorizada à parte da prática forçosa e reiterativa dos regimes sexuais regulatórios [...] e de forma alguma pressupõe um objeto de escolha".[192] Sarah E. Chinn fornece um excelente resumo do processo:

189 | *Idem*, p. 33.

190 | *Idem*, "Restaging the universal", em Judith Butler, Ernesto Laclau & Slavoj Žižek, *Contingency, hegemony, universality: contemporary dialogues on the left*, Londres: Verso, 2000, p. 29.

191 | *Idem, ibidem*.

192 | *Idem, Bodies that matter: on the discursive limits of sex*, Nova York: Routledge, 1993, p. 15.

Embora possamos reconhecer que o gênero é coercivo, ele nos é familiar; somos nós mesmos. Os efeitos naturalizantes do gênero significam que o gênero parece natural – mesmo a compreensão de que ele é performativo, que nossas subjetividades são construídas por meio de sua *performance*, não faz com que pareça nem um pouco menos intrínseco. Nossas identidades dependem do sucesso da *performance* de nossos gêneros, e existe todo um arsenal cultural de livros, filmes, televisão, anúncios, imposições parentais e vigilância para assegurar que essas *performances* são (idealmente) inconscientes e bem-sucedidas.[193]

Como modelo para a explicação, Butler escolhe a *drag*, não por pensar – como alguns críticos parecem fazê-lo – que seja "um exemplo [da] subversão [de gênero]",[194] mas porque "dramatiza os gestos significantes por meio dos quais o próprio gênero é estabelecido".[195] A *drag* expõe a unidade (suposta e aparente) e a coerência ficcional da *performance* heterossexual normativa do gênero. Como explica Butler, "no gênero imitado, a *drag* implicitamente revela a estrutura imitativa do próprio gênero – assim como sua contingência".[196] Ser *drag* não é copiar uma identidade de gênero original e natural, mas, sim, "imitar o próprio mito da originalidade".[197] E explica:

> 193 | Sarah E. Chinn, "Gender performativity", em Andy Medhurst & Sally R. Munt (orgs.), *The lesbian and gay studies reader: a critical introduction*, Londres: Cassell, 1997, pp. 306-7.
> 194 | Judith Butler, *Gender trouble*, op. cit., p. XXII.
> 195 | *Idem*, p. XXVIII.
> 196 | *Idem*, p. 175.
> 197 | *Idem*, p. 176. Esther Newton, de quem Butler consulta a obra sobre *drag*, aponta que "crianças aprendem a identidade de seu papel sexual (*sex-role identity*) antes de aprenderem qualquer escolha estrita de objeto sexual. Em outras palavras, acho que crianças aprendem que são meninos ou meninas antes que as façam entender

Se os atributos de gênero [...] não são expressivos, mas performativos, então esses atributos efetivamente constituem a identidade que, se diz, eles expressam ou revelam. A distinção entre expressão e performatividade é crucial. Se os atributos e atos de gênero, as várias maneiras como um corpo mostra ou produz sua significação cultural, são performativos, então não há identidade preexistente, por meio da qual se pode medir um ato ou atributo; não haveria nem verdadeiro nem falso; nem atos de gênero reais ou distorcidos – a postulação de uma identidade de gênero "verdadeira" se revelaria uma ficção regulatória. O fato de ser a realidade de gênero criada por intermédio de desempenhos sociais sustentados significa que as próprias noções de um sexo essencial e de uma masculinidade ou feminidade verdadeira ou permanente são constituídas como partes da estratégia que oculta o caráter performativo do gênero e suas possibilidades performativas, de proliferar as configurações de gênero fora das estruturas limitadoras da dominação masculina e da heterossexualidade compulsória.[198]

que meninos só amam meninas e vice-versa"; ver Esther Newton, "Role models", em Fabio Cleto (org.), *Camp: queer aesthetics and the performing subject; a reader*, Edimburgo: Edinburgh University Press, 1999, p. 108. Nessa mesma coletânea, Harold Beaver escreve: "O 'natural' não é nem o desejo heterossexual nem o desejo homossexual, mas simplesmente o desejo. [...] Desejo é como a força de um campo gravitacional, o ímã que direciona um corpo a outro corpo"; ver Harold Beaver, "Homosexual signs: in memory of Roland Barthes", em Fabio Cleto (org.), *Camp, op. cit.*, p. 161.

198 | Judith Butler, *Gender trouble, op. cit.*, p. 180. Como explica Esther Newton, "se o comportamento sexual pode ser alcançado por meio do sexo 'errado', logicamente conclui-se que, na realidade, ele também é alcançado – e não, herdado – pelo sexo 'certo'"; ver Esther Newton, *Mother camp: female impersonators in America*, Englewood Cliffs: Prentice Hall, 1972, p. 103.

Butler cita o exemplo de Aretha Franklin cantando "You make me feel like a natural woman":

> De início, ela parece sugerir que algum potencial natural de seu sexo biológico é realizado por sua participação na posição cultural de "mulher" como objeto de reconhecimento heterossexual. Algo em seu "sexo" é, assim, expresso por seu "gênero", que é então totalmente conhecido e consagrado dentro da cena heterossexual. Não há ruptura, nenhuma descontinuidade entre "sexo" como facticidade biológica e essência, ou entre gênero e sexualidade. Embora Aretha pareça estar muito feliz por ter sua naturalidade confirmada, ela também parece estar total e paradoxalmente atenta para que tal confirmação nunca esteja garantida, que o efeito da naturalidade seja alcançado apenas como consequência daquele momento de reconhecimento heterossexual. Afinal de contas, Aretha canta: você me faz sentir *como* uma mulher natural, sugerindo que se trata de uma espécie de substituição metafórica, um ato de impostura, um tipo de participação, sublime e momentânea, em uma ilusão ontológica produzida pela atuação mundana da *drag* heterossexual.[199]

Se, como Butler defende, "a realidade do gênero é criada por desempenhos sociais sustentados",[200] talvez um dos principais teatros para sua criação seja o consumo. Michael Warner observou uma conexão entre a cultura *gay* e determinados padrões de consumo. Essa relação, afirma,

---

[199] Judith Butler, "Imitation and gender insubordination", em John Storey (org.), *Cultural theory and popular culture: a reader*, 4. ed., Harlow: Pearson Education, 2009, p. 235; grifado no original. Já a canção "You make me feel like a natural woman" foi escrita por Gerry Goffin, Carole King e Jerry Wexler. A gravação de Carole King está em seu álbum *Tapestry*. A versão de Aretha Franklin está no disco *Greatest hits*.

[200] *Idem*, p. 180.

exige que se reconsidere a economia política da cultura.[201] Ele explica que há

> uma conexão próxima entre a cultura do consumidor e os espaços mais visíveis da cultura *gay*: bares, discotecas, publicidade, moda, identificação de grifes, cultura *camp* de massa, "promiscuidade". Neste modo mais visível, a cultura *gay* é tudo e qualquer coisa, menos totalmente externa ao capitalismo avançado e também, e precisamente, àquelas características do capitalismo avançado que muitos esquerdistas têm vontade de repudiar. Homens *gays* urbanos pós--Stonewall "farejam" bens de consumo. Sentimos o cheiro do capitalismo no cio e, portanto, exigimos da teoria uma visão mais dialética do capitalismo do que muitas pessoas conseguem imaginar.[202]

De modo similar, Corey K. Creekmur e Alexander Doty apontam que "a identidade que designamos como *homossexual* surgiu a reboque da cultura consumista do capitalismo".[203] Chamam atenção para a relação particular que *gays* e lésbicas costumam ter com a cultura popular: "uma recepção alternativa ou negociada, se não totalmente subversiva, dos seus produtos e mensagens, [maravilhados de] como conseguem ter acesso à cultura *mainstream* sem negar ou perder identidades opositivas; como podem participar sem necessariamente assimilar; como obtêm prazer em experiências e artefatos – e deles geram significados afirmativos – que,

---

201 | Ver Capítulo 10.

202 | Michael Warner, "Introduction", em Michael Warner (org.), *Fear of a queer planet*, Minneapolis: Minnesota University Press, 1993, p. XXXI.

203 | Corey K. Creekmur & Alexander Doty, "Introduction", em Corey K. Creekmur & Alexander Doty (orgs.), *Out in culture: gay, lesbian, and queer essays on popular culture*, Londres: Cassell, 1995, p. 1.

lhes disseram, não oferecem prazeres e significados *queer*".[204] Em outras palavras, "uma questão central é como estar 'fora da cultura': como ocupar um lugar na cultura de massa, mas dela mantendo uma perspectiva que não aceita suas definições, imagens e termos de análise homofóbicos e heterocentristas".[205]

Alexander Doty argumenta que "a *queerness*, como prática de recepção da cultura de massa, […] é compartilhada por todos os tipos de pessoas, em graus variados de consistência e intensidade".[206] E explica que a leitura *queer* não está confinada a *gays* e lésbicas; "pessoas heterossexuais podem experimentar momentos *queer*".[207] O termo *queer* é usado por Doty "para marcar um espaço flexível para a expressão de todos os aspectos da produção e recepção cultural não (contra-, anti-) *straight*". Assim, "esse 'espaço *queer*' reconhece a possibilidade de que posições *queer*, várias e oscilantes, podem ser ocupadas sempre que *qualquer pessoa* produz cultura ou responde a ela".[208] O "espaço *queer*" identificado por Doty é, como ele mesmo explica, melhor visto como um "espaço contra-*straight*, em vez de estritamente anti-*straight*":[209]

> Posições *queer*, leituras *queer* e prazeres *queer* são parte de um espaço de recepção que, ao mesmo tempo, está ao lado e dentro do espaço criado por posições heterossexuais e *straight* […] O que a recepção *queer* costuma fazer, contudo, é ficar distante das categorias, relativamente bem delimitadas e "inerentes", de

---

204 | *Idem*, pp. 1-2.

205 | *Idem*, p. 2.

206 | Alexander Doty, "Something queer here", em Corey K. Creekmur & Alexander Doty (orgs.), *Out in culture: gay, lesbian, and queer essays on popular culture*, Londres: Cassell, 1995, p. 73.

207 | *Idem*, ibidem.

208 | *Idem*, p. 73; grifado no original.

209 | *Idem*, p. 83.

identidade sexual sob as quais a maioria das pessoas funciona. Alguém pode se identificar como lésbica ou mulher *straight*, mas experimentar *queerly* o erotismo *gay* de filme de amizades masculinas, como *Red River* e *Butch Cassidy and the Sundance Kid*; ou, talvez como *gay*, ter uma devoção *cult* a *Laverne and Shirley, Kate and Allie* ou *The golden girls* tem menos relação com uma identificação *straight* de transgênero (*cross-gender*) do que com a articulação de um relacionamento amoroso entre mulheres. Leituras *queer* não são leituras "alternativas", interpretações fantasiosas ou enganosas por muito desejar, ou leituras que "afundam na busca de significados". Elas resultam do reconhecimento e da articulação da imensa gama de *queerness* que o tempo todo esteve nos textos da cultura popular e também em seus públicos.[210]

Leitura *queer*, portanto, tem pouca relação com a sexualidade de alguém.

---

210 | *Idem*, p. 83-4.

LEITURA COMPLEMENTAR

STOREY, John (org.). *Cultural Theory and Popular Culture*: A Reader. 4. ed. Harlow: Pearson Education, 2009. Volume que faz par com este livro, traz exemplos da maioria dos trabalhos aqui tratados, além de um *site* interativo (www.pearsoned.co.uk/storey), com *links* para outros *sites* e para recursos eletrônicos úteis.

ANG, Ien. *Living room wars: rethinking media audiences for a postmodern world*. Londres: Routledge, 1995. Excelente coletânea de ensaios de uma das principais intelectuais da área.

BARRETT, Michèle. *Women's oppression today: problems in marxist feminist analysis*. Londres: Verso, 1980. Para o estudante de cultura popular, o livro é de interesse geral em sua tentativa de sintetizar os modos marxista e feminista de análise. O Capítulo 3, "Ideology and the cultural production of gender" é especialmente interessante.

BRUNT, Rosalind & ROWAN, Caroline (orgs.). *Feminism, culture and politics*. Londres: Lawrence & Wishart, 1982. Coletânea de ensaios que mostram os modos feministas de análise. Ver especialmente: BARRETT, Michèle. "Feminism and the definition of cultural politics."

BURSTON, Paul & RICHARDSON, Colin (orgs.). *A queer romance: lesbians, gay men and popular culture*. Londres: Routledge, 1995. Interessante coletânea de ensaios vendo a cultura popular da(s) perspectiva(s) da Teoria Queer.

CREEKMUR, Corey K. & Doty, Alexander (orgs.). *Out in culture: gay, lesbian, and queer essays on popular culture*. Londres: Cassell, 1995. Excelente coletânea de ensaios abordando a cultura popular contemporânea de uma perspectiva anti-homofóbica e anti-heterocentrista.

EASTHOPE, Antony. *What a man's gotta do: the masculine myth in popular culture*. Londres: Paladin, 1986. Relato útil e divertido das maneiras como a masculinidade é representada na cultura popular contemporânea.

FRANKLIN, Sarah; LURY, Celia & STACY, Jackie (orgs.). *Off centre: feminism and cultural studies*. Londres: Harper Collins, 1991. Excelente coletânea de obras femininas em estudos culturais.

GERAGHTY, Christine. *Women and soap opera: a study of prime time soaps*. Cambridge: Polity, 1991. Introdução abrangente à análise feminista das novelas.

JEFFORDS, Susan. *The remasculinization of America: gender and the Vietnam War*. Bloomington: Indiana University Press, 1989. Livro que explora representações de masculinidade em textos populares variados, para afirmar que, após a crise da derrota no Vietnã, foram realizados esforços árduos para remasculinizar a cultura norte-americana.

MACDONALD, Myra. *Representing women: myths of femininity in popular media*. Londres: Edward Arnold, 1995. Excelente introdução à maneira de se falar sobre mulheres e como elas são construídas visualmente em diversas mídias populares.

MCROBBIE, Angela. *Feminism and youth culture*. Londres: Macmillan, 1991. Seleção de textos da obra de uma das principais figuras na análise feminista da cultura popular.

PRIBRAM, Deidre E. (org.). *Female spectators: looking at film and television*. Londres: Verso, 1988. Interessante coletânea de ensaios visando diferentes aspectos da cultura popular fílmica e televisual.

THORNHAM, Sue. *Passionate detachments: an introduction to feminist film theory*. Londres: Edward Arnold, 1997. Excelente introdução à contribuição do feminismo para o estudo do cinema.

8 "Raça", racismo e representação

Neste capítulo, examinarei o conceito de "raça" e o desenvolvimento histórico do racismo na Inglaterra. Depois, baseado na análise que Edward Said fez do orientalismo, explorarei o regime de representação racial. Como exemplo de orientalismo na cultura popular, apresento os relatos hollywoodianos da guerra norte-americana no Vietnã e seu potencial impacto no recrutamento para a primeira Guerra do Golfo. Na conclusão do capítulo, há um item abordando a "branquidade" e uma análise envolvendo estudos culturais e antirracismo.

<u>"RAÇA" E RACISMO</u> | Nos estudos sobre "raças", a primeira coisa a insistir é que existe apenas uma única "raça": a raça humana.[1] Não é a biologia humana que divide as pessoas em diferentes "raças", mas o racismo (e, às vezes, seus contra-argumentos) que insiste nessa divisão. Em outras palavras, "raça" é uma categoria cultural e histórica, uma das maneiras de fazer que a *diferença* entre pessoas de variados tons de pele tenha significado. O importante não é a diferença em si, mas o que é feito para que signifique: co-

---

1 | As primeiras formas proto-humanas ("hominídeos") surgiram, há cerca de 2,5 milhões de anos, onde hoje é a África. Há mais ou menos 100 mil anos, um pequeno grupo de *Homo sapiens* (nossos ancestrais diretos) migrou para fora da África. Esse grupo, aos poucos, foi povoando todas as partes da terra. Todas as pessoas hoje existentes no mundo são descendentes desse pequeno grupo de migrantes ou de outros *Homo sapiens* que permaneceram na África. Assim, embora a raça humana seja uma única enquanto raça, é possível reunir pessoas em grupos biogeográficos parcialmente sobrepostos de populações, os chamados "grupos ancestrais" (marcados por diferenças provenientes de dezenas de milhares de anos experimentando a mesma dieta e o mesmo clima).

mo ela adquire significados em termos de uma hierarquia social e política.² Isso não é negar que seres humanos tenham diferentes cores e características físicas diversas, mas defender que, sozinhas, essas diferenças não produzem significados: é preciso que alguém as faça significar. Além disso, não há por que a cor da pele ser mais significativa do que a cor do cabelo ou a cor dos olhos de uma pessoa. Em outras palavras, "raça" e racismo têm mais a ver com significação do que com biologia. Como observa Paul Gilroy,

> aceitar que, em biologia, a "cor" da pele – por insignificante que saibamos que é – tem uma base estritamente limitada, abre a possibilidade de atrelá-la a teorias de significação que podem realçar a maleabilidade e o vazio dos significantes "raciais", assim como o trabalho ideológico exigido para torná-los significantes. Essa perspectiva enfatiza a definição de "raça" como uma categoria política aberta, pois é a competição que determina qual definição de "raça" vai prevalecer e as condições sob as quais vai se sustentar ou definhar.³

Isso não deve ser confundido com uma forma de idealismo. Sejam ou não feitas para significar, há diferenças físicas entre os seres humanos. Mas a maneira como tais diferenças adquirem algum significado é sempre resultante de política e poder, não é, uma questão de biologia. Como Gilroy aponta, "'raça' tem de ser social e politicamente construída e, para garantir e manter as diferentes formas de 'racialização', faz-se necessário um elaborado trabalho ideológico. Reconhecer isso aumenta a importância de comparar e avaliar as diferentes situações históricas em que a 'raça' se tornou politicamente pertinente".⁴ Da mesma forma, como Hazel Rose Markus e Paula M. L. Moya assinalam,

---

2 | Ver Capítulos 4 e 6.

3 | Paul Gilroy, *There ain't no black in the Union Jack*, Londres: Routledge Classics, 2002, p. 36.

4 | *Idem*, p. 35.

raça não é algo que as pessoas ou grupos *têm* ou *são*, mas, sim, um conjunto de ações que as pessoas fazem. Mais especificamente, raça é um sistema dinâmico de ideias e práticas historicamente originadas e institucionalizadas. O processo envolvido na criação de raça certamente assume diferentes formas em períodos e lugares diversos. Mas criar raças sempre envolve criar grupos com base em características físicas e comportamentais percebidas, associando poder e privilégio diferenciados a essas características, e justificando, então, as desigualdades resultantes.[5]

Individual e institucionalmente criamos raças. Fazemos isso toda vez que reduzimos uma pessoa a uma característica indispensável, imutável, que supostamente emana de sua biologia. Minha esposa é chinesa. Existe um estereótipo popular de que chineses são inescrutáveis (impossíveis de compreender ou interpretar). Achar que, pelo fato de ela ser chinesa, a inescrutabilidade é uma parte biológica essencial de seu caráter, é criar "raça", isto é, explicar um aspecto, de seu modo de ser e de seu comportamento, como se fosse uma manifestação biológica fixa de sua chinesidade.

Trabalhando dessa perspectiva, a análise de "raça", na cultura popular, seria a exploração das diferentes maneiras como foram, e como podem ser, criados significados – as diferentes maneiras como indivíduos e instituições fazem "raças".

Como Stuart Hall assinala, há três momentos-chave na história da "raça" e do racismo no Ocidente.[6] Isso ocorre devido: à escravidão e ao comércio de escravos; ao colonialismo e ao imperialismo; e à imigração nos anos 1950, após a descolonização. No próximo item, focalizo a atenção em como a escravidão e o comércio de escravos produziram os primeiros estudos detalhados que foram publicados em torno de "raça" e racismo. Nesses estudos

5 | Hazel Rose Markus & Paula M. L. Moya, *Doing race: 21 essays for the 21st century*, New York: Norton, 2010, p. X.

6 | Stuart Hall, "The spectacle of the 'other'", em Stuart Hall (org.), *Representation*, Londres: Sage, 1997b.

foram inicialmente formuladas as ideias básicas de "raça" e racismo e o vocabulário a elas associado. É importante entender que "raça" e racismo não são fenômenos naturais ou inevitáveis: eles têm uma história e são resultantes de ações e interações humanas. Mas, muitas vezes, fazem com que pareçam inevitáveis, enraizadas na natureza, e não o que realmente são: produtos da cultura humana. Como observa, mais uma vez, Paul Gilroy,

> para as almas tímidas, pareceria que ficar resignado – tanto com o *status* absoluto de "raça" enquanto conceito, como com a intratabilidade do racismo enquanto uma perversão permanente, semelhante ao pecado original – é mais fácil do que o trabalho criativo necessário para prever e produzir um mundo mais justo, purificado da hierarquia racial [...] Em vez de aceitar o poder do racismo como anterior à política e vê-lo como uma força natural inevitável, que configura a consciência e as ações humanas de maneiras e formas às quais considerações meramente políticas nunca conseguem se equiparar, esse trabalho em andamento traz como consequência transformar "raça" e racismo, mais uma vez, em fenômenos sociais e políticos.[7]

Segundo Gilroy, precisa haver uma redução nas "dimensões exageradas da diferença racial para uma libertadora 'normal-idade'"; e completa: "'Raça' não tem nada de especial, [é] uma realidade virtual a que se atribui significado apenas pelo fato de o racismo perdurar".[8] Em outras palavras, sem racismo, o conceito de "raça" pouco significaria. É o racismo que mantém o conceito vivo. O que se precisa reconhecer é "a banalidade da miscigenação (*inter-mixture*) no convívio de culturas neste país [Reino Unido] e sua subversiva simplicidade, em que 'raça' não tem significado e o racismo é apenas um efeito subsequente a uma história imperial há muito encerrada".[9]

---

7 | Paul Gilroy, *There ain't no black*, *op. cit.*, p. XX.

8 | *Idem*, p. XXII.

9 | *Idem*, p. XXXVIII.

A IDEOLOGIA DO RACISMO: SUA EMERGÊNCIA HISTÓRICA | Embora seja possível argumentar que a xenofobia, derivada da ignorância e do medo, talvez tenha existido desde que existiram diferentes grupos étnicos, "raça" e racismo têm uma história muito específica. Na Inglaterra, o racismo se desenvolve inicialmente como uma defesa em relação à escravidão e ao comércio de escravos. Como observa Peter Fryer, "depois que o comércio de escravos inglês, a escravidão nos latifúndios (*plantations*) produtores de açúcar ingleses, e a indústria manufatureira inglesa começaram a atuar como um sistema interligado três vezes mais lucrativo, estava preparada a base econômica para todos aqueles antigos esboços de mito e preconceito serem tecidos em uma ideologia racista mais ou menos coerente: uma mitologia da raça".[10] Em outras palavras, o racismo primeiro emergiu como ideologia defensiva, tornada pública para defender os lucros econômicos da escravidão e do comércio de escravos.

No desenvolvimento da ideologia do racismo, o fazendeiro e juiz Edward Long é uma figura-chave. Em seu livro *History of Jamaica*, ele popularizou a ideia de que pessoas negras são inferiores às brancas, sugerindo, assim, que a escravidão e o comércio de escravos eram instituições perfeitamente aceitáveis. Seu ponto de partida é a afirmação de que, entre pessoas negras e brancas, existe uma divisão racial absoluta:

Acho que há razões extremamente potentes para acreditar que o Branco e o Negro são duas espécies distintas […] Quando refletimos sobre […] sua dessemelhança em relação ao restante da humanidade, não deveríamos concluir que são uma espécie diferente do mesmo gênero? […] Nem os [orangotangos] parecem de forma alguma inferiores, nas faculdades intelectuais, a muitos da raça negra, com os quais, crê-se, eles têm uma ligação muito íntima e consanguinidade. A

---

10 | Peter Fryer, *Staying power*, Londres: Pluto, 1984, p. 134.

relação amorosa entre eles pode ser frequente [...] e é certo que ambas as raças concordam muito bem em lascívia de disposição.[11]

Alegações semelhantes foram apresentadas, em 1795, por Charles White: "O europeu branco [...] sendo o mais afastado da criação bruta, pode, por causa disso, ser considerado como o mais belo da raça humana. Ninguém vai duvidar da superioridade de seus poderes intelectuais, e acredito que vai se descobrir que sua capacidade é naturalmente superior também à de todos os outros homens".[12]

O racismo do próprio Edward Long está claramente embasado em ansiedades sexuais. Em um panfleto publicado em 1772, em que mistura racismo com seu desprezo por mulheres da classe trabalhadora, ele aponta que

a classe mais baixa de mulheres na Inglaterra é incrivelmente afeiçoada aos negros, por razões demasiado brutais para serem mencionadas: caso as leis lhes permitissem, elas se ligariam a cavalos e jumentos. Devido a essas mulheres, geralmente eles têm uma prole enorme. Assim, no curso de mais algumas gerações, o sangue inglês tornar-se-á tão contaminado com essa mistura e, devido às eventualidades, aos altos e baixos da vida, essa fusão pode se disseminar muito, a ponto de alcançar as ordens médias e, então, as mais elevadas do povo, até que toda a nação se pareça a *portugueses* e *mouros* [muçulmanos espanhóis] em compleição de pele e baixeza de mente.[13]

11 | *Idem*, pp. 158-9, citando Edward Long, *History of Jamaica*, publicado em 1774.

12 | *Idem*, p. 168, citando Charles White, em [conferência dada na Literary and Philosophical Society de Manchester, em] 1795.

13 | *Idem*, p. 157, citando panfleto [*Candid reflexions*] de Edward Long, publicado em 1772; grifado no original.

Da mesma forma, em *Considerations on the Negroe cause*, Samuel Estwick argumentou que se deveria impedir os negros de entrarem no país, a fim de "preservar a raça dos bretões de máculas e contaminações".[14] Philip Thicknesse, em 1778, traz apontamentos semelhantes:

> No decorrer de alguns séculos, eles vão assolar este país com uma raça de homens da pior espécie sob o céu. [...] Em Londres, abunda uma quantidade incrível desses homens negros... e [em] todas as cidades rurais, não, em quase todos os vilarejos, pode-se ver uma racinha de mulatos, nocivos como macacos e infinitamente mais perigosos. [...] Uma mistura de sangue negro com os nativos deste país é um grande dano, enorme e poderoso.[15]

Unindo essa preocupação diretamente à abolição da escravatura, John Scattergood, em 1792, argumentou que, caso se permitisse acabar com a escravidão, "os negros de todas as partes do mundo vão migrar para cá, misturar-se com os nativos, estragar a espécie de nosso povo, aumentar o número de crimes e criminosos, e tornar a Bretanha o maior antro da Terra para mestiços, errantes e vagabundos".[16]

Uma carta publicada no *London Chronicle*, em 1764, que encontra um eco sombrio nos debates contemporâneos sobre imigração, demonstra preocupação com o fato de muitos serviçais negros estarem vindo para a Bretanha:

> Como eles ocupam os espaços de muitos de nosso próprio povo, estamos, dessa maneira, despojando muitos deles dos meios de obter seu pão e, assim, diminuindo nossa

---

14 | *Idem*, p. 156, citando Samuel Estwick, *Considerations on the Negroe cause*, publicado em 1772.

15 | *Idem*, p. 162, citando a segunda edição de Philip Thicknesse [*A year's journey through France and Port of Spain*], publicado em 1778.

16 | *Idem*, p. 164, citando John Scattergood [*An antidote to popular frenzy*], publicado em 1792.

população nativa em favor de uma raça, cuja mistura conosco é ignominiosa, e cujos usos não são tão variados e essenciais quanto os do povo branco […] Eles não podem nunca ser considerados como parte de nosso povo, e, portanto, sua introdução na comunidade só vai afastar muitos que são súditos genuínos e preferíveis em todos os aspectos. […] Chegou […] a hora de ser aplicado algum remédio para a cura de mal tão grande, o que pode ser feito pela proibição total da importação de mais deles.[17]

Como a escravidão e o comércio de escravos traziam benefícios econômicos para muitas pessoas não diretamente envolvidas com sua prática, a nova ideologia do racismo espalhou-se rapidamente entre aqueles sem interesse econômico direto na escravidão e no comércio de escravos. O filósofo escocês David Hume, por exemplo, foi muito claro sobre as diferenças entre brancos e não brancos. Em 1753, ele observou:

Sou levado a crer que os negros, e de modo geral todas as outras espécies humanas (pois há quatro ou cinco tipos diferentes), são naturalmente inferiores aos brancos. Nunca houve uma nação civilizada que não fosse de tez branca. […] Essa diferença uniforme e constante não poderia acontecer, em tantos países e eras, se a natureza não tivesse feito uma distinção original entre essas espécies humanas. […] Na Jamaica, eles falam de um negro como um homem de talentos e com quem se pode aprender; mas é provável que seja admirado por conquistas bem ínfimas, como um papagaio, que meramente fala algumas poucas palavras.[18]

No século XIX, muitos brancos europeus davam como certo ser a raça humana dividida em brancos, superiores, e os outros, inferiores. Com tais

---

17 | *Idem*, p. 155, citando correspondência publicada no *London Chronicle* em 1764.

18 | *Idem*, p. 152, citando ensaio de David Hume, publicado em 1753, em que o autor se refere ao jamaicano Francis Williams, que se formou na Universidade de Cambridge.

dotes naturais, parecia correto que os brancos europeus estabelecessem colônias em todo o globo. Além disso, como aponta Fryer, "o racismo não estava confinado a um punhado de malucos. Quase todo cientista e intelectual na Bretanha do século XIX tinha certeza de que apenas pessoas com pele branca eram capazes de pensar e governar".[19] De fato, provavelmente só depois da Segunda Guerra Mundial, o racismo enfim perdeu seu apoio científico.

No século XIX, o racismo podia fazer a conquista colonial parecer algo direcionado por Deus. Segundo Thomas Carlyle, em 1867, "o Criador Poderoso indicou-o ["o Negro"] para ser um Servo".[20] Sir Harry Johnston, que trabalhara como administrador colonial na África do Sul e em Uganda, defendia que "o negro, em geral, é um escravo nato", com a capacidade natural de "labutar duro sob o sol quente e nos climas insalubres da zona tórrida".[21] Ainda que o sol quente e os climas insalubres fossem demasiados, os brancos europeus não deviam se preocupar muito com as possibilidades de sofrimento e injustiça. O Dr. Robert Knox, por exemplo, descrito por Philip Curtin como "uma das figuras-chave do racismo pseudocientífico do Ocidente em geral",[22] era muito reconfortante nesse sentido: "O que significam essas raças escuras para nós? [...] Quanto mais cedo forem deixadas de lado, melhor. [...] Destinadas, pela natureza de sua raça, a ter um curso limitado de existência, assim como todos os outros animais, pouco importa como ocorrerá sua extinção".[23]

19 | *Idem*, p. 169.

20 | *Idem*, p. 172, citando Thomas Carlyle ["Shootin Niagara: and after?", em: *Macmillans Magazine*], publicado em 1867.

21 | *Idem*, p. 173, citando Harry Johnston [*A history of the colonization of Africa by alien races*], publicado em 1899.

22 | Philip Curtin, *Images of Africa*, Wisconsin: University of Wisconsin Press, p. 377.

23 | Peter Fryer, *Staying power, op. cit.*, p. 175, citando Dr. Robert Knox [*The races of men*, publicado em 1850].

Certamente Knox é extremo em seu racismo. Uma versão menos extrema, que justifica o imperialismo com base em uma suposta missão civilizatória, foi expressa por James Hunt. Fundador da Sociedade Antropológica de Londres, em 1863, Hunt argumentava que, mesmo "o negro sendo intelectualmente inferior ao europeu, [ele ou ela] torna-se mais humanizado quando está em sua subordinação natural ao europeu do que em quaisquer outras circunstâncias".[24] De fato, como ele esclarece, "a raça negra só pode ser humanizada e civilizada por europeus".[25] O secretário colonial Joseph Chamberlain apresenta um resumo maravilhoso desse argumento: "Acredito que a raça britânica seja a maior das raças dominantes que o mundo jamais viu. Digo isso não apenas como jactância vazia, mas como algo provado e demonstrado pelo sucesso que tivemos em administrar vastos domínios [...] e acredito que não existam limites para seu futuro".[26]

ORIENTALISMO | Edward Said, em um dos textos fundadores da teoria pós-colonial, mostra como o "Orientalismo" – um discurso ocidental sobre o Oriente – construiu, acerca do Oriente, um "conhecimento" e um *corpus* de relações de "poder-conhecimento" articulado aos interesses do "poder" no Ocidente. Segundo Said, "o Oriente foi uma

---

24 | *Idem*, p. 177, citando James Hunt.

25 | *Idem, ibidem*.

26 | *Idem*, p. 183, citando discurso de Joseph Chamberlain em 1895. Desse discurso, há estranho eco em um outro, feito por Tony Blair ao confirmar sua renúncia como primeiro-ministro: "Este país é uma nação abençoada. Os britânicos são especiais, o mundo sabe disso, e em nossos pensamentos mais íntimos sabemos disso. Esta é a maior nação da Terra"; ver John Storey, "Becoming British", em Michael Higgins, Clarissa Smith & John Storey (orgs.), *The Cambridge companion to modern British culture*, Cambridge: Cambridge University Press, 2010b, p. 22.

invenção europeia".[27] "Orientalismo" é o termo que ele usa para descrever a relação entre a Europa e o Oriente, especificamente a maneira como "o Oriente ajudou a definir a Europa (ou o Ocidente) como sua imagem, sua ideia, sua personalidade e sua experiência contrastantes".[28] Ele "também tenta mostrar que a cultura europeia ganhou força e identidade ao se colocar contra o Oriente, como uma espécie de *self* substituto e até mesmo subterrâneo".[29]

> O Orientalismo pode ser estudado e analisado como a instituição corporativa para lidar com o Oriente – por meio de afirmações sobre ele, opiniões abalizadas sobre ele, descrevendo-o, ensinando-o, definindo-o e controlando-o: em suma, o Orientalismo como um estilo ocidental para dominar, reestruturar e ter autoridade sobre o Oriente.[30]

Em outras palavras, o Orientalismo, um "sistema de ficção ideológica",[31] é uma questão de poder. É um dos mecanismos por meio dos quais o Ocidente manteve sua hegemonia sobre o Oriente. Isso é alcançado, em parte, por insistir-se que há uma diferença absoluta entre o Ocidente e o Oriente, em que "o Ocidente [...] é racional, desenvolvido, humano, superior, e o Oriente [...] é aberrante, não desenvolvido, inferior".[32]

Como tudo isso, em termos mais gerais, se relaciona com o estudo de cultura popular? Não é tão difícil ver como as histórias do império, com suas ficções imperiais, podem ser mais bem entendidas usando-se a abordagem desenvolvida por Said. Existem basicamente duas estruturas de

---

27 | Edward Said, *Orientalism*, Harmondsworth: Penguin, 1985, p. 1.
28 | *Idem*, pp. 1-2.
29 | *Idem*, p. 3.
30 | *Idem, ibidem*.
31 | *Idem*, p. 321.
32 | *Idem*, p. 300.

enredo imperial. Primeira, há as histórias que contam de colonizadores brancos sucumbindo ao poder primitivo do ambiente colonial estranho e, como o mito racista coloca, "tornando-se nativos". Kurtz, tanto em *Heart of darkness* como em *Apocalypse now*,[33] é essa figura. E as histórias de brancos que, devido ao suposto poder de sua herança racial, impõem-se sobre o ambiente colonial estranho e seus habitantes. A representação clássica dessa ficção imperial é "Tarzan" (livros, filmes e *mito*). Da perspectiva do Orientalismo, essas narrativas nos dizem muito mais sobre os desejos e ansiedades da cultura do imperialismo do que jamais conseguirão nos dizer a respeito dos povos e lugares da conquista colonial. O que tal abordagem faz é afastar o foco de atenção daquilo que as narrativas são, e de onde elas ocorrem, e trazê-lo para a "função" que podem ter para os produtores e consumidores dessas ficções. Impede-nos de cair em uma forma de realismo ingênuo: isto é, distancia-nos de um foco naquilo que as histórias nos dizem das colônias e dos colonizados e nos aproxima do que essas representações dizem do imperialismo europeu e norte-americano. Com efeito, desvia nossa preocupação de "como" a história é contada para o "porquê", e daqueles sobre quem é a história para aqueles que contam e consomem a história.

O Vietnã de Hollywood, a forma como aí se conta a história da guerra norte-americana no Vietnã, é, de muitas maneiras, o clássico exemplo de uma forma específica de Orientalismo. Em vez do silêncio da derrota, houve um autêntico "incitamento" para se falar sobre o Vietnã. Quando medida em termos discursivos e comerciais, a mais impopular das guerras norte-americanas tornou-se a mais popular de todas. Embora os Estados Unidos não exerçam mais "autoridade no" Vietnã, continuam a ter autoridade nos relatos ocidentais da guerra norte-americana no Vietnã.

33 | No Brasil, respectivamente, *Coração das trevas*, romance de Joseph Conrad (original publicado em 1902); e o filme de Francis Ford Coppola *Apocalypse now* (1979), baseado nesse romance. (N.T.)

Hollywood, sendo uma "instituição corporativa", lida com o Vietnã "fazendo afirmações sobre ele, tendo dele opiniões abalizadas, descrevendo-o, ensinando-o nas escolas". Hollywood "inventou" o Vietnã como uma "imagem contrastante" e um "*self* substituto e [...] subterrâneo" dos Estados Unidos. Dessa forma, junto com outras práticas discursivas, como músicas, romances, seriados de TV etc., Hollywood conseguiu produzir, ao tratar do Vietnã, um discurso muito poderoso que diz, aos Estados Unidos e ao mundo, que aquilo que lá aconteceu foi porque o Vietnã é desse jeito. Esses diferentes discursos não são apenas sobre o Vietnã; cada vez mais, eles podem constituir, para muitos norte-americanos, a experiência do Vietnã. Podem se tornar, efetivamente, a própria guerra.

Da perspectiva do Orientalismo, não importa se as representações de Hollywood são "verdadeiras" ou "falsas" (historicamente precisas ou não); o que importa é o "regime de verdade"[34] que colocam em circulação. Dessa perspectiva, o poder de Hollywood não é uma força negativa, algo que nega, reprime, anula. Ao contrário, é produtivo. A ideia geral de Foucault sobre poder também vale para o poder de Hollywood:

> De uma vez por todas devemos parar de descrever os efeitos do poder em termos negativos: "exclui", "reprime", "censura", "abstrai", "mascara", "oculta". De fato, o poder produz: produz real; produz domínios de objetos e rituais de verdade.[35]

Além disso, ele também observa: "Cada sociedade tem seu próprio regime de verdade, sua 'política geral' de verdade – isto é, os tipos de discurso que ela acolhe e faz funcionar como verdadeiros".[36] Com base nisso, quero

---

34 | Conceito de Michel Foucault; ver Capítulo 6.

35 | Michel Foucault, *Discipline and punish*, Harmondsworth: Penguin, 1979, p. 194.

36 | *Idem*, "Truth and power", em James D. Faubion (org.), *Michel Foucault essential works: power*. Harmondsworth: Penguin, 2002a, p. 131.

agora descrever em poucas palavras três paradigmas narrativos – modelos para compreender ou "regimes de verdade" – muito frequentes, nos anos 1980, no Vietnã de Hollywood.[37]

O nome que damos ao primeiro paradigma narrativo é "a guerra como traição". Esse é, acima de tudo, um discurso sobre maus líderes. Por exemplo, em: *Uncommon valor*; *Missing in action I*; *Missing in action II: the beginning*; *Braddock: missing in action III*; e *Rambo: first blood part II*,[38] políticos são considerados os responsáveis pela derrota dos Estados Unidos no Vietnã. Quando pedem a John Rambo (Sylvester Stallone) que retorne ao Vietnã em busca de soldados norte-americanos desaparecidos em combate, ele pergunta, com grande amargura: "Vamos conseguir vencer desta vez?". Em outras palavras, será que os políticos vão deixar que vençam?

O segundo paradigma é o dos discursos sobre a fraca liderança militar no campo de batalha. Em *Platoon* e *Casualties of war*,[39] por exemplo, sugere-se que a derrota é consequência de um comando militar incompetente. O terceiro paradigma também é um discurso sobre traição civil. Tanto *Cutter's way* como *First blood*[40] sugerem que o esforço de guerra

---

[37] Para uma versão mais completa, ver John Storey, "The articulation of memory and desire: from Vietnam to the war in the Persian Gulf", em Paul Grainge (org.), *Film and popular memory*, Manchester: Manchester University Press, 2002b; e, do mesmo autor, *Culture and power in cultural studies: the politics of signification*, Edimburgo: Edinburgh University Press, 2010a.

[38] No Brasil, com os títulos, respectivamente, *De volta para o inferno* (1983); *Braddock: o supercomando* (1984); *Braddock 2: o início da missão* (1985); *Braddock 3: o resgate* (1988); e *Rambo II: a missão* (1985). (N.T.)

[39] No Brasil, com os títulos, respectivamente, *Platoon* (1986) e *Pecados de guerra* (1989). (N.T.)

[40] Em português, respectivamente, *Caso de assassinato* (1981) e *Rambo: programado para matar* (1982). (N.T.)

foi traído no retorno para os Estados Unidos. Mais uma vez, os comentários de John Rambo são sintomáticos. Quando o coronel Trautman lhe diz "Acabou, Johnny", ele responde: "Não acabou nada. Não dá pra simplesmente desligar. Não era minha guerra. Você me pediu, e fiz o que tinha que fazer pra ganhar, mas alguém não deixava a gente ganhar".

De modo interessante, todos os filmes nesta categoria são estruturados em cima da perda. Em *Uncommon valor*; *Missing in action I*; *Missing in action II: the beginning*; *Braddock: missing in action III*; *Rambo: first blood part II*; e *POW: the escape* [*Behind enemy lines*],[41] são prisioneiros de guerra perdidos; em *Cutter's way*, *First bloood* e *Born on the Fourth of July*,[42] é o orgulho perdido; em *Platoon* e *Casualties of war*, é a inocência perdida. Parece claro que as diferentes versões do que se perdeu são sintomas de deslocamento de uma perda maior, daquilo que mal se consegue dizer: a derrota dos Estados Unidos no Vietnã. Usar prisioneiros de guerra norte-americanos (*POW*) é, sem dúvida, a mais ideologicamente carregada dessas estratégias de deslocamento, e parece oferecer a possibilidade de três efeitos políticos poderosos. Primeiro efeito, aceitar o mito de que ainda há norte-americanos mantidos prisioneiros no Vietnã é começar a justificar retrospectivamente a intervenção original. Se os vietnamitas são bárbaros a ponto de, décadas após a conclusão do conflito, ainda manter prisioneiros, não haveria motivos para se sentir culpado em relação à guerra, já que logicamente eles mereciam a força total da intervenção militar norte-americana. Segundo efeito, identificar o processo que Susan Jeffords denomina "feminização da perda".[43] Isto é, os considerados culpados pela derrota dos Estados Unidos – sejam eles

---

41 | No Brasil, com o título *Pelotão de guerra* (1986). (N.T.)

42 | No Brasil, com o título, *Nascido em 4 de julho* (1989). (N.T.)

43 | Susan Jeffords, *The remasculinization of America: gender and the Vietnam war*, Bloomington/Indianápolis: Indiana University Press, 1989, p. 145.

manifestantes não patriotas contra a guerra, um governo relapso, um comando militar fraco e incompetente, ou políticos corruptos – sempre são representados, de modo estereotipado, como femininos: "as características estereotipadas associadas com o feminino na cultura dominante nos Estados Unidos – fraqueza, indecisão, dependência, emoção, não violência, negociação, imprevisibilidade, simulação".[44] O conceito de Jefford é perfeitamente ilustrado nos filmes do ciclo "desaparecido em ação" (*missing in action* – MIA), em que a postura negociadora "feminina" dos políticos é confrontada com a abordagem "masculina", sem absurdos, dos veteranos retornados. A implicação é que a força e a determinação "masculinas" teriam vencido a guerra, enquanto a fraqueza e a duplicidade "femininas" a perderam. O terceiro efeito (e talvez o mais importante de todos) está em como esses filmes transformaram algo que era considerado perdido em algo que estava apenas desaparecido. A derrota é substituída pela "vitória" de encontrar e resgatar prisioneiros de guerra norte-americanos. Em 1983, surpreendido pelo inesperado sucesso de *Uncommon valor*, o *New York Times* enviou um jornalista para entrevistar o "público" do filme. Um dos espectadores foi bem claro sobre os motivos do sucesso de bilheteria do filme: "Conseguimos vencer na Guerra do Vietnã".[45]

O segundo paradigma narrativo é, como vou chamá-lo, "a síndrome do poder de fogo inverso". Esse é um artifício narrativo em que se inverte a imensa vantagem tecnomilitar dos Estados Unidos. Em vez de cenas com o poder de destruição em massa da força militar norte-americana, mostram-nos inúmeras narrativas de norte-americanos lutando, sozinhos, contra as incontáveis (e muitas vezes invisíveis) forças do exército norte-vietnamita e/ou os sinistros e sombrios homens e mulheres da

---

44 | *Idem, ibidem.*

45 | *Apud* H. Bruce Franklin, *MIA or mythmaking in America*, New Brunswick: Rutgers University Press, 1993, p. 141.

Frente Nacional para a Libertação do Vietnã (os vietcongues). Os filmes *Missing in action I, II e III* e, ainda, *First blood part II* e *Platoon* contêm, todos eles, cenas de norte-americanos combatendo, sozinhos, inimigos arrasadores. O exemplo mais ridículo talvez seja John Rambo, armado apenas de arco e flecha. *Platoon*, contudo, leva essa estratégia narrativa para um plano completamente diferente. Em uma cena-chave, o "bom" Sargento Elias é perseguido por incontáveis soldados norte-vietnamitas, sendo continuamente metralhado até cair de joelhos, elevando os braços abertos em um gesto que, pela agonia e traição, lembra a crucificação de Cristo. Para enfatizar o *pathos* de seus espasmos fatais, a câmera lentamente se afasta para uma tomada panorâmica. Na Grã-Bretanha, a promoção do filme foi feita com um cartaz mostrando Elias em sua dor da "crucificação". Acima da imagem, está a legenda: "Na guerra, a primeira baixa é a da inocência". A perda da inocência é apresentada não só como uma percepção das realidades do moderno esforço de guerra como também uma consequência de os Estados Unidos jogarem de modo justo contra um inimigo brutal e implacável. A implicação ideológica é clara: se os Estados Unidos perderam agindo como os caras bons, é "óbvio" que, em todos os conflitos futuros, para vencer, será necessário agirem como durões.

Ao terceiro paradigma narrativo, dei o nome de "a americanização da guerra". Quero indicar, com esse termo, a maneira como o *significado* fundamental da Guerra do Vietnã tornou-se, no Vietnã de Hollywood (e em toda parte, na produção cultural norte-americana), um fenômeno absolutamente norte-americano. Este é um exemplo do que podemos chamar de "narcisismo imperial", em que os Estados Unidos ocupam o centro, e o Vietnã e os vietnamitas só existem para servir de contexto para uma tragédia norte-americana, cuja brutalidade suprema é a perda da inocência americana. E, como toda boa tragédia, desde o início estava fadada a seguir os ditames do destino. Foi algo que simplesmente aconteceu. O Vietnã de Hollywood exibe o que Linda Dittmar e Gene

Michaud chamam de "mística do incompreensível".[46] Talvez o exemplo mais convincente dessa mística seja a sequência de abertura da versão norte-americana de vídeo de *Platoon*. Começa com algumas palavras de apoio do então *chairman* da Chrysler Corporation. Em uma clareira na selva, nós o vemos movendo-se em direção a um jipe. Ele para diante do veículo e, aí encostado, volta-se para a câmera:

> Este jipe é uma peça de museu, uma relíquia de guerra. Normandia, Anzio, Guadalcanal, Coreia, Vietnã. Espero nunca mais termos de construir outro jipe para uma guerra. Este filme, *Platoon*, é um memorial, não à guerra, mas a todos os homens e mulheres que lutaram em uma época e em um lugar que *ninguém realmente entendia*, e que sabiam apenas uma coisa: eram convocados e iam. Tem sido o mesmo, desde o primeiro tiro de mosquete disparado em Concord até as plantações de arroz no delta do Mekong: eram convocados e iam. É este, no sentido mais verdadeiro, o espírito dos Estados Unidos. Quanto mais o entendemos, mais honramos aqueles que o mantêm vivo.[47]

---

46 | Linda Dittmar & Gene Michaud (orgs.), *From Hanoi to Hollywood: the Vietnam war in American film*, New Brunswick/Londres: Rutgers University Press, 1990, p. 13.

47 | Harry W. Haines, "They were called and they went: the political rehabilitation of the Vietnam veteran", em Linda Dittmar & Gene Michaud (orgs.), *From Hanoi to Hollywood: the Vietnam war in American film*, New Brunswick/Londres: Rutgers University Press, 1990, p. 81, citando o então presidente da Chrysler Corporation; grifos meus. [O primeiro tiro de mosquete disparado em Concord, na Nova Inglaterra, refere-se aos inícios da Guerra de Independência dos Estados Unidos, quando os habitantes da região, armados de mosquetes, acorreram em direção a essa cidade e a Lexington, para impedir que um batalhão de soldados ingleses alcançasse Boston; é um dos símbolos do nascimento da nação norte-americana. (N.T.)]

Esse é um discurso em que, além da sobrevivência norte-americana, nada se explica. Trata-se apenas de "dar uma satisfação para o mundo". É uma tragédia norte-americana, e a América e os norte-americanos são as *únicas* vítimas. Na narração de Chris Taylor (Charlie Sheen), ao final de *Platoon*, expressa-se esse mito com uma precisão anestesiante. No chão da cabine de um helicóptero alçando voo, olhando para os mortos e moribundos no campo de guerra abaixo, Taylor rememora. O lamentoso e belo *Adágio para cordas*, de Samuel Barber, parece ditar a cadência e o ritmo de sua voz enquanto pronuncia – falando de uma guerra em que mais de dois milhões de vietnamitas foram mortos – estas psicobaboseiras: "Olhando para o passado, penso agora que não lutamos contra o inimigo, lutamos contra nós mesmos. O inimigo estava dentro de nós". Uma crítica do filme, na *Time Magazine*, ecoa essa tese, elaborando-a:

> Bem-vindo de volta à guerra que, exatos vinte anos atrás, deixou esquizofrênicos os Estados Unidos. De repente, éramos uma nação dividida entre esquerda e direita, negros e brancos, descolados e quadrados, mães e pais, pais e filhos. Para uma nação cuja história de guerra foi vista como um filme de John Wayne – em que os bons chegavam primeiro, por serem duros e jogarem justo –, a polarização era de entristecer a alma. Os americanos estavam lutando contra si mesmos, e ambos os lados perderam.[48]

Nesse cenário, a função de *Platoon* é curar a esquizofrenia política da nação norte-americana. A reescrita da guerra pelo filme não apenas exclui os vietnamitas, mas também reescreve o movimento antiguerra. As políticas pró-guerra e antiguerra são reencenadas como posições diferentes em um debate sobre como lutar melhor e vencer a guerra. Um grupo (liderado pelo "bom" sargento Elias, que ouve "White Rabbit", do Jefferson

---

[48] | Crítica publicada na *Time Magazine*, em 26 de janeiro de 1987.

Airplane, e fuma maconha) quer lutar a guerra com honra e dignidade, enquanto o outro (liderado pelo "mau" sargento Barnes, que ouve "Okie from Muskogee", de Merle Haggard, e bebe cerveja) quer lutar a guerra de qualquer modo que dê para vencê-la. Somos instados a acreditar que era esse o conflito fundamental que devastou os Estados Unidos – o movimento antiguerra, diluído em um conflito sobre como lutar melhor e vencer a guerra. Como defende Michael Klein, "a guerra é descontextualizada, mistificada como um erro trágico, uma aventura existencial ou um rito de passagem, em que o Herói Branco Americano descobre sua identidade".[49]

Embora tenha esquematizado os três principais paradigmas narrativos do Vietnã de Hollywood, minha intenção não é sugerir que esses foram, ou são, consumidos sem problemas pelos públicos norte-americanos (ou qualquer outro público). Reivindico apenas que Hollywood produziu um regime *sui generis* de verdade. Mas filmes (assim como qualquer outro texto ou prática cultural) precisam *ser feitos* para significar.[50] Para realmente descobrir até que ponto o Vietnã de Hollywood fez sua "verdade" falar, é necessário levar em conta o consumo. Isso vai nos conduzir para além do foco no *significado* de um texto, isto é, para um foco nos significados que podem ser gerados no encontro entre os discursos do texto e os discursos do "consumidor", pois nunca é possível verificar (com um "público") o *significado real* de, digamos, *Platoon*. Focalizar no consumo (entendido como "produção em uso") é explorar a produtividade política (ou outra) de, digamos, *Platoon*. Se um texto cultural precisa ser produtivo (politicamente ou em outro aspecto), deve ser feito para conectar-se às vidas das pessoas

---

49 | Michael Klein, "Historical memory, film, and the Vietnam era", em Linda Dittmar & Gene Michaud (orgs.), *From Hanoi to Hollywood: the Vietnam war in American film*, New Brunswick/Londres: Rutgers University Press, 1990, p. 10.

50 | Ver capítulo 10.

– tornar-se parte de sua "cultura vivida". Uma análise formal do Vietnã de Hollywood pode indicar como a indústria articulou a guerra como uma tragédia norte-americana de bravura e traição, mas isso não quer dizer que tenha sido consumida como uma guerra de bravura e traição.

Na ausência de trabalhos etnográficos sobre o público do Vietnã de Hollywood, quero apontar duas evidências que podem nos fornecer pistas quanto à circulação e à efetividade da articulação hollywoodiana da guerra. A primeira refere-se a discursos do presidente George H. W. Bush na convocação para a primeira Guerra do Golfo, e a segunda, a comentários – sobre Hollywood e outras representações da guerra – de veteranos norte-americanos que foram ao Vietnã. Mas, para ser absolutamente claro, tais fatores, embora convincentes, não fornecem provas conclusivas de ter o relato da guerra feito por Hollywood se tornado hegemônico onde importava: nas práticas vividas no cotidiano.

Em uma das semanas antecedentes à primeira Guerra do Golfo, a *Newsweek* saiu com uma fotografia de George Bush pai, com expressão séria, na capa. No cabeçalho, acima da fotografia, a manchete estampava "Não será um novo Vietnã".[51] A frase foi retirada de um discurso, feito por ele, em que dizia: "Em nosso país, sei que há temores de que seja um novo Vietnã. Deixem-me garantir-lhes isso [...] não será um novo Vietnã". Em outro discurso, Bush mais uma vez tranquilizou seu público norte-americano: "Não será um novo Vietnã". Mas, dessa vez, explicou: "Nossas tropas terão o melhor apoio possível em todo o mundo. Não lhes pediremos que lutem com uma mão amarrada às costas".[52]

Nesses discursos, Bush estava tentando tirar do caminho um fantasma que passara a assombrar a autoimagem política e militar dos Estados

---

51 | Manchete na capa da *Newsweek*, de 10 de dezembro de 1990, citando George H. W. Bush.

52 | Discurso de George H. W. Bush, *apud Daily Telegraph*, janeiro de 1991.

Unidos, a quem o ex-presidente Richard Nixon dera o nome de "síndrome do Vietnã".[53] Segundo Nixon, os debates envolvendo a política de relações exteriores norte-americana tinham sido "grotescamente distorcidos" devido à relutância "em usar o poder para defender os interesses nacionais".[54] O medo de um novo Vietnã deixara os Estados Unidos "envergonhados de [...] [seu] poder, sentindo-se culpados por serem fortes".[55]

Nos dois discursos que citei, e em muitos outros semelhantes, Bush pai articulava o que, ao longo dos anos 1980, muitas vozes norte-americanas poderosas buscaram transformar no significado da guerra: "A Guerra do Vietnã foi uma causa nobre traída – uma tragédia americana". Por exemplo, na campanha presidencial de 1980, em uma tentativa de acabar com a síndrome do Vietnã, Ronald Reagan declarou: "É hora de reconhecermos que a nossa causa era, de fato, nobre".[56] Além disso, continuou Reagan, "àqueles que lutaram naquela guerra, vamos dizer que nunca mais vamos pedir a jovens que lutem, e, possivelmente, morram, em uma guerra em que nosso governo tem medo de nos deixar vencer".[57] Em 1982 (quase uma década após as últimas tropas de combate norte-americanas terem deixado o Vietnã), foi inaugurado, em Washington, o Memorial para os Veteranos do Vietnã. Reagan observou que os norte-americanos "começavam a entender que [a guerra dos Estados Unidos

---

53 | Richard Nixon, *No more Vietnams*, Londres: W. H. Allen, 1986.

54 | *Idem*, p. 13.

55 | *Idem*, p. 19.

56 | Ronald Reagan, *apud* John Carlos Rowe & Rick Berg (orgs.), *The Vietnam war and American culture*, Nova York: Columbia University Press, 1991, p. 10.

57 | Ronald Reagan, *apud* Stephen Vlastos, "America's 'enemy': the absent presence in revisionist Vietnam warhistory", em John Carlos Rowe & Rick Berg (orgs.), *The Vietnam war and American culture*, Nova York: Columbia University Press, 1991, p. 69.

no Vietnã] era uma causa justa".[58] Em 1984 – onze anos após as últimas tropas de combate norte-americanas terem deixado o Vietnã –, o Soldado Desconhecido do Vietnã foi enterrado; na cerimônia, o presidente Reagan declarou: "Um herói americano retornou para casa. [...] Ele aceitou sua missão e cumpriu seu dever. E seu patriotismo honesto nos desarma".[59] Em 1985 (doze anos após as últimas tropas de combate norte-americanas terem deixado o Vietnã), Nova York promoveu o primeiro desfile de "Bem-vindos ao Lar" para veteranos do Vietnã. Nessa mescla poderosa de retórica política e memória nacional, há uma clara tentativa de inserir um novo "consenso" sobre o significado da guerra dos Estados Unidos no Vietnã. Começa em 1980, na bem-sucedida campanha presidencial de Reagan, e acaba em 1991, com o triunfalismo de Bush pai após vencer a primeira Guerra do Golfo. Esses discursos (e as reportagens de tais discursos) podem ter ajudado a moldar maneiras de entender a guerra. Mas, sem dúvida, o poder de influir no entender a guerra dessa maneira recebeu enorme estímulo do Vietnã de Hollywood. Portanto, quando da convocação para a Guerra do Golfo, Bush pediu aos norte-americanos que recordassem a Guerra do Vietnã, as lembranças evocadas por muitos americanos podem ter sido as de uma guerra que viveram cinematograficamente; uma guerra de coragem e traição. O Vietnã de Hollywood forneceu os materiais para pesquisar, elaborar, interpretar e recontar uma memória, cada vez mais dominante, da guerra dos Estados Unidos no Vietnã.

Essa era uma memória que tinha pouca relação com os "fatos" da guerra. Para simplificar, os Estados Unidos enviaram para o Vietnã o mais intenso poder de fogo que o mundo jamais testemunhou. As narrativas hollywoodianas não mostram o desfolhamento deliberado de grandes

---

58 | Ronald Reagan, *apud* Barbie Zelizer, "Reading the past against the grain: the shape of memory studies", em *Critical Studies in Mass Communication*, 12 (2), 214-20, 1995, p. 220.

59 | Ronald Reagan, *apud* John Carlos Rowe & Rick Berg (orgs.), *The Vietnam war and American culture*, op. cit., p. 10.

áreas no Vietnã, os ataques com napalm, as missões de busca e destruição, o uso de Zonas de Fogo Livre, os bombardeios em massa. Durante a campanha "bombardeio de Natal", em 1971, por exemplo, os Estados Unidos "lançaram, em Hanói e Haiphong, mais tonelagem de bombas do que a Alemanha lançou na Grã-Bretanha entre 1940 e 1945".[60] No total, os Estados Unidos lançaram três vezes mais bombas sobre o Vietnã do que foram lançadas em qualquer parte do mundo durante toda a Segunda Guerra.[61] Em um memorando para o presidente Johnson, em 1967, o Secretário de Defesa Robert McNamara escreveu: "Não é atrativa a imagem da maior superpotência do mundo matando ou ferindo seriamente mil civis por semana [sua estimativa das baixas humanas na campanha norte-americana de bombardeios], enquanto tenta reduzir à submissão uma diminuta nação retrógrada, em uma questão cujos méritos são altamente discutíveis".[62] Isso torna muitíssimo inconveniente a alegação de George H. W. Bush (baseada mais em Hollywood, do que na história) de que os Estados Unidos lutaram a guerra com uma mão amarrada às costas.

Comentários de veteranos norte-americanos da guerra nos fornecem um segundo exemplo do consumo do Vietnã de Hollywood. Como observa Marita Sturken: "Alguns veteranos do Vietnã dizem que esqueceram de onde vieram algumas de suas lembranças – seriam de suas próprias experiências, fotografias documentais, ou de filmes de Hollywood?".[63] Por exemplo, o veterano William Adams faz esta observação reveladora:

---

60 | H. Bruce Franklin, *MIA or mythmaking in America*, op. cit., p. 79.

61 | John Pilger, "Vietnam movies", *Weekend Guardian*, 24-5 de fevereiro de 1990.

62 | Robert McNamara, *apud* Andrew Martin, *Receptions of war: Vietnam in American culture*. Norman: University of Oklahoma Press, 1993, pp. 19-20.

63 | Marita Sturken, *Tangled memories: the Vietnam war, the AIDS*

Quando *Platoon* foi lançado, muitas pessoas me perguntaram: "A guerra foi realmente assim?" Nunca encontrei uma resposta, em parte porque, não importa quão gráfico e realista seja, um filme é antes de tudo um filme, e a guerra só é igual a ela mesma. Mas também não consegui encontrar uma resposta, porque o que "realmente" aconteceu está agora tão misturado em minha mente com o que foi dito sobre o que aconteceu, que a experiência pura não está mais lá. Isso é de certa forma estranho, até doloroso. Mas é também testemunho de como funciona nossa memória. A Guerra do Vietnã não é mais um evento definido, na medida em que passou a ser um roteiro coletivo e móvel, em que continuamos a rabiscar, apagar, reescrever nossas visões conflitantes e mutáveis de nós mesmos.[64]

Da mesma forma, Michael Clark, um acadêmico e veterano do Vietnã, escreve sobre como a chuva de papel picado do desfile de bem-vindo ao lar para veteranos, em Nova York, em 1985, somada à cobertura de mídia e aos filmes hollywoodianos que pareciam fornecer o contexto para esse desfile, trabalharam juntos para produzir uma certa memória da guerra – uma memória com efeitos potencialmente mortais:

eles sempre constituíram nossa memória da guerra [...] curaram as feridas, que por dez anos se recusaram a fechar, com um bálsamo de nostalgia, e transformaram culpa e dúvida em dever e orgulho. E, com uma pirueta triunfante, ofereceram-nos o espetáculo da sua mais eficiente criação: os veteranos que vão lutar na próxima guerra.[65]

epidemic, and the politics of remembering, Berkeley: University of California Press, 1997, p. 20.

64 | *Idem*, p. 86, citando William Adams.

65 | Michael Clark, "Remembering Vietnam", em John Carlos Rowe & Rick Berg (orgs.), *The Vietnam war and american culture*, Nova York: Columbia University Press, 1991, p. 180.

Além disso, como Clark sofre para explicar, "a memória do Vietnã deixou de ser um ponto de resistência às ambições imperialistas e é agora invocada, como num alerta estridente, para fazer o certo da próxima vez".[66] Essas preocupações foram totalmente justificadas no triunfalismo de Bush no final da primeira Guerra do Golfo, ao se jactar, como se a guerra tivesse sido lutada com o único motivo de superar uma lembrança traumática: "Por Deus, nós nos livramos da síndrome do Vietnã de uma vez por todas".[67] Ecoando esses comentários, o *New York Times* trouxe um artigo com o título: "A síndrome do Vietnã morreu? Felizmente, está enterrada no Golfo".[68] Vietnã, o símbolo da derrota e da divisão norte-americanas, fora enterrado nas areias do golfo Pérsico. Livrar-se da síndrome do Vietnã (com a ajuda de Hollywood) supostamente libertara a nação de velhos fantasmas e dúvidas: deixara "a América", mais uma vez, forte, coesa e pronta para a guerra seguinte.

BRANQUIDADE (*WHITENESS*) | Em termos de população mundial, pessoas brancas não representam um número significativo. Porém, em termos de poder e privilégio, são as da cor dominante. É claro que isso não significa que todos os brancos têm poder e privilégio (a branquidade é sempre articulada, por exemplo, a classe social, gênero e sexualidade).[69]

Parte do poder da branquidade é que ela parece existir fora das categorias de "raça" e etnia. Essas categorias parecem aplicar-se apenas a pessoas não brancas; a branquidade parece existir como uma norma humana, e as

---

66 | *Idem*, p. 206.

67 | George H. W. Bush *apud* H. Bruce Franklin, *MIA or mythmaking in America, op. cit.*, p. 177.

68 | *New York Times*, 2 de dezembro 1993.

69 | A branquidade é dividida não apenas por classe social e gênero (e outros geradores de diferença social); é também dividida por distinções dentro da própria branquidade — definir quem deve ser considerado branco varia em diferentes momentos da história.

raças e etnias são um desvio dessa norma. Essa é, de fato, uma posição privilegiada. Como Richard Dyer esclarece:

> Não existe posição mais poderosa do que ser "apenas humano". A reivindicação de poder é a reivindicação de falar para a comunidade humana. Pessoas com raça não podem fazer isso – podem falar apenas por sua raça. Pessoas que não têm raça, no entanto, podem falar, pois não representam os interesses de uma raça. Ver os brancos como uma raça é deslocá-los (deslocar-nos) da posição de poder, com todas as desigualdades, opressões, privilégios e sofrimentos em seu bojo, deslocando-os(nos) por compreender a autoridade com a qual falam(os) para o mundo e sobre ele.[70]

Para entender o poder normativo da branquidade, temos de esquecer a biologia e pensar nisso como um construto cultural; isto é, algo que é apresentado como "natural", "normal" e "universal". O que torna a branquidade tão poderosa, portanto, é que ela é mais do que a cor dominante: atua em uma norma humana invisível, e é segundo essa norma que outras etnias são convidadas a classificar-se. Para simplificar, *pessoas* brancas raramente são vistas como pessoas *brancas*: são simplesmente humanas, sem etnia. Vemos isso, por exemplo, todas as vezes que lemos sobre um escritor branco; ele será descrito como escritor; mas, se for negro, muitas vezes vão descrevê-lo como um escritor *negro*. A negridade é um signo de etnia, enquanto a branquidade é, supostamente, apenas um signo do humano. Ainda, quando um negro fala, espera-se que fale em nome de outras pessoas negras, já um branco fala como indivíduo, ou pela humanidade como um todo. Quando se estudam negros, eles são estudados como negros, ao passo que, quando se estudam brancos, eles são estudados como pessoas. Dessa forma, a invisibilidade étnica das posições da branquidade é a nor-

---

70 | Richard Dyer, *White: essays on race and culture*, Londres: Routledge, 1997, p. 2.

ma do humano. Mais uma vez, citando Dyer, "no nível da representação racial [...] brancos não são de uma certa raça, só são a raça humana".[71]

Em termos de etnia e "raça", muitos brancos se veem como neutros e normais. Referem-se às origens étnicas de outras pessoas, enquanto as suas permanecem invisíveis e despercebidas. Ingleses brancos, ao verem os termos "moda étnica" e "comida étnica", ficariam surpresos se fizessem referência a moda ou comida inglesas. Não sendo considerados "raça", tornam-se a raça humana. Para colocar um fim nesse privilégio e poder, temos de ver a branquidade apenas como o signo de mais uma etnia. Notar diferenças não é o problema; é o significado que damos às diferenças que podem, ou não, ser um problema.

Portanto, qualquer estudo sobre "raça" e etnia que não inclua uma discussão sobre branquidade, sempre contribuirá – talvez sem saber ou de modo não intencional – para o poder e o privilégio da branquidade. Isso ocorre porque seu poder e privilégio estão apoiados nessa invisibilidade, em sua universalidade aparente como simplesmente humano e normal. Para simplificar, ser branco parece "natural" e "normal". Isso vai continuar sendo sempre assim, até que a branquidade seja amplamente reconhecida como apenas o signo de outra etnia.

ANTIRRACISMO E ESTUDOS CULTURAIS | Como observado nas abordagens feministas e marxistas à cultura popular, os estudos sobre "raça" e representação inevitavelmente envolvem, e com certa justiça, um imperativo ético para condenar os discursos profundamente desumanos do racismo. Com isso em mente, quero encerrar esta seção com duas citações, seguidas de uma breve explicação e outra citação. A primeira citação é de Stuart Hall, e a segunda e a última são de Paul Gilroy.

> O trabalho que os estudos culturais têm de fazer é mobilizar tudo que se consiga encontrar em termos de recursos intelectuais a fim de compreender o que

[71] | *Idem*, p. 3.

continua tornando as vidas que vivemos, e as sociedades em que vivemos, profundamente desumanas em sua capacidade de conviver com as diferenças. A mensagem dos estudos culturais é dirigida a acadêmicos e intelectuais, mas, felizmente, a muitas outras pessoas também. [...] Estou convencido de que nenhum intelectual que tenha valor, e nenhuma universidade que queira seguir de cabeça erguida no século XXI, pode se permitir afastar seus olhos imparciais dos problemas de raça e etnia que assaltam nosso mundo.[72]

Precisamos saber que tipos de ideias e reflexões podem, de fato, ajudar sociedades cada vez mais diferenciadas, e indivíduos ansiosos, a enfrentar, com sucesso, os desafios envolvidos em sentir-se confortável, sem medo ou hostilidade, com a proximidade do que não lhe é familiar. Precisamos considerar se a escala em que similaridades e diferenças são calculadas pode ser produtivamente alterada, para que saia de foco a estranheza do estrangeiro e possam ser reconhecidas, e ter significado, outras dimensões de similaridades básicas. Precisamos considerar, também, como um compromisso deliberado com a história de sofrimento do século XX pode fornecer recursos para a acomodação pacífica da diversidade em relação à fundamental comunidade [...] [isto é, reconhecer] que, comumente, seres humanos são muito mais parecidos do que diferentes; que possamos nos comunicar com os outros na maior parte do tempo; e que, se quisermos agir com justiça, o reconhecimento mútuo de valor, dignidade e semelhanças essenciais imponha restrições ao nosso comportamento.[73]

O trabalho dos estudos culturais, assim como de todas as tradições intelectuais sensatas, é ajudar intelectualmente a derrotar o racismo – e ser-

---

[72] Stuart Hall, "Race, culture, and communications: looking backward and forward at cultural studies", em John Storey (org.), *What is cultural studies?: a reader*, Londres: Edward Arnold, 1996e, p. 343.

[73] Paul Gilroy, *After Empire*, Londres: Routledge, 2004, pp. 3-4.

vir como exemplo para isso. E, ao fazê-lo, ajudar a produzir um mundo em que o termo "raça" seja pouco mais que uma categoria histórica há muito em desuso, significando, na contemporaneidade, não mais que "raça humana". Contudo, como Gilroy observou em 1987 – e, infelizmente, ainda vale mais de 25 anos depois –, até que esse dia chegue,

> "raça" deve ser preservada como uma categoria analítica, não por corresponder a quaisquer absolutos biológicos ou epistemológicos, mas por se referir a pesquisas sobre o poder que identidades coletivas adquirem, baseadas em suas raízes na tradição. Tais identidades – nas formas de racismo branco e resistência negra – são as forças políticas mais instáveis na Grã-Bretanha de hoje.[74]

---

[74] | *Idem, There ain't no black in the Union Jack*, op. cit., p. 339.

LEITURA COMPLEMENTAR

STOREY, John (org.). *Cultural theory and popular culture: a reader.* 4. ed. Harlow: Pearson Education, 2009. Volume que faz par com este livro, traz exemplos da maioria dos trabalhos aqui apresentados, além de um *site* interativo (www.pearsoned.co.uk/storey), com *links* para outros *sites* e para recursos eletrônicos úteis.

BAKER JUNIOR, Houston A.; DIAWARA, Manthia & LINDEBORG, Ruth H. (orgs.). *Black British cultural studies: a reader.* Chicago: University of Chicago Press, 1996. Coletânea de ensaios muito interessante.

DENT, Gina (org.). *Black popular culture.* Seattle: Bay, 1992. Coletânea de ensaios muito útil.

DITTMAR, Linda & MICHAUD, Gene (orgs.). *From Hanoi to Hollywood: the Vietnam War in American film.* New Brunswick/Londres: Rutgers University Press, 1990. A melhor coletânea de obras sobre o Vietnã de Hollywood.

DYER, Richard. *White: essays on race and culture.* London: Routledge, 1997. O trabalho clássico sobre branquidade e cultura.

FRYER, Peter. *Staying power: the history of black people in Britain.* Londres: Pluto, 1984. Um livro brilhante.

GANDHI, Leela. *Postcolonial theory: a critical introduction.* Edimburgo: Edinburgh University Press, 1998. Uma boa introdução à teoria pós-colonial.

GILROY, Paul. *There ain't no black in the Union Jack.* Londres: Routledge, 1987-2002. Um encontro dos estudos culturais clássicos com o conceito de "raça".

_____. *The black Atlantic.* Londres: Verso, 1993. Um libelo brilhante contra o "absolutismo cultural".

MARKUS, Hazel Rose & MOYA, Paula M. L. *Doing race: 21 essays for the 21st century.* Nova York: Norton, 2010. Excelente coletânea de ensaios sobre "criar raças".

WILLIAMS, Patrick & CHRISMAN, Laura (orgs.). *Colonial discourse and post-colonial theory: a reader.* Harlow: Prentice Hall, 1993. Interessante coletânea de ensaios sobre teoria pós-colonial.

9 Pós-modernismo

A CONDIÇÃO PÓS-MODERNA | Atualmente, pós-modernismo é termo corrente tanto dentro quanto fora do estudo acadêmico da cultura popular. Entrou em discursos tão diversos como jornalismo sobre música *pop* e debates marxistas sobre as condições culturais do capitalismo tardio ou multinacional. Como Angela McRobbie observa:

> Pós-modernismo penetrou nos mais diferentes vocabulários mais rapidamente do que a maioria das outras categorias intelectuais. A partir dos campos da história da arte, espalhou-se para a teoria política e para as páginas das revistas de cultura jovem, capas de disco e as páginas de moda da *Vogue*. Isso parece indicar algo mais do que simples caprichos do gosto.[1]

E também sugere que, "para o analista de cultura popular, os recentes debates sobre pós-modernismo tanto exercem uma atração positiva quanto são úteis".[2] Mas o que se tem como certo é que, enquanto conceito, pós-modernismo apresenta poucas evidências de desacelerar sua expansão ao estilo colonialista. Eis a lista que Dick Hebdige fez das maneiras como o termo tem sido usado:

> Quando se torna possível descrever, com "pós-moderno", a decoração de um quarto, o projeto de uma edificação, a diegese de um filme, a interpretação de um disco ou de uma *scratch video* [*art*], um comercial de televisão ou um documentário artístico, ou as relações "intertextuais" entre eles, o *layout* de uma página

---

1 | Angela McRobbie, *Postmodernism and popular culture*, Londres: Routledge, 1994, p. 13.
2 | *Idem*, p. 15.

numa revista de moda ou num jornal crítico, uma tendência antiteológica na epistemologia, o ataque à "metafísica da presença", uma atenuação geral do sentimento, o pesar coletivo e as projeções mórbidas de uma geração de *baby boomers* pós-guerra confrontando desiludidos de meia-idade, os "dilemas" da reflexividade, um grupo de tropos retóricos, uma proliferação de superfícies, uma nova fase do fetichismo por bens de consumo, um fascínio por imagens, códigos e estilos, um processo de fragmentação e/ou crise cultural, política ou existencial, a "descentralização" do sujeito, uma "incredulidade em relação a metanarrativas", a substituição dos eixos de poder unitários por uma pluralidade de formações de poder/discurso, a "implosão do significado", o colapso das hierarquias culturais, o terror produzido pela ameaça de autodestruição nuclear, o declínio da universidade, o funcionamento e os efeitos das novas tecnologias miniaturizadas, amplas mudanças sociais e econômicas em uma fase de "mídia", de "consumidor" ou "multinacional", uma sensação (dependendo de quem você lê) de "indiferença ao lugar" ou o abandono da "indiferença ao lugar" ("regionalismo crítico") ou (mesmo) uma substituição generalizada das coordenadas espaciais por coordenadas temporais – quando é possível descrever tudo isso como "pós-moderno" [...] então fica claro que estamos na presença de uma gíria muito popular.[3]

Para os propósitos desta apresentação, considerarei o pós-modernismo – com exceção de algumas exposições teóricas necessárias – apenas em sua relação com o estudo da cultura popular. Para facilitar, vou focalizar no desenvolvimento da teoria pós-moderna desde seu início, no começo dos anos 1960, nos Estados Unidos e na Grã-Bretanha, passando pela teorização nas obras de Jean-François Lyotard, Jean Baudrillard e Fredric Jameson. A isso, segue-se a exposição de dois exemplos de cultura pós-

3 | Dick Hebdige, "Postmodernism and 'the other side'", em John Storey (org.), *Cultural theory and popular culture: a reader*, 4. ed., Harlow: Pearson Education, 2009, p. 429. Originalmente, publicado em *Journal of Communication Inquiry*, 10 (2): 78-97, 1986.

-moderna: música *pop* e televisão. O capítulo encerra considerando três aspectos mais gerais do pós-modernismo: o colapso de padrões absolutos de valor, a cultura da globalização e a cultura de convergência.

PÓS-MODERNISMO NOS ANOS 1960 | Embora o termo "pós-moderno" estivesse em circulação cultural desde os anos 1870,[4] só na década de 1960 vemos os primórdios do que hoje é considerado pós-modernismo. Nas obras de Susan Sontag[5] e Leslie Fiedler,[6] encontramos a celebração do que Sontag chama de "nova sensibilidade".[7] É, em parte, uma sensibilidade em revolta contra a glorificação da revolução vanguardista do modernismo: ataca o *status* oficial do modernismo, sua canonização – no museu e na academia – como a alta cultura do mundo capitalista moderno. Lamenta a morte do poder escandaloso e boêmio do modernismo, sua capacidade de chocar e desagradar a classe média. Em lugar de ultrajar – a partir das margens críticas da sociedade burguesa –, as obras de Pablo Picasso, James Joyce, T. S. Eliot, Virginia Woolf, Bertolt Brecht, Igor Stravinsky e outros perderam não apenas a capacidade de chocar e incomodar, mas também se tornaram básicas, clássicas – em um mundo... canonizado. A cultura modernista tornou-se cultura burguesa. Seu poder subversivo, que fora exaurido pela academia e os museus, é agora o cânone contra o qual uma vanguarda deve lutar. Como aponta Fredric Jameson,

> essa é, certamente, uma das explicações mais plausíveis para a emergência do pós-modernismo em si, já que a geração jovem dos anos 1960 agora vai confrontar o movimento moderno, antes oposicionista, como um grupo de clássicos

---

[4] | Steven Best & Douglas Kellner, *Postmodern theory: critical investigations*, Londres: Macmillan, 1991.

[5] | Susan Sontag, *Against interpretation*, Nova York: Deli, 1966.

[6] | Leslie Fiedler, *The collected essays of Leslie Fiedler*, 2, Nova York: Stein & Day, 1971.

[7] | Susan Sontag, *Against interpretation*, op. cit., p. 296.

mortos, que "oprime como um pesadelo o cérebro dos vivos", como Marx disse certa vez, em um contexto diferente.[8]

Jameson afirma que o pós-modernismo nasceu da

> mudança, dos clássicos do modernismo, de uma posição oposicionista para uma de hegemonia, da conquista da universidade, do museu, da rede de galerias e fundações de arte, da assimilação, em um "cânone", [...] dos vários altos modernismos e a subsequente atenuação de tudo que nossos avós consideravam, neles, chocante, escandaloso, feio, dissonante, imoral e antissocial.[9]

Para quem estuda cultura popular, talvez a consequência mais importante da nova sensibilidade – com seu abandono "da noção de cultura de Matthew Arnold, reconhecida como histórica e humanamente obsoleta"[10] – seja sua reivindicação de que a "distinção entre 'alta' e 'baixa' cultura parece cada vez menos significativa".[11] Nesse sentido, é uma sensibilidade de revolta contra o que é visto como o elitismo cultural do modernismo. Este, apesar de frequentemente citar a cultura popular, foi marcado por suspeitar profundamente de tudo que era popular. Sua entrada no museu e na academia foi, sem dúvida, facilitada (não importando seu declarado antagonismo ao "filistinismo burguês") por seu apelo ao elitismo da so-

---

8 | Fredric Jameson, "Postmodernism, or the cultural logic of late capitalism", *New Left Review*, 146, 1984, p. 56. A citação de Karl Marx refere-se a *The eighteenth Brumaire of Louis Bonaparte*, Moscou: Progress, 1977.

9 | Fredric Jameson, "The politics of theory: ideological positions in the postmodernism debate", *The ideologies of theory essays*, 2, Londres: Routledge, 1988, p. 299.

10 | Susan Sontag, *Against interpretation*, op. cit., p. 299.

11 | *Idem*, p. 302.

ciedade de classes e sua relação homóloga com ele. O pós-modernismo dos anos 1960 foi, portanto, em parte um ataque populista ao elitismo do modernismo. Sinalizava uma recusa do que Andreas Huyssen chama de "a grande divisão […] [um] discurso que insiste na distinção categórica entre alta cultura e cultura de massa".[12] Além disso, segundo Huyssen, "em larga escala, é pela distância que percorremos, a partir dessa 'grande divisão' entre cultura de massa e modernismo, que podemos medir nossa pós-modernidade cultural".[13]

A *pop art* norte-americana e britânica da década de 1960 rejeitava claramente essa "grande divisão". Rejeitava a definição de cultura de Arnold, como "o melhor de tudo que se pensou e disse",[14] preferindo, em seu lugar, a definição social que Williams fez de cultura, como "todo um estilo de vida".[15] A *pop art* britânica sonhava com a América (os Estados Unidos, o lar da cultura popular) como era vista de sua pobreza cinzenta da Grã-Bretanha do início dos anos 1960. Lawrence Alloway, o primeiro teórico do movimento, diz:

> A área de contato era a cultura urbana produzida em massa: filmes, publicidade, ficção científica, música *pop*. Não sentíamos nada daquela aversão pela cultura comercial, padrão existente entre a maioria dos intelectuais, mas aceitávamos tal cultura como um fato, estudávamos detalhadamente e a consumíamos com entusiasmo. Uma consequência de nossos estudos foi retirar a cultura *pop* do âmbito do "escapismo", do "entretenimento banal", da "descontração", e passarmos a tratá-la com a seriedade de uma arte.[16]

---

12 | Andreas Huyssen, *After the great divide: modernism, mass culture and postmodernism*, Londres: Macmillan, 1986, p. VIII.

13 | *Idem*, p. 57.

14 | Ver Capítulo 2.

15 | Ver Capítulo 3.

16 | Simon Frith & Howard Horne, *Art into pop*, Londres: Methuen, 1987, p. 104, citando Lawrence Alloway.

Andy Warhol foi uma figura-chave também na teorização da arte *pop*. Como Alloway, ele se recusa a levar a sério a distinção entre arte comercial e não comercial. Vê a "arte comercial como verdadeira arte, e a verdadeira arte como arte comercial".[17] E defende que "arte 'verdadeira' é definida simplesmente pelo gosto (e riqueza) da classe dominante no período. Isso implica não apenas que a arte comercial é tão boa quanto a arte 'verdadeira' – mas que seu valor é definido por outros grupos sociais, outros padrões de gastos".[18] Podemos, claro, objetar que é relativamente enganosa a fusão que Warhol fez de alta cultura e cultura popular. Não importa a fonte de suas ideias e materiais: assim que estão em uma galeria de arte, o contexto as classifica como arte e, portanto, alta cultura. John Rockwell afirma não ser essa a intenção ou o resultado necessário. Arte, observa, é o que se percebe como arte: "Uma caixa de Brillo[19] não se torna arte de repente porque Warhol coloca um monte delas empilhadas em um museu. Mas, ao fazer isso, ele encoraja você a transformar cada ida ao supermercado em uma aventura artística, e enobrece sua vida. Se quiser, todo mundo é artista".[20]

Huyssen defende que o impacto final da relação entre *pop art* e cultura popular só pode ser totalmente compreendido ao inserir essa relação no contexto cultural maior da contracultura norte-americana e da cena *underground* britânica: "*Pop*, no sentido mais amplo, foi o contexto em que primeiro tomou forma a noção de pós-moderno, e, desde o início até hoje, as tendências mais significativas do pós-modernismo desafiaram a implacável hostilidade do modernismo para com a cultura de massa".[21] Dessa

---

17 | *Idem*, p. 109.

18 | *Idem, ibidem*.

19 | Esponjas de aço, já com sabão, para polir panelas etc. (N.T.)

20 | *Idem*, p. 120.

21 | Andreas Huyssen, *After the great divide: modernism, mass culture and postmodernism*, Londres: Macmillan, 1986, p. 188.

maneira, pode-se dizer, então, que o pós-modernismo brotou, pelo menos parcialmente, da recusa de uma geração às certezas categóricas do alto modernismo. A insistência em uma distinção absoluta entre alta cultura e cultura popular acabou considerada como "velharia" de uma geração anterior. Um sinal desse colapso foi a mescla de *pop art* e música *pop*. Peter Blake, por exemplo, projetou a capa de *Sergeant Pepper's Lonely Hearts Club Band*, dos Beatles; Richard Hamilton, a do "álbum branco" deles; Andy Warhol, concebeu a de *Sticky Fingers*, dos Rolling Stones. Do mesmo modo, poderíamos citar a nova seriedade que emergia na própria música *pop*, mais evidente nas obras de artistas como Bob Dylan e os Beatles, que acabam sendo levadas a sério de maneira até então inédita nas críticas de música *pop*.

Huyssen também detecta uma relação clara entre o pós-modernismo norte-americano dos anos 1960 e certos aspectos de uma vanguarda anterior da Europa. Via a contracultura norte-americana – a oposição à guerra no Vietnã, o apoio aos direitos civis dos negros, a rejeição ao elitismo do alto modernismo, o nascimento da segunda onda do feminismo, as boas-vindas ao movimento de liberação *gay*, o experimentalismo cultural, o teatro alternativo, os *happenings*, os *love-ins*, a celebração do cotidiano, a arte psicodélica, o *acid rock*, o "perspectivismo ácido"[22] – "como o capítulo de encerramento da tradição do vanguardismo".[23]

No final da década de 1970, os estudos sobre pós-modernismo atravessaram o Atlântico. Nas próximas três seções, vamos considerar as respostas de dois teóricos culturais franceses ao debate sobre a "nova sensibilidade", antes de retornar aos Estados Unidos e à visão de Fredric Jameson sobre o pós-modernismo como a tendência cultural dominante do capitalismo tardio.

---

22 | A expressão é de Dick Hebdige, em "Postmodernism and 'the other side'", *op. cit.*

23 | Andreas Huyssen, *After the great divide*, *op. cit.*, p. 195.

JEAN-FRANÇOIS LYOTARD | A principal contribuição de Jean-François Lyotard para os estudos sobre pós-modernismo é *The Postmodern condition*, publicada na França em 1979, e traduzida para o inglês em 1984. Neles, a influência desse livro foi enorme, e, em muitos aspectos, foi ele que colocou em circulação na academia o termo "pós-modernismo".

Para Lyotard, a condição pós-moderna é marcada por uma crise no *status* do conhecimento nas sociedades ocidentais, expressa como uma "incredulidade em relação às metanarrativas" e o que ele chama de "a obsolescência do aparato metanarrativo de legitimação".[24] Lyotard refere-se ao suposto colapso contemporâneo ou à disseminada rejeição de todos os enquadramentos abrangentes e totalizantes que tentam contar histórias universais ("metanarrativas"): marxismo, liberalismo, cristianismo, por exemplo. Segundo Lyotard, as metanarrativas, por meio de inclusão e exclusão, funcionam como forças homogeneizantes que, em nome de princípios universais e objetivos gerais, arrolam e organizam a heterogeneidade em campos ordenados, silenciando e excluindo outros discursos, outras vozes. Diz-se que o pós-modernismo assinala o colapso de todas as metanarrativas e da verdade privilegiada que têm para contar, e, em vez disso, evidencia o crescente soar de uma pluralidade de vozes marginais, com sua insistência na diferença, na diversidade cultural e na defesa da heterogeneidade sobre a homogeneidade.[25]

O interesse específico de Lyotard está no *status* e na função do discurso científico e do conhecimento. Para Lyotard, a ciência é importante em razão do papel a ela reservado pelo Iluminismo.[26] Sua tarefa, pelo acúmulo

---

24 | Jean-François Lyotard, *The postmodern condition: a report on knowledge*, Manchester: Manchester University Press, 1984, p. XXIV. O original francês é de 1979.

25 | Na condição pós-moderna de Lyotard, é difícil localizar a ascensão do fundamentalismo religioso.

26 | Para uma introdução crítica ao Iluminismo, ver Roy Porter, *The Enlightenment*, Basingstoke: Macmillan, 1990.

de conhecimento científico, é protagonizar a emancipação gradual da humanidade. Dessa forma, a ciência assume o *status* de uma metanarrativa, organizando e validando outras narrativas, na estrada real que conduz à liberação humana. Contudo, Lyotard alega que, desde a Segunda Guerra Mundial, declinou consideravelmente a força legitimadora do *status* da ciência enquanto metanarrativa. Ela não mais é vista como uma progressão lenta, em prol da humanidade, em direção ao conhecimento absoluto e à liberdade absoluta. Perdeu seu rumo – seu "objetivo não é mais a verdade, mas a performatividade".[27] Do mesmo modo, a educação superior é "exortada a criar habilidade, e não mais ideais".[28] O conhecimento não mais é visto como um fim em si mesmo, mas como meio para se chegar a um fim. Como a ciência, a educação vai ser julgada por sua performatividade; e, dessa forma, cada vez mais, moldada pelas exigências do poder. Ela não vai mais responder à pergunta "É verdade?", mas apenas ouvir: "Qual é a utilidade disso?", "Quanto vale isso?" e "É vendável?"[29] A pedagogia pós-moderna nos ensinaria como usar o conhecimento sob forma de capital cultural e econômico, sem lançar mão de preocupações ou ansiedade quanto a ser verdadeiro ou falso o que é ensinado.

Antes de deixar Lyotard, vale notar sua resposta, pouco favorável, acerca da mudança de *status* da cultura. A cultura popular ("cultura geral contemporânea") da condição pós-moderna é, para Lyotard, uma cultura "do vale tudo", uma cultura do "afrouxamento", em que o gosto é irrelevante e o dinheiro é o único símbolo de valor.[30] O único alívio é a opinião de Lyotard de não ser a cultura pós-modernista o fim da cultura, muito superior, do modernismo, mas o indício do advento de um novo modernismo. Pós-moderno é o que rompe com um modernismo para formar um

---

27 | Jean-François Lyotard, *The postmodern condition*, op. cit., p. 46.
28 | *Idem*, p. 48.
29 | *Idem*, p. 51.
30 | *Idem*, p. 79.

novo modernismo: "Uma obra só pode se tornar moderna se for, primeiro, pós-moderna. Assim entendido, o pós-modernismo não é o modernismo em seu fim, mas em estado nascente, e esse estado é constante".[31]

Steven Connor sugere que *The postmodern condition* pode ser lido "como uma alegoria disfarçada da condição do conhecimento acadêmico e suas instituições no mundo contemporâneo".[32] "O diagnóstico [de Lyotard] da condição pós-moderna é, em certo sentido, o diagnóstico da futilidade final do intelectual".[33] O próprio Lyotard está consciente do que chama de "heroísmo negativo" dos intelectuais contemporâneos. Segundo ele, os intelectuais vêm perdendo sua autoridade desde "que a violência e a crítica se uniram contra a academia nos anos 1960".[34] Como Iain Chambers observa,

> o debate sobre o pós-modernismo pode [...] ser lido como o sintoma da irrupção da cultura popular, sua estética e suas possibilidades acolhedoras, em um domínio antes privilegiado. Redes populares de produção e conhecimento cultural – mais amplas e não sistematizadas – confrontam as teorias e discursos acadêmicos, ameaçando o privilégio intelectual de explicar e distribuir conhecimento: redimensiona-se sua – pois, invariavelmente, é "sua" – autoridade. Isso explica, em parte, tanto a recente atitude defensiva do projeto modernista (em especial o marxista) e o niilismo frio de certas correntes notórias do pós-modernismo.[35]

Angela McRobbie sustenta que o pós-modernismo franqueou o acesso de um novo corpo de intelectuais: "Deu vida àqueles cujas vozes eram his-

---

31 | *Idem, ibidem.*

32 | Steven Connor, *Postmodernist culture: an introduction to theories of the contemporary*, Oxford: Blackwell, 1989, p. 41.

33 | *Idem, ibidem.*

34 | *Idem, ibidem*, citando Jean-François Lyotard.

35 | Iain Chambers, *Popular culture: The Metropolitan experience*, Londres: Routledge, 1988, p. 216.

toricamente sufocadas pelas metanarrativas (modernistas) de autoridade – que, por sua vez, eram patriarcais e imperialistas".[36] Além disso, como aponta Kobena Mercer:

> Enquanto as mais altas vozes da cultura anunciavam nada menos do que o fim de tudo que tinha algum valor, das margens da Grã-Bretanha pós-imperial, aos poucos, começaram a aparecer as vozes, as práticas e as identidades emergentes dos povos africanos, caribenhos e asiáticos dispersos, para perturbar certezas triviais e "verdades" consensuais, abrindo, assim, novas maneiras de ver, e entender, as peculiaridades de viver no crepúsculo de um interregno histórico, em que "o velho está morrendo e o novo ainda não consegue nascer".[37]

JEAN BAUDRILLARD | Segundo Best e Kellner, Jean Baudrillard "alcançou *status* de guru por todo o mundo anglófono".[38] Afirmam que "Baudrillard surgiu como um dos teóricos pós-modernos de mais alta visibilidade".[39] Sua presença não ficou confinada ao mundo acadêmico: artigos e entrevistas foram publicados em muitas revistas populares.

Baudrillard diz que nós, ocidentais, alcançamos um estágio de desenvolvimento social e econômico em que "não é mais possível separar a esfera econômica ou produtiva das esferas da ideologia ou da cultura, pois artefatos, imagens, representações, e até mesmo sentimentos e estruturas

---

[36] | Angela McRobbie, *Postmodernism and popular culture, op. cit.*, p. 15.

[37] | Kobena Mercer, *Welcome to the jungle: new positions in black cultural studies*, Londres: Routledge, 1994, p. 2; a citação inclusa no final está em Antonio Gramsci, *Selections from Prison notebooks*, Londres: Lawrence & Wishart, 1971.

[38] | Steven Best & Douglas Kellner, *Postmodern theory, op. cit.*, p. 109.

[39] | *Idem*, p. 111.

psíquicas, tornaram-se parte do mundo da economia".[40] Segundo ele, isso em parte se explica pelo fato de ter havido no Ocidente uma mudança, histórica, de uma sociedade baseada na produção de coisas para uma baseada na produção de informações. Em *For a critique of the political economy of the sign*, descreve isso como "a passagem de uma sociedade metalúrgica para uma semiúrgica".[41] Contudo, para Baudrillard, o pós-modernismo não é simplesmente uma cultura do signo: é uma cultura do "simulacro".

Um simulacro é uma cópia idêntica sem um original. No quarto capítulo, examinamos a afirmação de Benjamin de que a reprodução mecânica destruiu a "aura" da obra de arte. Já Baudrillard sustenta que agora foi destruída a própria distinção entre original e cópia, e chama esse processo de "simulação". Tal ideia pode ser demonstrada referindo-nos a CDs e filmes. Por exemplo, quando alguém compra uma cópia do álbum *The revolution starts now*, de Steve Earle, não faz muito sentido falar em aquisição do original. Do mesmo modo, não faria sentido alguém que viu *Eternal sunshine of the spotless mind*[42] em Xangai ou Berlim dizer para outra pessoa que viu o filme em Newcastle que ela assistira ao original, e a outra não. Ambas teriam testemunhado a exibição de uma cópia sem um original. Nos dois casos, filme e CD, vemos ou escutamos uma cópia sem o original. Um filme é uma montagem feita a partir da edição de cenas filmadas em sequências e momentos diferentes. Da mesma forma, uma gravação musical é feita a partir da edição de sons registrados em sequências e momentos diferentes.

---

40 | Steven Connor, *Postmodernist culture*, op. cit., p. 51.

41 | Jean Baudrillard, *For a critique of the political economy of the sign*, Saint Louis: Telos, 1981, p. 185.

42 | Distribuído no Brasil com o título *Brilho eterno de uma mente sem lembranças* (2004). (N.T.)

Baudrillard chama de simulação a "geração de modelos de um real sem as origens ou a realidade: um hiper-real".[43] O hiper-realismo, ele alega, é o modo característico da pós-modernidade. No domínio do hiper-real, a distinção entre simulação e o "real" implode, e o "real" e o imaginário desintegram-se continuamente um no outro. O resultado é que realidade e simulação são experimentadas como se não diferissem entre si – agindo ao longo de um *continuum*, como uma montanha-russa. Muitas vezes, simulações podem ser experimentadas como mais reais do que o próprio real – "*Even better than the real thing*".[44] Pensemos na maneira como *Platoon* se tornou o marco para julgar o realismo das representações da guerra dos Estados Unidos no Vietnã (e, cada vez mais, nas suas guerras no Iraque e no Afeganistão). Perguntar se a "aparência" é a de *Platoon* é quase o mesmo que perguntar se é realista.

Diz-se haver evidências do hiper-realismo por toda parte. Por exemplo, vivemos numa sociedade em que pessoas escrevem cartas para personagens de novelas, propondo-lhes casamento, simpatizando com suas atuais dificuldades, oferecendo-lhes novas acomodações ou apenas escrevendo para perguntar como estão as coisas. Vilões televisivos são rotineiramente interpelados nas ruas e alertados sobre possíveis futuras consequências se não alterarem seus comportamentos. Médicos, advogados e detetives televisivos costumam receber pedidos de aconselhamento e ajuda. Vi, na televisão, um turista norte-americano deslumbrado com a beleza do Distrito dos Lagos britânico. Buscando palavras adequadas para elogiar, ele disse: "É como a Disneylândia". No início dos anos 1990, a polícia de Northumbria pôs nas ruas "viaturas policiais de papelão", em uma tentativa

---

43 | Jean Baudrillard, *Simulations*, Nova York: Semiotext(e), 1983, p. 2.

44 | Música do U2. [Incluída no álbum *Achtung baby*, de 1991; a tradução literal, em português, é "Até melhor do que a coisa real". (N.T.)]

manter os motoristas dentro da lei. Recentemente, visitei um restaurante italiano em Morpeth, onde, exibida como selo de garantia da genuína *italianidade* do restaurante, havia uma pintura de Marlon Brando como o "Poderoso Chefão". Visitantes de Nova York podem fazer *tours* em ônibus que os levam por toda a cidade, mas não a cidade em si, e sim como ela aparece em *Sex and the city*. A revolta que se seguiu à absolvição dos quatro policiais de Los Angeles, pegos em vídeo agredindo fisicamente o motorista negro Rodney King, recebeu em dois jornais britânicos a manchete "LA Lawless", em um, e, em outro, "LA War"[45] – a matéria não estava ancorada em uma referência histórica a confusões semelhantes em Watts, Los Angeles, em 1965, ou às implicações do lema *"No justice no peace"*[46] (entoado pelos revoltados): em vez disso, os editores optaram por situá-la no mundo fictício de *LA Law*, uma série de televisão. Baudrillard chama isso de "a dissolução da TV na vida, a dissolução da vida na TV".[47] Políticos, cada vez mais, aproveitam-se disso, confiando na política de convencimento do "aparecer na mídia" e da "declaração sucinta", em uma tentativa de conquistar o coração e a mente dos eleitores.

Na Nova York de meados dos anos 1980, iniciativas como o City Arts Workshop e o Adopt a Building encarregaram artistas de pintar murais nas paredes de edifícios abandonados. Depois de consultar residentes do local, concordou-se que pintariam imagens do que faltava na comunidade: mercearias, bancas de jornais, lavanderias e lojas de discos.[48] Essa história tem alguma semelhança com a da polícia de Northumbria – a substituição de uma coisa real pela imagem: em vez de viaturas policiais, a ilusão de viaturas; em vez de empreendimentos, a ilusão de empreen-

---

45 | Em português, respectivamente, "Los Angeles sem lei" e "Guerra de Los Angeles". (N.T.)

46 | Em português, "Sem justiça, sem paz". (N.T.)

47 | Jean Baudrillard, *Simulations*, *op. cit.*, p. 55.

48 | Simon Frith & Howard Horne, *Art into Pop*, *op. cit.*, p. 7.

dimentos. Sobre a juventude da classe trabalhadora que sai nos finais de semana, Simon Frith e Howard Horne trazem um relato, um tanto condescendente, que ilustra um ponto bem parecido:

> O que tornou tudo isso real para eles? O BRONZEADO. O bronzeado, com desconto, das camas de bronzeamento artificial. Aqui, ninguém viajou nas férias de inverno (trata-se da geração [Norman] Tebbit): compraram sua aparência frequentando cabeleireiro, salão de beleza e academia de ginástica. E assim, todo final de semana, juntam-se na sombria e garoenta York, ou Birmingham ou Crewe, e atuam, não como se estivessem em momentos de descanso, mas em um anúncio de férias. Batendo o queixo. Uma simulação, mas de verdade.[49]

Foto 9.1 Um exemplo de hiper-realismo.

Em 1998, o caso da prisão de Deirdre Rachid, personagem da [série britânica, ainda em produção] *Coronation Street*, talvez seja um exemplo clássico de hiper-realismo (ver Foto 9.1). Os tabloides sensacionalistas não apenas cobriram a história, mas fizeram campanha por sua libertação, quase da mesma forma que fariam se fosse um incidente da "vida real". *O Daily Star* lançou a campanha "Libertem a de Weatherfield"

---

49 | *Idem*, p. 182.

e convidou os leitores a telefonarem ou enviarem um fax para registrar seu protesto. Também distribuíram um cartaz gratuito, para colocar nos vidros dos carros. O *Sun* pediu a seus leitores que assinassem uma petição e convidou-os a comprar camisetas especialmente produzidas para a campanha. Parlamentares eram descritos como simpáticos à causa de Deirdre. O *Star* citou a intenção de Fraser Kemp, parlamentar trabalhista, de falar com Jack Straw, o ministro de Assuntos Internos:[50] "Vou dizer ao ministro que houve um erro chocante da justiça. Ele deve intervir para garantir que seja feita justiça e Deirdre seja libertada". Falou-se do caso no Parlamento, e os jornais não sensacionalistas se uniram (como sempre acontece) para comentar o que os tabloides comentavam.

Apesar de tudo isso, acho que podemos dizer, com alguma confiança, que a esmagadora maioria das pessoas que demonstraram sua indignação por Deirdre Rachid ter sido presa, e celebraram sua libertação, o fez sem acreditar ser ela uma pessoa real, presa injustamente. Ela é – e sabiam que era – personagem real (na época, há quase trinta anos) em uma série real, assistida três vezes por semana por milhões de espectadores reais. É isso que a faz ser uma figura cultural significativa (e de realidade cultural significativa). Se o hiper-realismo faz qualquer coisa significar, não pode assinalar, com credibilidade, um declínio na capacidade das pessoas de distinguir entre ficção e realidade. Não é, como alguns baudrillardianos parecem querer sugerir, que as pessoas não mais conseguem ver a diferença entre ficção e realidade, mas sim, de maneira bastante significativa, que

---

50 | No original, Home Secretary Jack Straw. Home Office é o departamento do governo britânico que trata de assuntos internos ao país, incluindo a lei e a ordem, o controle da emigração, as eleições e a radiodifusão. Home Secretary é a denominação dada ao ministro responsável por esse "Ministério de Assuntos Internos" (por oposição a um ministério que trata de assuntos estrangeiros ou do exterior). (N.T.)

a distinção entre as duas se tornou cada vez menos importante. O motivo de ter acontecido isso é, em si, uma pergunta importante, mas não acho que o hiper-realismo nos dê, de fato, a resposta.

Tal resposta pode ter algo a ver – e John Fiske assinala isso – com a maneira como a "mídia pós-moderna" não mais fornece "representações secundárias da realidade: ela, sim, afeta e produz a realidade que medeia".[51] Ele sabe que tornar midiático um evento não depende apenas da mídia. Para isso, é necessário articular,[52] com sucesso, os interesses tanto do público quanto da mídia. A relação entre mídia e público é complexa, mas o certo é que, em nosso "mundo pós-moderno", todos os eventos que "importam" são midiáticos. E cita o exemplo da prisão de O. J. Simpson: "Moradores locais, assistindo à perseguição pela TV, foram até a casa de O. J. para estar lá no desfecho do caso, mas levaram suas televisões portáteis consigo, sabendo que o acontecimento em si não substituía o evento transmitido ao vivo, era só um complemento dele. Ao se verem em suas TVs, acenavam para si mesmos, pois gente pós-moderna não vê problema algum em ser, ao mesmo tempo e sem distinção, pessoas vivas e ao vivo".[53] Quem assistiu à prisão parecia saber, implicitamente, que a mídia não apenas reporta ou circula as notícias: ela as produz. Para fazer parte das notícias da prisão de O. J. Simpson, não bastava estar lá, era preciso estar lá na televisão. Isso sugere não mais existir uma distinção clara entre o acontecimento "real" e sua representação midiática. Não se consegue separar com exatidão, por exemplo, o julgamento de O. J. Simpson, em acontecimento "real" e o evento midiático que a televisão então apresentou. Qualquer um que assistiu ao processo pela televisão sabe que o julgamento foi conduzido tanto para um público televisivo como

---

51 | John Fiske, *Media matters: everyday culture and media change*, Minnesota: University of Minnesota Press, 1994, p. XV.

52 | No sentido gramsciano; ver Capítulo 4.

53 | John Fiske, *Media matters, op. cit.*, p. XXII.

para os que estavam presentes no tribunal. Sem a presença das câmeras, teria de fato sido muito diferente.

O exemplo que Baudrillard dá de hiper-realismo é a Disneylândia, que diz ser "um modelo perfeito de todas as ordens de simulação embaralhadas".[54] Sustenta que o sucesso da Disneylândia não se deve à sua capacidade de possibilitar aos norte-americanos uma fantasia para fugir à realidade, mas ao fato de proporcionar-lhes uma experiência concentrada, e não admitida, da "verdadeira América".

> A Disneylândia está aí para ocultar o fato de que o país "real", toda a América "real", é a Disneylândia (como as prisões, estão aí para ocultar o fato de que é a sociedade toda, em sua onipresença banal, que é carcerária). A Disneylândia é apresentada como imaginária para fazer-nos acreditar que o resto é real, quando, de fato, toda Los Angeles, e a América ao seu redor, não mais são reais, mas da ordem do hiper-real e da simulação. Não é mais uma questão de falsa representação da realidade (ideologia), mas de ocultar o fato de que o real não mais é real.[55]

E explica isso em termos da "função" social da Disneylândia: "Propõe-se a ser um mundo infantil, para nos fazer acreditar que, em outra parte, no mundo 'real', estão os adultos, e para ocultar o fato de que é a real infantilidade que está por toda parte".[56] Ele afirma que o noticiário sobre o "Watergate" atuou quase da mesma forma. Precisava ser noticiado como um escândalo, ocultando o fato de isso ser lugar-comum na vida política norte-americana. Esse é um exemplo daquilo que Baudrillard chama de "simulação, com fins regenerativos, de um escândalo".[57] É uma tentativa de

---

54 | Jean Baudrillard, *Simulations*, op. cit., p. 23.

55 | *Idem*, p. 25.

56 | *Idem, ibidem*.

57 | *Idem*, p. 30.

"reviver um princípio moribundo simulando um escândalo [...] uma questão de verificar o real por meio do imaginário; provar a verdade por meio do escândalo".[58] Da mesma forma, pode-se argumentar que as recentes revelações sobre as atividades de certos empresários atuando nos mercados financeiros de Londres tinham de ser noticiadas como escândalo, para ocultar o que Baudrillard chama de "crueldade instantânea do capitalismo; sua ferocidade incompreensível; sua imoralidade fundamental".[59]

A análise geral de Baudrillard dá suporte à ideia central de Lyotard sobre o pós-modernismo, o colapso da certeza e a dissolução da metanarrativa de "verdade". Deus, natureza, ciência, a classe trabalhadora, todos perderam sua autoridade como centros de autenticidade e verdade; não mais fornecem a evidência que põe um ponto final às discussões. O resultado, afirma, não é um afastamento do "real", mas a desintegração do real no hiper-realismo. E diz: "quando o real não é mais o que costumava ser, a nostalgia assume seu significado integral. Há uma proliferação de mitos de origem e signos de realidade [...] uma produção histérica do real e do referencial".[60] Esse é um exemplo da segunda mudança histórica identificada por Baudrillard. A modernidade foi a era do que Paul Ricoeur chama de "hermenêutica da suspeita",[61] a busca por significado na realidade subjacente das aparências. Marx e Freud são exemplos óbvios desse modo de pensar.[62] A hiper-realidade, assim, questiona as exigências de representação, tanto política quanto cultural. Se não há real por trás, nem além ou debaixo, da aparência, o que pode validar algo ser chamado de representação? Nessa linha de argumentação, por exemplo, *Rambo* não

---

58 | *Idem*, p. 36.

59 | *Idem*, pp. 28-9.

60 | *Idem*, pp. 12-3.

61 | Ver Paul Ricoeur, *Hermeneutics and the human sciences*, Nova York: Cambridge University Press, 1981.

62 | Ver Capítulos 4 e 5.

representa um tipo de pensamento norte-americano sobre o Vietnã – é um tipo de pensamento norte-americano sobre o Vietnã; a representação não se localiza em uma dobra da realidade, para ocultá-la ou distorcê-la, ela é a realidade. A revolução proposta pela teoria de Baudrillard é contra o significado latente (fornecendo, assim, a pré-condição necessária para análise ideológica). É assim, por certo, que tal argumento costuma ser apresentado. Mas, se repensarmos seus relatos da Disneylândia e de Watergate, não equivaleria, o que ele tem a dizer sobre eles, a muito mais do que uma análise ideológica, de certa forma, tradicional, isto é, a descoberta da "verdade" por trás da aparência?

Sobre as mudanças sociais e culturais de que fala, Baudrillard é ambivalente. De um lado, parece festejá-las. De outro, sugere que assinalam uma forma de esgotamento cultural: o que resta é só uma repetição cultural sem fim. Suponho que, na postura de Baudrillard, a verdade é um tipo de celebração resignada. Lawrence Grossberg chama isso de "celebração face à inevitabilidade, abraçar o niilismo sem conquistar o poder, já que não há possibilidade real de luta".[63] John Docker é mais crítico:

> Baudrillard oferece uma narrativa modernista clássica, a história como uma história linear, unidirecional, do declínio. Mas, enquanto os modernistas da alta literatura do início do século XX podiam sonhar com uma vanguarda ou elite cultural que preservaria os valores do passado, na esperança de uma semeadura e renovação futuras, tal esperança não emerge na visão de Baudrillard de um mundo agonizante, entrópico. Nem mesmo é sequer possível escrever de forma argumentativa racional, pois isso pressupõe a remanescência de uma comunidade da razão.[64]

63 | Lawrence Grossberg, *It's a sin: essays on Postmodernism, politics and culture*, Sydney: Power, 1988, p. 175.

64 | John Docker, *Postmodernism and popular culture: a cultural history*, Cambridge: Cambridge University Press, 1994, p. 105.

FREDRIC JAMESON | Fredric Jameson é um crítico cultural marxista norte-americano que escreveu vários ensaios muito influentes sobre o pós-modernismo. Jameson discorda de outros teóricos em sua insistência de que o pós-modernismo pode ser mais bem teorizado a partir de um enquadramento marxista ou neomarxista.

Para Jameson, o pós-modernismo é algo mais do que certo estilo cultural: é, acima de tudo, um "conceito de periodização".[65] O pós-modernismo é "o [modo] cultural dominante" do capitalismo tardio ou multinacional.[66] Suas afirmações se baseiam na periodização, em três etapas, que Ernest Mandel fez do desenvolvimento do capitalismo: "capitalismo de mercado", "capitalismo de monopólio" e "capitalismo tardio ou multinacional". A terceira etapa do capitalismo "constitui [...] a forma mais genuína de capital adentrando áreas até então não mercadificadas (*uncommodified*)".[67] Ao modelo linear de Mandel, ele conjuga um esquema tripartido de desenvolvimento cultural: "realismo", "modernismo" e "pós-modernismo".[68] A afirmação de Jameson também retoma a influente tese de Williams de que determinada formação social vai sempre consistir em três momentos [modos] culturais ("dominante", "emergente", e "residual").[69] O que Williams afirma é que a passagem de um período histórico para outro não envolve, em geral, o colapso completo de um modo cultural e a instalação de outro. A mudança histórica pode, simplesmente, produzir

---

65 | Fredric Jameson, "Postmodernism and consumer society", em Hal Foster (org.), *Postmodern culture*, Londres: Pluto, 1985, p. 113.

66 | Ernest Mandel, *Late capitalism*, Londres: Verso, 1978.

67 | Fredric Jameson, "Postmodernism, or the cultural logic of late capitalism", *op. cit.*, p. 78.

68 | *Idem, ibidem*.

69 | Raymond Williams, "Base and superstructure in Marxist cultural theory", *Problems in materialism and culture*, Londres: Verso, 1980.

uma alteração do espaço relativo ocupado por diferentes modos culturais. Em determinada formação social, portanto, existirão diferentes modos culturais, mas apenas um deles será dominante. Com base nessa tese, Jameson afirma ser o pós-modernismo "o [modo] cultural dominante" do capitalismo tardio ou multinacional (o modernismo é o residual; e não fica claro qual é o emergente).

Tendo definido que o pós-modernismo é o modo cultural dominante nas sociedades capitalistas ocidentais, a etapa seguinte, para Jameson, é delinear as características constitutivas do pós-modernismo. A primeira delas é ser o pós-modernismo uma cultura de pastiche, isto é, uma cultura marcada por um "jogo, tolerante, de alusões históricas".[70] Costuma-se confundir pastiche com paródia – ambos envolvem imitação e mimetismo. Contudo, enquanto a paródia tem um "motivo dissimulado" – fazer rir da divergência da convenção ou de uma norma –, o pastiche é uma "paródia em branco" ou "cópia vazia", que sequer percebe a simples possibilidade de haver uma norma ou convenção, que dirá divergir dela. E explica:

> O pastiche é, como a paródia, a imitação que se serve de uma máscara singular, falando em uma língua morta, mas é uma prática neutra de tal mimetismo, sem quaisquer dos motivos dissimulados da paródia, amputada de intenções satíricas, desprovida de risos e de toda convicção de que, acompanhando a língua anormal que lhe foi momentaneamente emprestada, ainda exista alguma normalidade linguística saudável. O pastiche é, pois, uma paródia em branco.[71]

---

70 | Fredric Jameson, "The politics of theory: ideological positions in the postmodernism debate", *The ideologies of theory essays*, 2, Londres: Routledge, 1988, p. 105.

71 | *Idem*, "Postmodernism, or the cultural logic of late capitalism", *op. cit.*, p. 65.

Mais do que uma cultura de suposta criatividade original, a cultura pós-moderna é uma cultura de citações, isto é, produção cultural nascida de produções culturais prévias.[72] É, portanto, uma cultura "de achatamento ou sem profundidade, um novo tipo de superficialidade, no sentido mais literal".[73] Cultura de imagens e superfícies, sem possibilidades "latentes", que retira sua força hermenêutica de outras imagens, outras superfícies, num jogo exaustivo de intertextualidade: este é o mundo do pastiche pós-moderno, "um mundo onde não é mais possível a inovação estilística, e tudo que resta é imitar estilos mortos, falar usando as máscaras e as vozes dos estilos de um museu imaginário".[74]

O principal exemplo dado por Jameson do pastiche pós-moderno é o que ele chama de "filme retrô". A categoria poderia incluir inúmeros filmes dos anos 1980 e 1990: *Back to future part I, II e III, Peggy Sue got married, Rumble fish, Angel heart, Blue Velvet.* [75] Ele afirma que os filmes de nostalgia se propõem a recapturar a atmosfera e as peculiaridades estilísticas da América dos anos 1950, e alega que, "pelo menos para os americanos, os anos 1950 permanecem sendo um privilegiado objeto de desejo que

---

[72] | Na ópera do século XVIII, o pastiche era uma prática muito comum. Ver John Storey, "Inventing opera as art in nineteenth-century Manchester", *International Journal of Cultural Studies*, 9 (4), 2006; e, do mesmo autor, *Culture and power in cultural studies: the politics of signification*, Edimburgo: Edinburgh University Press, 2010a.

[73] | Fredric Jameson, "Postmodernism, or the cultural logic of late capitalism", *op. cit.*, p. 60.

[74] | *Idem*, "Postmodernism and consumer society", *op. cit.*, p. 115.

[75] | Distribuídos no Brasil, com os títulos, respectivamente, *De volta para o futuro I* (1985), *II* (1989), e *III* (1990); *Peggy Sue: seu passado a espera* (1986); *O selvagem da motocicleta* (1983), *Coração satânico* (1987), *Veludo azul* (1986). (N.T.)

foi perdido – não simplesmente a estabilidade e a prosperidade de uma *pax americana*, mas também a primeira inocência ingênua dos impulsos da contracultura do início do *rock-and-roll* e das primeiras gangues jovens".[76] Ele também defende que filme retrô não é apenas outro nome para filmes históricos, e o demonstra ao incluir *Star Wars*[77] em sua lista. Ora, isso parece sugerir que um filme sobre o futuro pode ser nostálgico pelo passado, mas, como explica Jameson "[*Guerra nas estrelas*,] metonimicamente um [...] filme retrô [...] não reinventa um quadro do passado em sua vívida totalidade; mas, em vez disso, reinventa o sentimento e a forma de objetos de arte característicos de um período mais antigo".[78]

Filmes como *Riders of the lost ark*, *Robin Hood: prince of thieves*, *The mummy returns* e a trilogia *The Lord of the Rings*[79] operam de maneira semelhante, para evocar metonimicamente um senso das certezas narrativas do passado. Para isso, segundo Jameson, o filme retrô atua de duas maneiras possíveis: recaptura e representa a atmosfera e as características estilísticas do passado; e/ou recaptura e representa certos estilos de idealizar o passado. O que é absolutamente significativo, para ele, é que tais filmes não tentam recapturar ou representar o passado "real", mas sempre apelam para certos mitos e estereótipos atribuídos ao passado. Oferecem o que ele chama de "falso realismo", filmes sobre outros filmes,

---

76 | Fredric Jameson, "Postmodernism, or the cultural logic of late capitalism", *op. cit.*, p. 67.

77 | Série de seis filmes, distribuídos no Brasil como *Guerra nas estrelas* (1977-2005). (N.T.)

78 | Fredric Jameson, "Postmodernism and consumer society", *op. cit.*, p. 116.

79 | No Brasil, com os títulos, respectivamente, *Indiana Jones e os caçadores da arca perdida* (1981); *Robin Hood: o príncipe dos ladrões* (1991); *O retorno da múmia* (2001); e a trilogia *O senhor dos anéis* (2001, 2002, 2003). (N.T.)

representações de outras representações:[80] filmes "em que a história dos estilos estéticos substitui a história 'real'".[81] Dessa maneira, a história é supostamente substituída por "historicismo [...] a canibalização aleatória de todos os estilos do passado, o jogo de azar da alusão estilística".[82] Aqui podemos citar filmes como *True romance*, *Pulp Fiction* e *Kill Bill*.[83]

A incapacidade de ser histórico está relacionada a uma segunda característica estilística identificada por Jameson: a "esquizofrenia" cultural. Ele usa o termo no sentido desenvolvido por Lacan[84] para significar um distúrbio de linguagem, a falência da relação temporal entre significantes. O esquizofrênico, diz, experimenta o tempo não como um *continuum* (passado-presente-futuro), mas como um perpétuo presente, que só ocasionalmente é assinalado pela intrusão do passado ou pela possibilidade de um futuro. A "recompensa" pela perda da individualidade convencional (no sentido de um *self* sempre inserido em um *continuum* temporal) é a intensificação do senso do presente. Jameson explica essa tese assim:

Observe-se que, ao romperem-se as continuidades temporais, a experiência do presente se torna poderosa e esmagadoramente vívida e "material": com intensidade elevada, o mundo se apresenta ao esquizofrênico portando uma carga misteriosa e opressiva de afeto, brilhando com energia alucinatória. Mas o que pode parecer, para nós, uma experiência desejável – um aumento de nossas percep-

---

80 | É o que Baudrillard chama de simulação; ver item anterior, neste capítulo.

81 | Fredric Jameson, "Postmodernism, or the cultural logic of late capitalism", *op. cit.*, p. 67.

82 | *Idem*, pp. 65-6.

83 | Filmes de Quentin Tarantino, distribuídos no Brasil com os títulos, respectivamente, *Amor à queima-roupa* (1993), *Pulp fiction* (1994) e *Kill Bill I* e *II* (2003; 2004). (N.T.)

84 | Ver Capítulo 5.

ções, uma intensificação libidinosa ou alucinógena do mundo circundante, em geral enfadonho e familiar – aqui é sentido como perda, como "irrealidade".[85]

Chamar a cultura pós-moderna de esquizofrênica é afirmar que ela perdeu seu sentido de história (e seu sentido de um futuro diferente do presente). É uma cultura sofrendo de "amnésia histórica", presa no fluxo descontínuo de presentes perpétuos. A cultura "temporal" do modernismo foi substituída pela cultura "espacial" do pós-modernismo.

No cinema recente, Jim Collins identificou uma tendência semelhante, que ele chama de "tipo emergente de genericidade":[86] filmes populares que "citam" outros filmes, fazendo referência proposital a eles e reproduzindo diferentes gêneros de filme. O que torna a posição de Collins mais convincente do que a de Jameson é sua insistência na "agência" (*agency*): sua alegação de que esses filmes apelam a um público (e ajudam a constituí-lo) de *peritos bricoleurs*, que obtêm prazer dessa e de outras formas de bricolagem. Além disso, enquanto Jameson afirma que tais formas de cinema caracterizam-se por sua falha em serem [reconstituições] verdadeiramente históricas, Peter Brooker e Will Brooker, seguindo Collins, veem nelas "um novo sentido histórico [...] o prazer compartilhado do reconhecimento intertextual, o efeito crítico de jogar com as convenções narrativas, personagens e estereótipos culturais; e, em vez da passividade da nostalgia, o poder".[87] Eles mostram, por exemplo, que os filmes de Quentin Tarantino

---

85 | Fredric Jameson, "Postmodernism and consumer society", *op. cit.*, p. 120.

86 | Jim Collins, "Genericity in the nineties", em John Storey (org.), *Cultural theory and popular culture: a reader*, 4. ed., Harlow: Pearson Education, 2009, p. 470.

87 | Peter Brooker & Will Brooker, "Introduction", em Peter Brooker & Will Brooker (orgs.), *Postmodern after-images*, Londres: Edward Arnold, 1997, p. 7.

podem ser vistos como reativadores de convenções que já "entediaram" (e públicos idem), possibilitando uma nostalgia e uma exploração intertextual mais ativas do que o que é oferecido pelo termo "pastiche" – que já não tem mais para onde ir exceto mais a fundo na fábrica de reciclagem. Em vez de "pastiche", podemos pensar em "reescrita" ou "releitura" e, em termos da experiência do espectador, em "reativação" e "reconfiguração" de uma dada "estrutura de sentimento" de uma geração, em "um conjunto mais dinâmico e variado de histórias".[88]

E apontam para as maneiras como a obra de Tarantino apresenta uma "estética da reciclagem [...] um 'trazer de volta à vida' afirmativo, um 'fazer novo'".[89]

Segundo Collins, parte do que é pós-moderno nas sociedades ocidentais é o fato de as velhas mídias não serem simplesmente substituídas pela novas, mas, sim, recicladas, para circular junto com as novas. E explica que "o sempre crescente número de textos e tecnologias é não só um reflexo desse 'arranjo' mas também uma contribuição significativa para ele – a circulação e recirculação perpétua de signos que formam o tecido da vida cultural pós-moderna".[90] Ele mostra que, "destacando isso, essa intertextualidade hiperconsciente reflete mudanças em termos de competência de público e técnica narrativa, bem como uma transformação fundamental no que constitui o entretenimento e o conhecimento cultural [na cultura pós-moderna]".[91] A consequência, diz Collins, é que, "no arranjo da

---

[88] | *Idem, ibidem.*

[89] | Peter Brooker & Will Brooker, "Styles of pluralism". em Peter Brooker & Will Brooker (orgs.), *Postmodern after-images*, Londres: Edward Arnold, 1997, p. 56.

[90] | Jim Collins, "Genericity in the nineties", em John Storey (org.), *Cultural theory and popular culture: a reader*, 4. ed., Harlow: Pearson Education, 2009, p. 457.

[91] | *Idem*, p. 460.

produção cultural contemporânea, a ação narrativa agora opera simultaneamente em dois níveis – em referência à aventura do personagem e em referência às aventuras de um texto".[92]

A ideia principal de Jameson – implícita em sua afirmação de que o pós-modernismo é a [tendência] "dominante cultural" do capitalismo tardio ou multinacional – é ser o pós-modernismo uma cultura inevitavelmente comercial. Diferentemente do modernismo (que escarneceu da cultura comercial do capitalismo), o pós-modernismo, em vez de resistir, "imita e reproduz – reforça – a lógica do capitalismo consumista".[93] Constitui a principal parte de um processo em que a "produção estética [...] passou a estar integrada à produção geral de mercadorias".[94] A cultura não é mais ideológica, disfarçando as atividades econômicas da sociedade capitalista: é, em si, uma atividade econômica, talvez a mais importante de todas. A situação mutável da cultura pode ter efeito significativo nas políticas culturais. Ver a cultura como representação ideológica, reflexo imaterial da dura realidade econômica, já não convence mais. Em vez disso, o que testemunhamos agora é não somente o colapso da distinção entre alta cultura e cultura popular, mas o colapso da distinção entre a esfera da cultura e a da atividade econômica.

Segundo Jameson, quando comparada à "'alta seriedade' utópica dos grandes modernismos", a cultura pós-moderna é marcada por uma "trivialidade essencial".[95] Mais do que isso, é uma cultura que bloqueia "uma transformação socialista da sociedade".[96] Apesar de rejeitar uma crítica mo-

---

92 | *Idem*, p. 464.

93 | Fredric Jameson, "Postmodernism and consumer society", em Hal Foster (org.), *Postmodern culture*, Londres: Pluto, 1985, p. 125.

94 | *Idem*, "Postmodernism, or the cultural logic of late capitalism", *op. cit.*, p. 56.

95 | *Idem*, p. 85.

96 | *Idem, ibidem*.

ral, por inapropriada ("um erro de categoria"), e desconsiderando a menção que faz à insistência de Marx em uma abordagem dialética – que veria a cultura pós-moderna como um desenvolvimento positivo e, ao mesmo tempo, negativo –, o arrazoado de Jameson acompanha rigorosamente a crítica padrão da Escola de Frankfurt à cultura popular. O colapso pós-moderno da distinção entre "alta" e "popular" foi obtido à custa do "espaço crítico" do modernismo. Diz ele que a destruição desse espaço crítico não resulta de uma extinção da cultura; ao contrário, chegou-se a ela por intermédio de

> uma "explosão": uma fabulosa expansão da cultura por toda a esfera social, a ponto de se poder dizer que, em nossa vida social, tudo – desde o valor econômico e o poder estatal, abrangendo as práticas e até a própria estrutura da psique – se tornou "cultural", em um sentido original, mas ainda arbitrário.[97]

A total "culturalização" ou "esteticização" da vida cotidiana é o que torna o pós-modernismo diferente dos momentos socioculturais anteriores. O pós-modernismo é uma cultura que não oferece posições de "distância crítica", é uma cultura em que não faz sentido falar-se de "incorporação" ou "cooptação", pois não há mais um espaço crítico de onde se possa ser incorporado ou cooptado. Trata-se do pessimismo da Escola de Frankfurt em seu ápice.[98] Ao criticar, Grossberg é econômico:

> Para Jameson […] precisamos de novos "mapas", que nos permitam compreender a organização do espaço no capitalismo tardio. As massas, por outro lado, permanecem mudas e passivas: submissos culturais, que são ludibriados pelas ideologias dominantes e respondem à liderança da crítica como a única capaz de compreender a ideologia e constituir o espaço apropriado para a resistência. No melhor dos casos, as massas conseguem representar sua incapacidade de respon-

---

97 | *Idem*, p. 89.
98 | Ver Capítulo 4.

der. Mas, sem a crítica, são incapazes até mesmo de escutar seus próprios gritos de desespero. Irremediavelmente, são assim e, presume-se, assim vão permanecer até que alguém lhes forneça os indispensáveis mapas de inteligibilidade e modelos críticos de resistência.[99]

Embora seja possível situar Jameson nas tradições do pessimismo da Escola de Frankfurt, há um ponto em que ele não é tão pós-moderno quanto Herbert Marcuse, uma das figuras mais importantes da Escola. O tópico em que Marcuse define "cultura afirmativa"[100] já traz algo do entusiasmo posterior de Jameson pela emergência histórica da cultura como esfera à parte:

> Cultura afirmativa é aquela cultura pertencente à época burguesa que, no curso de seu próprio desenvolvimento, levou à segregação entre a civilização e o mundo mental e espiritual, este como uma esfera autônoma de valores, considerada, também, superior à civilização. Seu traço decisivo é a afirmação de um mundo mais valioso, universalmente obrigatório, incondicionalmente confirmado e eternamente melhor: um mundo essencialmente diferente do mundo "de fato", o da luta diária pela existência, mas que qualquer indivíduo pode realizar para si, "a partir do [seu] interior", sem qualquer transformação do estado dos fatos.[101]

Cultura afirmativa é um mundo em que nos permitimos entrar para nos reanimarmos e renovarmos e, assim, conseguirmos seguir com as tarefas comuns da vida diária. A cultura "afirmativa" inventa uma nova realidade: "construiu-se, na cultura, uma esfera de unidade e liberdade aparentes,

---

99 | Lawrence Grossberg, *It's a sin, op. cit.*, p. 174.

100 | Isto é, a cultura ou espaço cultural que emergiu com a separação de "cultura" e "civilização"; ver Capítulo 2. O conceito é de Herbert Marcuse, *Negations*, Londres: Allen Lane, 1968b.

101 | Herbert Marcuse, *Negations*, *op. cit.*, p. 95.

onde, supunha-se, fossem estabilizadas e pacificadas as relações antagonistas da existência. A cultura afirma e oculta as novas condições da vida social".[102] Após emergir do feudalismo, as promessas feitas pelo capitalismo, de uma sociedade baseada na igualdade, na justiça e no progresso, foram se afastando, cada vez mais, do mundo cotidiano e passaram para a esfera da cultura "afirmativa". Retomando ideias de Marx e Engels sobre religião, Marcuse defende que, ao aliviar a dor ontológica da existência, a cultura torna suportável uma condição insuportável.

> Uma das principais tarefas sociais da cultura afirmativa está baseada nessa contradição entre a insuportável mutabilidade de uma existência má e a felicidade necessária para torná-la suportável. Em tal existência, talvez a solução possa ser apenas ilusória. E a possibilidade de uma solução repousa, como ilusão, precisamente no caráter da beleza artística. […] Mas tal ilusão tem um efeito real, produzindo satisfação […] [a] serviço do *status quo*.[103]

Algo que produz satisfação em benefício do *status quo* não soa como motivo para provocar, caso acabe, reclamações marxistas. Além disso, seu fim realmente bloqueia, como acusa Jameson, a transição para uma sociedade socialista? De fato, é possível afirmar exatamente o oposto.

Ernesto Laclau e Chantal Mouffe compartilham parte dessa análise que Jameson desenvolveu sobre o pós-moderno, mas, ao contrário deste, reconhecem a possibilidade de agência.

> Hoje, não é apenas como vendedor de força de trabalho que o indivíduo está subordinado ao capital, mas também por incorporar-se a uma multidao de outras relações sociais: cultura, tempo livre, problemas de saúde, educação, sexo

---

102 | *Idem*, p. 96.

103 | *Idem*, pp. 118-24; retomando ideias de Karl Marx & Frederick Engels [Friedrich], *On religion*, Moscou: Progress, 1957.

e até mesmo a morte. Praticamente não existe domínio da vida individual ou coletiva que escape das relações capitalistas. Mas essa sociedade "de consumo" não levou ao fim da ideologia, como Daniel Bell anunciou, nem à criação de um homem unidimensional, como temia Marcuse. Ao contrário, várias novas lutas expressaram resistência contra as novas formas de subordinação, e isso veio do cerne da nova sociedade.[104]

Eles também se referem às "novas formas culturais ligadas à expansão dos meios de comunicação de massa. Essas [...] possibilitam uma nova cultura de massa que [...] agita profundamente as identidades tradicionais. Mais uma vez, os efeitos aqui são ambíguos, pois, junto com os efeitos inegáveis da massificação e da uniformização, essa cultura baseada na mídia também contém elementos poderosos para a subversão das desigualdades".[105] Isso não significa ter necessariamente ocorrido um aumento na igualdade "material".

A democratização cultural, que é consequência inevitável da ação da mídia, permite [todavia] o questionamento de privilégios baseados em formas mais antigas de *status*. Tratados como iguais em sua capacidade como consumidores, grupos cada vez mais numerosos são incitados a rejeitar as reais desigualdades que continuam a existir. Essa "cultura democrática de consumo" sem dúvida estimulou a emergência de novas lutas, que tiveram um papel importante na rejeição das velhas formas de subordinação, como aconteceu nos Estados Unidos com a luta por direitos civis do movimento negro. O fenômeno da juventude é particularmente interessante, e não causa espanto eles constituírem um novo eixo para a emergência de antagonismos. A fim de criar novas necessidades, cada vez mais os jovens são interpretados como uma categoria específica de consumidor, o que

---

104 | Ernesto Laclau & Chantal Mouffe, *Hegemony and socialist strategy*, 2. ed., Londres: Verso, 2001, p. 161.
105 | *Idem*, p. 163.

os estimula a buscar uma autonomia financeira que a sociedade não tem condição de lhes oferecer.[106]

MÚSICA *POP* PÓS-MODERNA | Um estudo do pós-modernismo e da cultura popular pode realçar inúmeros textos e práticas culturais diferentes, como televisão, videoclipes, publicidade, cinema, música *pop*, moda, novas mídias, amor romântico.[107] Aqui, só tenho espaço para dois exemplos: televisão e música *pop*.

Para Jameson, é bastante clara a diferença entre a música *pop* modernista e a pós-modernista: ao momento modernista dos Beatles e dos Rolling Stones confronta-se o *punk rock* (The Clash, por exemplo) e a *new wave* (Talking Heads, por exemplo), que podem ser vistos como pós-modernistas.[108] Andrew Goodwin apontou, de maneira bastante correta, que a solução temporalmente compactada proposta por Jameson – a progressão rápida da cultura da música *pop* via "realismo" (*rock-and-roll*), "modernismo", e "pós-modernismo"[109] –, que lhe permite marcar um momento modernista para uma reação pós-modernista, é um argumento muito difícil de defender. Como Goodwin mostra, de modo convincente, os Beatles e os Rolling Stones são tão diferentes entre si quanto o são, juntos, do Clash e dos Talking Heads. Na verdade, seria bem mais fácil defender que a distinção é entre o "artifício", dos Beatles e dos Talking Heads, e a "autenticidade", dos Rolling Stones e do Clash.

---

106 | *Idem*, p. 164.

107 | John Storey & Katy McDonald, "Media love and the education of desire", em Caroline Bainbridge & Candida Yates (orgs.), *Media and the inner world*, Londres: Palgrave Macmillan, 2012.

108 | Fredric Jameson, "Postmodernism, or the cultural logic of late capitalism", *op. cit.*

109 | Andrew Goodwin, "Popular music and postmodern theory", em: *Cultural Studies*, 5 (2), 1991.

O mesmo Goodwin examina várias maneiras de ver a música *pop* e a cultura da música *pop* como pós-modernistas. Talvez seu aspecto mais citado seja o desenvolvimento da tecnologia que tornou possível a emergência do "*sample*". E reconhece ser interessante e sugestivo seu paralelismo com algumas teorias pós-modernas, mas é apenas isso – interessante e sugestivo. Mas tais citações muitas vezes omitem a maneira como o *sample* é usado. Como ele explica, "não é possível entender adequadamente a incorporação textual como 'paródia vazia'. Para adicionar ao pastiche, são necessárias outras categorias, o que demonstra como o *pop* contemporâneo, além de celebrá-los e promovê-los, se opõe aos textos [musicais] de onde rouba".[110] Também precisamos estar cientes da "função historicizante das tecnologias de *sample* no *pop* contemporâneo",[111] das muitas formas como o *sample* é "usado para invocar história e autenticidade".[112] Além disso, referindo-se à afirmação de Jameson sobre a nostalgia substituindo história, "sempre se descurou do fato de que a 'citação' de sons e estilos serve para historicizar a cultura contemporânea".[113] O *rap* talvez seja o melhor exemplo do *sample* sendo usado dessa maneira. Quando solicitado a nomear *os* meios negros de expressão cultural, Cornel West, teórico cultural afro-americano, respondeu: "música e orações". E continuou:

> o *rap* é único porque combina o pregador negro e a tradição musical negra, substituindo o ambiente eclesiástico litúrgico com os polirritmos africanos da rua. Uma expressividade tremenda é fortemente acentuada pelo sincopar dos tambores africanos, o *funk* africano, formando um produto pós-modernista americano: não passa de um tema expressando a angústia original, mas um tema fragmentado, retomado do passado e do presente, produzindo, de modo

---

110 | *Idem*, p. 173.
111 | *Idem, ibidem*.
112 | *Idem*, p. 175.
113 | *Idem, ibidem*.

inovador, um produto heterogêneo. A combinação estilística do oral, do letrado e do musical é exemplar [...] faz parte e é parcela das energias subversivas do jovem negro de classe baixa, energias que, devido à letargia política da sociedade americana, são forçadas a assumir um modo cultural de articulação.[114]

Rejeita-se, aí, a alegação de Jameson de que tais obras possam ser repudiadas por ser exemplo do pastiche pós-moderno. No *rap*, o jogo intertextual de citações não resulta de um esgotamento estético, as citações não são fragmentos do modernismo escorados em ruínas estéticas e no declínio cultural, mas fragmentos combinados para gerar uma voz que seja ouvida em alto e bom som dentro de uma cultura hostil: destituição e denegação tornadas desafio.

TELEVISÃO PÓS-MODERNA | Como ocorre para a música *pop*, para a televisão não há um período de modernismo do qual ela possa ser "pós". Mas, como nota Jim Collins, a televisão muitas vezes é vista como a "quintessência" da cultura pós-moderna.[115] Pode-se afirmar isso com base em algumas características textuais e contextuais da televisão. Se partirmos de uma percepção negativa do pós-modernismo como o domínio das simulações, então a televisão parece um exemplo óbvio do processo – com sua suposta redução das complexidades do mundo em um fluxo sempre mutável de imagens visuais superficiais e banais. Se, por outro lado, nossa percepção do pós-modernismo for positiva, então as práticas visuais e verbais da televisão podem ser colocadas em evidência, digamos, como um jogo inteligente de intertextualidade e "ecletismo radical",[116] que encoraja,

---

[114] | Cornel West, "Black postmodernist practices", em John Storey (org.), *Cultural theory and popular culture: a reader*, 4. ed., Harlow: Pearson Education, 2009, p. 386.

[115] | Jim Collins, "Postmodernism and television", em Robert C. Allen (org.), *Channels of discourse, reassembled*, Londres: Routledge, 1992.

[116] | *Idem*, p. 338, citando Charles Jenks.

e ajuda a produzir, "o sofisticado *bricoleur*"[117] da cultura pós-moderna. Uma série de televisão como *Twin Peaks* ajuda a constituir um público de *bricoleurs* e, por sua vez, é vista por um público que celebra a bricolagem do programa. Segundo Collins,

> apenas ocasionalmente o ecletismo pós-moderno pode ser uma opção premeditada no projeto de programas isolados, mas ele é parte integrante das tecnologias de sociedades com mídias sofisticadas. Assim, a televisão, tal qual o sujeito pós-moderno, deve ser concebida como lugar (*site*) – uma interseção de mensagens culturais múltiplas e conflitantes. Só ao reconhecer essa interdependência de bricolagem e ecletismo é que poderemos vir a apreciar as profundas mudanças na relação entre recepção e produção nas culturas pós-modernas. Não apenas a recepção se tornou outra forma de produção de significado, mas a produção se tornou, cada vez mais, uma forma de recepção, ao rearticular formas antecedentes e concorrentes de representação.[118]

Na abordagem da televisão como pós-moderna, outra divisão é a existente entre as análises textual e "econômica". Em vez da sofisticação semiótica de seu jogo intertextual e seu ecletismo radical, a televisão é condenada como inevitavelmente comercial. Collins usa *Twin Peaks* para reunir as diferentes tendências da relação entre pós-modernismo e televisão. A série foi escolhida por ser "o epítome das múltiplas dimensões do pós-modernismo televisual".[119] Ele mostra que o pós-modernismo da série é resultante de inúmeros fatores inter-relacionados: a reputação de David Lynch como cineasta, as características estilísticas da série e, por fim, sua intertextualidade comercial (a venda de produtos relacionados, como *The secret diary of Laura Palmer*).

117 | *Idem*, p. 337.
118 | *Idem*, p. 338.
119 | *Idem*, p. 341.

No nível econômico, *Twin Peaks* marca uma nova era na imagem que as redes comerciais de televisão fazem do seu público. Em vez de considerá-lo uma massa homogênea, a série fez parte de uma estratégia em que o público era visto como fragmentado, consistindo de diferentes segmentos – estratificados por idade, classe, gênero, sexualidade, geografia, etnia e "raça" –, cada um de interesse para diferentes anunciantes. O apelo de massa agora envolve tentativas de tramar os diferentes segmentos para vendê-los a diferentes inserções do mercado publicitário. A importância de *Twin Peaks*, pelo menos dessa perspectiva, é representar uma tentativa da televisão comercial americana de recuperar segmentos prósperos de audiência que, supostamente, foram perdidos para a TV a cabo, o cinema e o vídeo – em suma, a chamada geração "*yuppie*". Collins demonstra isso examinando a maneira como a série foi promovida. Primeiro, houve o apelo intelectual – Lynch como autor, *Twin Peaks* como televisão de vanguarda. A isso, seguiu-se *Twin Peaks* como novela. Juntos, os dois apelos logo se fundiram em uma formação pós-moderna de leitura, em que a série foi "valorizada como suposto cinema e suposta novela".[120] Técnicas semelhantes de *marketing* foram usadas para promover muitos programas recentes da televisão. Exemplos previsíveis são *Desperate Housewives*, *Sex and the City*, *Six Feet Under*, *The Sopranos*, *Lost* e *The Killing*.

O marketing de *Twin Peaks* (e programas televisivos semelhantes) é, sem dúvida, apoiado e baseado no jogo polissêmico da própria série, que, como sugere Collins, é "agressivamente eclética",[121] não apenas no uso de convenções de gêneros como terror gótico, policialesco, ficção científica e novelesco, mas também nos diferentes modos – do usual à paródia – como essas convenções são mobilizadas em certas cenas. Collins também nota o jogo de "variações tonais […] nas cenas em si e entre elas".[122] Isso levou

---

120 | *Idem*, p. 345.
121 | *Idem, ibidem*.
122 | *Idem, ibidem*.

alguns críticos a depreciar *Twin Peaks* como simplesmente "*camp*". Mas nunca é só *camp* – não há nada que seja "simplesmente" –, sempre jogando com nossas expectativas, levando o público, como a série faz, de momentos de distanciamento paródístico àqueles de intimidade empática. Embora seja um aspecto conhecido da técnica cinematográfica de Lynch, é também, e mais significativamente, uma característica que "reflete mudanças no entretenimento televisivo e no envolvimento do espectador nesse entretenimento".[123] Collins explica:

> Que espectadores obtenham muito prazer nessa oscilação e justaposição é sintomático da natureza "suspensa" do seu envolvimento com a televisão, desenvolvido bem antes da chegada de *Twin Peaks*. A frequente oscilação – no registro discursivo e nas convenções do gênero – descrevem não só *Twin Peaks*, mas o próprio ato de ficar zapeando para cima e para baixo na escala televisual dos canais. Enquanto assistem a *Twin Peaks*, os espectadores podem ser abertamente encorajados ora a assumir uma posição irônica, ora a fugir dela, mas também a assistir a outras novelas televisivas (em horário noturno ou diurno), o que implica, para muitos espectadores, um processo semelhante de oscilação, em que se alternam envolvimento emocional e desapego irônico. As perspectivas do espectador não são mais mutuamente exclusivas, mas postas em perpétua alternância.[124]

Em muitos programas televisivos recentes, as oscilações no registro discursivo e nas convenções do gênero são um fator primário. Mais uma vez, exemplos óbvios: *Desperate Housewives*, *Sex and the City*, *Six Feet Under* e *The Sopranos*. Para se saber a respeito da relação entre *Twin Peaks* e o pós-modernismo, o ponto-chave é que o que torna a série diferente de outros programas televisivos não é ela produzir pontos de vista instáveis, mas reconhecer "explicitamente […] a oscilação e a natureza suspensa do ato

---

123 | *Idem*, p. 347.
124 | *Idem*, pp. 347-8.

de assistir à televisão. [...] Ela reconhece não apenas as múltiplas posições de sujeito que a televisão produz, mas que um dos grandes prazeres do texto televisual é a própria suspensão; e explorá-la a seu favor".[125]

Umberto Eco identificou uma sensibilidade pós-moderna, exibida no estar ciente do que ele chama de "o já dito". E cita o exemplo de um amante que não consegue falar "Te amo loucamente" para sua amada e, em vez disso, fala: "Como diria Barbara Cartland, te amo loucamente".[126] Por vivermos, agora, em um mundo cada vez mais saturado pela mídia, "o já dito" está, como observa Collins, "ainda sendo dito".[127] Podemos identificar isso, por exemplo, na maneira como a televisão, em um esforço para preencher o espaço aberto pelo crescimento dos canais via satélite e a cabo, recicla seu próprio passado acumulado, e também o do cinema, e os transmite junto com o que é novo em ambas as mídias.[128] Isso não significa que devemos nos desesperar diante da "estrutura" pós-moderna de Jameson; em vez disso, devemos pensar em termos de ambos: "agência" e "estrutura" – o que, no final, é sempre uma questão de "articulação".[129] Collins dá este exemplo de estratégias diferentes de articulação:

A Christian Broadcasting Network e o Nickelodeon transmitem séries do final dos anos 1950 e início dos 1960, mas enquanto a primeira apresenta essas séries como um modelo para entretenimento familiar, o outro as oferece como diversão para a família contemporânea, "exageradas" com acréscimos de comentários de vozes paródicas, além de legendas e outros grafismos sobrepostos, em uma

---

125 | *Idem*, p. 348.

126 | Umberto Eco, *Postscript to The name of the Rose*, Nova York: Harcourt Brace Jovanovich, 1984, p. 39.

127 | Jim Collins, "Postmodernism and television", *op. cit.*, p. 348.

128 | Sem dúvida, a expansão do mercado de "caixas" de DVD [com filmes ou séries completas] contribuiu para esse desenvolvimento.

129 | Ver Capítulo 4.

reedição destinada a ridicularizar a visão "certinha" da vida familiar norte-americana, que, todos sabemos, jamais existiu, mesmo "antigamente".[130]

Praticamente não se duvida de estarem acontecendo coisas semelhantes, por exemplo, na música, no cinema, na publicidade, na moda e em diferentes culturas vivas do cotidiano. Não que tenha havido um colapso geral das distinções feitas entre, digamos, alta cultura/baixa cultura, passado/presente, história/nostalgia, ficção/realidade, mas é sinal de que tais distinções (desde os anos 1960 e, a partir daí, cada vez mais) estão ficando menos importantes, menos óbvias, menos admitidas como certas. Mas isso, logicamente, não significa que tais distinções não possam ser, ou não estão sendo, articuladas e mobilizadas para determinadas estratégias de distinção social. Mas, acima de tudo, não devemos tomar essas mudanças ao pé da letra: devemos sempre estar alertas, ver para que algo está sendo articulado, por que e para quem; e como, em outros contextos, isso sempre pode ser articulado de maneira diferente.[131]

PÓS-MODERNISMO E O PLURALISMO DE VALORES | O pós-modernismo abalou muitas das velhas certezas relacionadas a questões de valor cultural. Em especial, problematizou qual seria o motivo de alguns textos serem canonizados, enquanto outros desaparecem sem deixar rasto; isto é, por que apenas alguns textos, supõe-se, "superam a prova do tempo". Há várias maneiras de responder a essa pergunta. Primeiro, podemos insistir que são valorizados e se tornam parte do que Williams chama de "tradição seletiva"[132] aqueles textos suficientemente

---

130 | Jim Collins, "Postmodernism and television", *op. cit.*, p. 334. [O programa do Nickelodeon a que o autor se refere era o *Nick at nite*. (N.T.)]

131 | Ver Capítulo 10.

132 | Raymond Williams, "The analysis of culture", em John Storey (org.), *Cultural theory and popular culture: a reader*, 4. ed., Harlow: Pearson Education, 2009; ver Capítulo 3.

polissêmicos para suportar múltiplas e contínuas leituras.[133] O problema dessa abordagem é que parece ignorar questões de poder. Não pergunta: "Quem está atribuindo valor, em que contexto(s) e com que efeitos de poder?". Em suma, é muito difícil ver como possa, de fato, ser descrito simplesmente como "efeito da polissemia do texto", um processo em que apenas certas pessoas têm o poder e a autoridade cultural para garantir a reprodução canônica de textos e práticas.

Em vez de começar com a polissemia, os estudos culturais começariam com o poder. Simplificando: um texto sobrevive ao seu momento de produção se for selecionado para suprir necessidades e desejos de pessoas com poder cultural. Sobrevivendo ao seu momento de produção, fica disponível para suprir desejos e necessidades (em geral, diferentes) de outras gerações de pessoas com poder cultural. A tradição seletiva, como aponta Williams, é "governada por muitos tipos de interesses especiais, incluindo interesses de classe".[134] Portanto, em vez de ser um repositório natural do que Arnold imaginava como "o melhor de tudo que se pensou e disse",[135] "vai sempre tender a corresponder a seu sistema *contemporâneo* de interesses e valores, pois não se trata de um grupo absoluto de obras, mas de seleção e inter-

---

133 | Ver Antony Easthope, *Literary into cultural studies*, Londres: Routledge, 1991; Steven Connor, *Theory and cultural value*, Oxford: Blackwell, 1992; e o debate sobre valor entre Easthope e Connor, em Antony Easthope, "The question of literary value", em: *Textual Practice*, 4(3), 1990, pp. 364-71; e Steven Connor, "On and of literary value: a reply to Antony Easthope, *Textual Practice*, 5(3), 1991, pp. 326--33. Ver também John Frow, *Cultural studies and value*, Nova York: Oxford University Press, 1995.

134 | Raymond Williams, "The analysis of culture", *op. cit.*

135 | Mathew Arnold, "Culture and Anarchy", em John Storey (org.), *Cultural theory and popular culture: a reader*, 4. ed., Harlow: Pearson Education, 2009. Ver, também, Capítulo 2, neste livro.

pretação contínuas".[136] Certos interesses, articulados em contextos sociais e históricos específicos, sempre configuram a tradição seletiva. Assim, o que constitui a tradição seletiva tem a ver tanto com o controle do conhecimento como com a organização de áreas de pesquisa crítica.

Não é difícil demonstrar como – em resposta às preocupações sociais e políticas daqueles que têm poder cultural – a tradição seletiva forma e reforma. Temos apenas de pensar no impacto que, digamos, o feminismo, a teoria *queer* e a teoria pós-colonial tiveram sobre o estudo da literatura – mulheres escritoras, escritores *gays*, escritores da chamada periferia colonial tornaram-se parte da instituição da literatura, não por seu valor ter sido reconhecido de repente, em uma varredura ocasional do campo: estão lá porque o poder encontrou resistência; mesmo quando os textos selecionados permanecem os mesmos, certamente mudam a forma e o motivo de eles serem valorizados, a ponto de dificilmente os textos de um momento histórico serem os mesmos do seguinte.[137] Parafraseando o Four Tops: "É o mesmo texto / mas com um significado diferente, já que você alcançou certo poder".[138] Ou, para colocar em um discurso menos dançante, um texto nunca é de fato a fonte que produz o valor, mas sempre o lugar onde a construção de valor – valores variáveis – pode ocorrer.

---

136 | Raymond Williams, "The analysis of culture", *op. cit.*, pp. 38-9; grifado no original.

137 | Ver Jane Thomkins, *Sensational designs: the cultural work of American fiction, 1790-1860*, Nova York: Oxford University Press, 1985; e Barbara Herrnstein Smith, *Contingencies of Value*, Cambridge, MA: Harvard University Press, 1988.

138 | The Four Tops, "It's The Same Old Song" (1965), *Four Tops Motown Greatest Hits*, Motown Record Company. O trecho parafraseado da canção é o seguinte: *"It's the same old song / But with a different meaning since you've been gone"* [É a mesma velha música, mas com um significado diferente, desde que você se foi].

É claro que, ao atribuirmos valor a um texto ou prática, não estamos (ou raramente estamos) dizendo que esses só têm valor para nós: nossa avaliação sempre (ou quase sempre) inclui a noção de que o texto ou prática também deve ter valor para outros. O problema de algumas formas de avaliação é insistirem que sua comunidade de outros é uma comunidade ideal, com absoluta autoridade cultural sobre todas as outras comunidades que atribuem valor. Não é que insistam que todos os outros devem consumir o que elas valorizam (para o "valor", costuma ser melhor se isso não acontecer), mas insistem na deferência devida a seus julgamentos e no reconhecimento absoluto de sua autoridade cultural para julgar.[139]

O retorno pós-moderno a questões de valor testemunhou um interesse crescente pela obra de Pierre Bourdieu.[140] Como observei no primeiro capítulo, Bourdieu afirma que as distinções de "cultura" (sejam elas entendidas como texto, prática ou modo de vida) são um aspecto significativo na luta, em uma sociedade, entre grupos dominantes e subordinados. Ele mostra como gostos e modos de vida arbitrários são continuamente transformados em gosto legítimo e no único modo de vida considerado legítimo. O consumo de cultura é, assim, um meio para produzir e legitimar diferenças sociais e assegurar deferência social.

O projeto de Bourdieu é (re)posicionar o "valor" no mundo da experiência cotidiana, sugerir que estão acontecendo coisas semelhantes quando "valorizo" um destino de férias ou determinado modo de vestir, como acontece quando "valorizo" um poema de T. S. Eliot ou uma música de

---

139 | Ver, sobre a tradição da "cultura e civilização", o Capítulo 2; e, também, John Storey, *Inventing popular culture: from folklore to globalisation*, Oxford: Blackwell, 2003.

140 | Pierre Bourdieu, *Distinction: a social critique of the judgment of taste*, trad. Richard Nice, Cambridge, MA: Harvard University Press, 1984.

Otis Redding ou uma fotografia de Cindy Sherman ou uma obra musical de Gavin Bryars. Tais avaliações jamais são uma simples questão de gosto individual: valor cultural serve para identificar e, ao mesmo tempo, manter diferenças sociais, além de sustentar a deferência social. A distinção (o gosto "superior") é gerada por padrões de consumo aprendidos (adquiridos), internalizados como preferências "naturais", e interpretados e mobilizados como provas de competências "naturais", que, no fim das contas, são usadas para justificar formas de dominação social e cultural. Os gostos culturais dos grupos dominantes ganham formas institucionais, e, então, com uma hábil prestidigitação ideológica, seus gostos por essa cultura institucionalizada (isto é, sua própria) são sustentados como evidências de sua superioridade cultural e, principalmente, social. O efeito dessa distinção cultural é produzir, e reproduzir, distinção social, separação social e hierarquia social. Torna-se um meio de estabelecer diferenças entre grupos dominados e grupos dominantes na sociedade. A produção e a reprodução de espaços culturais, assim, produzem e reproduzem o espaço social.

O propósito de Bourdieu não é provar o óbvio – que diferentes classes têm estilos de vida diferentes, diferentes gostos na cultura – mas identificar e examinar os processos por meio dos quais a produção de distinções culturais assegura e legitima formas de poder e controle enraizadas em desigualdades econômicas. Ele está interessado não tanto nas diferenças de fato, mas em como essas diferenças são usadas por grupos dominantes como um meio de reprodução social. O tão proclamado colapso dos padrões praticados (quase semanalmente) na mídia de "qualidade" pode não ser nada mais do que uma sensação de estar cada vez mais difícil encontrar oportunidades de usar a cultura para criar e marcar distinções sociais, como, por exemplo, quando a *Classic FM* (a revista, mas também a rádio) continua a confundir o limite, antes firme, entre alta cultura e cultura popular; e o futebol da Premier League é, em muitos casos, tão caro quanto, digamos, balé ou ópera.

Para o estudante de cultura popular, talvez o aspecto mais significativo do pós-modernismo seja facilitar o reconhecimento de que não existe diferença categórica absoluta entre alta cultura e cultura popular. Isso não significa dizer que um texto ou prática pode não ser "melhor" (para que/ para quem etc. deve sempre ser decidido e esclarecido) do que outro texto ou prática. Mas, sim, que não existe mais nenhum ponto de referência fácil, ao qual possamos nos remeter, que vá pré-selecionar para nós, automaticamente, o que é bom ou mau. Alguns podem ver com horror essa situação (ou mesmo a descrição dessa situação) – o fim dos *Padrões*. Ao contrário – se nossa função for separar o bom do mau, o usável do obsoleto, o progressivo do reacionário –, sem o recurso fácil a categorias fixas de valor, são necessários padrões rigorosos, quase sempre contingentes. Como John Fekete assinala:

> Por contraste [com o modernismo], o pós-modernismo pode estar por fim pronto – ou pode, no mínimo, representar a transição para um estado de acabamento –, sem neuroses, para prosseguir sem os Padrões Good-God-Gold[141] (todos ele, sem exceção), de fato, sem qualquer "Padrão" com inicial maiúscula, enquanto aprende a ser enriquecido por todo o inventário herdado, uma vez tendo sido transcrito em minúsculas. [...] Precisamos acreditar; e professar a crença de que há maneiras melhores e piores de viver o pluralismo de valores. Ver todos os gatos com a mesma cor equivaleria, de fato, a ficar perdido na noite. Mas a perspectiva de aprender a ficar tranquilo diante de garantias limitadas, e com a

---

[141] | É uma alusão aos três Gs que os exploradores europeus valorizaram (escreveram com iniciais maiúsculas) nas conquistas: God (Deus), Gold (Ouro), Glory (Glória), ou às vezes, God (Deus), Gold (Ouro), Gospel (Evangelho). Aí, não constam a Glória e o Evangelho, substituídos que foram por Good (bom, de alta qualidade; que, ao ser *goods*, pode significar "bens de consumo, mercadorias etc."). (N.T.)

responsabilidade de torná-las conhecidas, sem a falsa segurança das garantias herdadas, é promissor para uma cultura mais vívida, mais colorida, mais alerta (e, espera-se, mais tolerante), que produza diversão a partir de relações salpicadas de significado e valor.[142]

O assinalado por Fekete não é muito diferente disto que Susan Sontag afirma sobre o nascimento da "nova sensibilidade" pós-moderna:

> A nova sensibilidade é desafiadoramente pluralista: é dedicada não só a uma agudíssima seriedade, mas também à diversão e à sabedoria e à nostalgia. Também é extremamente consciente da história, e a voracidade de seus entusiasmos (e da imensa concessão desses entusiasmos) é extremamente rápida e febril. Do ponto de vista das vantagens dessa nova sensibilidade, a beleza de uma máquina ou a da solução de um problema matemático, a de uma pintura de Jasper Johns, a de um filme de Jean-Luc Godard e a das personalidades e da música dos Beatles são igualmente acessíveis.[143]

O PÓS-MODERNO GLOBAL | Uma direção em que, dizem, o mundo está se tornando pós-moderno é na de sua crescente globalização. Talvez a perspectiva dominante da globalização, principalmente em estudos abordando globalização e cultura, seja vê-la como a redução do mundo para uma "aldeia global americana": uma aldeia global em que todo mundo fala inglês com sotaque americano, veste *jeans* Levi's e camisas da Wrangler, bebe Coca-Cola, come no McDonald's, navega na internet em um computador repleto de *softwares* da Microsoft, escuta *rock* ou *country*, assiste a uma mistura de MTV e CNN, filmes de Hollywood e reprises

---

142 | John Fekete, "Introductory notes for a postmodern value agenda", em John Fekete (org.), *Life after Postmodernism*, Nova York: St. Martin's, 1987, p. 17.

143 | Susan Sontag, *Against interpretation*, op. cit., 1966, p. 304.

de *Dallas* e, então, discute a profeticamente nomeada World Series,[144] enquanto toma uma garrafa de Budweiser e fuma um Marlboro. Segundo esse cenário, a globalização é a imposição supostamente bem-sucedida da cultura norte-americana em todo o globo, em que o sucesso econômico do capitalismo americano se sustenta na obra cultural que suas mercadorias – ao destruir culturas indígenas e impor um modo de vida americano sobre as populações "locais" – talvez produzam. Na Foto 9.2 se vê uma versão bem compacta dessa afirmação: é a fotografia de uma escultura que representa pessoas entrando numa máquina de Coca-Cola como cidadãos chineses e daí saindo como "humanos Coca-Cola" em miniatura. Nesse modo de ver a globalização, há pelo menos três problemas.

Foto 9.2 A Coca-Colonização da China.

---

144 | Série Mundial, a sequência final do campeonato nacional norte-americano de beisebol (N.T.)

O primeiro problema de ver a globalização como americanização cultural é lidar com um conceito de cultura muito reducionista, que assume sucesso "econômico" como o mesmo que imposição "cultural". Em outras palavras, o reconhecimento do óbvio sucesso de empresas norte-americanas ao colocar produtos na maioria dos mercados do mundo é visto, por si só, como um evidente e indiscutível sucesso "cultural". O sociólogo americano Herbert Schiller, por exemplo, afirma que a capacidade das empresas norte-americanas de, com sucesso, descarregar suas mercadorias no mundo inteiro, está produzindo uma cultura capitalista americana global. O papel das corporações de mídia, alega ele, é fazer programas que "forneçam, em suas imagens e mensagens, as crenças e perspectivas que criam e reforçam a ligação de seus públicos com a maneira como estão as coisas no sistema em geral".[145]

Nessa posição, há dois problemas que se sobrepõem. Primeiro, simplesmente se assume que mercadorias são o mesmo que cultura: estabelece-se a presença das primeiras e podem-se prever os detalhes da última. Mas, como observa John Tomlinson, "se assumirmos que a mera presença global dessas mercadorias é *em si* sinal de convergência para uma monocultura capitalista, estamos provavelmente utilizando um conceito um tanto empobrecido de cultura – um que reduz cultura a seus bens materiais".[146] Pode acontecer de certas mercadorias, ao serem usadas, tornarem-se significativas e valorizadas de um jeito que promove o capitalismo americano como um modo

---

[145] Herbert Schiller, "Translating media and national development", em K. Nordensteng & Herbert Schiller (orgs.), *National sovereignty and international communication*, Norwood: Ablex, 1979, p. 30.

[146] John Tomlinson, "Translating media and national development", em K. Nordensteng & Herbert Schiller (orgs.), *National sovereignty and international communication*, Norwood: Ablex, 1999, p. 83.

de vida, mas isso não é algo que se possa institucionalizar simplesmente assumindo que penetração de mercado é o mesmo que penetração cultural.

Outro problema com essa posição é ser dependente da alegação de que mercadorias têm valores inerentes e significados únicos, que podem ser impostos a consumidores submissos. Em outras palavras, tal afirmação opera com a contabilidade já quase sem crédito do fluxo de influência. Simplesmente assume que a cultura globalizante dominante será injetada com facilidade na cultural "local" mais fraca. Isto é, pressupõe-se que pessoas são consumidores passivos de significados culturais que, supostamente, de modo direto e sem rodeios, vêm das mercadorias que consomem. Achar que sucesso econômico é o mesmo que sucesso cultural é trabalhar sob influência do que chamo de "determinismo do modo de produção" – isto é, que o modo como algo é feito determina o que pode significar ou seu valor (é Hollywood etc., você esperava o quê?). Parece, sempre, que essa análise pretende sugerir que a "estrutura" invariavelmente vai sobrepujar a "agência"; que o consumo é uma simples sombra da produção; que as negociações com o público são ficções, movimentos meramente ilusórios em um jogo de poder econômico. Além disso, o "determinismo do modo de produção" é uma maneira de pensar que tenta se mostrar sob forma de política cultural radical, mas, com muita frequência, é aquela em que os ataques ao poder raramente vão além de revelações em causa própria, sobre como "outras pessoas" são sempre "submissos culturais".[147]

Um segundo problema, ao ver a globalização como americanização cultural, é ela atuar com um conceito limitado de "estrangeiro". Primeiro, trabalha com a ideia de que estrangeiro é sempre questão de diferença nacional. Mas estrangeiro pode muito bem ser, igualmente, uma questão de classe, de etnia, de gênero, de sexualidade, de geração, ou de qualquer outra marca de diferença social (ver Figura 9.1). Além disso, o que é con-

---

147 | Ver Capítulos 4 e 10.

siderado estrangeiro, em termos de ser importado de outro país, pode ser menos estrangeiro do que diferenças já estabelecidas de, digamos, classe ou geração. E, ainda, o estrangeiro importado pode ser usado contra as relações de poder prevalecentes dos "locais" (ver Foto 9.3 e Figura 9.2).

Nacional	classe
	etnia
	gênero
	geração
	raça
	sexualidade etc.

Figura 9.1 O "estrangeiro".

Foto 9.3 "Imagine there's no countries..." (John Lennon).

Provavelmente é isso que está acontecendo com a exportação do *hip-hop*. O que devemos pensar de seu sucesso global? Seriam os *rappers* sul-africanos, franceses, chineses ou britânicos (e fãs do *hip-hop*) vítimas do imperialismo cultural americano? Seriam eles os submissos seguidores culturais de uma indústria musical transnacional? Uma abordagem mais interessante seria olhar a maneira como jovens sul-africanos, franceses, chineses ou britânicos se "apropriaram" do *hip-hop*, usando-o para suprir suas necessidades e desejos locais. Em outras palavras, uma abordagem mais interessante seria ver o que eles fazem com o *hip-hop*, em vez de apenas aquilo que, supostamente, o *hip-hop* faz com eles. A cultura norte-americana é elaborada, e usada para abrir espaço naquilo que é percebido como a cultura nacional dominante.

Figura 9.2 "Imagine there's no countries..." (John Lennon).

Outro problema com essa noção tão limitada de estrangeiro é sempre pressupor que "local" é o mesmo que nacional. Mas, dentro do nacional, pode muito bem haver diversos "locais". Além disso, podem ocorrer conflitos consideráveis entre eles, e entre eles e a cultura dominante (isto é, "o nacional"). A globalização pode, portanto, não só ajudar a confirmar e, ao mesmo tempo, a desfazer culturas locais, como também pode manter uma em seu lugar e fazer a outra, de repente, sentir-se deslocada. Por exemplo, em 1946, em uma conferência para clérigos espanhóis, o arcebispo de Toledo questionava "como lidar" com o que ele chamava de "a desmoralização crescente da mulher – em grande medida causada por costumes norte-americanos introduzidos pelo cinema, tornando independente a jovem mulher, desagregando a família, inabilitando e desacreditando a futura consorte e mãe com práticas exóticas, que a deixam menos feminina e desestabilizam o lar".[148] As mulheres espanholas podiam ter um ponto de vista diverso.

Um terceiro problema com o modelo de globalização como americanização cultural é considerar a cultura americana monolítica. Mesmo em descrições mais contidas da globalização, há o pressuposto de conseguirmos identificar uma coisa única chamada "cultura americana". George Ritzer, por exemplo, alega que "enquanto continuarmos a observar a diversidade global, muitas, a maioria e, talvez, até todas essas culturas vão ser afetadas por exportações americanas: a América virtualmente vai se tornar a 'segunda cultura' de todos".[149]

Considerar globalização como americanização cultural pressupõe que as culturas possam ser dispostas como entidades monolíticas distintas, hermeticamente fechadas até o momento fatal da injeção globalizante. Contra esse ponto de vista, Jan Nederveen Pieterse afirma que a teoria da globalização, como americanização cultural,

> 148 | John Tomlinson, "Internationalism, globalization and cultural imperialism", em Kenneth Thompson (org.), *Media and regulation*, Londres: Sage, 1997, p. 123, citando o arcebispo de Toledo [Enrique Pla y Deniel].
>
> 149 | George Ritzer, *The McDonaldization thesis*, Londres: Sage, 1999, p. 89.

negligencia as contracorrentes – o impacto que culturas não ocidentais vêm exercendo sobre o Ocidente. Subestima a ambivalência do *momentum* globalizante e ignora o papel da recepção local da cultura ocidental –, por exemplo, a indigenização de elementos ocidentais. Não vê a influência que culturas não ocidentais exercem umas sobre as outras. Não tem espaço para transposições de cultura ou culturas miscigenadas – como no desenvolvimento de "terceiras culturas", por exemplo, a *world music*. Superestima a homogeneidade da cultura ocidental e omite o fato de que, se examinarmos suas linhagens culturais, muitos padrões exportados pelo Ocidente e suas indústrias culturais se revelam ser de caráter culturalmente misto.[150]

Além disso, a ideia de globalização como imposição de uma cultura norte-americana única e monolítica (uma cultura da classe média branca) começa a parecer muito diferente, menos monolítica, ao considerarmos, por exemplo, o fato de terem os Estados Unidos a terceira maior população hispânica do mundo. E ainda se estima que, até 2076, no tricentenário da Guerra da Independência dos Estados Unidos, descendentes de indígenas norte-americanos, de africanos, de asiáticos e de latinos vão compor a maioria de sua população.

Hall escreveu que o pós-modernismo "relaciona-se ao mundo sonhar em ser norte-americano".[151] Se for o caso, podemos todos estar sonhando com Américas muito diferentes, dependendo de quais círculos culturais

---

[150] | Jan Nederveen Pieterse, "Globalisation as hybridisation", em Mike Featherstone, Scot Lash & Roland Robertson, *Global modernities*, Londres: Sage, 1995, p. 53. Também publicado em *International Sociology*, 9 (2), 161-84, 1994.

[151] | Stuart Hall, "On postmodernism and articulation: an interview with Stuart Hall", em David Morley &, Kuan-Hsing Chen (orgs.), *Stuart Hall: cultural dialogues in cultural studies*, Londres: Routledge, 1996b, p. 132.

daquele país optarmos por consumir. Por exemplo, se o material de nossos sonhos for coletado nos círculos da música popular – a geografia e a geometria, os valores, as imagens, os mitos, os estilos americanos –, dependerá se veio, por exemplo, de grupos de *blues, country, dance, folk, heavy metal, jazz, rap, rock-and-roll, rock* anos 1960 ou *soul*. No mínimo, cada gênero de música produziria diferentes articulações políticas em termos de classe, gênero, raça, etnia, sexualidade e geração. Reconhecer isso é entender que culturas, mesmo culturas poderosas, como a dos Estados Unidos, nunca são monolíticas. Como observa Said, "todas as culturas estão envolvidas em uma outra; nenhuma é isolada e pura, todas são híbridas, heterogêneas, extraordinariamente diferenciadas e não monolíticas".[152] Além do mais,

> ninguém, hoje, é um e único. Rótulos como indiano, ou mulher, ou muçulmano, norte-americano são hoje [nada] mais do que pontos de partida, que, se levados para a experiência objetiva por apenas um instante, logo são abandonados. O imperialismo consolidou, em escala global, a mistura de culturas e identidades. Mas seu pior presente, e o mais paradoxal, foi permitir às pessoas que acreditassem ser só, principal e exclusivamente ou brancas, ou negras, ou ocidentais ou orientais.[153]

A globalização é muito mais complexa e contraditória do que a simples imposição da, digamos, cultura dos Estados Unidos. É verdade que podemos viajar o mundo todo e nunca ficarmos demasiado afastados dos signos das suas mercadorias. Não é verdade, contudo, que mercadorias sejam o mesmo que cultura. Globalização envolve o fluxo e refluxo de forças homogeneizantes e heterogeneizantes, envolve o encontro e a circulação do "local" e do "global". Para entender isso de outra forma: o que

---

[152] | Edward Said, *Culture and imperialism*, Nova York: Vintage, 1993, p. XXIX.
[153] | *Idem*, p. 407-8.

é exportado sempre encontra a si mesmo no contexto do que já existe. Isto é, exportações tornam-se importações quando são incorporadas na cultura nativa. Isso pode, por sua vez, impactar a produção cultural do "local". Ien Ang cita o exemplo dos filmes cantoneses de *kung fu*, que revitalizaram a decadente indústria cinematográfica de Hong Kong. Tais filmes são uma mistura de narrativas do gênero "faroeste" e valores cantoneses. E explica:

> Culturalmente falando, aqui é difícil distinguir o "estrangeiro" do "nativo", o "imperialista" do "autêntico": o que veio a público é uma forma cultural híbrida economicamente viável e altamente característica, em que o global e o local estão tramados de maneira inextricável. Isso, por sua vez, leva à revitalização, modernizada, de uma cultura que continua a ser rotulada e experimentada em toda parte como "cantonesa". Em outras palavras, o que é visto como "local" – e, portanto, "autêntico" – é um conteúdo que não é fixo, mas sujeito a mudanças e alterações em consequência da domesticação de bens culturais importados.[154]

A globalização pode estar deixando o mundo menor, gerando novas formas de hibridismo cultural, mas também está provocando colisões e conflitos entre diferentes maneiras de dar significado ao mundo. Embora alguns possam celebrar a abertura de novas "rotas" globais, outros podem resistir à globalização em nome das "raízes" locais. A resistência, sob forma de reafirmação do local contra o fluxo do global, pode ser vista no aumento do fundamentalismo religioso (cristianismo, hinduísmo, islamismo e judaísmo) e no ressurgimento do nacionalismo, mais recentemente nas antigas repúblicas da União Soviética e antiga Iugoslávia. Um

---

154 | Ien Ang, "Culture and communication: towards an ethnographic critique of media consumption in the transnational media system", em John Storey (org.), *What is cultural studies?: a reader*, Londres: Edward Arnold, 1996, pp. 154-5.

exemplo mais benigno da defesa das "raízes" é o crescimento explosivo da pesquisa genealógica de históricos familiares na Europa e nos Estados Unidos. Em todos esses exemplos, a globalização pode estar conduzindo, em um passo mais seguro, a busca por "raízes", na expectativa de estabilizar identidades no presente.

A globalização é um processo complexo que, em relações mutáveis de cultura e poder, produz efeitos contraditórios. Um caminho para compreender os processos da globalização é considerar o conceito de hegemonia de Gramsci. Pela perspectiva da apropriação feita da teoria da hegemonia pelos estudos culturais pós-marxistas, as culturas não são algo "autêntico" (que surgem espontaneamente de "baixo") nem imposto de "cima", mas um "equilíbrio de ajustes"[155] entre ambos – mistura contraditória de forças que vêm de "baixo" e de "cima"; "comerciais" e "autênticas"; "locais" e "globais"; marcadas pela "resistência" e pela "incorporação", envolvendo "estrutura" e "agência". A globalização também pode ser vista dessa maneira. Como observa Hall,

> o que usualmente chamamos de global, longe de ser algo que, de modo sistemático, derruba tudo, criando similaridade, de fato age por meio de particularidades, negocia determinados espaços, determinadas etnias, atua pela mobilização de determinadas identidades, entre outras coisas. Assim, sempre há uma dialética entre o local e o global.[156]

Hegemonia é um processo complexo e contraditório: não é o mesmo que injetar "falsa consciência" no povo. Certamente, não é explicada pela

---

[155] | Antonio Gramsci, *Selections from* Prison notebooks, *op. cit.*, p. 161.

[156] | Stuart Hall, "Old and new ethnicities", em Anthony Smith (org.), *Culture, globalization and the world-system*, Londres: Macmillan, 1991, p. 62.

adoção da ideia (ironizada por alguns autores) de que a "hegemonia é pré-acondicionada em Los Angeles, enviada para a aldeia global e desempacotada em mentes inocentes".[157] Há maneira melhor de entender os processos de globalização: é levar a sério não apenas o poder das forças globais, mas também o das locais. Isso não é negar o poder, mas defender que uma política que pode existir, sem causar muito problema para as estruturas prevalentes do poder global, é aquela em que o povo "local" seja visto como vítima muda e passiva de processos que ele nunca conseguirá compreender; uma política que nega agência para a vasta maioria, ou, no melhor dos casos, reconhece apenas certas atividades como sinais de agência.

<u>CULTURA DE CONVERGÊNCIA</u> | Outro aspecto do pós-moderno é a cultura de convergência, "em que mídias velhas e novas colidem, em que há uma interseção entre as mídias populares e as corporativas, em que o poder do produtor midiático e o poder do consumidor de mídia interagem de modos imprevisíveis".[158] Convergência envolve o fluxo do conteúdo midiático por uma grande variedade de plataformas. Não é uma simples questão de novas tecnologias, mas um processo que exige a participação ativa de consumidores.

A cultura de convergência, assim como a maior parte das culturas populares estudadas neste livro, é um espaço de luta e negociação. Não pode ser explicada e compreendida como algo imposto de "cima", ou que surge espontaneamente de "baixo": é uma combinação complexa e contraditória de ambas as forças. Jenkins observa:

Convergência [...] é um processo conduzido, de cima para baixo (*top-down*), pela corporação e, ao mesmo tempo, um processo conduzido, de baixo para

---

157 | T. Liebes & E. Katz, *The export of meaning: cross-cultural readings of Dallas*, 2. ed., Cambridge: Polity, 1993, p. XI.

158 | Henry Jenkins, *Convergence culture: where old and new media collide*, Nova York: New York University Press, 2006, p. 2.

cima (*bottom-up*), pelo consumidor. A convergência corporativa coexiste com a convergência popular (*grassroots*). Empresas de mídia estão aprendendo como acelerar o fluxo de conteúdo midiático pelos canais de entrega, para expandir suas oportunidades de lucro, ampliar mercados e reforçar compromissos do espectador. Consumidores estão aprendendo como usar essas diferentes tecnologias de mídia para ter mais controle sobre o fluxo de mídia e para interagir com outros consumidores.[159]

A cultura de convergência resulta de três fatores. O primeiro é a concentração de propriedade de mídia. Possuir várias plataformas diferentes encoraja produtores a distribuir conteúdo por todas elas. Assim, por exemplo, uma empresa pode publicar o livro do filme, junto com o jogo baseado em ambos, e promovê-los em suas revistas e jornais e em seus *sites* e empresas de telefonia celular.

O segundo é a mudança tecnológica. Isso criou uma nova variedade de plataformas para conteúdo midiático. Por exemplo, agora podemos fazer muito mais coisas com um celular além de telefonar. Podemos tirar, enviar e receber fotos; produzir, enviar e receber arquivos de áudio e vídeo; enviar e receber mensagens de texto; baixar informações da internet; receber "alertas de gol"; jogar *games*; e usá-lo como calendário, como alarme e como calculadora.[160]

O terceiro fator envolve os consumidores de mídia. Posso, por exemplo, optar por escutar minhas músicas favoritas no meu *laptop*, no meu *player* de CD ou DVD, no meu iPod, no som do meu carro, na televisão ou no rádio. A mesma música é disponibilizada em diferentes platafor-

---

[159] | *Idem*, p. 18.

[160] | Ver Robert Jewitt, "Mobile networks: globalisation, networks and the mobile phone", em Chantal Cornut-Gentille (org.), *Culture and power: culture and society in the age of globalisation*, Zaragoza: Zaragoza University Press, 2005.

mas, mas, para fazer o sistema funcionar, tenho de participar ativamente. Além disso, selecionar qual a plataforma mais adequada ao meu prazer e conveniência.

A série televisiva britânica de ficção científica *Doctor Who*, como Neil Perryman aponta, "abraça a cultura de convergência numa escala sem precedentes".[161] A BBC disponibilizou o programa em várias plataformas: celulares, *podcasts*, *video blogs*, *sites*, aventuras interativas pela TV (via tecnologia *red-button*) e jogos *on-line*. Além disso, lançou duas séries complementares, que colocam os personagens em outros contextos. Como Perryman observa,

> desde que retornou para as telas da televisão, em 2005, *Doctor Who* é uma franquia que tem adotado ativamente mudanças tanto técnicas como culturais associadas à convergência de mídias. Seus produtores têm tentado oferecer conteúdos de valor extra e complexidade narrativa, tanto para seus fãs mais aficionados quanto para o público mais geral, mobilizando uma série de estratégias envolventes e dinâmicas de enredo, distribuídas através de diferentes plataformas de mídia.[162]

EPÍLOGO | O pós-modernismo alterou as bases teóricas e culturais do estudo da cultura popular e produz muitas questões, especialmente sobre o papel que o estudante de cultura popular pode aí desempenhar: isto é, qual é nossa relação com nosso tema de estudo? Com que autoridade, e para quem, falamos? Como sugerem Frith e Horne,

> no final, o debate pós-moderno diz respeito à origem do significado, não apenas à sua relação com o prazer (e, por sua vez, com a fonte desse prazer), mas

---

[161] | Neil Perryman, "Doctor Who and the convergence of media", em John Storey (org.), *Cultural theory and popular culture: a reader*, 4. ed., Harlow: Pearson Education, 2009, p. 478.

[162] | *Idem*, p. 488.

à sua relação com o poder e a autoridade. Quem agora determina a significância? Quem tem o direito de interpretar? Para pessimistas e racionalistas como Jameson, a resposta é o capital multinacional – discos, roupas, filmes, *shows* de TV etc. são simplesmente resultados de decisões de mercados e *marketing*. Para pessimistas e irracionalistas, como Baudrillard, a resposta é absolutamente ninguém – os signos que nos rodeiam são arbitrários. Para otimistas, como Iain Chambers e Larry Grossberg, a resposta são os consumidores, os estilistas e os subculturalistas, que se apossam dos bens em oferta e deixam suas próprias marcas neles.[163]

O próximo capítulo consiste, principalmente, em uma tentativa de encontrar respostas para algumas dessas questões.

---

163 | Simon Frith & Howard Horne, *Art into Pop, op. cit.*, p. 169.

LEITURA COMPLEMENTAR

STOREY, John (org.). *Cultural theory and popular culture: a reader*. 4. ed. Harlow: Pearson Education, 2009. Volume que faz par com este livro, traz exemplos da maioria dos trabalhos aqui apresentados, além de um *site* interativo (www.pearsoned.co.uk/storey), com *links* para outros *sites* e para recursos eletrônicos úteis.

APPIGNANSESI, Lisa (org.). *Postmodernism*. Londres: ICA, 1986. Coletânea de ensaios – a maioria deles filosóficos – sobre pós-modernismo. Entre eles o essencial artigo de McRobbie, "Postmodernism and popular culture".
BEST, Steven & KELLNER, Douglas. *Postmodern theory: critical interrogations*. Londres: Macmillan, 1991. Excelente introdução ao estudo do pós-modernismo.
BOYNE, Roy & RATTANSI, Ali (orgs.). *Postmodernism and society*. Londres: Macmillan, 1990. Útil coletânea de ensaios, com uma introdução muito boa aos principais temas dos estudos sobre pós-modernismo.
BROOKER, Peter & BROOKER, Will (orgs.). *Postmodern after-images: a reader in film, television and video*. Londres: Edward Arnold, 1997. Excelente coletânea de ensaios, com seções introdutórias muito boas.
CAMPBELL, Neil; DAVIES, Jude & MCKAY, George. *Issues in Americanization*, Edimburgo: Edinburgh University Press, 2004. Coletânea muito boa de ensaios, tratando de vários tópicos relacionados à ideia de americanização. A introdução é excelente.
COLLINS, Jim. *Uncommon cultures: popular culture and Postmodernism*. Londres: Routledge, 1989. Livro muito interessante, situando a cultura popular nos estudos sobre pós-modernismo.
CONNOR, Steven. *Postmodernist culture: an introduction to theories of the contemporary*. Oxford: Basil Blackwell, 1989. Introdução abrangente ao pós-modernismo, abordando aspectos úteis ao estudo da cultura popular.
DOCKER, John. *Postmodernism and popular culture: a cultural history*. Cambridge: Cambridge University Press, 1994. O objetivo do livro é desafiar a maneira como um século de teoria modernista entendeu a cultura popular do século XX. Inteligente, polêmico e fácil de ler.

FEATHERSTONE, Mike. *Consumer culture and Postmodernism*. Londres: Sage, 1991. Interessante estudo sociológico sobre cultura de consumo e pós-modernismo. Leitura essencial.

HEBDIGE, Dick. *Hiding in the light*. Londres: Comedia, 1988. Uma coletânea de ensaios, a maioria relacionada a questões de pós-modernismo e cultura popular. Leitura essencial.

JENKINS, Henry. *Convergence culture: where old and new media collide*. Nova York: New York University Press, 2006. Livro fundamental sobre o surgimento da "cultura de convergência".

MORRIS, Meaghan. *The Pirate's fiancée: feminism, reading, Postmodernism*. Londres: Verso, 1988. Coletânea de ensaios, abordando tanto teoria como análise. Leitura essencial.

ROSS, Andrew (org.). *Universal abandon: the politics of Postmodernism*. Mineápolis: University of Minnesota Press, 1988. Útil coletânea de ensaios sobre pós-modernismo: alguns estudos interessantes sobre cultura popular.

WOODS, Tim. *Beginning Postmodernism*. Manchester: Manchester University Press, 1999. Talvez a melhor introdução ao estudo do pós-modernismo.

10 A POLÍTICA DO POPULAR

Neste livro, tentei esboçar algo da história da relação entre teoria cultural e cultura popular. Procurei centrar-me, principalmente, nos aspectos e implicações, teóricos e metodológicos, dessa relação, pois, na minha opinião, é a melhor maneira de *introduzir* o assunto. Mas estou ciente de que tal atitude, em grande medida, foi às expensas, por um lado, das condições históricas de produção da teoria sobre cultura popular e, por outro, das relações políticas de sua produção e reprodução (essas ênfases são analíticas, e não "momentos" separados e distintos).

Algo que espero ter mostrado, contudo, é até que ponto a cultura popular é um conceito de contestação e variabilidade ideológicas, a ser preenchido e esvaziado, articulado e desarticulado, em todo um leque de maneiras diferentes e concorrentes. Mesmo esta minha história, seletiva e truncada, do estudo da cultura popular mostra que "estudar" cultura popular pode ser um assunto de fato muito sério: um sério assunto político.

Tomemos, por exemplo, a asseveração de Jim McGuigan de que, nos estudos culturais contemporâneos, o campo da cultura popular está nos estertores de uma crise de paradigmas. Em lugar algum, supõe-se, isso está mais claramente assinalado do que na ampla difusão das práticas políticas de "populismo cultural". McGuigan define populismo cultural como "a presunção intelectual, de alguns estudiosos da cultura popular, de que experiências e práticas simbólicas de pessoas comuns são mais importantes, analítica e politicamente, do que Cultura com C maiúsculo".[1] Com base nessa definição, eu sou populista cultural e, além disso, McGuigan também o é. O propósito de sua afirmação, contudo, é desafiar não o populismo cultural enquanto tal, mas o que ele chama de "uma indecisa tendência

---

1 | Jim McGuigan, *Cultural populism*, Londres: Routledge, 1992, p. 4.

populista *acrítica* no estudo de cultura popular",[2] com sua suposta fixação em estratégias de interpretação, às custas de uma abordagem adequada das condições históricas e econômicas do consumo. E reclama que os estudos culturais estreitaram cada vez mais seu foco em questões de interpretação, sem situá-las em um contexto de relações materiais de poder.

Reclama, ainda, que o foco exclusivo do populismo cultural no consumo e a correspondente celebração acrítica das práticas populares de leitura produziram uma "crise do julgamento qualitativo".[3] Com isso, quer dizer que não há mais critérios absolutos de julgamento. Os conceitos de "bom" e "mau" agora estão abertos a debates. McGuigan culpa a incerteza pós-moderna promovida pelo populismo cultural, assegurando que "a reinserção de juízos estéticos e éticos nessas disputas é uma refutação vital às oscilações acríticas do populismo cultural e ao seu fracasso em contestar as concepções do *laissez-faire* em relação à soberania e à qualidade do consumidor".[4] Claramente insatisfeito com as incertezas intelectuais do pós-modernismo, deseja um retorno para a total autoridade do intelectual modernista: sempre pronto a tornar claro e compreensível aquilo que a mente comum é incapaz de alcançar. E busca um retorno às certezas arnoldianas – Cultura é o melhor de tudo que se pensou e se disse (e o modernista intelectual nos dirá o que isso é). Parece advogar um discurso intelectual em que o palestrante universitário é o guardião da eterna chama da Cultura, iniciando os não iniciados no flamejar de sua moral absoluta e seu valor estético; e os estudantes assumem o papel de consumidores passivos de um conhecimento já constituído – fixo, formulado e ministrado pelos professorais guardiões da chama.

Na minha opinião, a recusa de privilegiar o julgamento estético não é uma crise, mas um grato reconhecimento de haver outras questões, às

2 | *Idem, ibidem.*
3 | *Idem*, p. 79.
4 | *Idem*, p. 159.

vezes bem mais interessantes, a serem indagadas.[5] O que é esteticamente "bom" e o que é esteticamente "mau" não param de mudar, contexto após contexto. Ademais, o que é "bom" esteticamente pode ser "mau" em termos de política; o que é "mau" esteticamente pode ser politicamente "bom". Em vez de ficar enredado em uma desesperançada demanda por certezas abstratas, é muito mais produtivo reconhecer que só em contextos bem fundamentados tais perguntas podem ser realmente respondidas. Mas, mais do que isso, os estudos culturais não deveriam se preocupar tanto em fazer julgamentos especulativos de valor quanto às qualidades inerentes aos bens de consumo; em vez disso, deveriam empregar seu tempo no que as pessoas fazem com esses bens (ou fazem deles etc.) nas estruturas que restringem ou suprem a vida cotidiana. É a isso que me refiro quando falo de questões mais interessantes. Aqueles que insistem em um retorno aos padrões absolutos praticamente só dizem que agora tudo está demasiado confuso: eu quero de volta minha autoridade fácil e não contestada para dizer ao povo o que tem valor e o que deve ser feito.[6]

O novo revisionismo [populismo cultural acrítico], sem nada concluir, manifesta e reelabora que, nas atuais condições, o povo usa para atividades significativas os recursos simbólicos que tem à mão. Assim, são trazidos à baila, com essa ideia básica, projetos emancipatórios para libertar as pessoas de suas supostas armadilhas – saibam ou não que estão enredadas nelas. Para nomear algumas, há exploração econômica, racismo, opressão sexual e de gênero, mas os explorados, os marginalizados e os oprimidos resistem e, além disso – caso acreditemos em autores como John Fiske e Paul Willis –, resistem de fato muito bem, dando

---

5 | Ver Capítulo 9.

6 | *The future*, de Leonard Cohen, expressa perfeitamente esse ponto: "Give me back the Berlin Wall, give me Stalin and St. Paul / I've seen the future, brother: it's murder" [Deem-me de volta o Muro de Berlim, deem-me Stalin e St. Paul / Vi o futuro, irmão: é assassinato].

ao mundo um sentido válido e obtendo prazer gratificante do que recebem. Aparentemente, há tanta ação na micropolítica da vida cotidiana, que as promessas utópicas de um futuro melhor, que uma vez já foram tão instigantes para a crítica da cultura popular, perderam toda sua credibilidade.[7]

A maior parte disso não passa de inverdades. Mesmo Fiske (seu principal exemplo) celebra não uma utopia alcançada, mas a luta ativa de homens e mulheres para tornar significativo um mundo estruturado sobre exploração e opressão – e nele ganhar lugar. McGuigan parece estar dizendo que prazer (e sua identificação e celebração) é, em certo sentido básico, contrarrevolucionário. O dever e o destino histórico de homens e mulheres comuns é sofrer e ficar quieto, até que esquerdistas morais revelem o que deve ser usufruído na gloriosa manhã do longo dia seguinte à revolução. Feministas, não querendo relaxar e pensar no papel determinante da produção, há muito tempo já expuseram o vazio retórico desse tipo de pensamento. Não é o caso, apenas, de serem as alegações de que o público produz significados, em um sentido profundo, uma negação da necessidade por mudanças políticas: podemos celebrar a resistência simbólica sem abandonar nosso compromisso com a política radical. Isso, com efeito, é o núcleo do conceito de Ang.[8]

Como McGuigan declara que John Fiske e Paul Willis talvez sejam os mais "culpados" dos populistas culturais acríticos, devo realçar algumas das principais características de sua obra recente, para explicar o que está em questão naquilo que, até agora, é uma discussão um tanto unilateral. Para facilitar, introduzo dois novos conceitos provenientes da obra de Pierre Bourdieu: o "campo cultural" e o "campo econômico".

O CAMPO CULTURAL | John Fiske costuma ser visto como o epítome das tendências acríticas do populismo cultural. Segundo McGuigan,

---

7 | Jim McGuigan, *Cultural populism*, op. cit., p. 171.
8 | Ver Capítulo 7.

"a posição de Fiske é [...] indício do declínio crítico dos estudos culturais britânicos".[9] Diz-se que Fiske continuamente sacrifica determinações econômicas e tecnológicas para abrir lugar para *interpretações* – uma versão puramente hermenêutica dos estudos culturais. Por exemplo, é acusado de reduzir o estudo da televisão "a uma espécie de idealismo subjetivo",[10] em que reina a leitura popular, sempre "progressiva" – sem se preocupar com questões de sexismo e racismo, jamais tocando em relações econômicas e políticas. Em suma, Fiske é acusado de uma celebração acrítica e desqualificada de cultura popular: é o exemplo clássico do que aconteceu com os estudos culturais após o suposto colapso da teoria da hegemonia e a consequente emergência daquilo a que McGuigan se refere como o "novo revisionismo": a redução dos estudos culturais a modelos hermenêuticos de consumo, que competem entre si. Acredita-se que o novo revisionismo, com seus supostos temas de prazer, capacitação, resistência e discriminação popular, represente um momento de "afastamento de posições mais críticas".[11] Em termos políticos, é, na melhor das hipóteses, um eco acrítico das teorias liberais sobre a "soberania do consumidor"; e, na pior, um cúmplice acrítico da ideologia prevalecente de "mercado livre".

Fiske não aceitaria o "novo revisionismo" como uma descrição precisa de sua posição na esfera da cultura popular. Também rejeitaria absolutamente duas premissas implícitas no ataque à sua obra. Primeiro, descarta por completo a visão de que "as indústrias culturais capitalistas produzem uma variedade apenas aparente de produtos, uma variedade ilusória, pois todos promovem a mesma ideologia capitalista".[12] Segundo, é enfático em sua recusa a qualquer argumento que dependa da tese de "que 'o povo' é

---

9 | Jim McGuigan, *Cultural populism*, op. cit., p. 85.

10 | *Idem*, p. 82.

11 | *Idem*, p. 75.

12 | John Fiske, *Television culture*, Londres: Routledge, 1987, p. 309.

'submisso cultural' [...] massa passiva, indefesa, incapaz de discriminação e, portanto, à mercê da influência econômica, cultural e política dos barões da indústria".[13] Contra essas ideias, Fiske defende que os bens de consumo que constituem a cultura popular circulam em duas economias simultâneas: a financeira e a cultural.

> O funcionamento da economia financeira não pode dar conta de todos os fatores culturais, mesmo assim é necessário levá-lo em consideração em qualquer pesquisa. [...] Mas o bem cultural não pode ser adequadamente descrito apenas em termos financeiros: a circulação, crucial para sua popularidade, ocorre na economia paralela – a cultural.[14]

Enquanto a economia financeira se preocupa principalmente com valor de troca, a cultura foca especialmente no uso – "significados, prazeres e identidades sociais".[15] Ocorre, é claro, interação dialógica entre essas economias separadas, ainda que relacionadas. Fiske cita o exemplo de *Hill Street Blues*,[16] série televisiva norte-americana que foi produzida pela MTM e vendida para a NBC. A NBC então "vendeu" o potencial de audiência para a Mercedes-Benz, patrocinadora da série. Tudo isso acontece na economia financeira. Na economia cultural, a série passa de mercadoria (a ser vendida para a NBC) a lugar para a produção de significados e prazeres para seu público. E, da mesma forma, o público passa de bem potencial (a ser vendido para a Mercedes-Benz) a produtor (de significados e prazeres). Ele argumenta que "na economia cultural, o poder do público enquanto produtor é considerável".[17] Segundo ele, tal poder

---

13 | *Idem, ibidem.*
14 | *Idem*, p. 311.
15 | *Idem, ibidem.*
16 | *Hill Street Blues* (1981-1987), não veiculada na TV aberta brasileira.
17 | *Idem*, p. 313.

deriva do fato de significados não circularem na economia cultural da mesma maneira que a riqueza na economia financeira. É mais difícil apossar-se deles (e, assim, impedir que outros os possuam), são mais difíceis de controlar, porque a produção de significados e prazeres não é o mesmo que produção de bens de consumo culturais, ou de quaisquer outros bens, pois, na economia cultural, o papel do consumidor não é o ponto final de uma transação econômica linear. Significados e prazeres nela circulam sem qualquer distinção real entre produtores e consumidores.[18]

O poder do consumidor deriva do fracasso dos produtores em prever o que vai vender. "Doze em cada treze discos não dão lucro, séries televisivas são cortadas às dúzias, filmes caros rapidamente afundam no vermelho (*Raise the Titanic*[19] é um exemplo irônico – quase afundou o império de Lew Grade)".[20] Em uma tentativa de compensar fracassos, as indústrias culturais produzem "repertórios" de bens de consumo, na esperança de atrair um público; e, enquanto as indústrias culturais buscam incorporar públicos como consumidores de suas mercadorias, o público, muitas vezes, "excorpora" o texto para seus próprios fins. Como exemplo, Fiske cita a maneira como espectadores aborígines australianos apropriaram-se de Rambo como figura de resistência, relevante para suas lutas culturais e políticas. Também dá o exemplo de judeus russos assistindo a *Dallas* em Israel e lendo a série como uma "autocrítica do capitalismo".[21]

Fiske afirma que, nas sociedades ocidentais, a resistência, dos destituídos de poder, à força dos poderosos assume duas formas: semiótica e so-

---

18 | *Idem, ibidem*.

19 | Distribuído no Brasil com o título *O resgate do Titanic* (1980); mesmo não citado nos créditos, Lew Grade foi o produtor.

20 | John Fiske, *Television Culture, op.cit.*, p. 313.

21 | *Idem*, p. 320. Fiske está citando T. Liebes & E. Katz, *The export of meaning: cross-cultural readings of Dallas*, 2. ed., Cambridge: Polity, 1993.

cial. A primeira está relacionada principalmente a significados, prazeres e identidade sociais; a segunda se dedica às transformações do sistema socioeconômico. E defende que "as duas são muito próximas, embora relativamente autônomas".[22] A cultura popular opera, em especial, "mas não exclusivamente", no domínio do poder semiótico. É envolvida na "luta entre homogeneização e diferença, ou entre consenso e conflito".[23] Nesse sentido, cultura popular é um campo de batalha semiótico, em que os públicos constantemente participam de uma "guerrilha semiótica"[24] em um conflito disputado entre as forças de incorporação e as forças de resistência, isto é, entre um grupo de significados, prazeres e identidades sociais impostos, e os significados, prazeres e identidades sociais produzidos nos atos de resistência semiótica, em que "as forças hegemônicas da homogeneidade vão sempre de encontro às resistências da heterogeneidade".[25] No cenário da guerra semiótica de Fiske, as duas economias optam por lados opostos da luta: a economia financeira tende a apoiar as forças de incorporação e homogeneização; a economia cultural fica mais à vontade ao lado das forças de resistência e diferença. A resistência semiótica, diz, tem o efeito de enfraquecer a tentativa de homogeneização ideológica do capitalismo: significados dominantes são desafiados por significados subordinados; assim, é desafiada a liderança intelectual e moral da classe dominante. Sem fazer apologia e com absoluta clareza, Fiske afirma seus pontos:

> Essa [...] vê a cultura popular como um lugar de lutas, e, embora aceite o poder das forças de domínio, concentra-se nas táticas populares com que essas forças são enfrentadas, como se escapa delas ou se lhes impõe resistência. Em vez de

---

22 | *Idem*, p. 316.

23 | *Idem, ibidem*.

24 | *Idem*, p. 316.

25 | John Fiske, *Reading the popular*, Londres: Unwin Hyman, 1989a, p. 8.

seguir exclusivamente os processos de incorporação, investiga a vitalidade e a criatividade populares que fazem da incorporação uma necessidade constante. Em vez de se concentrar nas práticas onipresentes e insidiosas da ideologia dominante, tenta compreender as resistências e evasões cotidianas que incitam a ideologia a agir de maneira tão dura e insistente, para se manter e proteger seus valores. Tal abordagem vê a cultura popular como potencialmente – ou mesmo de fato – progressiva (embora não radical), e essencialmente otimista, pois, no vigor e na vitalidade das pessoas, encontra evidências tanto da possibilidade de mudança social como de motivação para realizá-la.[26]

Fiske também situa a cultura popular no que Pierre Bourdieu chama de "campo cultural",[27] onde ocorre uma luta cultural, entre a cultura dominante ou oficial e a cultura popular, abstraída das determinações econômicas e tecnológicas, mas, principalmente, sobredeterminada por elas. Segundo Bourdieu, explicado por Nicholas Garnham e Raymond Williams,

> todas as sociedades se caracterizam por uma luta entre grupos e/ou classes e frações de classe para maximizar seus interesses, visando garantir sua reprodução. A formação social é vista como uma série hierarquicamente organizada de campos em que agentes humanos se engajam em determinadas lutas para maximizar seu controle dos recursos sociais específicos deste campo: o campo intelectual, o campo educacional, o campo econômico etc. [...] Os campos estão hierarquicamente organizados em uma estrutura sobredeterminada pelo campo da luta de classes, superpondo-se à produção e à distribuição de recursos materiais; cada campo subordinado reproduz, em sua lógica estrutural própria, a lógica do campo de luta de classes.[28]

---

26 | *Idem*, pp. 20-1.

27 | Pierre Bordieu, *Distinction: a social critique of the judgment of taste*, trad. Richard Nice, Cambridge, MA: Harvard University Press, 1984, pp. 113-20.

28 | Nicholas Garnham & Raymond Williams, "Pierre Bourdieu

A criação histórica de um espaço único – o campo cultural –, em que a Cultura com C maiúsculo poderia se desenvolver acima e além do social, tem, para Bourdieu, o propósito (ou, no mínimo, a consequência) de reforçar e legitimar o poder de classe como diferença cultural e estética. As relações de classe do campo cultural estruturam-se em torno de duas divisões: por um lado, entre as classes dominantes e as classes subordinadas; e, por outro, dentro das classes dominantes, entre aqueles com capital econômico alto em oposição aos de capital cultural alto, e aqueles com capital cultural alto em oposição aos de capital econômico alto. Aqueles cujo poder deriva principalmente do cultural, em vez de derivar do poder econômico, participam de uma luta constante dentro do campo cultural "para aumentar o valor social de determinadas competências envolvidas, em parte por uma tentativa constante de aumentar a escassez daquelas competências. É por esse motivo que [...] eles sempre vão resistir como um grupo indo em direção à democracia cultural".[29]

Como observamos no primeiro capítulo,[30] para Bourdieu, a categoria de "gosto" funciona como um marcador de "classe" (usando a palavra em um sentido duplo, significando não só uma categoria socioeconômica mas, também, a sugestão de certo nível alto de qualidade). No pináculo

and the sociology of culture: an introduction", *Media, Culture and Society*, 2 (3), 1980, p. 215, citando Pierre Bourdieu.

29 | *Idem*, p. 220. Operando em um registro levemente diferente, mas defendendo a mesma ideia, dois amigos da universidade onde trabalho – que, para ser justo, tiveram de aguentar muitas ironias a respeito de sua devoção prolongada a *Doctor Who* – recentemente demonstraram sinais de ressentimento em relação à nova popularidade da série televisiva. Parecia que a nova democracia da diversão ameaçava sua "propriedade", admitidamente combativa, de tudo que se relaciona a *Doctor Who*.

30 | Ver também Capítulo 9.

da hierarquia de gosto está o olhar "puramente" estético – uma invenção histórica –, com sua ênfase na forma em detrimento da função. A "estética popular" inverte essa ênfase, subordinando a forma à função. Assim, cultura popular tem relação com *performance*, e alta cultura, com contemplação; alta cultura refere-se a representação, e cultura popular, ao que é representado. Como ele explica, "pode-se dizer que intelectuais acreditam na representação – literatura, teatro, pintura – mais do que nas coisas representadas, enquanto o povo espera, principalmente, que as representações e as convenções que as governam lhes permitam acreditar 'ingenuamente' nas coisas representadas".[31]

"Distância" estética é, de fato, a negação da função: insiste no "como", e não em "o quê". É análoga à diferença entre julgar uma refeição boa porque seu preço é econômico e ela sacia, e julgar boa uma refeição com base na maneira como, e onde, foi servida. A estética "pura", ou olhar culto, surge com a emergência do campo cultural e institucionaliza-se no museu de arte. Uma vez no museu, perde todas as suas funções anteriores (exceto a de ser arte) e torna-se forma pura: "Embora originalmente subordinada a funções bem diferentes ou mesmo incompatíveis (crucifixo e fetiche, *Pietá* e natureza morta), essas obras justapostas demandam tacitamente atenção para a forma, em detrimento da função, para a técnica em vez do tema".[32] Por exemplo, apresentado em uma galeria de arte, um anúncio de sopa torna-se um exemplo da estética, mas, em uma revista, o mesmo anúncio é exemplo de comércio. O efeito da distinção é produzir "uma espécie de promoção ontológica equivalente a uma transubstanciação".[33]

Como diz Bourdieu, "não é fácil descrever o olhar 'puro' sem descrever também o olhar ingênuo contra o qual o primeiro se define".[34] O olhar

---

31 | Pierre Bourdieu, *Distinction*, op. cit., p. 5.

32 | *Idem*, p. 30.

33 | *Idem*, p. 6.

34 | *Idem*, p. 32.

ingênuo é, com certeza, o olhar da estética popular: "A afirmação de continuidade entre arte e vida, que implica a subordinação da forma à função [...] uma recusa da recusa, que é o ponto de partida da alta estética, isto é, o corte nítido entre disposições comuns e a disposição especialmente estética".[35]

Não é preciso dizer que as relações entre o olhar puro e o olhar popular/ingênuo não são de igualdade, mas de dominante e dominado. Além disso, Bourdieu afirma que as duas estéticas articulam relações de poder. Sem o capital cultural necessário para decifrar o "código" da arte, ficamos socialmente *vulneráveis* à condescendência daqueles que têm o capital cultural necessário. O que é cultural (isto é, adquirido) é apresentado como natural (isto é, inato), e é, por sua vez, usado para justificar o que são relações sociais. Dessa maneira, "arte e consumo cultural estão predispostos a [...] cumprir uma função social de legitimar diferenças sociais".[36] Bourdieu nomeia a operação de tais distinções como a "ideologia do gosto natural".[37] Segundo a ideologia, apenas um minoria suposta instintivamente dotada, armada contra a mediocridade das massas, consegue alcançar "apreciação" genuína. Ortega y Gasset aponta isso precisamente: "a arte [...] contribui para que os 'melhores' se conheçam e reconheçam no cinza da multidão e aprendam sua missão, que consiste em ser poucos e terem de combater contra os muitos".[38] Relações estéticas imitam e, ao mesmo tempo, ajudam a reproduzir relações sociais de poder. Como observa Bourdieu:

> A intolerância estética pode ser terrivelmente violenta. [...] A coisa mais intolerável para aqueles que se consideram os possuidores da cultura legítima é a reu-

---

35 | *Idem, ibidem*.
36 | *Idem*, p. 7.
37 | *Idem*, p. 68.
38 | *Idem* p. 31, citando José Ortega y Gasset ["La deshumanización del arte"].

nião sacrílega de gostos que, o gosto impõe, devem ser separados. Isso significa que os jogos de artistas e estetas, e suas lutas pelo monopólio da legitimidade artística, são menos inocentes do que parecem. Em cada luta pela arte, está em jogo também a imposição de uma arte de viver, isto é, a transmutação de uma maneira de viver arbitrária para um modo de vida legítimo, que lança na arbitrariedade todos os outros modos de vida.[39]

Como outras estratégias ideológicas, "a ideologia do gosto natural deve sua credibilidade e eficácia ao fato de [...] naturalizar diferenças existentes, convertendo as diferenças no modo de aquisição de cultura em diferenças de natureza".[40]

Em um texto muito influenciado pela obra de Bourdieu, Paul Willis afirma que a apreciação estética da "arte" passou por uma "hiperinstitucionalização interna"[41] – dissociando arte e vida, enfatizando forma em vez de função –, em uma nova tentativa de distanciar, da "massa sem cultura", a apreciação da arte em si e aqueles que "apreciam-na". Parte desse processo é a negação da necessária relação entre estética e "educação" (entendida em seu sentido mais amplo, para incluir tanto a formal como a informal): a produção e a reprodução do "conhecimento" necessário em que se fundamenta a apreciação estética. Ao negar tal relação, a apreciação estética é apresentada como algo inato, e não, como algo aprendido. Em vez de ver isso como uma questão de falta de acesso ao conhecimento – eles não foram "educados" no código necessário para "apreciar" as qualidades formais da alta cultura –, encoraja-se a maioria da população a ver-se "como ignorante, insensível e sem as sensibilidades mais refinadas daqueles que realmente 'apreciam'. Com certeza, da elite minoritária considerada capaz

---

39 | *Idem*, p. 57.

40 | *Idem*, p. 68.

41 | Paul Willis, *Common culture*, Buckingham: Open University Press, 1990, p. 2.

de realizar ou criar 'arte', eles não são os 'talentosos' ou 'dotados'".[42] Isso produz uma situação em que pessoas que fazem cultura em suas vidas diária se veem como incultas. Contra as estratégias da "hiperinstitucionalização interna" da cultura, Willis defende o que ele chama de "estética de base" (*grounded aesthetics*): o processo pelo qual pessoas comuns constroem um sentido cultural do mundo, "as maneiras como o mundo natural e social recebido é tornado humano para eles e, mesmo que em escala menor (ainda que simbólica), tornado controlável por eles".[43]

> [Estética de base] é o elemento criativo em um processo pelo qual se atribuem significados a símbolos e práticas, e em que, para ressoar significados adicionais apropriados e particularizados, os símbolos e práticas são selecionados, resselecionados, realçados e recompostos. Essas dinâmicas são emocionais e cognitivas. Há tantas estéticas quanto bases houver para elas operarem. A estética de base é o fermento da cultura comum.[44]

O valor da estética de base nunca é intrínseco a um texto ou prática, uma qualidade universal de sua forma: é sempre inscrito no ato "sensório/emotivo/cognitivo"[45] do consumo (como se apropriar de uma mercadoria, "usá-la" e atribuir significado a ela). Essa afirmação vai contra aqueles que posicionam a criatividade apenas no ato de produção, sendo o consumo meramente o reconhecimento da intenção estética ou sua negação. Contra tais ideias, Willis insiste que consumo é um ato simbólico de criatividade. Seu "ponto fundamental [...] é que agora 'mensagens' não são exatamente 'enviadas' e 'recebidas', mas *feitas* na recepção. [...] A comunicação de 'mensagem enviada' está sendo substituída pela comunicação de 'mensa-

---

42 | *Idem*, p. 3.
43 | *Idem*, p. 22.
44 | *Idem*, p. 21.
45 | *Idem*, p. 24.

gem feita'".[46] A comunicação cultural está deixando de ser um processo de escutar as vozes de outros. A estética de base é a insistência em que mercadorias sejam consumidas (e transformadas em cultura) com base no uso, e não em termos de suas supostas qualidades inerentes e a-históricas (textuais ou autorais). Na estética de base, antes das práticas de "produção no uso", os significados ou prazeres são indecidíveis. Isso, com certeza, significa que uma mercadoria ou uma prática mercantilizada, que é julgada banal ou desinteressante (com base na análise textual ou em uma análise de seu modo de produção), pode ser forçada a portar ou a fazer, em sua "produção no uso", todos os tipos de coisas interessantes dentro das condições vividas de um contexto de consumo específico. Dessa maneira, a afirmação de Willis é uma reprovação tanto do textualismo, que julga com base em qualidades formais, como da economia política da abordagem cultural, que julga com base nas relações de produção. O "trabalho simbólico" do consumo, ele insiste, nunca é uma simples repetição das relações de produção, nem é uma confirmação direta das certezas semióticas do auditório de palestras.

> Para o comércio e o consumo de mercadorias culturais, as pessoas não só trazem identidades vivas, mas aí elas são também formadas. Para seu encontro com o comércio, trazem experiências, sentimentos, posição social e participação social. Trazem, disso, uma pressão simbólica criativa necessária não apenas para compreender as mercadorias culturais, mas, em parte por meio delas, também para dar sentido à contradição e a estrutura da maneira como as experimentam na escola, na faculdade, na produção, na vizinhança e como membros de determinados gêneros, raças, classes e idades. Os resultados desse trabalho simbólico necessário podem ser bem diferentes de qualquer coisa inicialmente codificada nas mercadorias culturais.[47]

46 | *Idem*, p. 135.
47 | *Idem*, p. 21.

O teórico cultural francês Michel de Certeau também pesquisa o termo "consumidor", para revelar as atividades que pertencem ao ato de consumo ou, como ele prefere chamar, à "produção secundária".[48] O consumo, como ele diz, "é astuto, disperso e se insinua por toda parte, de modo silencioso e quase invisível, por não se manifestar por meio de seus próprios produtos, mas por suas vias de utilizar os que uma ordem econômica dominante lhe impõe".[49] Para Certeau, o campo cultural é um lugar de contínuo conflito (silencioso e quase invisível) entre a "estratégia" de imposição cultural (produção) e as "táticas" de uso cultural (consumo ou "produção secundária"). A crítica cultural deve estar atenta para "a diferença ou a semelhança entre [...] produção [...] e [...] a produção secundária escondida no processo de [...] utilização".[50] Ele caracteriza o consumo

48 | Michel de Certeau, "The practice of everyday life", em John Storey (org.), *Cultural theory and popular culture: a reader*, 4. ed., Harlow: Pearson Education, 2009, p. 247; extraído de Michel de Certeau, *The practice of everyday life*, Berkeley: University of California Press, 1984.

49 | *Idem*, p. 546.

50 | *Idem*, p. 547. Eis um exemplo da "tática" da produção secundária: embora meus pais sempre tenham votado no Partido Trabalhista, por muitos anos votaram separadamente nas eleições. O motivo é que meu pai sempre aceitava uma carona para o local de votação em um enorme Bentley cinza, dirigido por um membro do Partido Conservador do conselho local. Minha mãe, nascida e criada numa vila de mineradores no condado de Durnham, que sobreviveu às consequências amargas da Greve Geral de 1926, recusava-se até a permitir a possibilidade de entrar no Bentley de um Tory (conservador) – "Nem morta entro nesse carro". Meu pai, que crescera em meio às durezas gerais da vida na parte urbana de Salford, ilustradas em *Love on the Dole*, de Walter Greenwood, sempre respondia da

ativo de textos como "caça clandestina" (*poaching*): "Leitores são viajantes; circulam em terras alheias, como nômades caçando por conta própria através de campos que não escreveram".[51]

A ideia de leitura como caça clandestina é claramente uma rejeição a qualquer posição teórica que pressuponha ser a "mensagem" de um texto algo imposto ao leitor. Essas abordagens, afirma, são fundamentadas em um erro básico de entendimento dos processos de consumo. É um "erro [que] assume que 'assimilar' significa necessariamente 'tornar-se semelhante' àquilo que se absorve, e não, 'torná-lo semelhante' ao que se é, tomando-o para si, apropriando-se e reapropriando-se".[52]

Atos de caça textual clandestina sempre estão em conflito potencial com a "economia escritural"[53] de produtores textuais e daquelas vozes institucionais (críticos profissionais, acadêmicos etc.) que, ao insistir na autoridade de significados autorais e/ou textuais, trabalham para limitar e confinar a produção e a circulação de significados "não autorizados". Dessa maneira, a noção de "caça clandestina", de Certeau, é um desafio aos modelos tradicionais de leitura, em que o propósito da leitura é a recepção passiva de intenções autorais e/ou textuais; isto é, modelos de leitura em que a leitura é reduzida a uma questão de estar "certo" ou "errado". E faz uma observação interessante sobre como a noção de texto que contém um significado oculto pode ajudar a sustentar certas relações de poder em assuntos de pedagogia:

Essa ficção condena os consumidores à sujeição, porque sempre vão ser acusados de infidelidade ou ignorância ao estar frente às "riquezas" mudas do tesouro.

mesma forma, dizendo haver algo de muito engraçado em "ser levado por um Tory para votar nos Trabalhistas".

51 | Michel de Certeau, *The practice of everyday life*, Berkeley: University of California Press, 1984, p. 174.

52 | *Idem*, p. 166.

53 | *Idem*, pp. 131-76.

[...] A ficção do "tesouro" escondido na obra, cofre-forte cheio de significados, obviamente não está baseada na produtividade do leitor, mas na instituição social que sobredetermina sua relação com o texto. É como se a leitura fosse obliterada por uma relação de forças (entre mestres e alunos [...]), da qual ela se torna instrumento.[54]

Isso pode, por sua vez, produzir uma prática docente em que "estudantes [...] são desdenhosamente guiados, ou engenhosamente atraídos, para o significado 'aceito' por seus mestres".[55] Muitas vezes, isso é influenciado pelo que podemos chamar de "determinismo textual":[56] a concepção de que o valor de algo é inerente à coisa em si. Essa postura pode levar a uma maneira de trabalhar em que certos textos e práticas são prejulgados como indignos das preocupações legítimas do olhar acadêmico. Contra esse pensamento, eu rebateria que o objeto de estudo não é o que realmente importa, mas como o objeto é estudado.

Pode-se dizer que muitas áreas do cotidiano ilustram o relato de Certeau a respeito das práticas de consumo, mas nenhuma delas, talvez, tanto quanto as práticas de consumo das culturas dos fãs. Junto com subculturas jovens, fãs talvez sejam a parte mais visível do público de textos e práticas populares. Ultimamente, os grupos de fãs (fandom) têm cada vez mais ficado sob o

54 | *Idem*, p. 171.

55 | *Idem*, p. 172. Andy Medhurst descreve essa maneira de ensinar (acredito que de modo bem preciso), como "imposição missionária"; ver Andy Medhurst, "Teaching queerly: politics, pedagogy and identity in lesbian and gay studies", em Nannette Aldred & Martin Ryle (orgs.), *Teaching culture: the long revolution in cultural studies*, Leicester: National Institute of Adult Continuing Education Press, 1999, p. 98.

56 | Ver John Storey, *Cultural consumption and everyday life*, Londres: Edward Arnold, 1999.

olhar crítico dos estudos culturais. Tradicionalmente, eles foram tratados de duas maneiras: ridicularizados ou considerados patológicos. Segundo Joli Jenson, "a literatura sobre grupos de fãs é assombrada por imagens de desvios comportamentais. O fã é consistentemente caracterizado (referindo-se às origens do termo) como um fanático potencial. Isso significa que o comportamento dos grupos de fãs é visto como excessivo, limítrofe do desvario".[57] A autora sugere dois tipos característicos da patologia dos fãs: o "indivíduo obsessivo" (em geral, masculino) e "a multidão histérica" (em geral, feminina). E defende que ambas as figuras resultam de uma leitura específica e uma "crítica não reconhecida da modernidade", em que fãs são vistos "como sintoma psicológico de uma suposta disfunção social".[58] Os fãs são apresentados como um dos perigosos "outros" da vida moderna. "Nós" somos sãos e respeitáveis; "eles" são ou obsessivos ou histéricos.

Este é mais um discurso sobre outras pessoas. Ser fã é o que "outras pessoas" fazem. Isso pode ser claramente visto na maneira como se atribui aos grupos de fãs as atividades culturais de públicos populares, enquanto se diz que grupos dominantes têm interesses, gostos e preferências culturais. Além disso, como observa Jenson, tal discurso busca assegurar distinções entre culturas de classe e controlá-las. Isso é supostamente confirmado pelo(s) objeto(s) de admiração que diferenciam os gostos de grupos dominantes daqueles de públicos populares[59] e, também supostamente, apoiado pelos métodos de apreciação – diz-se que públicos populares de-

[57] | Joli Jenson, "Fandom as pathology", em Lisa Lewis (org.), *The adoring audience*, Londres: Routledge, 1992, p. 9.

[58] | *Idem, ibidem*.

[59] | Nessa mesma obra, Jenson argumenta, de modo convincente, que é possível ser fã de James Joyce quase da mesma forma que é possível ser fã de Barry Manilow; ver Joli Jenson, "Fandom as pathology", *op. cit.*, pp. 19-20.

monstram seu prazer com excessos emocionais, enquanto o público da cultura dominante sempre consegue manter o controle e um respeitável distanciamento estético.[60]

Talvez o texto mais interessante sobre a cultura dos fãs, vista da perspectiva dos estudos culturais, seja *Textual poachers*, de Henry Jenkins. Em uma pesquisa etnográfica de uma comunidade de fãs (principalmente, mas não só, mulheres brancas de classe média), ele aborda o "fãsismo" "como [...] um acadêmico (que tem acesso a determinadas teorias de cultura popular, determinados grupos de literatura crítica e etnográfica) e também como fã (que tem acesso aos conhecimentos e tradições peculiares daquela comunidade)".[61]

A leitura por fãs caracteriza-se como de intenso envolvimento intelectual e emocional. "Diminui-se a distância textual não tanto para que o fã fique possuído pelo texto, mas para que possa possuí-lo mais plenamente. Apenas ao reintegrar o conteúdo de mídia em seu viver diário, apenas no estreito engajamento com seus significados e materiais, os fãs conseguem realmente consumir a ficção e torná-la um recurso ativo".[62] Argumentando contra o determinismo textual (o texto determina como vai ser lido e, ao fazer isso, posiciona o leitor em certo discurso ideológico), Jenkins insiste que "o leitor é levado não para o mundo pré-constituído da ficção, mas para o mundo que ele criou a partir de materiais textuais. Aqui, os

---

60 | Públicos de música clássica e ópera tiveram de aprender o modo estético de consumo. Ver John Storey, "Inventing opera as art in nineteenth-century Manchester", *International Journal of Cultural Studies*, 9 (4), 2006; e, do mesmo autor, *Culture and power in cultural studies: the politics of signification*, Edimburgo: Edinburgh University Press, 2010a.

61 | Henry Jenkins, *Textual poachers*, Nova York: Routledge, 1992, p. 5.

62 | *Idem*, p. 62.

valores preestabelecidos do leitor são, no mínimo, tão importantes quanto aqueles preferidos pelo sistema narrativo".[63]

Fãs não apenas leem textos: eles os releem continuamente. Isso muda profundamente a natureza da relação texto-leitor. A releitura solapa a operação do que Barthes denomina "código hermenêutico" (a maneira como um texto apresenta tópicos para gerar o desejo de continuar lendo).[64] Dessa maneira, a releitura transfere a atenção do leitor "daquilo que vai acontecer" para "como as coisas acontecem", para tópicos de relações de caráter, temas narrativos, a produção de conhecimentos e discursos.

Enquanto a maioria das leituras é uma prática solitária, realizada em particular, fãs consomem textos como participantes de uma comunidade. A cultura dos fãs está relacionada com a demonstração e a circulação públicas de produção de significados e de práticas de leitura. Fãs produzem significados para se comunicar com outros fãs. A demonstração e a circulação públicas desses significados são cruciais para uma reprodução da cultura dos fãs. Como explica Jenkins, "fãs organizados são, talvez antes e acima de tudo, uma instituição de teoria e crítica, um espaço semiestruturado em que são propostas, debatidas e negociadas interpretações e avaliações concorrentes de textos comuns e em que leitores especulam sobre a natureza das mídias de massa e de sua relação com elas".[65]

Culturas dos fãs não são apenas grupos de leitores entusiastas, são também produtores culturais ativos. Jenkins[66] aponta dez maneiras como fãs reescrevem seus programas televisivos favoritos:

---

63 | *Idem*, p. 63.

64 | Ver Roland Barthes, *S/Z*, Londres: Jonathan Cape, 1975.

65 | Henry Jenkins, *Textual poachers*, *op. cit.*, p. 86.

66 | *Idem*, pp. 162-77.

1. **Recontextualização** | produzindo vinhetas, historietas e novelas que buscam preencher lacunas das narrativas midiáticas e sugerir explicações adicionais para determinadas ações.

2. **Expansão da linha do tempo da série** | produzindo vinhetas, historietas e novelas que fornecem um pano de fundo histórico a personagens etc., não explorados nas narrativas transmitidas, ou sugestões para futuros desenvolvimentos, além do período coberto pela narrativa midiática.

3. **Refocalização** | isso ocorre quando fãs escritores transferem para figuras secundárias o foco de atenção que estava nos protagonistas. Por exemplo, personagens femininas ou negras são tiradas das margens de um texto e colocadas no centro do palco.

4. **Realinhamento moral** | é uma versão, da refocalização, em que se inverte a ordem moral da narrativa midiática (os vilões tornam-se os bonzinhos). Em algumas versões, a ordem moral permanece igual, mas a história agora é contada do ponto de vista dos vilões.

5. **Mudança de gênero** | personagens de narrativas de ficção científica, por exemplo, são reposicionados em uma novela ou em um faroeste.

6. **Intercâmbios** | personagens de um programa televisivo são introduzidos em outro. Por exemplo, personagens de *Doctor Who* podem aparecer, na mesma narrativa, como personagens de *Guerra nas estrelas*.

7. **Deslocamento de personagem** | personagens são reposicionados em novas situações narrativas, com novos nomes e novas identidades.

8. **Personalização** | a inserção do escritor em uma versão de seu programa televisivo favorito. Por exemplo, eu poderia escrever um conto em que sou recrutado pelo Doctor para viajar com ele na Tardis em uma missão para explorar o que se tornou o Manchester United no século XXIV. Jenkins observa, contudo, que na cultura dos fãs muitos desencorajam esse subgênero de escrita por fãs.

9. **Intensificação emocional** | a produção do que é chamado de histórias de "ferir-confortar", em que os personagens favoritos, por exemplo, passam por crises emocionais.

10. **Erotização** | histórias que exploram o lado erótico da vida de um personagem. O subgênero mais conhecido desse estilo de escrita de fãs talvez seja a ficção "*slash*", assim chamada por representar relações de personagens do mesmo sexo (como Kirk/Spock etc.).

Fãs fazem, além de ficção, vídeos musicais em que imagens de seus programas favoritos são editadas em novas sequências, tendo como trilha sonora uma canção popular; fazem arte de fãs; produzem fanzines; participam do *filking* (compor e tocar, em competições musicais, músicas *filk* – músicas sobre programas, personagens ou a própria cultura dos fãs); e organizam campanhas para encorajar redes televisivas a reapresentar seus programas favoritos ou a fazer mudanças nos atuais.[67] Como aponta Jenkins, ecoando Certeau, "fãs são caçadores furtivos que conseguem manter o que pegam e usar seus bens de consumo saqueados como base para a construção de uma comunidade cultural alternativa".[68]

Em seu estudo sobre *filking*, Jenkins chama atenção para uma oposição comum, nas músicas *filk*, entre grupos de fãs e a "Mundania" (o mundo em que vivem os não fãs, os "leitores mundanos" ou simplesmente "mundanos"). A diferença entre os dois mundos não está simplesmente na intensidade da resposta: "Em oposição aos valores e normas da vida diária, fãs são definidos como pessoas que vivem de maneira mais rica, sentem com mais intensidade, jogam com mais liberdade e pensam com maior profundidade do que os 'mundanos'".[69] Além disso, "grupos de fãs constituem […] um espaço […] definido por sua recusa dos valores e práticas mundanos, sua celebração de emoções sentidas profundamente e prazeres

---

67 | Para um estudo sobre como os fãs de *Doctor Who* ajudaram a levar a série de volta à televisão, ver Neil Perryman, "Doctor Who and the convergence of media", *op. cit.*

68 | Henry Jenkins, *Textual poachers*, *op. cit.*, p. 223.

69 | *Idem*, p. 268.

acolhidos com paixão. A própria existência de fãs representa uma crítica às formas convencionais de cultura de consumo".[70]

O que ele considera particularmente poderoso nas culturas dos fãs é sua luta para criar "uma cultura mais participativa" a partir "das próprias forças que transformam muitos norte-americanos em espectadores".[71] Não são as mercadorias que dão poder, mas o que os fãs fazem delas é que o cria. Jenkins explica:

> Não estou dizendo que, nos textos que os fãs adoram, haja algo especial que dê poder. Defendo, contudo, que há algo que dá poder naquilo que os fãs fazem com esses textos, no processo de assimilá-los às peculiaridades de suas vidas. O que os grupos de fãs celebram não são textos excepcionais, mas leituras excepcionais (embora suas práticas interpretativas impossibilitem manter uma distinção clara e precisa entre os dois).[72]

Em uma maneira que lembra o modelo que havia nos estudos culturais clássicos para a leitura subcultural, as culturas dos fãs, segundo Jenkins, lutam para resistir às necessidades do banal e do cotidiano. Enquanto subculturas jovens definem-se contra as culturas originais e dominantes, as culturas dos fãs definem-se em oposição às supostas passividades culturais cotidianas da "Mundania".

Grossberg critica o modelo "subcultural" das culturas dos fãs, em que "fãs constituem uma fração elitizada do público maior de consumidores passivos".[73]

---

70 | *Idem*, p. 283.

71 | *Idem*, p. 284.

72 | *Idem, ibidem*.

73 | Lawrence Grossberg, "Is there a fan in the house?", em Lisa Lewis (org.), *The adoring audience*, Londres: Routledge, 1992, p. 52.

Assim, o fã sempre está em conflito constante, não apenas com as várias estruturas de poder, mas também com a vasta audiência de consumidores de mídia. Mas essa visão tão elitista dos fãs pouco ajuda a iluminar as relações complexas que ocorrem entre formas de cultura popular e seus públicos. Embora todos possamos concordar que há uma diferença entre o fã e o consumidor, é improvável que entendamos a diferença se simplesmente celebrarmos a primeira categoria e rejeitarmos a última.[74]

De modo semelhante, a análise subcultural sempre tendeu a celebrar o extraordinário em vez do habitual – uma oposição binária entre "estilo" resistente e "moda" conformista. Subculturas representam a juventude resistindo, recusando-se ativamente a conformar-se com os gostos comerciais passivos da maioria dos jovens. Quando a resistência é substituída pela incorporação, a análise cessa, aguardando a próxima "grande recusa". Gary Clarke chama atenção para a centralização, em Londres, de muitas das teorias subculturais britânicas, sugerindo que a chegada de determinada subcultura jovem nas províncias é sinal indicativo de sua incorporação. Não é de surpreender, então, que ele também detecte certo nível de elitismo cultural estruturando boa parte das obras de estudos culturais clássicos sobre subculturas jovens.

Eu diria que, de modo geral, a literatura subcultural centrar a atenção no desvio estilístico de alguns poucos contém (embora implícito) um tratamento semelhante ao do resto da classe trabalhadora como incorporada sem problemas. Isso é evidente, por exemplo, na falta de gosto sentida em relação a jovens considerados como fora da atividade subcultural – mesmo que a maioria dos jovens *'straight'* da classe trabalhadora, heterossexuais, curta a mesma música, os mesmos estilos e as mesmas atividades que as subculturas –, e no desdém a cultos tais como, por exemplo, *glam*, *disco* e a revivificação dos Teds, que não teriam "autenticidade".

74 | *Idem, ibidem.*

De fato, parece haver um desdém subjacente: à "cultura de massa" (que estimula o interesse naqueles que dela desviam) proveniente das obras marxistas e da Escola de Frankfurt; e, dentro da tradição inglesa, ao medo da cultura de massa expresso em *Os usos do letramento*.[75]

Se o consumo subcultural deve permanecer como área de preocupação nos estudos culturais, Clarke sugere que a análise futura "deveria considerar a ruptura de um estilo como seu ponto de partida",[76] em vez de ver isso como o momento definidor da incorporação. Melhor ainda, os estudos culturais deveriam focar "nas atividades de todos os jovens, [não só] para situar continuidades e descontinuidades na cultura e nas relações sociais [mas também] para descobrir os significados dessas atividades para os próprios jovens".[77]

O CAMPO ECONÔMICO | Há agora um gênero completo de artigos e *papers* de conferência – por pessoas que trabalham com mídia e comunicação (ou seja, acadêmicos, quase todos homens, de áreas externas aos estudos culturais) – que está totalmente dedicado a, finalmente, publicar e apresentar a proposição de que, se for mesmo para manter sua credibilidade política, os estudos culturais devem, sem demora, adotar os métodos de trabalho da economia política.[78] McGuigan tem o crédito de ser um expoente sério e pioneiro desse gênero:

---

75 | Gary Clarke, "Defending ski-jumpers: a critique of theories of youth subcultures", em Simon Frith & Andrew Goodwin (orgs.), *On record*, Nova York: Pantheon, 1990, p. 90.

76 | *Idem*, p. 92.

77 | *Idem*, p. 95.

78 | Para um debate inteligente e polêmico entre estudos culturais e economia política da cultura, ver *Critical studies in mass communication*, 12, 1995. Ver também, em John Storey, *Cultural theory and popular culture: a reader*, 4. ed., Harlow: Pearson Education, 2009, a Parte Sete.

Na minha opinião, a separação entre os estudos culturais contemporâneos e a economia política da cultura foi um dos traços mais incapacitantes desse campo de estudo. A problemática central foi baseada virtualmente em um terror ao reducionismo econômico. Em consequência, os aspectos econômicos das instituições de mídia e a dinâmica econômica mais ampla da cultura de consumo raramente eram pesquisados, sendo simplesmente descartados, solapando assim severamente as capacidades explicativas e, de fato, críticas dos estudos culturais.[79]

Nicholas Garnham aponta para algo semelhante: "O projeto dos estudos culturais só pode prosseguir com sucesso se for reconstruída a ponte com a economia política".[80] Nos estudos culturais, houve trabalhos sobre o consumo que foram excessivos – ou, pelo menos, é o que dizem – ao superestimar o poder dos consumidores, ao perder de vista o papel "determinante" da produção de limitar as possibilidades de consumo.

Assim, o que a economia política pode oferecer aos estudos culturais? Eis o que Peter Golding e Graham Murdock esboçam a respeito de seus protocolos e procedimentos:

O que caracteriza a perspectiva [teórica] crítica da economia política [...] é precisamente seu foco na interação entre as dimensões simbólica e econômica das comunicações públicas [incluindo cultura popular]. Ela começa por mostrar como as diferentes maneiras de financiar e organizar a produção cultural têm consequências detectáveis para a grande variedade de discursos e representações no domínio do público e para o *acesso* das audiências a eles.[81]

---

79 | Jim McGuigan, *Cultural populism*, op. cit., pp. 40-1.

80 | Nicholas Garnham, "Political economy and cultural studies: reconciliation or divorce", em John Storey (org.), *Cultural theory and popular culture: a reader*, 4. ed., Harlow: Pearson Education, 2009, p. 619.

81 | Peter Golding & Graham Murdock, "Culture, communica-

É claramente importante abordar essas questões em um mundo em que as indústrias culturais pertencem a um número cada vez menor de indivíduos e instituições poderosas e são controladas por eles. É hoje muito comum o poder de uma indústria cultural se estender para bem além de seu ponto publicamente mais visível. Uma empresa conhecida por fazer filmes também pode ser dona da empresa que detém os direitos do livro no qual o filme é baseado e a empresa que detém a música da trilha sonora e os jornais e revistas em que o filme é analisado. Essas "sinergias" dão a determinadas indústrias culturais enorme poder sobre o que vemos, lemos e ouvimos e, além disso, como somos estimulados a ouvir, ver e ler.

Mas como a economia política da cultura trata essas questões? A palavra mais importante na citação acima é "acesso" (privilegiado ao "uso" e "significado"). Isso revela as limitações da abordagem: boa nas dimensões econômicas, mas fraca nas simbólicas. Golding e Murdock sugerem que a obra de teóricos como Willis e Fiske, em sua "celebração romântica do consumo subversivo, está claramente em desacordo com a preocupação de longa data dos estudos culturais com a maneira como a mídia de massa opera ideologicamente para manter e apoiar as relações prevalecentes de dominação".[82] O que é particularmente revelador nessa pretensão não é a crítica a Willis e Fiske, mas as premissas a respeito dos propósitos dos estudos culturais. Golding e Murdock parecem estar sugerindo que, a menos que o foco esteja voltado firme e exclusivamente para a dominação e a manipulação, os estudos culturais não estão cumprindo sua tarefa. Há apenas duas posições: de um lado, a da celebração romântica e, do outro, a do reconhecimento do poder ideológico – e apenas a segunda configura uma pesquisa acadêmica séria. Todas as tentativas de mostrar

tions and political economy", em James Curran & Michael Gurevitch (orgs.), *Mass media and society*, Londres: Edward Arnold, 1991, p. 15; grifos meus.

82 | *Idem*, p. 17.

pessoas resistindo à manipulação ideológica seriam formas de celebração romântica? Seriam o pessimismo de esquerda e o esquerdismo moral as únicas garantias de seriedade política e acadêmica?

A ideia que a economia política faz da análise cultural parece envolver pouco mais do que detalhar o acesso a textos e práticas e a disponibilidade deles. Em nenhum ponto defende uma real consideração do que esses textos e práticas podem significar (textualmente) ou como são feitos significativos no uso (consumo). Como observam Golding e Murdock,

> em contraste com obras recentes dos estudos culturais sobre a atividade das audiências, [obras essas] que se concentram na negociação de interpretações textuais e no uso da mídia em entornos sociais imediatos, a [teoria] crítica da economia política parece relatar variações nas respostas das pessoas a seu posicionamento geral no sistema econômico.[83]

Isso parece sugerir que a materialidade específica de um texto é desimportante e que as negociações com o público são meras ficções, movimentos ilusórios em um jogo de poder econômico. Embora seja claramente importante situar os textos e as práticas da cultura popular dentro do campo de suas condições econômicas de existência, também é claro ser insuficiente fazer isso da maneira defendida pela economia política e pensar, então, que também foram analisadas e respondidas questões importantes que têm a ver com a materialidade específica de um texto e sua apropriação e uso pelo público. Parece-me que a teoria pós-marxista da hegemonia ainda sustenta a promessa de manter, em relação ativa, produção, texto e consumo, enquanto a economia política, apesar de suas intenções admiráveis, ameaça colapsar tudo novamente no econômico.

É a atitude de Willis quanto ao mercado capitalista que mais ofende a economia política, especialmente em sua demanda de que a tendência

---

83 | *Idem*, p. 27.

capitalista para o lucro produz as mesmas condições para a produção de novas formas de cultura comum.

> Nenhuma outra agência reconheceu esse campo [cultura comum] ou forneceu-lhe materiais simbólicos utilizáveis. E empreendimentos comerciais do campo cultural descobriram algo real. Por quaisquer razões em proveito próprio que isso tenha sido alcançado, acreditamos ser esse um reconhecimento histórico. Isso conta e é irreversível. Formas culturais comerciais ajudaram a produzir um presente histórico do qual agora não conseguimos mais escapar e no qual há muitos outros materiais disponíveis para o necessário trabalho simbólico – não importa o que pensemos deles –, mais do que jamais houve no passado. Desses, surgem formas não sonhadas na imaginação comercial, e certamente não, na oficial – formas que modelam a cultura comum.[84]

O capitalismo não é um sistema monolítico. Como qualquer "estrutura", é contraditório, pois restringe e, ao mesmo tempo, possibilita a "agência". Por exemplo, enquanto um capitalista lamenta as atividades da subcultura jovem mais recente, outro a adota com entusiasmo econômico e está preparado para supri-la de todas as mercadorias que for capaz de desejar. No sistema capitalista de mercado, essas são as contradições, e outras similares, que produziram a possibilidade de uma cultura comum. "Comércio e consumismo ajudaram a desencadear uma explosão profana da vida e da atividade simbólicas do cotidiano. O gênio da cultura comum está fora da garrafa – libertado pelo descuido comercial. Nossa imaginação deve ocupar-se não em empurrá-lo de volta, mas em ver quais desejos podem ser concedidos."[85]

---

84 | Paul Willis, *Common culture*, Buckingham: Open University Press, 1990, p. 19.

85 | *Idem*, p. 27.

Isso vincula-se ao que Willis sabe que será para muitos, ou no mínimo para os defensores da economia política, um anátema: a sugestão de que "a possibilidade de emancipação cultural opere, pelo menos em parte, por meio de mecanismos econômicos comuns, até então inadequados".[86] Embora não fique totalmente claro o que ele entende por "emancipação cultural", por trás disso está a ideia de que ela se vincula a uma ruptura com as exclusões hegemônicas da "cultura oficial". O que fica claro, contudo, e permanece como anátema à economia política, é que ele vê o mercado (em parte, por causa de suas contradições) "fornecendo materiais para sua própria crítica"[87] e, apesar de suas intenções e distorções, como facilitador da criatividade simbólica no âmbito da cultura comum.

> O povo encontra no mercado incentivos e possibilidades não apenas para seu confinamento, mas também para seu desenvolvimento e crescimento. Embora às avessas, alienado e, a cada rodada, funcionando por meio da exploração, esses incentivos e possibilidades prometem mais do que qualquer alternativa visível. [...] Nem será mais suficiente, frente à estética de base, dizer que as "identidades de consumo" modernas simplesmente repetem "posições inscritas" dentro de textos e artefatos providos pelo mercado. É claro que o mercado nada fornece, em seu sentido mais completo, que culturalmente dê poder. Há opções, mas não opções sobre opções – o poder de definir a agenda cultural. Todavia, o mercado oferece um poder contraditório, que não foi oferecido em nenhum outro lugar. Pode não ser a melhor maneira de se emancipar culturalmente para a maioria, mas *pode abrir o caminho para um caminho melhor*.[88]

Assim como o capitalismo, as indústrias culturais – que fornecem as mercadorias de onde o povo faz cultura – não são, em si, monolíticas e

---

86 | *Idem*, p. 131.

87 | *Idem*, p. 139.

88 | *Idem*, p. 160; grifos meus.

não contraditórias. Desde a primeira indústria cultural (a do melodrama do século XIX) até talvez uma das mais poderosas do século XX (a música *pop*), mercadorias culturais foram "articuladas" de maneiras que "podem abrir o caminho para um futuro melhor". Por exemplo, a Foto 10.1 é o cartaz de um espetáculo beneficente organizado no Queen's Theatre (um estabelecimento comercial para vender entretenimento mercantilizado), em Manchester. O cartaz mostra como o teatro se oferecera (ou fora oferecido) para um espetáculo beneficente em apoio à greve dos encadernadores de Londres.[89] Outro exemplo significativo é o fato de, após sua libertação em 1990, a primeira aparição pública de Nelson Mandela ter sido para assistir a um concerto de música *pop*, para agradecer a um público (consumidores de música *pop*, uma prática mercantilizada) porque eles "optaram por se importar".[90] Ambos os exemplos desafiam a ideia de serem o capitalismo e as indústrias culturais capitalistas monolíticos e não contraditórios.

89 | Ver John Storey "Texts, readers, reading formations: *My Poll and My Partner Joe* in Manchester in 1841", em: *Literature and History*, 1 (2), 1992; e, do mesmo autor, *Culture and power in cultural studies: the politics of signification*, Edimburgo: Edinburgh University Press, 2010a.

90 | Ver John Storey, "'Side-saddle on the golden calf': Moments of utopia in American pop music and pop music culture", em Michael Klein (org.), *An American half century: postwar culture and politics in the USA*, Londres: Pluto, 1994.

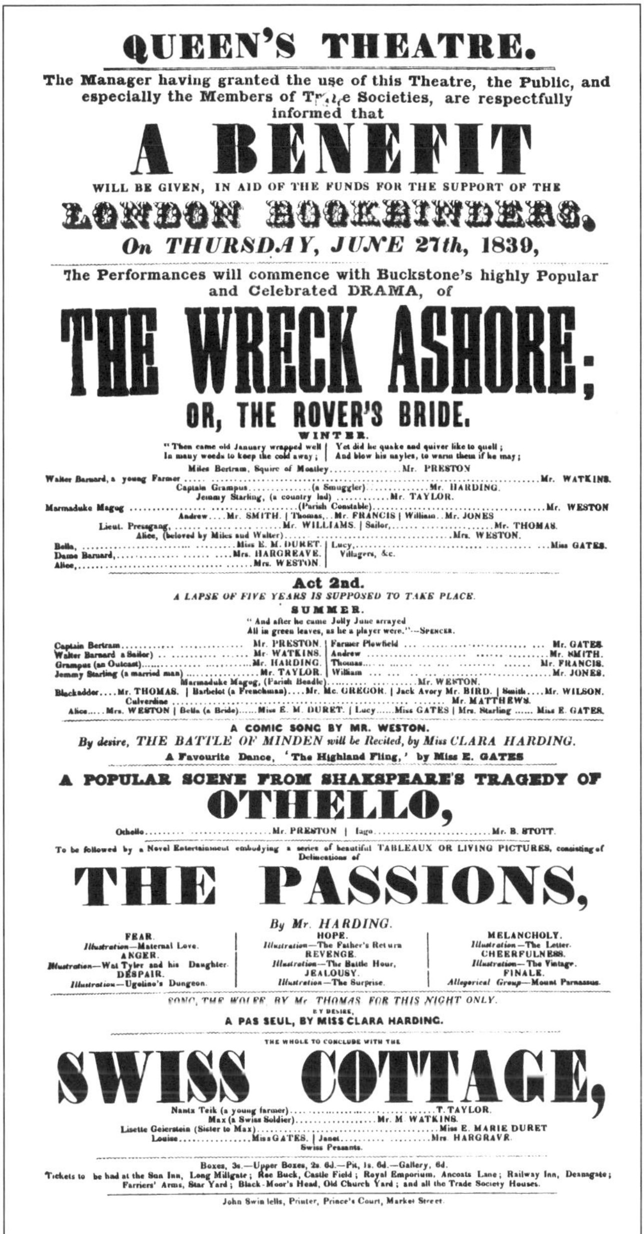

QUEEN'S THEATRE.

The Manager having granted the use of this Theatre, the Public, and especially the Members of T[illegible]e Societies, are respectfully informed that

A BENEFIT

WILL BE GIVEN, IN AID OF THE FUNDS FOR THE SUPPORT OF THE

LONDON BOOKBINDERS,

On THURSDAY, JUNE 27th, 1839,

The Performances will commence with Buckstone's highly Popular and Celebrated DRAMA, of

THE WRECK ASHORE;

OR, THE ROVER'S BRIDE.

WINTER.

"Then came old January wrapped well | In many weeds to keep the cold away; | Yet did he quake and quiver like to quell; | And blow his nayles, to warm them if he may;

Miles Bertram, Squire of Moatley...............Mr. PRESTON
Walter Barnard, a young Farmer....................Mr. WATKINS.
Captain Grampus.............(a Smuggler)..............Mr. HARDING.
Jemmy Starling, (a country lad)............Mr. TAYLOR.
Marmaduke Magog..................(Parish Constable)..................Mr. WESTON
Andrew....Mr. SMITH. | Thomas,..Mr. FRANCIS | William..Mr. JONES
Lieut. Pressgang,.....................Mr. WILLIAMS. | Sailor,.....................Mr. THOMAS.
Alice, (beloved by Miles and Walter).......................Mrs. WESTON.
Bella,.........................Miss E. M. DURET. | Lucy,..........................Miss GATES.
Dame Barnard,.....................Mrs. HARGREAVE. | Villagers, &c.
Alice,...........................Mrs. WESTON.

Act 2nd.

A LAPSE OF FIVE YEARS IS SUPPOSED TO TAKE PLACE.

SUMMER.

"And after he came Jolly June arrayed
All in green leaves, as he a player were."—SPENCER.

Captain Bertram.......................Mr. PRESTON. | Farmer Plowfield.......................Mr. GATES.
Walter Barnard a Sailor)...................Mr. WATKINS. | Andrew.......................Mr. SMITH.
Grampus (an Outcast)......................Mr. HARDING. | Thomas.......................Mr. FRANCIS.
Jemmy Starling (a married man)................Mr. TAYLOR. | William.......................Mr. JONES.
Marmaduke Magog, (Parish Beadle)...................Mr. WESTON.
Blackadder....Mr. THOMAS. | Barbelot (a Frenchman)....Mr. Mc. GREGOR. | Jack Avory Mr. BIRD. | Smith....Mr. WILSON.
Culverdine.......................................Mr. MATTHEWS.
Alice.....Mrs. WESTON | Bella (a Bride)......Miss E. M. DURET. | Lucy......Miss GATES | Mrs. Starling......Miss E. GATES.

A COMIC SONG BY MR. WESTON.

By desire, THE BATTLE OF MINDEN will be Recited, by Miss CLARA HARDING.

A Favourite Dance, 'The Highland Fling,' by Miss E. GATES

A POPULAR SCENE FROM SHAKSPEARE'S TRAGEDY OF

OTHELLO,

Othello.............................Mr. PRESTON | Iago.............................Mr. B. STOTT.

To be followed by a Novel Entertainment embodying a series of beautiful TABLEAUX OR LIVING PICTURES, consisting of Delineations of

THE PASSIONS,

By Mr. HARDING.

FEAR.
Illustration—Maternal Love.
ANGER.
Illustration—Wat Tyler and his Daughter.
DESPAIR.
Illustration—Ugolino's Dungeon.

HOPE.
Illustration—The Father's Return
REVENGE.
Illustration—The Battle Hour,
JEALOUSY.
Illustration—The Surprise.

MELANCHOLY.
Illustration—The Letter.
CHEERFULNESS.
Illustration—The Vintage.
FINALE.
Allegorical Group—Mount Parnassus.

SONG, THE WOLFE, BY Mr. THOMAS, FOR THIS NIGHT ONLY.

BY DESIRE,
A PAS SEUL, BY MISS CLARA HARDING.

THE WHOLE TO CONCLUDE WITH THE

SWISS COTTAGE,

Nantz Teik (a young farmer)..............................T. TAYLOR.
Max (a Swiss Soldier)..................Mr. M. WATKINS.
Lisette Geierstein (Sister to Max)......................................Miss E. MARIE DURET
Louise...............Miss GATES. | Janet....................Mrs. HARGRAVR.
Swiss Peasants.

Boxes, 3s.—Upper Boxes, 2s. 6d.—Pit, 1s. 6d.—Gallery, 6d.
Tickets to be had at the Sun Inn, Long Millgate; Roe Buck, Castle Field; Royal Emporium, Ancoats Lane; Railway Inn, Deansgate; Farriers' Arms, Star Yard; Black-Moor's Head, Old Church Yard; and all the Trade Society Houses.

John Swindells, Printer, Prince's Court, Market Street.

Foto 10.1 Em benefício dos encadernadores em greve.

Willis também assinala ser tosco e simplista assumir que os efeitos do consumo devem espelhar as intenções de produção. Como aponta Terry Lovell, baseado na obra de Marx, a mercadoria capitalista tem dupla existência, como valor de uso e como valor de troca. Valor de uso refere-se "à capacidade da mercadoria de satisfazer algum desejo humano".[91] Esses desejos, diz Marx, "podem surgir do estômago ou da fantasia".[92] O valor de troca de uma mercadoria é a quantidade de dinheiro recebido quando ela é vendida no mercado. Crucial para o argumento de Willis é, como Lovell observa, o fato de "o valor de uso de uma mercadoria não pode ser conhecido antes de se estudar o uso real dessa mercadoria".[93] Além disso, como indica Lovell, as mercadorias que fazem a cultura popular

> têm, para os indivíduos que as usam e adquirem-nas, valores de uso diferentes daqueles que têm para os capitalistas que as produzem e vendem-nas e, por sua vez, para o capitalismo como um todo. Podemos assumir que o povo não adquire esses artefatos culturais a fim de se expor à ideologia burguesa [...] mas [sim] para satisfazer uma variedade de diferentes desejos que, na ausência de análise e investigação, só podem ser adivinhados. Não há garantia de que, para quem adquire, o valor de uso do objeto cultural vá até mesmo ser compatível com sua utilidade para o capitalismo enquanto ideologia burguesa.[94]

Quase tudo que compramos ajuda a reproduzir economicamente o sistema capitalista. Mas nem tudo que compramos necessariamente ajuda a nos

---

91 | Terry Lovell, "Cultural production", em John Storey (org.), *Cultural theory and popular culture: a reader*, 4. ed., Harlow: Pearson Education, 2009, p. 439; retomando Karl Marx, *Capital*, I, Harmondsworth: Penguin, 1976c.
92 | *Idem, ibidem*.
93 | *Idem*, p. 540.
94 | *Idem*, p. 542.

garantir como "sujeitos" da ideologia capitalista. Se, por exemplo, vou a uma manifestação anticapitalista, minha viagem, minha alimentação, minha acomodação, minhas roupas etc., tudo contribui para a reprodução do sistema que eu gostaria de derrubar. Portanto, embora grande parte de meu consumo, se não todo ele, seja "capitalista", isso não me impede de ser anticapitalista. Sempre há uma contradição potencial entre valor de troca e valor de uso.

A principal preocupação da produção capitalista é o valor de troca que leva à mais-valia (lucro). Isso não significa, claro, que o capitalismo não se interesse pelo valor de uso: sem valor de uso, as mercadorias não seriam vendáveis (assim, todo esforço é feito para estimular a demanda). Mas isso significa que, muitas vezes, cada busca capitalista por mais-valia pode ser às custas das necessidades ideológicas gerais do sistema como um todo. Marx estava mais do que ciente das contradições do sistema capitalista. Ao estudar as exigências de capitalistas, de que trabalhadores deveriam poupar para suportar as flutuações dos *booms* e das estagnações econômicas, ele aponta para a tensão que pode existir entre "trabalhador enquanto produtor" e "trabalhador enquanto consumidor":

> todo capitalista faz exigências de que seus trabalhadores deveriam poupar, mas só do seu dinheiro, porque, para ele, são trabalhadores; mas não o restante do mundo de trabalhadores, pois esses, para ele, são consumidores. No entanto, apesar de todos os discursos "virtuosos", ele busca meios de estimulá-los ao consumo, dar novos encantos a seus artigos, inspirá-los com novas necessidades, usando de conversas informais constantes etc.[95]

A situação fica ainda mais complicada pelas tensões entre capitais particulares e o capitalismo como um todo. Interesses de classe comuns – exceto se forem impostas restrições específicas, censura etc. – em geral ficam atrás dos interesses de capitais particulares na busca por mais-valia.

---

95 | Karl Marx, *Grundrisse*, Harmondsworth: Penguin, 1973, p. 287.

Se for possível extrair mais-valia da produção de mercadorias culturais que desafiem, ou mesmo subvertam, a ideologia dominante, e mantendo-se igual todo o restante, é do interesse de capitais particulares investir na produção dessas mercadorias. A não ser que sejam exercidas restrições de classe coletivas, cada busca do capitalista individual por mais-valia pode levar a formas de produção cultural que vão de encontro aos interesses do capitalismo como um todo.[96]

Para explorar essa possibilidade, seria necessário um foco específico no consumo como oposto à produção. Isso não é negar a reivindicação da economia política de que uma análise completa deve levar em consideração as determinações tecnológicas e econômicas: é defender que, se nosso foco é o consumo, então nosso foco deve ser o consumo como ele é experimentado, e não como deveria ser experimentado, dada uma análise prévia das relações de produção.

Aqueles da esquerda moral e pessimista que atacam as relações de consumo capitalistas não entenderam a questão: são as relações de produção capitalistas que oprimem e exploram, e não a escolha do consumidor estimulada pelo mercado capitalista. Essa também parece ser a proposta de Willis. Os da esquerda moral e pessimista permitiram-se ficar enredados em uma reivindicação elitista e reacionária que afirma que mais (quantidade) sempre significa menos (qualidade).

É importante distinguir entre o poder das indústrias culturais e o poder de sua influência. Com muita frequência, os dois estão amalgamados, mas não são, necessariamente, a mesma coisa. O problema da abordagem da economia política é que, demasiadas vezes, pressupõe que assim o sejam. Isso, também em demasia, produz uma lógica simples – as indústrias culturais são provedoras da ideologia capitalista, e quem compra seus produtos: está, com efeito, comprando a ideologia capitalista; sendo ludibriado por uma multinacional capitalista; sendo reproduzido como

---

96 | Terry Lovell, "Cultural production", *op. cit.*, pp. 542-3.

sujeito capitalista, pronto para gastar cada vez mais dinheiro e consumir cada vez mais ideologia. O problema dessa abordagem é que ela não consegue entender que o capitalismo produz mercadorias com base em seu valor de troca, enquanto o povo tende a consumir os bens do capitalismo com base em seu valor de uso. Há duas economias correndo em paralelo: a economia do uso e a economia da troca – não conseguimos entender uma estudando apenas a outra. Não podemos compreender o consumo integrando-o na produção, nem vamos entender a produção retirando-a do consumo. Fica claro que a dificuldade não está em mantê-los separados, mas em trazê-los para uma relação que possa ser analisada de maneira significativa. Contudo, ao estudarmos cultura popular, se nosso interesse está no repertório de produtos disponíveis para consumo, então a produção passa a ser nossa maior preocupação; mas, se estivermos interessados em descobrir os usos específicos de determinado texto ou prática, nosso foco primário deve estar no consumo. Em ambos os casos, nossa abordagem será determinada pelas questões que procuramos responder. Embora seja certamente verdade que, em uma situação ideal de pesquisa – com tempo e fundos adequados –, a análise cultural permaneceria incompleta até que produção e consumo estivessem dialeticamente ligados; no mundo real do estudo, nem sempre será esse o caso. Diante disso, a insistência da economia política em apregoar que ela oferece a única abordagem realmente válida para o estudo da cultura popular não apenas é falsa, mas, se muitos acreditarem nela, poderia resultar em uma distorção redutiva, ou a supressao completa, da pesquisa dos estudos culturais.

ESTUDOS CULTURAIS PÓS-MARXISTAS: A HEGEMONIA REVISITADA | A crítica dos estudos culturais oferecida pela economia política é importante não pelo que ela diz, mas por dirigir a atenção para uma questão que, desnecessário dizer, não consegue responder. A questão é: como manter em análise as "condições de existência" dos textos e práticas do cotidiano. O problema com o modo de análise defendido pela economia política é tratar apenas do princípio do processo de fazer cultura. Tomando emprestado uma frase de Stuart Hall, o que descreve é mais bem entendido como "determinação pelo econômico na *primeira instância*".[97] Há condições econômicas, e temer o reducionismo econômico não vai simplesmente afastá-las. Entretanto, a questão não é apenas detalhar essas condições, para produzir uma compreensão de como tais condições geram um repertório de mercadorias; o que também se exige é um entendimento das muitas maneiras como o povo seleciona essas mercadorias, apropria-se delas e as usa, transformando-as em cultura. Em outras palavras, é preciso compreender a relação entre "estrutura" e "agência", o que não se consegue se um lado da relação for abandonando. Hall está absolutamente certo em sugerir que, às vezes, das pessoas que trabalham com estudos culturais, várias fogem de explicações "econômicas":

> O que resultou do abandono do economismo determinista, nas questões relativas às relações econômicas e seus efeitos, não foram formas alternativas de pensá-las como "condições de existência" de outras práticas […] mas, sim, uma desaprovação em massa, gigantesca e eloquente. Como o econômico, em seu sentido mais amplo, definitivamente não "determina" o real movimento da história "em última instância" (como antes se supunha), tudo se passou como se ele não existisse![98]

Hall descreve isso como "um fracasso da teorização, tão profundo e […] tão incapacitante, que […] possibilitou a paradigmas muito mais fracos

---

97 | Stuart Hall, "The problem of ideology: Marxism without guarantees", em David Morley & Kuan-Hsing Chen (orgs.), *Stuart Hall: cultural dialogues in cultural studies*, Londres: Routledge, 1996c, p. 45; grifado no original.

98 | *Idem*, "When was the 'post-colonial'? Thinking at the limit", em L. Chambers & L. Curti (orgs.), *The postcolonial question*, Londres: Routledge, 1996d, p. 258.

e conceitualmente menos ricos que continuassem a florescer e dominar o campo".[99] Voltar lá, tem de ser para considerações das "condições de existência", mas não pode ser um retorno ao tipo de análise promovido pela economia política, em que se pressupõe que "acesso" é o mesmo que apropriação e uso; e que produção nos diz tudo que precisamos saber sobre textualidade e consumo. Nem é uma questão de ter de construir pontes para a economia política: o necessário, como McRobbie e outros apoiam, é um retorno ao que foi, desde os anos 1970, o foco teórico mais convincente e coerente dos estudos culturais (britânicos) – a teoria da hegemonia.

McRobbie entende que os estudos culturais foram radicalmente desafiados à medida que estudos sobre pós-modernismo e pós-modernidade foram substituindo os estudos mais conhecidos sobre ideologia e hegemonia. E afirma ter havido duas maneiras de responder a isso. Por um lado, houve quem defendesse um retorno às certezas do marxismo, enquanto, do outro, houve quem tenha se voltado para o consumo (entendido, no caso, *em demasia*, exclusivamente em termos de prazer e de atribuição de significado). Em alguns aspectos, como ela reconhece, isso é quase uma reprise do debate estruturalismo/culturalismo no final dos anos 1970 e início dos 1980. Poderia ser visto, também, como mais uma *performance* do jogo de um dos lados da dialética de Marx[100] contra o outro (somos feitos pela história/fazemos a história). McRobbie rejeita o retorno "a um modelo primitivo e mecânico, de base-superestrutura, e também os perigos de seguir a tal ponto uma espécie de populismo cultural, que toda e qualquer coisa consumida, e que seja popular, é, também, considerada antagônica".[101] Em vez disso, pede "uma extensão da análise cultural

---

99 | *Idem, ibidem.*

100 | Karl Marx, *The eighteenth Brumaire of Louis Bonaparte*, Moscou: Progress, 1977.

101 | Angela McRobbie, *Postmodernism and popular culture*, Londres: Routledge, 1994, p. 39.

gramsciana";[102] e também um retorno à análise cultural etnográfica, que tome como objeto de estudo "a experiência vivida que leve vida para [...] [os] objetos inanimados [as mercadorias fornecidas pelas indústrias culturais]".[103]

A teoria da hegemonia pós-marxista, no que tem de melhor, defende sempre haver um diálogo entre os processos de produção e as atividades de consumo. O consumidor sempre confronta um texto ou prática, em sua existência material, como consequência de determinadas condições de produção. Mas, da mesma maneira, o texto ou prática é confrontado por um consumidor que, de fato, *produz durante* o uso um leque de significados possíveis – esses não podem ser inferidos apenas da materialidade do texto ou da prática, ou dos meios ou relações de sua produção.[104]

A IDEOLOGIA DA CULTURA DE MASSA | A partir de agora, temos de começar a viver, e reconhecer que (todos nós) vivemos, em um mundo dominado pelo capitalismo multinacional, e que assim será no previsível futuro – "pessimismo da inteligência, otimismo da vontade",[105] como disse Gramsci. Precisamos nos ver – todas as pessoas, não apenas os intelectuais de vanguarda – como participantes ativos na cultura: selecionando, rejeitando, formando significados, atribuindo valor, resistindo e, sim, sendo ludibriados e manipulados. Isso não significa que vamos nos esquecer da "política da representação". O que devemos fazer (e aqui concordo com Ang) é ver que, embora o prazer seja político, prazer e política

---

102 | *Idem, ibidem.*

103 | *Idem*, p. 27.

104 | O modelo do "circuito de cultura", desenvolvido por Paul Gay *et al.*, *Doing cultural studies*, Londres: Sage, 1997, é, sem dúvida, uma contribuição imensa para os trabalhos dos estudos culturais pós-marxistas.

105 | Antonio Gramsci, *Selections from* Prison notebooks, Londres: Lawrence & Wishart, 1971, p. 175.

podem, com frequência, ser diferentes. Gostar de *Desperate Housewives* ou *The Sopranos* não determina minha política, tornando-me mais, ou menos, de esquerda. Prazer existe e há política: podemos rir das distorções, das evasões, das desaprovações, ao mesmo tempo que promovemos uma política que confirme que são distorções, evasões e desaprovações. Devemos ensinar uns ao outros a conhecer diferentes versões da realidade, dar caráter político a elas e reconhecer as diferenças entre elas; e saber que cada uma pode exigir uma política diferente. Isso não significa o fim de uma política cultural feminista ou uma socialista, ou o final das lutas em torno das representações de "raça", classe, gênero, deficiência ou sexualidade, mas *deve* significar a ruptura final com a problemática de "cultura e civilização", com sua debilitante insistência em ser o valor moral e político de um indivíduo determinado por certos padrões de consumo.

Em vários aspectos, este livro tratou do que Ang chama de "a ideologia da cultura de massa". Contra essa ideologia, defendi o consumo, o uso e a contingência histórica. Por fim, afirmei que cultura popular é o que produzimos a partir das mercadorias, e das práticas mercantilizadas, que as indústrias culturais colocam à nossa disposição. Parafraseando o que disse ao abordar os estudos culturais pós-marxistas, *fazer* cultura popular ("produção no uso")[106] pode capacitar a compreensões subordinadas do mundo

---

[106] | Karl Marx argumenta que "um produto só obtém sua completude final no consumo. [...] Por exemplo, um vestido torna-se um vestido real no ato de ser usado; uma casa não habitada não é, na verdade, uma casa real; em outras palavras, um produto, diferente de um mero objeto natural, mostra-se como tal, torna-se um produto, apenas no consumo"; ver Karl Marx, "Preface" e "Introduction", em *Contribution to the critique of political economy*, Pequim: Foreign Languages, 1976a, p. 19. Essa é a diferença entre um livro e um texto; o primeiro é produzido por uma editora, o segundo é produzido por um leitor.

e à resistência aos poderes dominantes. Mas não quer dizer que cultura popular sempre produz capacitação (poder) e resistência. Negar a passividade do consumo não é negar que, às vezes, o consumo é passivo; negar que consumidores de cultura popular sejam submissos culturais não é negar que as indústrias culturais procuram manipular. Mas é negar que cultura popular seja pouco mais do que uma paisagem degradada, de manipulação comercial e ideológica, imposta de cima, para ter lucro e garantir controle social. Os estudos culturais pós-marxistas persistem em ser necessário, para decidir tais assuntos, ter vigilância e atenção para os detalhes de produção, textualidade e consumo. Essas não são questões que possam ser decididas peremptoriamente (fora das contingências da história e da política) com uma rápida olhada elitista e um irônico sorrisinho condescendente. Nem podem ser lidas fora do momento de produção (localizando significado, prazer, efeito ideológico, a probabilidade de incorporação, as variadas possibilidades de resistência existentes na intenção, nos meios de produção ou na própria produção): esses são apenas aspectos dos contextos para "produção no uso"; e, finalmente, é "na produção no uso" que questões de significado, prazer, efeito ideológico, incorporação ou resistência podem ser (eventualmente) decididas.

Tal afirmação não vai satisfazer esses ideólogos da cultura de massa cujas vozes pareciam, durante o período de redação da primeira edição deste livro, ficar de repente mais altas, mais insistentes. Estou pensando no pânico das mídias britânicas e americanas quanto à ameaça à autoridade da alta cultura – as preleções sobre banalização, "correção política" e multiculturalismo. Para cortar o pensamento crítico, o cânone é manuseado como uma faca. Dispensam, com arrogância, o que a maioria de nós nomeia cultura. Falar em cultura popular (ou, mais comum, cultura de massa) e alta cultura (ou, mais comum, apenas cultura) é apenas mais uma maneira de dizer "eles" e "nós". Falam com a autoridade e o apoio de um discurso poderoso que lhes dá suporte. Aqueles de nós que rejeitam esse discurso, reconhecendo seu elitismo pensante e não pensante, muitas vezes, recebem suporte apenas do discurso ideológico do populismo (com frequência, também incapacitante). A tarefa das novas pedagogias de cultura popular é encontrar maneiras de trabalhar que, de um lado, não se tornem vítimas das tendências inabilitantes de um elitismo desprezível; e, do outro, de um anti-intelectualismo de conciliação. Embora este livro não tenha estabelecido qualquer maneira nova de trabalhar, espero que, ao menos, tenha mapeado as abordagens existentes, de maneira a fazer, das futuras descobertas, uma possibilidade real para outros estudiosos de cultura popular.

LEITURA COMPLEMENTAR

STOREY, John (org.). *Cultural theory and popular culture: a reader*. 4. ed. Harlow: Pearson Education, 2009. Volume que faz par com este livro, traz exemplos da maioria dos trabalhos aqui apresentados, além de um *site* interativo (www.pearsoned.co.uk/storey), com *links* para outros *sites* e para recursos eletrônicos úteis.

BENNETT, Tony. *Culture: a reformer's science*. Londres: Sage, 1998. Coletânea de ensaios, por um dos principais estudiosos da área, abrangendo a história e as práticas recentes dos estudos culturais.

DURING, Simon (org.). *The cultural studies reader*. 2. ed. Londres: Routledge, 1999. Boa seleção de textos, escritos por vários dos mais importantes estudiosos da área.

GILROY, Paul; GROSSBERG, Lawrence & HALL, Stuart (orgs.). *Without guarantees: in honour of Stuart Hall*. Excelente coletânea de ensaios relacionados à obra de Stuart Hall.

GRAY, Ann & MCGUIGAN, Jim (orgs.). *Studying culture: an introductory reader*. Londres: Edward Arnold, 1993. Boa seleção de textos, escritos por vários dos mais importantes estudiosos da área.

GROSSBERG, Lawrence. *Bringing it all back home: essays on cultural studies*. Durham: Duke University Press, 1997. Excelente coletânea de ensaios teóricos escritos por um dos principais nomes dos estudos culturais.

_____. *Dancing in spite of myself: essays on popular culture*. Durham: Duke University Press, 1997. Excelente coletânea de ensaios teóricos escritos por um dos principais nomes dos estudos culturais.

_____; NELSON, Cary & TREICHLER, Paula (orgs). *Cultural Studies*. Londres: Routledge, 1992. Coletânea de quarenta ensaios (a maioria acompanhada de discussões). Uma excelente introdução a questionamentos relativamente recentes dos estudos culturais.

MORLEY, David & CHEN, Kuan Hsing (orgs.). *Stuart Hall: critical dialogues in cultural studies*. Londres: Routledge, 1995. Livro brilhante, que reúne entrevistas e ensaios (de Stuart Hall e por ele). Juntos, os autores mostram uma imagem do passado, do presente e do possível futuro dos estudos culturais.

MUNNS, Jessica & RAJAN, Gita. *A cultural studies reader: history, theory, practice*. Nova York: Longman, 1995. Bem organizado, com boa seleção de ensaios interessantes.

STOREY, John (org.). *What is cultural studies?: a reader.* Londres: Edward Arnold, 1996. Coletânea de ensaios que tentam diferentes maneiras de responder à pergunta "O que são os estudos culturais?".

____. *Inventing popular culture*. Malden: Blackwell, 2003. Relato histórico do conceito de cultura popular.

____. *Culture and power in cultural studies: the politics of signification*. Edimburgo: Edinburgh University Press, 2010. Estende muitas das abordagens deste livro para áreas de pesquisa mais detalhadas.

Referências bibliográficas

ADORNO, Theodor. "How to look at television". *The culture industry*. Londres: Routledge, 1991a.

_____. "The schema of mass culture". *The culture industry*. Londres: Routledge, 1991b.

_____. "On popular music". Em: STOREY, John (org.). *Cultural theory and popular culture: a reader*. 4. ed. Harlow: Pearson Education, 2009.

_____ & HORKHEIMER, Max. *Dialectic of Enlightenment*. Londres: Verso, 1979.

ALTHUSSER, Louis. For Marx. Londres: Allen Lane, 1969.

_____. *Lenin and Philosophy*. Nova York: Monthly Review, 1971.

_____. "Ideology and ideological state apparatuses". Em: STOREY, John (org.). *Cultural theory and popular culture: a reader*. 4. ed. Harlow: Pearson Education, 2009.

_____ & BALIBAR, Etienne. *Reading Capital*. Londres: Verso, 1979.

ANDERSON, Perry. *Arguments within English Marxism*. Londres: Verso, 1980.

ANG, Ien. *Watching Dallas: soap opera and the melodramatic imagination*. Londres: Methuen, 1985.

_____. "Culture and communication: towards an ethnographic critique of media consumption in the transnational media system". Em: STOREY, John (org.). *What is cultural studies?: a reader*. Londres: Edward Arnold, 1996.

_____. "Feminist desire and female pleasure". Em: STOREY, John (org.). *Cultural theory and popular culture: a reader*. 4. ed. Harlow: Pearson Education, 2009.

ARNOLD, Matthew. *Letters 1848-1888*, I. Londres: Macmillan, 1896.

_____. *Poetry and prose*. Londres: Rupert Hart Davis, 1954.

Culture and anarchy. Londres: Cambridge University Press, 1960.

_____. *Complete prose works*, III. Ann Arbor: University of Michigan Press, 1960-77.

_____. *On Education*. Harmondsworth: Penguin, 1973.

_____. "Culture and Anarchy". Em: STOREY, John (org.). *Cultural theory and popular culture: a reader*. 4. ed. Harlow: Pearson Education, 2009.

AUSTIN, J. L. *How to do things with words*. Oxford: Clarendon, 1962.

BALL, Vicky. "The 'feminization' of British television and the re-traditionalization of gender". *Feminist Media Studies* 12 (2), 2012a.

_____. "Sex, class and consumerism in British television drama". Em: THORNHAM, H. & WEISSMANN, E. (orgs.). *Renewing Feminism: stories, fantasies and futures*. Londres: I. B. Tauris, 2012b.

BARRETT, Michèle. "Feminism and the definition of cultural politics". Em: BRUNT, Rosalind & ROWAN, Caroline (orgs.). *Feminism, culture and politics*. Londres: Lawrence & Wishart, 1982.

BARTHES, Roland. *Elements of Semiology*. Londres: Jonathan Cape, 1967.

_____. *Mythologies*. Londres: Paladin, 1973.

_____. *S/Z*. Londres: Jonathan Cape, 1975.

_____. "The photographic message". Em: *Image-Music-Text*. Londres: Fontana, 1977.

_____. "Rhetoric of the image". Em: *Image-Music-Text*. Londres: Fontana, 1977.

_____. "The death of the author". Em: *Image-Music-Text*. Londres: Fontana, 1977.

_____. "Myth today". Em: STOREY, John (org.). *Cultural theory and popular culture: a reader*. 4. ed. Harlow: Pearson Education, 2009.

BAUDRILLARD, Jean. *For a critique of the Political Economy of the Sign*. Saint Louis: Telos, 1981.

_____. *Simulations*. Nova York: Semiotext(e), 1983.

_____ "The precession of simulacra". Em: STOREY, John (org.). *Cultural theory and popular culture: a reader*. 4. ed. Harlow: Pearson Education, 2009.

BEAUVOIR, Simone de. *The second sex*. Nova York: Vintage, 1984.

BEAVER, Harold. "Homosexual signs: in memory of Roland Barthes". Em: CLETO, Fabio (org.). *Camp: queer aesthetics and the performing subject. A reader*. Edimburgo: Edinburgh University Press, 1999.

BECK, Ulrich & BECK-GERNSHEIM, Elisabeth. *Individualization*. Londres: Sage, 2002.

BENJAMIN, Walter. "The work of art in the age of mechanical reproduction". Em: *Illuminations*. Londres: Fontana, 1973.

BENNETT, Tony. "Media theory and social theory". *Mass Communications and Society* (DE 353). Milton Keynes: Open University Press, 1977.

_____. *Formalism and Marxism*. Londres: Methuen, 1979.

_____. "Popular culture: a teaching object". *Screen Education*, 34, 1980.

_____. "Popular culture: defining our terms". *Popular culture: themes and issues 1*. Milton Keynes: Open University Press, 1982a.

____. "Popular culture: themes and issues". *Popular Culture* (U203). Milton Keynes: Open University Press, 1982b.

____. "Text, readers, reading formations". *Literature and History*, 9 (2), 1983.

____. "The politics of the popular". *Popular culture and social relations*. Milton Keynes: Open University Press, 1986.

____. "Popular culture and the turn to Gramsci". Em: STOREY, John (org.). *Cultural theory and popular culture: a reader*. 4. ed. Harlow: Pearson Education, 2009.

BENTHAM, Jeremy. *The panopticon writings*. Org. e intr. Miran Bozovic. Londres: Verso, 1995.

BERNSTEIN, J. M. "Introduction". Em: *The culture industry*. Londres: Routledge, 1978.

BEST, Steven & KELLNER, Douglas. *Postmodern theory: critical investigations*. Londres: Macmillan, 1991.

BOURDIEU, Pierre. *Distinction: a social critique of the judgment of taste*. Trad. Richard Nice. Cambridge, MA: Harvard University Press, 1984.

BRECHT, Bertolt. *On theatre*. Trad. John Willett. Londres: Methuen, 1978.

BROGAN, D. W. "The problem of high and mass culture". Em: DAVISON, Peter; MEYERSOHN, Rolf & SHILS, Edward (orgs.). *Literary taste, culture, and mass communication*, I. Cambridge: Chadwyck Healey, 1978.

BROOKER, Peter & BROOKER, Will. "Introduction". Em: BROOKER, Peter & BROOKER, Will (orgs.). *Postmodern after-images*. Londres: Edward Arnold, 1997a.

____. "Styles of pluralism". Em: BROOKER, Peter & BROOKER, Will (orgs.). *Postmodern after-images*. Londres: Edward Arnold, 1997b.

BROOKS, Peter. *The melodramatic imagination*. New Haven: Yale University Press, 1976.

BRUNSDON, Charlotte. "Pedagogies of the feminine: feminist teaching and women's genres". *Screen*, 32 (4), 1991.

BURKE, Peter. *Popular culture in early modern Europe*. Aldershot: Scolar, 1994.

BURSTON, Paul & RICHARDSON, Colin. "Introduction". Em: BURSTON, Paul & RICHARDSON, Colin (orgs.). *A queer romance: lesbians, gay men and popular culture*. Londres: Routledge, 1995.

BUTLER, Judith. *Bodies that matter: on the discursive limits of sex*. Nova York: Routledge, 1993.

_____. *Gender trouble: Feminism and the subversion of identity*. 10th anniv. ed. Nova York: Routledge, 1999.

_____. "Restaging the universal". Em: BUTLER, Judith; LACLAU, Ernesto & ŽIŽEK, Slavoj. *Contingency, hegemony, universality: contemporary dialogues on the left*. Londres: Verso, 2000.

_____. "Imitation and gender insubordination". Em: STOREY, John (org.). *Cultural theory and popular culture: a reader*. 4. ed. Harlow: Pearson Education, 2009.

BUTLER, Judith; LACLAU, Ernesto & ŽIŽEK, Slavoj. *Contingency, hegemony, universality: contemporary dialogues on the left*. Londres: Verso, 2000.

CANAAN, Joyce & GRIFFIN, Christine. "The new men's studies: part of the problem or part of the solution". Em: HEARN, Jeff & MORGAN, David (orgs.). *Men, masculinities and social theory*. Londres: Unwin Hyman, 1990.

CAREY, James W. "Overcoming resistance to cultural studies". Em: STOREY, John (org.). *What is cultural studies?: a reader*. Londres: Edward Arnold, 1996.

CERTEAU, Michel de. *The practice of everyday life*. Berkeley: University of California Press, 1984.

_____. "The practice of everyday life". Em: STOREY, John (org.). *Cultural theory and popular culture: a reader*. 4. ed. Harlow: Pearson Education, 2009.

CHAMBERS, Iain. *Popular culture: The Metropolitan experience*. Londres: Routledge, 1988.

CHAUNCEY, George. *Gay New York: gender, urban culture, and the making of the gay male world*, 1890-1940. New York: Basic, 1994.

CHINN, Sarah E. "Gender performativity". Em: MEDHURST, Andy & MUNT, Sally R. (orgs.). *The lesbian and gay studies reader: a critical introduction*. Londres: Cassell, 1997.

CHODOROW, Nancy. *The reproduction of mothering: psychoanalysis and the sociology of gender*. Berkeley: University of California Press, 1978.

CLARK, Michael. "Remembering Vietnam". Em: ROWE, John Carlos & BERG, Rick (orgs.). The Vietnam war and american culture. Nova York: Columbia University Press, 1991.

CLARKE, Gary. "Defending ski-jumpers: a critique of theories of youth subcultures". Em: FRITH, Simon & GOODWIN, Andrew (orgs.). *On record*. Nova York: Pantheon, 1990.

CLETO, Fabio (org.). *Camp: queer aesthetics and the performing subject*. Edimburgo: Edinburgh University Press, 1999.

COLERIDGE, Samuel Taylor. *On the constitution of the Church and State.* Londres: Dent, 1972.

COLLINS, Jim. "Postmodernism and television". Em: ALLEN, Robert C. (org.). *Channels of discourse, reassembled.* Londres: Routledge, 1992.

____. "Genericity in the nineties". Em: STOREY, John (org.). *Cultural theory and popular culture: a reader.* 4. ed. Harlow: Pearson Education, 2009.

CONNOR, Steven. *Postmodernist culture: an introduction to theories of the contemporary.* Oxford: Blackwell, 1989.

____. *Theory and cultural value.* Oxford: Blackwell, 1992.

COWARD, Rosalind. *Female desire: women's sexuality today.* Londres: Paladin, 1984.

CREEKMUR, Corey K. & DOTY, Alexander. "Introduction". Em: CREEKMUR, Corey K. & DOTY, Alexander (orgs.). *Out in culture: gay, lesbian, and queer essays on popular culture.* Londres: Cassell, 1995.

CURTIN, Philip. *Images of Africa.* Wisconsin: University of Wisconsin Press, 1964.

DERRIDA, Jacques. *Speech and phenomena.* Evanston: North-western University Press, 1973.

____. *Of Grammatology.* Baltimore: Johns Hopkins University Press, 1976.

____. *Writing and difference.* Londres: Routledge & Kegan Paul, 1978a.

____. *Positions.* Londres: Athlone Press, 1978b.

DESCARTES, René. *Meditations on First Philosophy.* Londres: Hackett, 1993.

DISRAELI, Benjamin. *Sybil, or The Two Nations.* Harmondsworth: Penguin, 1980.

DITTMAR, Linda & MICHAUD, Gene (orgs.). *From Hanoi to Hollywood: the Vietnam War in American film.* New Brunswick/Londres: Rutgers University Press, 1990.

DOCKER, John. *Postmodernism and popular culture: a cultural history.* Cambridge: Cambridge University Press, 1994.

DOTY, Alexander. "Something queer here". Em: CREEKMUR, Corey K. & DOTY, Alexander (orgs.). *Out in culture: gay, lesbian, and queer essays on popular culture.* Londres: Cassell, 1995.

DYER, Richard. "In defence of disco". Em: FRITH, Simon & GOODWIN, Andrew (orgs.). *On record: rock, pop, and the written word.* Londres: Routledge, 1990.

_____. *White: essays on race and culture.* Londres: Routledge, 1997.

_____. "Entertainment and utopia". Em: DURING, Simon (org.). *The cultural studies reader.* 2. ed. Londres: Routledge, 1999.

EAGLETON, Terry. *Literary theory: an introduction.* Oxford: Blackwell, 1983.

EASTHOPE, Antony. *What a man's gotta do: the masculine myth in popular culture.* Londres: Paladin, 1986.

_____. *Literary into cultural studies.* Londres: Routledge, 1991.

ECO, Umberto. *Postscript to The name of the Rose.* Nova York: Harcourt Brace Jovanovich, 1984.

ENGELS, Frederick. "Letter to Joseph Bloch". Em: STOREY, John (org.). *Cultural theory and popular culture: a reader.* 4. ed. Harlow: Pearson Education, 2009.

FEKETE, John. "Introductory notes for a postmodern value agenda". Em: FEKETE, John (org.). *Life after Postmodernism.* Nova York: St. Martin's, 1987.

FIEDLER, Leslie. "The middle against both ends". Em: ROSENBERG, Bernard & WHITE, David Manning (orgs.). *Mass culture: the popular arts in America.* Nova York: Macmillan, 1957.

_____. *The collected essays of Leslie Fiedler,* 2. Nova York: Stein & Day, 1971.

_____. *Television culture.* Londres: Routledge, 1987.

_____. *Understanding popular culture.* Londres: Unwin Hyman, 1989a.

_____. *Reading the popular.* Londres: Unwin Hyman, 1989b.

FISKE, John. *Television culture.* Londres: Routledge, 1987.

_____. *Reading the popular.* Londres: Unwin Hyman, 1989a.

_____. *Understanding popular culture.* Londres: Unwin Hyman, 1989b.

_____. *Media matters: everyday culture and media change.* Minnesota: University of Minnesota Press, 1994.

FOUCAULT, Michel. *Discipline and punish.* Harmondsworth: Penguin, 1979.

_____. *The History of sexuality.* Harmondsworth: Penguin, 1981.

_____. *The Archaeology of knowledge.* Londres: Routledge, 1989.

_____. "Truth and power". Em: FAUBION, James D. (org.). *Michel Foucault essential works: power.* Harmondsworth: Penguin, 2002a.

_____. "Question of method". Em: FAUBION, James D. (org.). *Michel Foucault essential works: power.* Harmondsworth: Penguin, 2002b.

_____. "Truth and juridical forms". Em: FAUBION, James D. (org.). *Michel Foucault essential works: power.* Harmondsworth: Penguin, 2002c.

____. "Method". Em: STOREY, John (org.). *Cultural theory and popular culture: a reader*. 4. ed. Harlow: Pearson Education, 2009.

FRANKLIN, H. Bruce. *M.I.A. or mythmaking in America*. New Brunswick: Rutgers University Press, 1993.

FREUD, Sigmund. *Introductory lectures on Psychoanalysis*. Harmondsworth: Pelican, 1973a.

____. *New introductory lectures on Psychoanalysis*. Harmondsworth: Pelican, 1973b.

____. *The interpretation of dreams*. Harmondsworth: Pelican, 1976.

____. *On sexuality*. Harmondsworth: Pelican, 1977.

____. *On Metapsychology: the theory of Psychoanalysis*. Harmondsworth: Pelican, 1984.

____. *Art and literature*. Harmondsworth: Pelican, 1985.

____. *Historical and expository works on Psychoanalysis*. Harmondsworth: Pelican, 1986.

____. "The dream-work". Em: STOREY, John (org.). *Cultural theory and popular culture: a reader*. 4. ed. Harlow: Pearson Education, 2009.

FRITH, Simon. *Sound effects: youth, leisure and the politics of rock*. Londres: Constable, 1983.

____. "The good, the bad and the indifferent: defending popular culture from the populists". Em: STOREY, John (org.). *Cultural theory and popular culture: a reader*. 4. ed. Harlow: Pearson Education, 2009.

____ & HORNE, Howard. *Art into pop*. Londres: Methuen, 1987.

FROW, John. *Cultural studies and value*. Nova York: Oxford University Press, 1995.

FRYER, Peter. *Staying power*. Londres: Pluto, 1984.

GAMMAN, Lorraine & MARSHMENT, Margaret. "Introduction". Em: GAMMAN, Lorraine; MARSHMENT, Margaret (orgs.) *The female gaze, women as viewers of popular culture*. Londres: The Women's, 1988.

GARNHAM, Nicholas. "Political economy and cultural studies: reconciliation or divorce". Em: STOREY, John (org.). *Cultural theory and popular culture: a reader*. 4. ed. Harlow: Pearson Education, 2009.

____ & WILLIAMS, Raymond. "Pierre Bourdieu and the sociology of culture: an introduction". *Media, Culture and Society*, 2 (3), 1980.

GAY, Paul du *et al*. *Doing cultural studies*. Londres: Sage, 1997.

GIDDENS, Anthony. *The transformation of intimacy*. Cambridge: Polity, 1992.

GILL, Rosalind. "Postfeminist media culture: elements of a sensibility". *European Journal of Cultural Studies*, 10, 147-66, 2007.

GILROY, Paul. *There ain't no black in the Union Jack*. Londres: Routledge Classics, 2002.

_____. *After empire*. Londres: Routledge, 2004.

_____. "'Get up, get into it and get involved' – soul, civil rights and black power". Em: STOREY, John (org.). *Cultural theory and popular culture: a reader*. 4. ed. Harlow: Pearson Education, 2009.

_____; GROSSBERY, Lawrence & MCROBBIE, Angela (orgs.). *Without guarantees: in honour of Stuart Hall*. Londres: Verso, 2000.

GLEDHILL, Christine. "Pleasurable negotiations". Em: STOREY, John (org.). *Cultural theory and popular culture: a reader*. 4. ed. Harlow: Pearson Education, 2009.

GOLDING, Peter & MURDOCK, Graham. "Culture, communications and political economy". Em: CURRAN, James & GUREVITCH, Michael (orgs.). *Mass media and society*. Londres: Edward Arnold, 1991.

GOODWIN, Andrew. "Popular music and postmodern theory". *Cultural Studies*, 5 (2), 1991.

GRAMSCI, Antonio. *The modern Prince and other writings*. Nova York: International, 1968.

_____. *Selections from* Prison notebooks. Londres: Lawrence & Wishart, 1971.

_____. "Hegemony, intellectuals, and the state". Em: STOREY, John (org.). *Cultural theory and popular culture: a reader*. 4. ed. Harlow: Pearson Education, 2009.

GRAY, Ann. *Video playtime: the gendering of leisure technology*. Londres: Routledge, 1992.

GREEN, Michael. "The Centre for Contemporary Cultural Studies". Em: STOREY, John (org.). *What is cultural studies?: a reader*. Londres: Edward Arnold, 1996.

GROSSBERG, Lawrence. *It's a sin: essays on Postmodernism, politics and culture*. Sydney: Power, 1988.

_____. "Is there a fan in the house?". Em: LEWIS, Lisa (org.). *The adoring audience*. Londres: Routledge, 1992.

_____. "Cultural studies vs. political economy: is anybody else bored with this debate?". Em: STOREY, John (org.). *Cultural theory and popular culture: a reader*. 4. ed. Harlow: Pearson Education, 2009.

HAAG, Ernest van den. "Of happiness and despair we have no measure". Em: ROSENBERG, Bernard & WHITE, David Manning (orgs.). *Mass culture: the popular arts in America*. Nova York: Macmillan, 1957.

HAINES, Harry W. "They were called and they went: the political rehabilitation of the Vietnam veteran". Em: DITTMAR, Linda & MICHAUD, Gene (orgs.). *From Hanoi to Hollywood: the Vietnam war in American film*. New Brunswick/Londres: Rutgers University Press, 1990.

HALL, Stuart. "Some paradigms in cultural studies". *Annali*, 3, 1978.

———. "Encoding/decoding". Em: HALL, Stuart *et al.* (orgs.). *Culture, media, language*. Londres: Hutchinson, 1980a.

———. "Cultural studies and the Centre; some problematics and problems". Em: HALL, Stuart *et al.* (orgs.). *Culture, media, language*. Londres: Hutchinson, 1980b.

———. "Old and new ethnicities". Em: SMITH, Anthony (org.). *Culture, globalization and the world-system*. Londres: Macmillan, 1991.

———. "Cultural studies and its theoretical legacies". Em: GROSSBERG, Lawrence; NELSON, Cary & TREICHLER, Paula (orgs.). *Cultural studies*. Londres: Routledge, 1992.

———. "Cultural studies: two paradigms". Em: STOREY, John (org.). *What is cultural studies?: a reader*. Londres: Edward Arnold, 1996a.

———. "On postmodernism and articulation: an interview with Stuart Hall". Em: MORLEY, David & CHEN, Kuan-Hsing (orgs.). *Stuart Hall: cultural dialogues in cultural studies*. Londres: Routledge, 1996b.

———. "The problem of ideology: Marxism without guarantees". Em: MORLEY, David & CHEN, Kuan-Hsing (orgs.). *Stuart Hall: cultural dialogues in cultural studies*. Londres: Routledge, 1996c.

———. "When was the 'post-colonial'? Thinking at the limit". Em: CHAMBERS, L. & CURTI, L. (orgs.). *The postcolonial question*. Londres: Routledge, 1996d.

———. "Race, culture, and communications: looking backward and forward at cultural studies". Em: STOREY, John (org.). *What is cultural studies?: a reader*. Londres: Edward Arnold, 1996e.

———. "Introduction". Em: HALL, Stuart (org.). *Representation*. Londres: Sage, 1997a.

———. "The spectacle of the 'other'". Em: HALL, Stuart (org.). *Representation*. Londres: Sage, 1997b.

_____. "The rediscovery of ideology: the return of the repressed in media studies". Em: STOREY, John (org.). *Cultural theory and popular culture: a reader*. 4. ed. Harlow: Pearson Education, 2009a.

_____. "Notes on deconstructing 'the popular'". Em: STOREY, John (org.). *Cultural theory and popular culture: a reader*. 4. ed. Harlow: Pearson Education, 2009b.

_____. "What is this 'black' in black popular culture?". Em: STOREY, John (org.). *Cultural theory and popular culture: a reader*. 4. ed. Harlow: Pearson Education, 2009c.

_____ & WHANNEL Paddy [Atholl Douglas]. *The popular arts*. Londres: Hutchinson, 1964.

HARVEY, David. *The condition of postmodernity*. Oxford: Blackwell, 1989.

HAWKES, Terence. *Structuralism and semiotics*. Londres: Methuen, 1977.

HEBDIGE, Dick. *Subculture: the meaning of style*. Londres: Methuen, 1979.

_____. "Banalarama, or can pop save us all?". *New Statesman & Society*, 9 de dezembro de 1988.

_____. "Postmodernism and 'the other side'". Em: STOREY, John (org.). *Cultural theory and popular culture: a reader*. 4. ed. Harlow: Pearson Education, 2009.

HERMES, Joke. *Reading women's magazines*. Cambridge: Polity, 1995.

HOGGART, Richard. "Schools of English and contemporary society". Em: HOGGART, Richard (org.). *Speaking to each other*, II. Londres: Chatto & Windus, 1970.

_____. *The uses of literacy*. Harmondsworth: Penguin, 1990.

HOOKS, bell. *Talking back: thinking feminist, thinking black*. Londres: Sheba, 1989.

_____. "Postmodern blackness". Em: STOREY, John (org.). *Cultural theory and popular culture: a reader*. 4. ed. Harlow: Pearson Education, 2009.

HORKHEIMER, Max. "Art and mass culture". Em: DAVISON, Peter; MEYERSOHN, Rolf & SHILS, Edward (orgs.). *Literary taste, culture and mass communication*, XII. Cambridge: Chadwyck Healey, 1978.

HUYSSEN, Andreas. *After the great divide: modernism, mass culture and postmodernism*. Londres: Macmillan, 1986.

JAMESON, Fredric. *The political unconscious*. Londres: Methuen, 1981.

_____. "Postmodernism, or the cultural logic of late capitalism". *New Left Review*, 146, 1984.

_____. "Postmodernism and consumer society". Em: FOSTER, Hal (org.). *Postmodern culture*. Londres: Pluto, 1985.

_____. "The politics of theory: ideological positions in the postmodernism debate". *The ideologies of theory essays*, 2. Londres: Routledge, 1988.

JEFFORDS, Susan. *The remasculinization of America: gender and the Vietnam war*. Bloomington/Indianápolis: Indiana University Press, 1989.

JENKINS, Henry. *Textual poachers*. Nova York: Routledge, 1992.

_____. *Convergence culture: where old and new media collide*. Nova York: New York University Press, 2006.

JENSON, Joli. "Fandom as pathology". Em: LEWIS, Lisa (org.). *The adoring audience*. Londres: Routledge, 1992.

JEWITT, Robert. "Mobile networks: globalisation, networks and the mobile phone". Em: CORNUT-GENTILLE, Chantal (org.). *Culture and power: culture and society in the age of globalisation*. Zaragoza: Zaragoza University Press, 2005.

JOHNSON, Richard. "Three problematics: elements of a theory of working-class culture". Em: CLARKE, John *et al*. (orgs.). *Working class culture: studies in History and theory*. Londres: Hutchinson, 1979.

_____. "What is cultural studies anyway?". Em: STOREY, John (org.). *What is cultural studies?: a reader*. Londres: Arnold, 1996.

KLEIN, Michael. "Historical memory, film, and the Vietnam era". Em: DITTMAR, Linda & MICHAUD, Gene (orgs.). *From Hanoi to Hollywood: the Vietnam war in American film*. New Brunswick/Londres: Rutgers University Press, 1990.

LACAN, Jacques. *Four fundamental concepts in Psychoanalysis*. Nova York: Norton, 1989.

_____. *Écrits*. Londres: Routledge, 2001.

_____. "The mirror stage". Em: STOREY, John (org.). *Cultural theory and popular culture: a reader*. 4. ed. Harlow: Pearson Education, 2009.

LACLAU, Ernesto. *Politics and ideology in Marxist theory*. Londres: Verso, 1979.

_____. "Discourse". Em: GOODIN, R. E. & PETTIT, P. (orgs.). *A companion to contemporary political philosophy*. Londres: Blackwell, 1993.

_____ & MOUFFE, Chantal. *Hegemony and socialist strategy*. 2. ed. Londres: Verso, 2001.

_____ & _____. "Post-Marxism without apologies". Em: STOREY, John (org.). *Cultural theory and popular culture: a reader*. 4. ed. Harlow: Pearson Education, 2009.

LEAVIS, F. R. *For continuity*. Cambridge: Minority, 1933.

_____. *Nor shall my sword*. Londres: Chatto & Windus, 1972.

_____. *The common pursuit*. Londres: Hogarth, 1984.

_____. "Mass civilisation and minority culture". Em: STOREY, John (org.). *Cultural theory and popular culture: a reader*. 4. ed. Harlow: Pearson Education, 2009.

LEAVIS, F. R. & THOMPSON, Denys. *Culture and Environment*. Westport: Greenwood Press, 1977.

LEAVIS, Q. D. *Fiction and The Reading Public*. Londres: Chatto and Windus, 1978.

LEVINE, Lawrence. *Highbrow/lowbrow: the emergence of cultural hierarchy in America*. Cambridge, MA: Harvard University Press, 1988.

LÉVI-STRAUSS, Claude. *Structural anthropology*. Londres: Allen Lane, 1968.

LIEBES, T. & KATZ, E. *The export of meaning: cross-cultural readings of Dallas*. 2. ed. Cambridge: Polity, 1993.

LIGHT, Alison. "'Returning to Manderley': romance fiction, female sexuality and class". *Feminist Review*, 16, 1984.

LOVELL, Terry. "Cultural production". Em: STOREY, John (org.). *Cultural theory and popular culture: a reader*. 4. ed. Harlow: Pearson Education, 2009.

LOWENTHAL, Leo. *Literature, popular culture and society*. Palo Alto, CA: Pacific, 1961.

LYOTARD, Jean-François. *The postmodern condition: a report on knowledge*. Manchester: Manchester University Press, 1984.

MACDONALD, Dwight. "A theory of mass culture". Em: STOREY, John (org.). *Cultural theory and popular culture: a reader*. 2. ed. Harlow: Pearson Education, 1998.

MACHEREY, Pierre. *A theory of literary production*. Londres: Routledge & Kegan Paul, 1978.

MALTBY, Richard. "Introduction". Em: MALTBY, Richard (org.). *Dreams for sale: popular culture in the 20th century*. Londres: Harrap, 1989.

MANDEL, Ernest. *Late capitalism*. Londres: Verso, 1978.

MARCUSE, Herbert. *One dimensional man*. Londres: Sphere, 1968a.

_____. *Negations*. Londres: Allen Lane, 1968b.

MARKUS, Hazel Rose & MOYA, Paula M. L. *Doing race: 21 essays for the 21st century*. New York: Norton, 2010.

MARTIN, Andrew. *Receptions of war: Vietnam in American culture*. Norman: University of Oklahoma Press, 1993.

MARX, Karl. *Theories of surplus value*. Londres: Lawrence & Wishart, 1951.

____. *Selected writings in sociology and social philosophy*. Harmondsworth: Pelican, 1963.

____. *Grundrisse*. Harmondsworth: Penguin, 1973.

____. "Preface" e "Introduction". Em: *Contribution to the Critique of Political Economy*. Pequim: Foreign Languages, 1976a.

____. "Theses on Feuerbach". Em: ENGELS, Frederick. *Ludwig Feuerbach and the end of classical German philosophy*. Pequim: Foreign Languages, 1976b.

____. *Capital*, I. Harmondsworth: Penguin, 1976c.

____. *The eighteenth Brumaire of Louis Bonaparte*. Moscou: Progress, 1977.

____ & ENGELS, Frederick [Friedrich]. *On religion*. Moscou: Progress, 1957.

____. *The German ideology* (student ed.). Org. e introd. C. J. Arthur. Londres: Lawrence & Wishart, 1974.

____. *The communist manifesto*. Oxford: Oxford World's Classics, 1992.

____. "Ruling class and ruling ideas". Em: STOREY, John (org.). *Cultural theory and popular culture: a reader*. 4. ed. Harlow: Pearson Education, 2009.

MCGUIGAN, Jim. *Cultural populism*. Londres: Routledge, 1992.

MCLELLAN, Gregor. "E. P. Thompson and the discipline of historical context". Em: JOHNSON, Richard (org.). *Making histories: studies in history writing and politics*. Londres: Hutchinson, 1982.

MCROBBIE, Angela. "Post-Marxism and cultural studies: a post-script". Em: GROSSBERG, Lawrence; NELSON, Cary & TREICHLER, Paula. *Cultural studies*. Londres: Routledge, 1992.

____. *Postmodernism and popular culture*. Londres: Routledge, 1994.

____. "Post-Feminism and popular culture". *Feminist Media Studies*, 4 (3), 255-64, 2004.

MEDHURST, Andy. "Teaching queerly: politics, pedagogy and identity in lesbian and gay studies". Em: ALDRED, Nannette & RYLE, Martin (orgs.). *Teaching culture: the long revolution in cultural studies*. Leicester: National Institute of Adult Continuing Education Press, 1999.

MERCER, Kobena. *Welcome to the jungle: new positions in black cultural studies*. Londres: Routledge, 1994.

MILLS, Sara. *Discourse*. 2. ed. Londres: Routledge, 2004.

MODLESKI, Tania. *Loving with a vengeance: mass produced fantasies for women*. Hamden: Archon, 1982.

MORLEY, David. *The nationwide audience*. Londres: BFI, 1980.

____. *Family television: cultural power and domestic leisure*. Londres: Comedia, 1986.

MORRIS, R. J. *Class and class consciousness in the Industrial Revolution 1780-1850*. Londres: Macmillan, 1979.

MORRIS, William. "Art labour and socialism". Em: SOLOMON, Maynard. *Marxism and art*. Brighton: Harvester, 1979.

____. *News from nowhere and selected writings and designs*. Harmondsworth: Penguin, 1986.

____. *News from nowhere*. Oxford: Oxford World's Classics, 2003.

MOUFFE, Chantal. "Hegemony and ideology in Gramsci". Em: BENNETT, Tony; MERCER, Colin & WOOLLACOTT, Janet (orgs.). *Culture, ideology and social process*. Milton Keynes: Open University Press, 1981.

MULVEY, Laura. "Visual pleasure and narrative cinema". *Screen*, 16 (3), 1975.

MYERS, Tony. *Slavoj Žižek*. Londres: Routledge, 2003.

NEDERVEEN PIETERSE, Jan. "Globalisation as hybridisation". Em: FEATHERSTONE, Mike; LASH, Scot & ROBERTSON, Roland. *Global modernities*. Londres: Sage, 1995. Também publicado em *International Sociology*, 9 (2), 161-84, 1994.

NEW LEFT REVIEW (orgs.). *Aesthetics and politics*. Londres: Verso, 1977.

NEWTON, Esther. *Mother camp: female impersonators in America*. Englewood Cliffs: Prentice Hall, 1972.

____. "Role models". Em: CLETO, Fabio (org.). *Camp: queer aesthetics and the performing subject; a reader*. Edimburgo: Edinburgh University Press, 1999.

NIXON, Richard. *No more Vietnams*. Londres: W. H. Allen, 1986.

NIXON, Sean. *Hard looks: masculinities, spectatorship and contemporary consumption*. Londres: UCL Press, 1996.

NOWELL-SMITH, Geoffrey. "Popular culture". *New Formations*, 2, 1987.

O'CONNOR, Alan. *Raymond Williams: writing, culture, politics*. Oxford: Basil Blackwell, 1989.

PARKER, Ian. *Slavoj Žižek: a critical introduction*. Londres: Pluto, 2004.

PERRYMAN, Neil. "Doctor Who and the convergence of media". Em: STOREY, John (org.). *Cultural theory and popular culture: a reader*. 4. ed. Harlow: Pearson Education, 2009.

PILGER, John. "Vietnam movies". *Weekend Guardian*, 24-5 de fevereiro de 1990.

POLAN, Dana. "Complexity and contradiction in mass culture analysis: on Ien Ang's *Watching Dallas*". Camera Obscura, 16, 1988.

PORTER, Roy. *The Enlightenment*. Basingstoke: Macmillan, 1990.

PROPP, Vladimir. *The morphology of the folktale*. Austin: Texas University Press, 1968.

RADWAY, Janice. *Reading the romance: women, patriarchy, and popular literature*. Londres: Verso, 1987.

_____. "Romance and the work of fantasy: struggles over feminine sexuality and subjectivity at the century's end". Em: CRUZ, John & LEWIS, Justin (orgs.). *Viewing, reading, listening: audiences and cultural reception*. Boulder: Westview Press, 1994.

RAKOW, Lana F. "Feminist approaches to popular culture: giving patriarchy its due". Em: STOREY, John (org.). *Cultural theory and popular culture: a reader*. 4. ed. Harlow: Pearson Education, 2009.

RICOEUR, Paul. *Hermeneutics and the human sciences*. Nova York: Cambridge University Press, 1981.

RITZER, G[eorge]. *The McDonaldization thesis*. Londres: Sage, 1999.

ROSENBERG, Bernard. "Mass culture in America". Em: ROSENBERG, Bernard & WHITE, David Manning (orgs.). *Mass culture: the popular arts in America*. Nova York: Macmillan, 1957.

_____ & WHITE, David Manning (orgs.). *Mass culture: the popular arts in America*. Nova York: Macmillan, 1957.

ROSS, Andrew. *No respect: intellectuals and popular culture*. Londres: Routledge, 1989.

ROWE, John Carlos & BERG, Rick (orgs.). *The Vietnam war and American culture*. Nova York: Columbia University Press, 1991.

SAID, Edward. *Orientalism*. Harmondsworth: Penguin, 1985.

_____. *Culture and imperialism*. Nova York: Vintage, 1993.

SAMUEL, Raphael. *Peoples' history and socialist theory*. Londres: Routledge & Kegan Paul, 1981.

SAUSSURE, Ferdinand de. *Course in general linguistics*. Londres: Fontana, 1974.

SCHILLER, Herbert. "Transnational media and national development". Em: NORDENSTENG, K. & SCHILLER, Herbert (orgs.). *National sovereignty and international communication*. Norwood: Ablex, 1978.

_____. "Translating media and national development". Em: NORDENSTENG, K. & SCHILLER, Herbert (orgs.). *National sovereignty and international communication*. Norwood: Ablex, 1979.

SHILS, Edward. "Mass society and its culture". Em: DAVISON, Peter; MEYERSOHN, Rolf & SHILS, Edward (orgs.). *Literary taste, culture, and mass communication*, I. Cambridge: Chadwyck Healey, 1978.

SHOWALTER, Elaine. "Introduction". Em: SHOWALTER, Elaine (org.). *Speaking of gender*. Londres: Routledge, 1990.

SMITH, Barbara Herrnstein. *Contingencies of value*. Cambridge, MA: Harvard University Press, 1988.

SONTAG, Susan. *Against interpretation*. Nova York: Deli, 1966.

STACEY, Jackie. *Star gazing: Hollywood and female spectatorship*. Londres: Routledge, 1994.

STEDMAN JONES, Gareth. "Working-class culture and working-class politics in London, 1870-1900: notes on the remaking of a working class". Em: STOREY, John (org.). *Cultural theory and popular culture: a reader*. 2. ed. Harlow: Pearson Education, 1998.

STOREY, John. "Matthew Arnold: the politics of an organic intellectual". *Literature and History*, 11 (2), 1985.

_____. "Texts, readers, reading formations: *My Poll and My Partner Joe* in Manchester in 1841". *Literature and History*, 1 (2), 1992.

_____. "'Side-saddle on the golden calf': Moments of utopia in American pop music and pop music culture". Em: KLEIN, Michael (org.). *An American half century: postwar culture and politics in the USA*. Londres: Pluto, 1994.

_____ (org.). *What is cultural studies?: a reader*. Londres: Edward Arnold, 1996.

_____. *Cultural consumption and everyday life*. Londres: Edward Arnold, 1999.

_____. "The sixties in the nineties: pastiche or hyperconsciousness". Em: GOUGH-YATES, Anna & OSGERBY, Bill (orgs.). *Tough guys, smooth operators and foxy chicks*. Londres: Routledge, 2001a.

_____. "The social life of opera". *European Journal of Cultural Studies*, 6 (1), 2001b.

_____. "Expecting rain: opera as popular culture". Em: COLLINS, Jim (org.). *High-pop*. Oxford: Blackwell, 2002a.

_____. "The articulation of memory and desire: from Vietnam to the war in the Persian Gulf". Em: GRAINGE, Paul (org.). *Film and popular memory*. Manchester: Manchester University Press, 2002b.

____. *Inventing popular culture: from folklore to globalisation*. Oxford: Blackwell, 2003.

____. *Cultural studies and the study of popular culture*. 2. ed. Edimburgo: Edinburgh University Press, 2004.

____. "Popular". Em: BENNETT, Tony *et al*. (orgs.). *New key words: a revised vocabulary of culture and society*. Oxford: Blackwell, 2005.

____. "Inventing opera as art in nineteenth-century Manchester". *International Journal of Cultural Studies*, 9 (4), 2006.

____. "The invention of the English Christmas". Em: WHITELEY, Sheila (org.). *Christmas, ideology and popular culture*. Edimburgo: Edinburgh University Press, 2008.

____ (org.). *Cultural theory and popular culture: a reader*. 4. ed. Harlow: Pearson Education, 2009.

____. *Culture and power in cultural studies: the politics of signification*. Edimburgo: Edinburgh University Press, 2010a.

____. "Becoming British". Em: HIGGINS, Michael; SMITH, Clarissa & STOREY, John (orgs.). *The Cambridge companion to modern British culture*. Cambridge: Cambridge University Press, 2010b.

____. "Postmodernism and popular culture". Em: SIM, Stuart (org.). *The Routledge companion to Postmodernism*. Londres: Routledge, 2011.

STOREY, John & MCDONALD, Katy. "Media love and the education of desire". Em: BAINBRIDGE, Caroline & YATES, Candida (orgs.). *Media and the inner world*. Londres: Palgrave Macmillan, 2012.

STURKEN, Marita. *Tangled memories: the Vietnam war, the AIDS epidemic, and the politics of remembering*. Berkeley: University of California Press, 1997.

THOMKINS, Jane. *Sensational designs: the cultural work of American fiction, 1790-1860*. Nova York: Oxford University Press, 1985.

THOMPSON, E. P. "Interview". *Radical History Review*, 3, 1976a.

____. *William Morris: romantic to revolutionary*. Nova York: Pantheon, 1976b.

____. *The making of the English working class*. Harmondsworth: Penguin, 1980.

____. *The poverty of theory*. 2. ed. Londres: Merlin, 1995.

TOMLINSON, John. "Internationalism, globalization and cultural imperialism". Em: THOMPSON, Kenneth (org.). *Media and regulation*. Londres: Sage, 1997.

____. "Translating media and national development". Em: NORDENSTENG, K. & SCHILLER, Herbert (orgs.). *National sovereignty and international communication*. Norwood: Ablex, 1999.

TONG, Rosemary. *Feminist thought: a comprehensive introduction*. Londres: Routledge, 1992.

TUMIN, Melvin. "Popular culture and the open society". Em: ROSENBERG, Bernard & WHITE, David Manning (orgs.). *Mass culture: the popular arts in America*. Nova York: Macmillan, 1957.

TURNER, Graeme. *British cultural studies: an introduction*. 3. ed. Londres: Routledge, 2003.

VLASTOS, Stephen. "America's 'enemy': the absent presence in revisionist Vietnam warhistory". Em: ROWE, John Carlos & BERG, Rick (orgs.). *The Vietnam War and American culture*. Nova York: Columbia University Press, 1991.

VOLOSHINOV, Valentin. *Marxism and the philosophy of language*. Nova York: Seminar, 1973.

WALBY, Sylvia. *Theorising patriarchy*. Oxford: Blackwell, 1990.

WALTON, David. *Introducing cultural studies: learning through practice*. Londres: Sage, 2008.

WARNER, Michael. "Introduction". Em: WARNER, Michael (org.). *Fear of a queer planet*. Minneapolis: Minnesota University Press, 1993.

WEST, Cornel. "Black postmodernist practices". Em: STOREY, John (org.). *Cultural theory and popular culture: a reader*. 4. ed. Harlow: Pearson Education, 2009.

WHITE, David Manning. "Mass culture in America: another point of view". Em: ROSENBERG, Bernard & WHITE, David Manning (orgs.). *Mass culture: the popular arts in America*. Nova York: Macmillan, 1957.

WILLIAMS, Raymond. "Fiction and the writing public". *Essays in Criticism*, 7, 1957.

____. *Culture and society*. Harmondsworth: Penguin, 1963.

____. *The long revolution*. Harmondsworth: Penguin, 1965.

____. "Base and superstructure in Marxist cultural theory". *Problems in materialism and culture*. Londres: Verso, 1980.

____. *Culture*. Londres: Fontana, 1981.

____. *Keywords*. Londres: Fontana, 1983.

____. "The analysis of culture". Em: STOREY, John (org.). *Cultural theory and popular culture: a reader*. 4. ed. Harlow: Pearson Education, 2009.

WILLIAMSON, Judith. *Decoding advertisements*. Londres: Marion Boyars, 1978.

WILLIS, Paul. *Common culture*. Buckingham: Open University Press, 1990.

WILLIS, Susan. *A primer for daily life*. Londres: Routledge, 1991.

WINSHIP, Janice. *Inside women's magazines*. Londres: Pandora, 1987.

WRIGHT, Will. *Sixguns and society: a structural study of the Western*. Berkeley: University of California Press, 1975.

ZELIZER, Barbie. "Reading the past against the grain: the shape of memory studies". Em: *Critical Studies in Mass Communication*, 12 (2), 214-19, 1995.

ŽIŽEK, Slavoj. *The sublime object of ideology*. Londres: Verso, 1989.

_____. *Looking awry: an introduction to Jacques Lacan through popular culture*. Cambridge, MA: MIT Press, 1991.

_____. *Enjoy your symptom: Jacques Lacan in Hollywood and out*. Londres: Routledge, 1992.

_____. "From reality to the real". Em: STOREY, John (org.). *Cultural theory and popular culture: a reader*. 4. ed. Harlow: Pearson Education, 2009.

AGRADECIMENTOS | Gostaria de agradecer aos alunos dos módulos de "Teoria Cultural e Cultura Popular" nas universidades de Sunderland, Wuhan e Viena, com quem ensaiei muitas das ideias presentes neste livro. Também gostaria de agradecer aos colegas do Centro de Pesquisas em Mídia e Estudos Culturais (da Universidade de Sunderland) e aos amigos de outras instituições, pelas ideias e pelo incentivo. Também gostaria de agradecer a Andrew Taylor, da Pearson Education, por me dar a oportunidade de escrever uma sexta edição.

CRÉDITOS DAS IMAGENS | Somos agradecidos aos seguintes por permitirem a reprodução de suas fotografias:

Departamento de Educação: Foto 6.4, Os materiais protegidos por direitos autorais da Crown são reproduzidos com a permissão do controlador, Office of Public Sector Information (OPSI); Imagens cortesmente cedidas por The Advertising Archives: fotos 4.2 e 7.1.

As seguintes imagens são de propriedade do autor: Foto 2.1 (excursão para Blackpool), Foto 4.3 (duas pessoas em uma praia), Figuras 6.2 e 6.3 (Rock-a-day Johnny), Foto 9.2 (A Coca-Colonização da China), Figura 9.1 (o "estrangeiro"), Foto 9.3 ("Imagine there's no countries...") – todas elas, © John Storey.

Todos os esforços possíveis foram feitos para encontrar os detentores de direitos autorais e nos desculpamos por qualquer omissão não intencional. Ficaremos gratos em adicionar os créditos apropriados em qualquer edição posterior dessa publicação.

Somos gratos a todos os leitores que, generosamente, fizeram comentários sobre esta nova edição.

ÍNDICE

A formação da classe trabalhadora inglesa | **105, 106, 110**
Above Suspicion (série televisiva) | **317**
Adágio para cordas | **351**
Adams, William | **356**
Adorno, Theodor | **112, 135-137**
agência e estrutura | **82, 105, 107, 108, 110, 390, 395, 403, 413, 420, 421, 456, 464**
Alloway, Lawrence | **370**
alta cultura: ameaça à autoridade | **468-469**; arte como | **370**; como boa | **110-112**; como superior | **74, 75**; definição de cultura popular | **20-22**; e capitalismo | **138**; educação | **439-440**; nos Estados Unidos | **67-72**; sobre representação | **437**
Althusser, Louis | **19, 122, 151-155, 158**
althusserianismo | **151**
Amor à queima-roupa (filme) | **389**
amor romântico, discurso de | **215**
amostragem | **281**
"análise de cultura" | **94, 181**
anarquia, cultura como | **38, 46-49, 51**
ancoragem | **248, 312**
Anderson, Perry | **108**
Ang, Ien | **331**
antirracismo | **333, 360**
Apocalypse Now (filme) | **344**
Arnold, Malcolm | **111**
Arnold, Matthew | **25, 38, 44-55, 57, 96, 104, 135, 136, 138, 151, 170, 368, 369**
arte: apreciação estética de | **439**; como alta cultura | **370**; de massa | **116**; definição mais ampla | **132, 133**; folclórica | **68, 115**; museu de | **437**; pop art | **369, 370, 371**; popular | **114-115**; reprodução mecânica de | **149, 150, 376**; *The analysis of culture* | **104**; uso na publicidade | **140**
arte folclórica | **68, 115**
arte popular | **114**
articulação | **32, 160, 172, 176, 178-180, 210, 268, 288, 294, 330, 353, 399, 403**
audições passivas | **143**
Austin, J. L. | **373**
autenticidade | **117, 149, 183, 383, 397, 398, 451**
autoridade: colapso da | **55**; cultural | **405, 407**; perda da autoridade pela literatura | **63, 64**

Balibar, Etienne | **155**
Ball, Vicky | **317**
banalização | **468**
bárbaros, filisteus e populacho | **47, 48**

Barber, Samuel | 351
barras de chocolate | 86
Barrett, Michèle | 186, 331
Barthes, Roland | 18, 227, 231, 239-248, 251, 265, 447
Baudrillard, Jean | 366, 375-378, 382-384, 424
Beatles (grupo) | 146, 371, 397, 410
Beauvoir, Simone de | 321
Beaver, Harold | 326
Beck, Ulrich | 316
Beck-Gernsheim, Elisabeth | 316
Beethoven, Ludwig van | 111, 113, 120, 143
Bell, Daniel | 396
Benjamin, Walter | 135, 148, 150, 376
Bennett, Tony | 21, 29, 31, 32, 37, 40, 64, 77, 140, 470
bens: consumo de | 104, 412, 440, 441, 467; cultura popular a partir de | 34--35, 90, 185, 467; juventude | 171, 444; norte-americanos | 410-414, 417; valor de uso de | 460-463
Bentham, Jeremy | 259-262
Berg, Rick | 354
Bernstein, J.M. | 151
Best, Steven | 425
Big Brother (programa de TV) | 263
Blake, Peter | 371
Bloch, Joseph | 127
Bourdieu, Pierre | 21, 407, 408, 435-439
Bourne, George | 61,
Braddock (filmes) | 346, 347
Brando, Marlon | 378
branquidade | 358
Brecht, Bertolt | 17, 136, 367
bricolagem | 171, 390, 400
Broadhurst, Thomas | 163
Brogan, D.W. | 72, 73
Brooker, Peter | 390, 391
Brooker, Will | 390, 391
Brooks, Peter | 294
Brunsdon, Charlotte | 288
Burke, Peter | 36
Burston, Paul | 320
Bush, George H.W. | 353, 355, 356, 358
Butler, Judith | 321-327

Caçadores da arca perdida, Os (filme) | 388
câmeras de circuito fechado | 262
campo cultural | 430, 435, 436, 442
campo econômico | 430, 435, 452
Canaan, Joyce | 319

capitalismo: althusserianismo | **151**; campo cultural | **430-431**; campo econômico | **456, 457, 460, 461**; cultura *gay* | **327, 328**; Escola de Frankfurt | **27, 40, 135, 136, 141, 142, 148, 150, 151, 172, 187**; feminismos | **267**; hegemonia | **167**; ideologia e classe | **47**; industrial | **131**; norte-americano | **410-414**; pós-modernismo, **385-394**

Carey, James W. | **15**

Carlyle, Thomas | **36, 341**

cartismo | **44**

Cartland, Barbara | **290, 403**

Caso de assassinato (filme) | **346**

cena *underground* britânica | **370**

Centro para Estudos Culturais Contemporâneos | **81, 82, 118, 120, 121, 453**

Certeau, Michel de | **442, 443, 449**

certezas | **24, 28, 91, 104, 294, 371, 375, 404, 428, 429, 465**

Chamberlain, Joseph | **342**

Chambers, Iain | **123, 374, 424**

Chauncey, George | **107**

Chinn, Sarah E. | **324**

Chodorow, Nancy | **282, 285**

cinema: e mulheres | **218-220, 270-276**; generalidades em | **312, 401, 404**; leavisismo | **58**

cine-psicanálise | **216, 276**

civilização: ideias de Coleridge sobre | **51**; massa | **56, 64**; no Ocidente | **236-237**; psicanálise freudiana | **189**; tradição de cultura e civilização | **43**

Clark, Michael | **357, 358**

Clarke, Gary | **197, 452**

Clash (grupo) | **30, 397**

classe | **43, 44, 47, 48, 49, 50, 51, 52**; cultura como indicadora de | **21, 74**; cultura de massa nos Estados Unidos | **65-76**; e ideologia capitalista | **16**; e publicidade | **166**; gosto | **21, 300, 370, 408, 436, 445**; hegemonia | **30, 167-172**; lutas de | **17, 129, 435**; relação com o modo de produção | **127**; segregação | **43**

classe de intelectuais | **52**

classe trabalhadora: "análise de cultura" | **94-95**; anarquia | **46-51, 57**; atividade subcultural da juventude da | **451**; civilização urbana industrial | **43-44**; definição de cultura popular | **29, 30, 34, 35, 36**; despolitização de | **137, 151**; *formação da classe trabalhadora inglesa* | **104-110**; juventude saindo nos finais de semana | **379**; mulheres no cinema | **272-273**; perda de autoridade | **383**; prazeres da | **72**; trabalhadora estética | **84, 89**; *usos do letramento* (The uses of literacy) | **83-95**

Coca-Cola | **410, 411**

Cocker, Jarvis | **221**

Coleridge, Samuel Taylor | **51, 52**

Collins, Jim | **252, 390, 391, 400-404**

colonialismo | **242, 246, 335**

complexo de Édipo | **192, 201, 202, 207, 209, 214, 215, 279, 282**

comunidade: e sociedade | **273, 340; fãs, 446, 447**; forte senso de | **85**; perda do orgânico | **27, 52, 61-64**

495

comunidade orgânica, perda de | 27, 61, 62, 63
conformidade | 74, 117, 136, 324
conhecimento científico | 161
conhecimento: científico | 372; constituído | 428; cultura como corpo de | 45, 46; de texto | 159-160; e estética | 439; e poder | 255-259; leitura de revistas femininas | 307; orientalismo | 342; prático | 311-312; social | 249
Connor, Steven | 374, 376
conotação | 241, 249, 254, 292, 293
consciência | 192; de classe | 105; "falsa" | 16, 137, 271, 308, 420; social | 127
consumo: ativo e passivo | 82, 143, 147, 148-150, 185, 468; campo cultural | 281, 301; campo econômico | 428, 441; cultura de massa | 70; cultura *gay* | 327; de bens | 432; definição de cultura popular | 26; fanatismo | 444-445; ficção romântica | 279, 280; juventude | 396, 451; mito | 241; mulheres no cinema | 270; música popular | 143, 146, 147; poder dos consumidores | 453; política do popular | 427; pós-modernismo | 398; publicidade | 309; revistas femininas | 302, 303, 305, 307-309, 311, 313; significado | 150, 166; Vietnã de Hollywood | 344-346, 349, 352, 353, 355, 356, 363
contenção, ideologia de | 65
contracultura | 65, 179, 180, 370, 371, 388
Coração satânico (filme) | 387
Coronation Street (programa de TV) | 379
Cosmopolitan (revista) | 307
costumes | 19, 102, 165, 233
Coward, Rosalind | 278, 279, 282, 316
Creekmur, Corey K. | 328
cultura afirmativa | 394, 395
cultura comercial | 22, 89, 369, 392
cultura de choque | 115
cultura de convergência | 367, 421, 423, 426
cultura: arte de massa | 116; de massa norte-americana | 65-76; definição de cultura | 26, 29, 30, 34; desdém por e medo de | 452; dificuldade em desafiar | 139; Escola de Frankfurt | 148-151; expansão dos meios de comunicação | 396; grande divisão | 369; ideologia de | 295-302, 466-469; leavisismo | 56; leitura de ficção romântica | 277; pós-modernismo | 369, 370, 371; pré-digerida | 112; produtos e processos | 135; teoria da homossexualidade | 327-330; tradição de cultura e civilização | 150
cultura folclórica | 13, 27, 29, 37, 68
cultura jovem: bens | 171, 456; consumo | 171; fanatismos | 444-452; garoto do *jukebox* | 93; gosto | 113, 118, 119, 120, 171, 451; hegemonia | 171; música *pop* | 92, 116-119, 121, 415; pós-modernismo | 365; sair nos finais de semana | 379; subculturas | 451
cultura norte-americana: assistindo a *Dallas* | 290-299, 307; como cultura de massa | 13, 28-31; contracultura | 65, 370, 388; Disneylândia | 377, 382, 384; e globalização | 367, 410-413; pós-modernismo | 365-372; representação da Guerra do Vietnã | 179, 333-358, 371
cultura popular autodidata | 86, 89
cultura popular comunal e individual | 93

cultura superior | 75
cultura, definição de | 9, 10, 12, 13-39, 45-57, 96, 97-100, 234
culturalismo | 37, 81, 82, 97, 98, 109, 110, 120, 122, 123, 172, 465
culturas de fãs | 297-299
culturas dominantes e locais | 415-416
culturas vividas | 14, 319
Culture and anarchy | 44-50
Curtin, Philip | 341

Daily Mirror | 24
Daily Telegraph | 247, 353
Dallas (programa de TV), assistir a | 289, 290, 291, 293; conotação e denotação | 292; feminismo | 289; ideologia de cultura de massa | 295-302; ideologia de populismo | 299; imaginação melodramática | 294; imperialismo cultural norte-americano | 291; ironia | 296-298, 307; prazer | 291-294, 296-299; psicanálise | 301; realismo | 292, 294
Dança com lobos (filme) | 238
Dante Alighieri | 70
David-Neel, Alexandra | 164
De volta para o futuro (filmes) | 387
De volta para o inferno (filme) | 346
definição social de cultura | 122
definições: de cultura popular | 20, 35; de cultura | 14, 15; de ideologia | 19, 153; pós-modernismo | 372, 374, 376
democracia | 49, 57, 67, 74, 141, 436
democratização cultural | 396
denotação | 241, 247, 248, 292, 293
Derrida, Jacques | 252, 254, 255
Descartes, René | 213
desejo: fantasia | 220-224; ficção romântica | 279-283; freudiano | 193, 201--202; lacaniano | 209, 212, 214, 215; revistas femininas | 303
Desert Island Discs (programa de rádio) | 221
Desperate Housewives (programa de TV) | 401, 402, 467
Dickens, Charles | 22, 254
différance | 252
disciplina | 121, 256, 261, 263, 320
discurso e poder: conhecimento | 255-259; disciplinas acadêmicas | 255-259; entrecruzamento hierárquico de discursos | 257; filme como objeto de estudo | 256-257; linguagem | 255; pós marxismo | 174-175; práticas sociais | 256; sexualidade | 257-258; verdade | 258
Disneylândia | 377, 382, 384
Disraeli, Benjamin | 44
Dittmar, Linda | 349
dizer e mostrar | 160
Docker, John | 384
Doctor Who (programa de TV) | 423, 436, 448-449
dominância: articulação | 179; classes/grupos | 16-18, 31, 33, 36, 37, 43, 52,

101, 128, 129, 154, 167, 169, 176, 177, 370, 434, 436; cultura globalizante | 413; cultural dominante | 385-386, 392; culturas dominantes e locais | 413; de cor | 358-359; estrutura em | 152; gênero | 255, 271, 318; oposições binárias | 254; significado | 182
Doty, Alexander | 329
drag | 325, 327
"duas nações" | 44
Dvorák, Antonín Leopold | 141
Dyer, Richard | 147, 173, 359, 360
Dylan, Bob | 371

Eagleton, Terry | 220, 221
Earle, Steve | 376
Easthope, Antony | 318
Eco, Umberto | 403
economia: althusserianismo | 151; campo econômico | 452-463; correspondência com faroestes | 238; desenvolvimento | 238-239; escravidão e comércio de escravos | 335, 337; hegemonia | 463-466; música *reggae* rastafári | 179; poder | 436; pós-modernismo | 385-386; sucesso nos Estados Unidos | 411-412; televisão | 400
educação | 49, 50, 88, 95, 113, 134, 165, 171, 182, 373, 395, 439
ego | 190-193, 195, 201, 211, 217, 218, 220
elite | 36, 52, 53, 69, 107, 170, 180, 239, 439
Empire (revista) | 250
empregado/empregador, relação | 36
Engels, Frederick | 127-129, 131, 132, 134, 186, 395
entretenimento: de massa | 83, 85; juventude | 118; mulheres no cinema | 273; televisão | 402, 403
era de ouro da cultura | 60, 61
escapismo | 28, 273, 274, 311
Escola de Frankfurt: autenticidade | 138-143; capitalismo | 137-139, 141, 143; conformidade | 136; consumo | 143-147; cultura de massa | 135, 136, 138, 139, 140, 142, 148, 149, 151; cultura imposta de manipulação política | 172; democratização cultural | 141; era de ouro perdida | 27; indústria cultural | 135-147; leavisismo | 135, 138, 151; marxismo | 135, 136, 150; mercantilização | 140; modo de produção | 150; música popular | 135, 142, 143, 146, 147, 150; pessimismo | 394; reprodução | 135, 138, 140, 148, 149, 150; teoria crítica | 135; trabalho e prazer | 141; tradição de civilização e cultura | 150
escopofilia (prazer de olhar) | 216-219
escravidão e comércio de escravos | 335, 337, 339, 340
esquizofrenia e pós-modernismo | 351, 389
estágio do espelho (psicanálise) | 209-211, 217
estética: apreciação estética | 439; da classe trabalhadora | 84, 89; e textos | 127; fundamentada | 233; julgamento | 428-429; na definição de cultura | 22; pura *versus* popular | 438-441
estética fundamentada | 429, 437, 438-441
estrangeiro, conceito do | 413-415, 419

estruturalismo: e cultura popular | 29; faroestes norte-americanos | 234; linguagem | 231-233; mitos | 234; psicanálise lacaniana | 209; *ver também* pós-estruturalismo
estudos sobre homens | 232
Estwick, Samuel | 339
exclusão | 21, 268

Faith, Adam | 111, 112
fantasia lacaniana | 220
fantasia | 28, 203, 204, 211, 217, 220-224, 274, 275, 277-288, 286, 289, 290, 300, 301, 313, 382, 460
faroestes norte-americanos: funções do clássico | 235 , 236, 238; funções narrativas | 235, 236; mitos | 233, 234; oposições binárias | 234, 236, 255; oposições estruturantes | 236; profissional | 235, 236, 238; sociedade | 233, 34; sonho americano | 238; tema de transição | 235-239
Fekete, John, | 409
feminidade | 275, 276, 303-305, 321, 323, 326
feminismo: cine-psicanálise | 216-220; editoras feministas | 32; estudos sobre os homens | 318-320; feminismos | 267-270; filmes e estudos sobre o cinema | 270; leitura de ficção romântica | 277, 279; leitura de revistas femininas | 302-310; poder da ideologia patriarcal | 17; pós-feminismo | 314-318; prazer | 298-300
ficção: apoiando a heterossexualidade | 320-321; e realidade | 380; exemplo de deterioração | 90; histórias de império | 343-344; imperialismo francês | 162-163; leavisismo | 57; leitura de [...] romântica | 276-290; revistas femininas | 302-306; "slash" | 449
ficção romântica: consumo | 281, 287; cultura de massa | 277; desejo | 278--280; drama de Édipo | 279; fantasias de reciprocidade, | 282; feminismo | 279, 288, 289, 300, 307, 308; fuga | 285, 286; ideologia | 287; patriarcado | 286; prazer | 283, 285, 286, 288, 289, 291-305; protesto utópico e saudade | 287; reprodução emocional | 285; satisfação emocional | 283; sexualidade | 283, 284; violência masculina | 283, 284
Fiedler, Leslie | 73-75
filmes e estudos sobre cinema: como disciplina acadêmica | 256-259; Escola de Frankfurt | 135; falso realismo | 388; faroestes norte-americanos | 234--239; *film noir* | 22, 31, 219; filmes de *kung fu* cantoneses | 419; filmes de nostalgia | 387-392; mulheres no cinema | 270-276; pós-modernismo | 376; psicanálise do cinema | 216-220, 276; reciclando | 391; representação da Guerra do Vietnã | 344-358
Fiske, John | 26, 27, 34, 381, 429-435, 454
fonemas | 233
formulação base/superestrutura | 9, 16, 118, 125, 152, 154
fotografias | 356
Foucault, Michel | 227, 255, 257, 259, 261-263, 345
Four Tops (grupo) | 406
França: imperialismo | 242, 244; mitologias | 240
Franklin, Aretha | 327

Franklin, H. Bruce | 348, 358
Freud, Sigmund | 71, 140, 160, 190, 191-196, 199-204, 207-210, 212, 221, 383
Frith, Simon | 26, 150, 379
Frow, John | 405
Fryer, Peter | 341
futebol | 175

Gamman, Lorraine | 270, 271
Garnham, Nicholas | 435, 453
garoto do *jukebox* | 92, 93
Gay, Paul Du | 481
gênero: estudos sobre homens e a masculinidade | 318-320; feminismos, 267-270; leitura de ficção romântica | 276-290; leitura de revistas femininas | 302-313; mulheres no cinema | 270-276; pós-feminismo | 314-318; teoria da homossexualidade | 320-330; *Watching Dallas* | 290-302
Giddens, Anthony | 316
Gills, Rosalind | 318
Gilroy, Paul | 334, 336, 360, 362
Gledhill, Christine | 271
globalização | 367, 410-413, 416-421
Golding, Peter | 453-455
Goodwin, Andrew | 397, 398
Gosse, Edmund | 55
gosto: ameaça da cultura de massa | 66, 69, 89; classe | 21, 370, 437; de grupos dominantes | 445; definindo padrões de | 55; ideologia de | 299, 438; juventude | 113-120, 450; pós-modernismo | 370, 407
Gramsci, Antonio | 30, 34, 118, 121, 122, 167, 170-172, 176, 177
gratificação | 71
Gray, Ann | 309
Green, Michael | 121
Greenberg, Clement | 112
Griffin, Christine | 319
Grimm, Jacob e Wilhelm | 207
Grossberg, Lawrence | 424, 450
Guerra do Golfo | 333, 353, 355, 358
Guerra Fria | 65, 76
Guerra nas estrelas (filme) | 388, 448
Guevara, Che | 140

Haag, Ernest van den | 69-72
Haines, Harry W. | 350
Hall, Stuart | 81, 109, 110, 123, 186, 335, 360, 464
Hamilton, Richard | 371
Harvey, David | 123, 173
Hawkes, Terence | 265
Hebdige, Dick | 38, 186, 365, 426
Hegel, Georg Wilhelm Friedrich | 140, 220, 221

hegemonia: aparelhos ideológicos de Estado | **165, 171**; aparelhos repressivos de Estado | **170**; bens (mercadorias) | **171, 179, 185, 463**; britânica na linguagem | **169**; capitalismo | **168**; classe, **31, 169, 170, 172, 177**; condições econômicas | **464-465**; consumo | **171, 465**; globalização | **420**; grupos e classes subordinados | **168, 169**; intelectuais orgânicos | **170**; língua inglesa | **169**; marxismos | **167-172**; mistura negociada | **172**; modelo base/superestrutura | **465**; pós-marxismo | **172, 455-456**; produção | **465**; subculturas jovens | **171-172**; uso para se definir cultura popular | **30-34**
Hermes, Joke | **307, 310-313**
heterogeneidade | **231, 233, 244, 372, 434**
heterossexualidade | **202, 320-323, 326**
Highsmith, Patricia | **223**
Hill Street Blues (programa de TV) | **432**
hip-hop | **147, 415**
hiper-realismo | **377, 379, 381-383**
história, concepção materialista da | **127-128**
histórico familiar, pesquisa do | **420**
Hoggart, Richard | **64, 81-84, 86-95, 104, 110, 113, 121, 122**
Hollywood | **23, 272, 274-276, 345, 346, 349, 352, 353, 355, 356, 410**
homogeneidade: e heterogeneidade | **231, 372, 434**; produtos marcados da indústria cultural | **135, 140**
homossexualidade | **107, 202**
hooks, bell | **268**
Horkheimer, Max | **135, 139**
Horne, Howard | **379, 423**
Hume, David | **340**
Hunt, James | **215, 342**
Huyssen, Andreas | **369**

I'm a Celebrity, Get Me Out of Here (programa de TV) | **263**
ideal na definição de cultura | **96, 97** romance | **282, 283** *self* | **312**
ideologia: althusserianismo | **152-155, 157, 158, 161, 165-167, 171**; aparelhos ideológicos de Estado | **165, 170**; campo cultural | **435-437, 442**; campo econômico | **430**; capitalismo e classe | **16**; contenção | **65, 76**; de cultura de massa | **295-302, 466-469**; de gosto natural | **438**; definições | **15-19, 46, 47, 153-154, 165-166**; mito | **241, 245**; modificação | **162-163**; poder da [...] patriarcal | **17**; populismo | **299**; publicidade | **166-167**; raça e racismo | **337-342**
imaginação melodramática | **294**
imaginário | **166, 211-214, 263, 383**
imperialismo | **162, 163, 243-245, 291, 335, 342, 344, 415, 418**
inclusão | **78, 372**
inconsciente | **99, 153, 160, 161, 164, 189, 190, 194**
industrialização | **35, 36, 43, 74, 141**
intelectuais: alemães | **135**; classe trabalhadora | **75**; missionários | **63**; norte-americanos | **65, 72, 76**; orgânicos | **170, 171**; pós-modernismo | **374, 428**
ironia | **244**

Jam (grupo) | 30
Jameson, Fredric | 125, 173, 368, 371, 385-390, 392-395, 397-399, 403, 424
jazz | 112, 114, 119, 120
Jefferson Airplane (grupo) | 179, 180, 351
Jeffords, Susan | 332, 347
Jenkins, Henry | 426, 446-450
Jenson, Joli | 445
Jeremy Kyle Show (programa de TV) | 263
Jerry Springer Show (programa de TV) | 263
Jewitt, Robert | 422
Johnny Guitar (filme) | 237
Johnson, Lyndon B. | 356
Johnson, Richard | 82, 107, 133
Johnston, Harry | 341
jovens *ver* cultura jovem
julgamento, critérios absolutistas de | 101, 407

Katz, E. | 421
Kellner, Douglas | 375
Kemp, Fraser | 380
Kill Bill (filme) | 389
Killing, The (programa de TV) | 401
King, Rodney | 378
Klein, Michael | 352
Knox, Robert | 341, 342
kung fu, filmes de | 419

LA Law (programa de TV) | 378
Lacan, Jacques | 209-214, 217, 220, 227, 389
Laclau, Ernesto | 174, 175, 177, 178, 182, 395
Lang, Jack | 291
Lawrence, D.H. | 85
Leavis, F.R. | 54-58, 60-64, 103
Leavis, Q. D. | 55, 58, 61
leavisismo: colapso de autoridade | 55-56; cultura de massa | 56; cultura na manutenção da minoria | 55-56; drama elisabetano | 61; era de ouro cultural | 60-61; Escola de Frankfurt | 135, 136, 151; ficção popular | 57; filmes | 58; impacto do | 64; influência de Arnold | 54-55, 96; literatura | 63; perda da comunidade orgânica | 62-63; publicidade | 58, 59; rompimento com | 102-103, 111-112, 119-120; suburbanismo | 63; trabalho e prazer | 62-63
lei de cultura de Gresham | 60, 69
leitura: como "caça clandestina" (*poaching*) | 443; desconstrutiva | 255; fanatismo | 446-449; feminismo | 269; ficção popular | 57; ficção romântica | 276-290; homossexual | 329-330; literatura | 63; posições (perspectivas) | 29, 33, 245; psicanálise freudiana | 208; revistas femininas | 302-313; sintomática | 155-167

Levi's, jeans | 29, 30
Lévi-Strauss, Claude | 227, 233-235
Liebes, T. | 421
língua caribenha, hegemonia britânica na | 169
linguagem: abordagens diacrônica e sincrônica | 231-232; analogia com mito | 233; discurso e poder | 255; eixos sintagmático e paradigmático | 229; estruturalismo | 231, 232; hegemonia britânica na | 169; *langue e parole* | 231, 233, 250; performativa e constativa | 323-324; psicanálise freudiana | 199; psicanálise lacaniana | 212; publicidade | 58-59; realidade | 229; significado | 231-232; significante e significado | 228, 240, 241, 242, 389; substituições | 229-231; teoria relacional | 228
literatura | 9, 60, 63, 64, 93, 162, 384, 406, 437, 445, 446, 451
livros de conduta | 163
London Chronicle (jornal) | 339
Long, Edward | 337
Lost (série de TV) | 401
Lovell, Terry | 460
Lowenthal, Leo | 135, 137
Lynch, David | 400, 402
Lyotard, Jean-François | 366, 372-374, 383

Macdonald, Dwight | 67-69, 72, 73
Macherey, Pierre | 157-162
Mãe Coragem e seus filhos (peça) | 136
Maltby, Richard | 28
Manchester United (time de futebol) | 232, 448
Manchester | 43, 458
Mandel, Ernest | 385
manuais de sobrevivência, revistas femininas como | 303
máquina panóptica | 259, 260, 262-264
Marcuse, Herbert | 135, 137, 139, 141, 394, 396
Markus, Hazel Rose | 334
Marley, Bob | 179
Marshment, Margaret | 270, 271
Martin, Andrew | 356
Marx, Karl | 16, 107, 126-129, 131, 132, 134, 140, 152, 154, 155, 182, 220, 277, 295, 383, 393, 395, 460, 461, 465
marxismo clássico | 10, 82, 125, 126
marxismo inglês | 173, 174
marxismos: althusserianismo | 154; Escola de Frankfurt | 135; estrutura para o pós-modernismo | 173; Hegemonia | 420, 455; marxismo clássico | 16, 125, 127; marxismo inglês | 130, 172; *ver também* pós-marxismo
masculinidade | 183, 184, 318-320, 322, 323, 331, 332
Matisse, Henri | 140, 141
McGuigan, Jim | 427, 428, 430, 431, 452
McLellan, Gregor | 106
McNamara, Robert | 356

McRobbie, Angela | 172, 315, 332, 425, 465
Medhurst, Andy | 444
Mercer, Kobena | 375
Michaud, Gene | 363
mídia: antiga e nova | 391, 421; campo econômico | 452-454; cobertura de eventos | 24, 290, 357; consumidores | 422, 451; cultura baseada em mídia | 396-397, 401; cultura de convergência | 421-423; eleições gerais | 168; hiper-realismo | 379-380; leitura de revistas femininas | 307-313; nova mídia de massa | 116; papel das corporações de mídia | 412; propriedade | 422; responsabilidade pessoal | 111; vigilância | 261-263
Mills, Sara | 164
mitemas | 233
Mitologias (livro) | 270
mitos | 153, 162, 199, 233, 234, 246, 383; faroestes norte-americanos | 234; Guerra do Vietnã | 349, 354, 355; masculinidade | 318, 319; mitologia de raça | 337-342; oposições binárias | 234, 236, 237, 254
modernismo | 367-371, 373, 374, 385, 390, 392, 397, 399, 409
Modleski, Tania | 276, 277, 289
momentos narrativos e de espetáculo | 218
morfemas | 233
Morley, David | 33
Morris, R.J. | 11, 114
Morris, William 130-132-134
Mouffe, Chantal | 32, 174, 175, 178, 182, 395
Moya, Paula M. L. | 334
mudança tecnológica | 422
mulheres no cinema | 270
Mulvey, Laura | 216, 219, 270-272, 316
mundo onírico coletivo, cultura popular como | 28, 369,
Murdock, Graham | 453-455
música: clássica | 67, 119, 141, 144, 446; folclórica | 62, 87; hip-hop | 147, 415; *jazz* | 112, 114, 116, 119, 120, 418; ópera | 141, 181, 387, 408, 446; *pop* | 397--399; popular | 87, 111, 135, 142, 143, 146, 147, 150, 418; publicidade | 144, 158, 397; *reggae* rastafári | 179
Myers, Tony | 220

narcisismo | 217, 349
Nascido em 4 de julho (filme) | 347
Natal celebração de | 14, 19, 28, 39 invenção do [...] tradicional inglês | 130
Nederveen Pieterse, Jan | 416
negro e branco | 337
New Left Review | 368
News From Nowhere (romance) | 133
Newton, Esther | 326
Nixon, Richard | 354
nostalgia | 83, 357, 383, 387, 390, 391, 398, 400, 410
novelas | 89, 272, 277, 291, 300, 377

novo revisionismo | 429, 431
Nowell-Smith, Geoffrey | 38

O coração das trevas (filme) | 344
O selvagem da motocicleta (filme) | 387
O senhor dos anéis (filme) | 388
O'Connor, Alan | 95
olhar ingênuo | 437-438
olhar puro | 438
ópera | 14, 24, 141, 144, 387, 408, 446
oposições binárias | 25, 148, 234, 236, 237, 255, 273, 297
ordem social | 19, 44, 51, 141, 287
orientalismo | 259, 333, 342-345
Ortega y Gasset, José | 438
Os brutos também amam (filme) | 236
outro/diversidade | 37, 44, 49

padrões, fim dos | 409
padronização e música pop | 142
páginas de problemas | 312
Paris Match (revista) | 242-244
Paris, Texas (filme) | 215
Parker, Ian | 220, 221
paródia | 264, 386, 398, 401
Partido Conservador | 18, 32, 242, 442
Partido Trabalhador | 15, 103, 254, 442
pastiche | 386, 387, 391, 398, 399
patriarcado | 267, 268, 271, 274, 286, 287, 320
Pavarotti, Luciano | 23, 24
Pecados de guerra (filme) | 346
Peggy Sue: seu passado a espera (filme) | 387
Pelotão de guerra (filme) | 347
Perryman, Neil | 423, 449
Pilger, John | 356
Platoon (filme) | 346, 347, 349-352, 377
pluralismo de valor | 404, 409
poaching ("caça clandestina") | 443
poder: bloco | 33; classe | 50, 170; da branquidão | 358-360; da indústria cultural | 89; do capitalismo | 151; do panoptico | 259-264; do público | 432; do racismo | 335-336; dos consumidores | 421, 431, 433, 453; e conhecimento | 255-259; e cultura | 183; economia | 436; estruturalismo | 29; globalização | 413, 416; hegemonia | 170; Hollywood | 345; ideológica, de romances, 287; linguagem | 255; música *reggae* rastafári | 179; narrativa, de faroestes | 234; no campo cultural | 430-438, 243; no campo econômico | 452-463; noção simplificada de | 129; oposições binárias | 234, 254; orientalismo | 342; patriarcal | 37, 267, 276, 279; político | 43; pós--modernismo | 366, 404-408; *ver também* discurso e poder

Polan, Dana | 301, 302
política: capitalismo | 179; consumo | 149-150; cultura imposta de manipulação | 172; cultural | 44, 54, 392, 413; de significação | 18; despolitização da classe operária | 137, 151; feminista | 269-270, 288-289, 300, 301, 302; geral, da verdade | 258, 345; globalização | 419; prazer | 465; raça e racismo | 335-336
política do popular | 427; campo cultural | 430; campo econômico | 452; ideologia da cultura de massa | 466; pós-marxismo e hegemonia | 463
pop: art | 369, 370; música | 397
Popular Arts (livro) | 66, 82, 110, 112, 116, 118
"popular", de cultura popular | 20-21
populismo | 299, 300, 427-430, 465, 469
Porter, Cole | 113
pós-estruturalismo: filmes e estudos sobre cinema | 256-257; máquina panóptica | 259-264; oposições binárias | 253-254; regimes de verdade | 258; sexualidade | 257-258; significantes e significados | 251-255; vigilância | 261-262
pós-feminismo: destradicionalização | 316; hegemonia | 318; limites indistintos | 314-315; publicidade do Wonderbra | 315, 316; reconhecimento e destituição | 315-316; redundância do feminismo | 315; sensibilidade | 316
pós-marxismo e estudos culturais | 172, 174 hegemonia | 368, 420
pós-modernismo: alta cultura | 367, 369-371, 392, 404; articulação | 403; capitalismo | 385-386, 392, 393, 395; cena *underground* britânica | 370; certezas | 371, 375, 383, 388, 404, 428; como cultura do simulacro | 376; conceito do estrangeiro | 413-414; condição pós-moderna | 365-367, 372--375; conhecimento | 372-374; consumo | 407; cultura afirmativa | 394, 395; cultura de convergência | 421-423; cultura de massa | 369, 370, 396; cultura local e dominante | 445; cultura norte-americana | 370, 371, 400--402; debate | 423; definição | 365-367; democratização cultural | 396--397; e cultura popular | 34; e globalização | 410-421; economia | 392; elitismo | 368, 369; Escola de Frankfurt | 393; esquizofrenia cultural | 389; estrutura marxista/neomarxista | 385-397; explosão de cultura | 393; filmes e estudos sobre cinema | 376, 387-391, 419; fim dos padrões | 409; generalidades no cinema | 390-391; gosto | 370, 373, 407; grupos dominantes e subordinados | 407-408; hegemonia | 421; hiper-realismo | 377-383; inclusão e exclusão | 372; intelectuais | 374; leitura de revistas femininas | 308; metanarrativas | 372-373; mídia | 378-381, 391, 396--397, 400, 403, 408, 412, 421, 422, 423; mudança histórica | 376, 383, 385; mudança tecnológica | 422; música *pop* | 371, 397-399; nos anos 1960 | 367-371; nostalgia | 383, 387, 390, 391; pesquisa do histórico familiar | 420; pluralismo de valor | 404-410; poder | 405-406; *pop art* | 369-371; produção | 374, 376, 379, 387, 392, 400, 405, 413; *sample* | 398; significado | 423; simulação | 376-377, 379, 382; televisão | 377-378, 381, 397, 399-404; tradição seletiva | 404-406; vanguarda europeia | 371; verdade | 383-384
prazer: arte como expressão de | 132-133; assistindo a *Dallas* | 290-302; cinema | 58, 216-220, 273; classe operária | 72, 85, 89; contrarrevolucionário | 430; escopofilia (prazer de olhar) | 216-217; leitura de ficção romântica |

276-278, 283; leitura de revistas femininas | 302-304; político | 465-466; psicanálise freudiana | 191-192, 203; público como produtor de | 432, 434, 441, 446; teoria da homossexualidade | 327-328

previsibilidade | 135

produção: consumo | 460; Escola de Frankfurt | 150-151; hegemonia | 465; ideologia da cultura de massa | 466; modo de, em relação a | 126-127; pós-modernismo | 374, 376, 383, 385, 386, 390, 392, 393, 397, 399, 400, 402, 404; significado | 181-182, 272

programas de transformação e de discussão | 246

Propp, Vladimir | 235

psicanálise: cine-psicanálise | 216; freudiana | 189, 193, 202, 208; lacaniana | 174, 209; Slavoj Žižek e fantasia lacaniana | 220

psicanálise freudiana: análise de textos | 201-208; civilização | 189; complexo de Édipo | 192, 201, 202, 207, 209, 214, 282; conflito | 193; consciência | 192, 193; deslocamento | 195, 196, 197, 198; *ego, superego e id* | 190-195; escopofilia (prazer de olhar) | 216, 217, 218, 219; inconsciente | 189-190, 194, 195, 199, 201; interpretação de sonhos | 194, 200, 201, 208; jogo do "*fort-da*" | 209; linguagem | 199; modelo da psique | 193; natureza humana | 193; princípios do prazer e da realidade | 191, 192, 193; pulsões sexuais | 189; repressão | 189, 190, 193, 257; simbolização | 198, 208

psique, modelo da | 190, 193

publicidade: althusserianismo | 151; apelo para a massa | 401; carros | 156, 157; cultura popular pós-feminista | 314, 316, 318; fracasso apesar de | 433; ideologia | 153, 154; leavismo | 54, 55, 57; magistério | 251; masculinidade do "novo homem" | 318; música | 23, 29, 67, 87; revistas femininas | 302, 303; uso de arte em | 68; Wonderbra | 315

público: culturas de fã | 444, 450; da televisão pós-moderna | 399-403; e articulação | 178, 179, 403; poder do | 432; relação com o artista | 115-116

Puccini, Giacomo | 23, 145

Pulp Fiction (filme) | 389

raça e racismo | 333-336; antirracismo e estudos culturais | 360-362; branquidão | 358-360; emergência da ideologia | 337-342; orientalismo | 342-358

radicalismo | 37, 106

rádio | 58, 89, 95, 111, 135, 254, 408, 422

Radway, Janice | 280, 281-283, 285-289

Rakow, Lana F. | 269

Rambo (filmes) | 346, 347, 349, 383, 433

Reagan, Ronald | 354, 355

realismo e realidade: *Dallas*, assistir a | 292-296; de esforço de guerra moderno | 349, 355; de mídia | 381; falso realismo | 388; fantasia | 203, 220-224; hiper-realismo | 377, 379, 380, 381, 382, 383; linguagem | 230; princípio da realidade | 191, 192, 193; produzido por poder | 258; real | 209, 210, 212, 213, 214, 215; realidade de gênero | 326, 327; realismo emocional | 117, 292-296

repressão | 71, 189, 190, 193, 257

reprodução mecânica da arte | 149, 150, 376
reprodução | 127, 135, 138, 140, 148-150, 285
Retorno da múmia, O (filme) | 388
revisionismo, novo | 429, 431
revistas: de vigilância de celebridades | 263; leitura de [...] femininas | 278, 302
revistas femininas, leitura de: coletividades fictícias | 305; comunidades imaginárias | 306; conselhos | 303-305, 312; consumo | 303-304, 309, 310, 313; entretenimento | 303; feminidade | 303, 304, 305; feminismo | 305, 307, 308; manuais de sobrevivência | 303; outorga de poder | 313; páginas de problemas | 306, 312; patriarcado | 303; publicidades | 303-305; repertórios | 311-313; soluções pessoais | 306; triunfos sobre tragédias | 306
Richards, Keith | 180
Richardson, Colin | 320
Ricoeur, Paul | 383
rituais | 19, 84, 149, 165, 258, 345
Ritzer, G. | 416
Robin Hood: o príncipe dos ladrões (filme) | 388
Rockwell, John | 370
Rolling Stones (grupo) | 397
Rosenberg, Bernard | 66, 67
Ross, Andrew | 27, 65, 75
Rowe, John Carlos | 354, 355

Said, Edward | 333, 342, 343, 418
salas de música | 113
Samuel, Raphael | 109
Saussure, Ferdinand de | 227-234, 240, 251, 252
Scattergood, John | 339
Schiller, Herbert | 412
segregação de classes | 43
semiótica | 316, 400, 433, 434, 441
Sex and the City (série de TV) | 378, 402
sexo biológico e gênero | 321, 323, 327
sexualidade: discurso de | 257, 258; e masculinidade | 283; em ficção romântica | 279, 280; em revistas femininas | 302; pós-feminista | 314; *ver também* homossexualidade
Shakespeare, William | 22, 59, 60, 67, 112, 120
Sharp, Cecil | 87
Shils, Edward | 72, 74, 75
Showalter, Elaine | 267, 269
significação | 18, 177, 182, 228-230, 232-234, 240-242, 248
significado: analogia com o futebol | 175; como resultado de oposição e relação | 228-229; conceito de raça | 336; da Guerra do Vietnã | 349, 352, 354; de cultura | 14, 45; de fotografia | 165; de mitos | 233; de sonhos | 194-201; de textos | 154, 155, 156, 157, 158, 159, 160, 161, 162, 163, 164, 178, 183, 202, 203, 204, 208, 232, 247, 248, 251, 286, 292, 296, 309, 310, 313, 352, 405,

406, 443, 455; e consumo | 149-150; e discursos | 352; e linguagem | 212, 229-233; guiado pela produção e pelo consumo | 272; modelos estrutural e temporal | 252-255; na realidade das aparências | 383; pós-modernismo | 423; produção e intercâmbio de | 182-183
significantes e significados | 228, 241
símbolos | 117, 199, 200, 440
Simpson, O. J. | 381
simulação | 348, 376, 377, 379, 382
simulacro | 376
Six Feet Under (*A sete palmos* – série de TV) | 401, 402
Smith, Adam | 155
socialismo | 18
Socialist Review (revista) | 244
Socialist Worker (jornal) | 247
sociedades primitivas | 233
sonhos: interpretação de | 194-208, 220-224; mundo de sonhos coletivos, cultura popular como | 28; norte-americanos | 238-239
Sontag, Susan | 367, 410
Sopranos, Os (série de TV) | 401, 402, 467
Spare Rib (revista) | 303, 307
Stacey, Jackie | 272-274, 276
Stedman Jones, Gareth | 168
Storey, John | 18, 23, 40, 79, 123, 186, 225, 265, 331, 333, 425
Sturken, Marita | 356
subordinação: da forma à função | 437-438; e deferência | 49-52; ficção romântica | 280; novas e velhas formas de | 396; raça e racismo | 342; realidade ocultando a ideologia | 16
suburbanismo | 63

Talking Heads (grupo) | 397
Tarantino, Quentin | 389-391
Tarzan (filme) | 344
Taxi Driver (filme) | 156
televisão: *Above Suspicion* | 317; análise textual e econômica | 441; articulação | 403-404; *Big Brother* | 263; bricolagem | 400; cobertura de notícias | 254; comédia de TV | 136, 137; comerciais | 30; como quintessência da cultura pós-moderna | 399; *Coronation Street* | 379 *Doctor Who* | 423, 436, 448, 449; *Hill Street Blues* | 432; hiper-realismo | 377-383; *I'm a Celebrity, Get Me Out of Here* | 263; *Jeremy Kyle Show* | 263; *Jerry Springer Show* | 263; *LA Law* | 378; nova redação de programas por fanatismos | 447-448; oscilação | 402; pós-modernismo | 399-404; programas de "transformação total" e discussão | 263; *Ten Years Younger* | 263; *Twin Peaks* | 400-402; vigilância | 263; *What Not To Wear* | 263; *ver também Dallas* (programa de TV), assistir a
teoria crítica | 135, 455
teoria da homossexualidade (Teoria Queer): consumo | 327; cultura de massa | 329; *drag* | 325, 327; espaço da homossexualidade | 329; heterossexu-

alidade | 320-330; leitura de homossexualidade | 329-330; prazer | 328, 329; sexo biológico e gênero | 320-330

textos: acesso | 454; análise de | 202-204; auras | 148-149; descentrados | 158-159; determinismo | 444, 446; e estética | 204; ebulição textual (poaching) | 443-444; Escola de Frankfurt | 135; estruturalismo | 232, 246, 251; inconsciência de | 18, 99, 160-161; política do popular | 444-446, 455-456; pós-modernismo | 404-410; psicanálise freudiana | 189, 202; releitura | 447

Thompson, Denys | 54-60, 62

Thompson, E.P. | 44, 81, 82, 104-110, 120, 122, 129, 130

Time Magazine | 351

Tomlinson, John | 412, 416

Tong, Rosemary | 268

tradição de cultura e civilização | 43, 45, 56, 64, 76, 77, 79, 80, 150, 151

tradição seletiva | 25, 100, 101, 120, 404-406

triunfos sobre tragédias | 294

Tumin, Melvin | 76

Turner, Graeme | 15

Twin Peaks (série de TV) | 400-402

União Soviética | 67, 68, 134, 419

urbanização | 35, 36, 43, 115

usos do letramento | 452

valor e avaliação | 110

valor, pluralismo de | 404, 409

vanguarda | 270, 289

Veludo azul (filme) | 387

verdade | 21, 91, 139, 161, 180, 201, 214, 258, 259, 263, 321, 345, 373

Verne, Júlio | 162, 163

viaturas de polícia, simulação de | 377-378

vida cotidiana | 19, 34, 103, 132, 262, 274, 75, 287, 304, 310, 312, 393, 430

Vietnã, Guerra do: americanização da guerra | 349; com a França | 244; contracultura | 65, 179; derrota | 332; discursos | 353-354; filmes e estudos sobre cinema | 343-358; guerra como traição | 346, 349, 353, 354, 355; Guerra do Golfo | 333; liderança militar fraca | 346; maus líderes | 346-347; memória de Hollywood | 344, 345; movimento antiguerra | 351; *Platoon* | 346, 347, 349-352, 357, 377; problemática do cinema | 156; representações da | 345-358; síndrome do poder de fogo invertido | 348; verdade | 345, 352

vigilância | 185, 261-263

violência masculina | 283, 284

Viva (revista) | 291

Vlastos, Stephen | 354

Volosinov, Valentin | 178

Walby, Sylvia | 267

Warhol, Andy | 370, 371

Warner, Michael | **327**
Watching Dallas | **289-292, 301, 309**
Watergate | **382, 384**
West, Cornel | **398**
Whannel, Paddy | **81, 82, 110-112, 114, 116-120, 122**
What Not To Wear (programa de TV) | **263**
White, Charles | **338, 351**
White, David Manning | **66, 67**
Williams, Raymond | **13, 32, 35, 63, 81, 82, 88, 95-98, 100-104, 108, 369, 385, 404, 435**
Williamson, Judith | **166**
Willis, Paul | **34, 429, 430, 439-441, 454-457, 460, 462**
Willis, Susan | **150**
Winship, Janice | **302, 303, 305-307, 314**
Woman's Own (revista) | **303, 307**
Wright, Will | **233-239, 255**

Young, G. M | **108**

Zelizer, Barbie | **355**
Žižek, Slavoj | **166, 220, 224**

Fonte Adobe Caslon Pro Regular c 11 / 16.02, e os títulos em Adobe Caslon Pro Regular c 16
Papel alta alvura 90g/m²
Impressão Cromosete Gráfica e Editora
Data março/2015